정치신인을 위한 선거법 강의

공직선거법 · 정치자금법 해설

●

신우용

박영사

민주공화국을 위하여

추 천 사

작년 무더위가 오기 전 저자가 분단의 상처가 덧나 있는 파주 대동리의 벙커갤러리를 찾아와 이 책의 출판구상을 밝혔을 때, 내가 요청한 것은 오직 하나 '정치적 상상력을 발휘하라'는 것뿐이었다. 역사에 대한 통찰과 인간에 대한 깊은 애정을 지닌 저자이기에 충분히 감당할 수 있으리라 믿었기 때문이다.

나의 작품이 전시되어 있는 벙커갤러리에서 저자는 전투공간의 의미를 넘어 인간의 존엄과 가치를 보호하는 둥지로서의 의미를 부여해 주었다. 또한 중기관총 거치대에서 바라보이는 북녘의 산하를 보며 생명과 평화, 그리고 사랑의 화살을 찾아낸 이도 바로 그였다. 이 책에서도 그는 역시 기대를 저버리지 않았다. '입법자는 철학자처럼 고민하고 농부처럼 말해야 한다'는 말이 있다. 그러나 농부처럼 고민하고 철학자처럼 말한 법문조차 그의 상상력을 빌리면 법문은 시가 되고 법전은 노래가 된다.

저자는 정치관계법에 관해서 누구에게도 윗자리를 양보하지 않았다. 사실 그가 경쟁해 온 것은 옆의 사람이 아니라 바로 우리의 선거사이다. 그래서 그는 치열한 고뇌의 세월도 함께 견뎌내야 했다. 언젠가는 독일의 철학자 헤겔이 남긴 '역사의 간지(奸智)'라는 말의 의미를 그도 이해하는 날이 올 것이다.

내가 중앙선거관리위원회 사무총장의 중책을 맡고 있을 때, 저자는 법제국장으로 더 나아가 선거정책실장으로 선거를 총괄 지휘하면서 국민들로부터 큰 사랑과 신뢰를 받았다. 멋진 수호자들과 함께 선거관리위원회의 아름다운 시절(Bella Epoch)을 이끌었던 것이다. 이제는 한여름 밤의 꿈이 되었지만 말이다.

그가 중앙선관위에서 물러난 후 선거관리위원회의 공정성에 관한 사회적 논란이 제기된 것은 우연이 아니라 생각한다. 내가 중앙선관위 사무총장으로 재임하던 시절 당대 최고의 헌법학자들과 함께 교우하고 토론하면서 미래의 헌법에 자유롭고 정의로운 선거를 민주적 기본질서의 확고한 축으로 담아내려 노력하던 저자의 모습에서 나를 발견할 수 있었다. 그는 곧 우리였다.

최근에는 2025년 1월 실시된 대한체육회장선거에서 저자와 다시 만났다. 나는 선거운영위원장을 맡았고, 그는 주심위원처럼 논의를 주도했다. 선거결과 대한체육회를 둘러싼 분쟁이 종식되고 갈등이 해소되었다. 이것이 바로 공정선거의 힘이다.

이제 저자가 조합장 선거론을 끝으로 위탁선거에 관한 일련의 집필을 마무리한 후 이 책을 통하여 본업으로 돌아온 점을 기쁘게 환영한다. '법은 입법자보다 현명하다'는 말이 있다. 법의 역사성으로 이해한다. 평소 시대정신의 도도한 흐름에 따라 법 해석에 구체적 타당성을 확보하려는 그의 지혜를 사랑하고 존중해 왔다. 이 책을 통하여 그의 지혜는 이제 우리 모두의 것이 되었다.

운명의 신은 다소 특이한 방식으로 저자를 사랑한다. 섬기고 봉사하는 능력은 아낌없이 주었으되, 군림의 권한은 인색하였다. 모름지기 민주주의 신념과 공화국에 대한 열정을 품은 사람이라면 마땅히 견뎌야 할 숙명이다. 글로 다하지 못한 그에 대한 사랑은 내 재능을 살려 책표지의 그림에 담았다. 이제 분단의 철망 아래 수줍게 피어난 작은 들꽃의 향기를 붓에 적셔 작가에게 전하는 말을 남긴다.

"언제나 깨어 있으라! 잠들면 춤출 수 없나니…"

2025. 4.
파주 벙커갤러리에서
김대년

책을 내면서

국가라는 정치공동체에서 인간의 존엄과 가치를 보호하기 위한 가장 이상적인 정치체제가 민주공화국이라는 점에는 이견이 없을 것이다. 그러나 민주공화국을 떠올릴 때마다 우리는 불편하고 때로는 섬뜩한 느낌을 지울 수 없다. 그것은 아마도 인류의 역사에서 민주공화국을 쟁취하고 또 지켜내기 위한 격렬한 투쟁과정에서 흘린 수많은 피와 숭고한 희생이 뒤섞인 냄새일 것이다.

민주공화국과 함께 떠오르는 거북한 느낌을 지우는 마법, 그것이 바로 자유롭고 정의로운 선거이다. 선거는 민주주의의 꽃이기 때문에 오로지 그 향기로만 불편한 냄새를 지울 수 있다.

선거는 법과 정치가 융합된 영역이다. 이 두 개의 영역을 총체적인 시각으로 들여다볼 수 있어야 비로소 선거의 본질이 오롯이 드러난다. 법의 영역에서는 법적 안정성과 실질적 정의가 조화를 이루어 모든 선거참여자에게 공평한 기회가 주어져야 하고, 정치의 영역에서는 다수결의 원리를 기초로 소수자 보호와 선거결과에 대한 아름다운 승복으로 공동체의 통합을 이루어야 한다.

이 책은 정치에 뜻을 둔 사람과 선거제도에 관심이 있는 사람들을 위한 공직선거법과 정치자금법 해설서이다. 공직선거법과 정치자금법은 일견 규율하는 영역이 전혀 달라 보이지만, 정치활동이라는 동일한 본질의 각기 다른 영역을 다루고 있으므로 이를 통일적으로 파악하여 이해할 필요가 있다.

공직선거법은 그 방대한 분량으로 인하여 전문가도 이해하기 어렵다. 총 300여 개 조문에 준용법률과 적용법률이 너무 많아서 현행 법률의 종합전시장으로 평가하더라도 무리가 없다.

이러한 이유로 이 책에서는 독자들의 이해를 돕기 위하여 개별 법률의 복잡한 조문체계에 얽매이지 않고 주제별·분야별로 입법 취지와 개념 중심으로 접근하였다. 아울러 설명하는 문법은 시민과 저잣거리의 언어로 평이하게 서술하고자 노력하였다.

특히 공직선거법과 정치자금법의 복잡한 법조문을 정치지망생의 조심스러운 의문과 일반 유권자의 호기심 가득한 시선을 따라 탐색하면서 관련 제도에 대한 해설도 함께 덧붙였다. 하지만 여전히 전문적인 용어가 시민의 언어로 번역되지 않고 난해한 부분이 남아 있다면 이는 전적으로 필자의 능력이 부족한 탓이다.

필자가 현직에 있을 때는 선거의 무결성이라는 이상에 치우쳐 선거법 위반자를 단호하게 논죄하였지만, 퇴임 후 진솔하고 내밀한 우리의 선거현실을 경험하면서 이제는 오히려 그들에게 연민을 품게 되었다. 그래서 너무 늦지 않게 이 책을 내놓는다.

아무쪼록 이 책이 선거에 관심이 있는 분들께 벗이 되기를 희망하며 독자들의 애정 어린 비판과 충고를 기다린다. 퇴직 후 『MG새마을금고 선거론』과 『신용협동조합 선거론』을 거쳐 『조합장 선거론』으로 위탁선거에 관한 일련의 집필을 마무리하고 늦게야 본업으로 돌아와 이 책을 내놓는 점에는 만시지탄의 아쉬움도 있다.

이 책을 무기로 삼아 정치신인들이 자기검열에 따른 위축과 무지의 불법을 극복하고 낡은 정치에 당당하게 맞서기를 기대해 본다. 나는 사랑하는 아내를 통하여 그러한 용기를 얻었다. 향후 개정판에서는 지혜와 통찰도 함께 담으려 한다.

2025. 4.
경강선 열차를 기다리며

차 례

제1장 선거의 원칙과 대표제도

제1절 민주주의와 선거 3

1. 공직선거의 의의 ············ 3
2. 선거의 법적 성격 ············ 4
3. 선거의 정치적 기능 ············ 5

제2절 헌법상 선거의 원칙 6

1. 선거의 원칙을 헌법에 규정한 이유 ············ 6
2. 우리 헌법상 선거의 원칙 ············ 7
   가. 보통선거의 원칙 / 7 나. 평등선거의 원칙 / 8
   다. 직접선거의 원칙 / 10 라. 비밀선거의 원칙 / 11
   마. 자유선거의 원칙 / 12
3. 선거운동 기회균등의 원칙 ············ 14
4. 선거공영제 실시 ············ 15
   가. 선거운동 공영제 실시 / 15 나. 선거비용 공영제 실시 / 16

제3절 공직선거법의 성격과 특징 17

1. 공직선거법의 입법목적 ········ 17
가. 목적규정의 의의 / 17　나. 국민의 자유로운 의사 / 17
다. 선거운동의 자유 / 18　라. 민주적인 절차 / 19
마. 선거부정의 방지 / 20
2. 공직선거법의 특징 ········ 20
가. 헌법 부속법률의 성격 / 20　나. 정치적 타협의 산물 / 21
다. 입법절차의 특수성 / 22

제4절 대표제와 선거구제 23

1. 대표제의 의의 ········ 23
2. 대표제의 유형 ········ 24
3. 선거구제의 유형 ········ 25
4. 선거구제의 장단점 ········ 26

제5절 의원정수와 선거구 획정 27

1. 선거구의 개념 ········ 27
2. 선거구획정위원회 설치 ········ 27
3. 국회의원 정수와 선거구 획정 ········ 29
가. 국회의원 정수 / 29　나. 국회의원 지역구 획정 / 29
다. 국회의원 선거구획정제도 개선방안 / 30
4 시·도의원 정수와 선거구 획정 ········ 33
가. 시·도의원 정수 / 33　나. 시·도의원 지역구 획정 / 34
5. 기초의원 정수와 선거구 획정 ········ 35
가. 기초의원 정수 / 35　나. 기초의원 지역구 획정 / 35

제6절 공직선거 출마자격 37

1. 출마자격과 피선거권 개요 ········ 37
2. 피선거권의 적극적 요건 ········ 38

가. 대통령선거 / 38 나. 국회의원선거 / 38
다. 지방자치단체선거 / 39

3. **선거권이 없어 피선거권도 없는 사람** …… 41
가. 선거권이 없는 사람의 공민권 제한 개요 / 41
나. 일반범죄로 금고 이상의 형의 선고를 받은 사람 / 41
다. 선거·정치자금 범죄로 형을 선고받은 사람 / 42
라. 부패범죄로 형을 선고받은 사람 / 42
마. 판결 또는 타 법률에 따라 선거권이 제한된 사람 / 43

4. **선거권은 있지만 피선거권이 없는 사람** …… 44
가. 금고 이상의 형이 실효(失效)되지 않은 사람 / 44
나. 후보자추천 매수죄 전과자 / 45
다. 국회 회의방해죄 전과자 / 46

5. **피선거권이 있어도 미리 사직해야 하는 사람** …… 46

제2장 선거비용과 정치자금의 조달

제1절 정치자금과 선거비용의 개념 51

1. **정치자금과 선거비용** …… 51
2. **정치자금 조달방법 개요** …… 52
3. **정치자금 수입·지출과 회계보고** …… 53

제2절 후원회를 통한 정치자금 모금 55

1. **후원회 제도의 의의** …… 55
2. **후원회를 활용한 정치자금 모금** …… 56
3. **후원금 모금방법** …… 58
4. **후원금 모금 시 유의사항** …… 59

제3절 정치인 펀드와 출판기념회 60

1. 정치인 펀드를 통한 정치자금 조달 ········ 60
2. 출판기념회를 통한 정치자금 조달 ········ 61

제4절 선거비용의 보전 64

1. 선거비용 보전제도의 의의 ········ 64
2. 선거비용 보전의 예외 ········ 65

제3장 입후보예정자 등의 기부행위 제한

제1절 기부행위제한의 취지와 의미 69

1. 기부행위의 정의 ········ 69
2. 기부행위를 제한하는 취지 ········ 70
3. 선거구민 · 연고관계 등의 의미 ········ 72
   가. 선거구민 등의 의미 / 72 나. 선거구민과 연고관계의 의미 / 73

제2절 기부행위가 금지된 사람과 법인 · 단체 74

1. 후보자 · 입후보예정자와 그 배우자 ········ 74
2. 후보자의 가족, 관련 법인 · 단체와 임직원 ········ 75
3. 누구든지 ········ 76

제3절 기부행위에 관한 판단기준 77

1. 입후보예정자 판단기준 ········ 77
2. 기부행위에서 상대방 특정의 정도 ········ 78
3. 제3자에게 제공 시 기부행위 성립 여부 ········ 79
4. 제공의 의사표시와 기부행위 성립 요건 ········ 80
5. 소유자와 제공자가 다른 경우 기부행위자 ········ 81

제4절 기부행위로 보지 않는 행위 83

1. **기부행위로 보지 않는 행위의 의미** ········· 83
2. **의례적 행위** ········· 84
가. 근조기 게시, 축하카드 발송 / 84
나. 공공행사에 화환 · 기념품 제공 / 85
다. 공익재단의 정기적인 금품 제공 / 86
라. 회칙 · 운영관례에 따른 회비 납부 / 87
마. 종교인의 헌금 / 88 바. 수행원에 대한 식사 제공 / 88
사. 기관장의 금품 · 선물 제공 / 89 아. 공공행사에서 상장 수여 / 90
자. 행사 참석자에게 음료 제공 / 91
차. 선거사무소 개소식 내빈에게 다과 제공 / 91
카. 회사 · 단체의 식사 · 기념품 제공 / 92
타. 하객 · 조문객에게 음식물 · 답례품 제공 / 92
파. 친족의 경조사에 축 · 부의금 제공 / 93
3. **구호적 · 자선적 행위** ········· 94
가. 수용보호시설에 금품 제공 / 94 나. 구호기관에 금품 제공 / 94
다. 장애인복지시설에 금품 제공 / 95
라. 중증장애인에게 구호금품 제공 / 95
마. 자선단체 및 후원행사에 금품 제공 / 95
바. 소년 · 소녀가장(家長) 후원 / 96
4. **직무상 · 업무상 행위** ········· 97
가. 전문직업인의 인터넷 무료상담 / 97
나. 후보자 관계 회사의 영업활동 / 98 다. 채무 이행행위 / 98
5. **법령에 따른 금품 제공** ········· 99
6. **중앙선거관리위원회 규칙으로 정하는 행위** ········· 100

제5절 기부행위 위반의 위법성 조각사유 101

1. **위법성 조각사유의 의의** ········· 101
2. **위법성 조각사유 인정요건** ········· 102
3. **위법성 조각사유를 인정한 사례** ········· 102
4. **위법성 조각사유를 인정하지 않은 사례** ········· 104

제6절 기부행위제한 위반의 벌칙 105

1. 기부행위제한 위반 시 적용되는 벌칙 …… 105
2. 기부받은 사람에 대한 50배 과태료 …… 106
가. 50배 과태료 도입경과 / 106 나. 50배 과태료 부과요건 / 107
3. 기부행위위반죄와 다른 벌칙의 관계 …… 109
가. 매수죄와의 관계 / 109 나. 50배 과태료와의 관계 / 110

제4장 선거운동이란 무엇인가

제1절 표현의 자유와 선거운동 113

1. 표현의 자유와 민주주의 …… 113
2. 선거에서 표현의 자유의 의의 …… 115
3. 선거운동의 자유에 대한 규제의 한계 …… 116
4. 불합리한 선거규제에 대한 위헌법률 심사 …… 118

제2절 선거운동의 개념에 관한 정의 120

1. 선거운동에 관한 엄격한 정의의 필요성 …… 120
2. 선거운동에 관한 법률상 정의 …… 122
3. 실제 적용하는 판례상 개념 …… 123

제3절 선거운동으로 보지 않는 행위 126

1. 선거에 관한 단순한 의견개진 · 의사표시 …… 126
2. 입후보와 선거운동 준비행위 …… 127
3. 정당의 후보자 추천에 관한 지지 · 반대 …… 129
4. 통상적인 정당활동 …… 130
5. 명절 · 기념일 등에 문자메시지 전송 …… 131

6. **투표참여 권유활동** ····· 132
7. **의례적 · 사교적 행위** ····· 133
가. 의례적 · 사교적 행위의 의미 / 133
나. 의례적 · 사교적 행위 판단기준 / 133
다. 의례적 · 사교적 행위 예시 / 134
8. **직무상 · 업무상 행위** ····· 136
가. 직무상 · 업무상 행위의 의미와 판단기준 / 136
나. 직무상 · 업무상 행위 예시 / 137

제5장 선거운동의 규제형식과 주요내용

제1절 선거운동 규제형식 개요 141

1. **선거운동 규제의 필요성** ····· 141
2. **선거운동의 규제형식** ····· 143
3. **현행 규제형식의 문제점** ····· 144
4. **알기 쉬운 법제를 위한 대안 모색** ····· 146

제2절 주체의 제한 148

1. **선거운동이 금지된 사람** ····· 148
2. **관권선거의 주홍글씨가 새겨진 사람들** ····· 149
3. **선거운동이 금지된 단체** ····· 152

제3절 시기의 제한 153

1. **선거운동 기간에 관한 원칙과 예외** ····· 153
2. **점차적으로 완화되어 온 규제** ····· 154

제4절 방법의 제한 155

1. 선거운동 방법에 대한 규제 개요 ······ 155
2. 모두에게 금지된 선거운동 방법 ······ 156
3. 후보자 · 예비후보자에게 허용된 방법 ······ 157
4. 선거운동의 자유 제한의 헌법적 한계 ······ 157

제5절 비용의 제한 160

1. 선거비용에 관한 정의 ······ 160
2. 선거비용제한액 제도의 의의 ······ 161
3. 선거별 선거비용제한액 산정방법 ······ 163

제6절 내용의 제한 164

1. 허위사실 공표와 후보자 비방 금지 ······ 164
2. 지역 또는 성별 비하 · 모욕 금지 ······ 166
3. 딥페이크 콘텐츠를 이용한 선거운동 금지 ······ 167
4. 성명 · 신분 허위표시 선거운동 금지 ······ 169

제6장 언제든지 가능한 선거운동

제1절 SNS · 전자우편 등 인터넷 선거운동 173

1. SNS · 전자우편 등 인터넷 선거운동 주요내용 ······ 173
가. SNS · 전자우편을 활용한 선거운동 / 173
나. 홈페이지를 활용한 선거운동 / 175
2. 인터넷 선거운동 유의사항 ······ 176
3. 리트윗과 퍼나르기 유의사항 ······ 178

제2절 문자메시지 선거운동 179

1. 문자메시지 선거운동의 주요내용 ······ 179
2. 규제되는 자동동보통신 방법의 기준 ······ 180
3. 자동동보통신 문자메시지를 규제하는 이유 ······ 181

제3절 말 · 전화로 하는 선거운동 182

1. 확성장치의 유혹을 이기자 ······ 182
2. 전화를 활용한 선거운동 유의사항 ······ 183

제4절 입후보예정자의 명함이용 선거운동 185

1. 명함 게재내용 ······ 185
2. 명함 배부방법 ······ 186

제7장 예비후보자 등록과 선거운동

제1절 예비후보자 등록신청 189

1. 예비후보자 등록신청 개시일 ······ 189
2. 예비후보자 등록신청 서류 ······ 190
3. 예비후보자 기탁금 ······ 191

제2절 선거사무소 설치와 선거사무장 등 선임 192

1. 선거사무소 설치방법 ······ 192
2. 선거사무소에 홍보물 설치 ······ 193
3. 선거사무소 운영 유의사항 ······ 193
4. 선거사무장 · 선거사무원 선임 ······ 195
5. 회계책임자 선임과 정치자금 수입 · 지출 ······ 196

제3절 매 세대 예비후보자홍보물 발송 198

1. 예비후보자홍보물 제작방법 …… 198
2. 홍보물에 학력 게재방법 …… 199
3. 홍보물 발송을 위한 세대주명단 확보 …… 200
4. 예비후보자홍보물 발송 신고 …… 201
5. 예비후보자홍보물 제작 · 배부에 관한 유의사항 …… 202

제4절 어깨띠 · 표지물 · 명함 활용 선거운동 203

1. 어깨띠 · 표지물 제작방법 …… 203
2. 어깨띠 · 표지물 활용 시 유의사항 …… 204
3. 명함의 규격과 제작방법 …… 204
4. 명함을 배부할 수 있는 사람 …… 205
5. 예비후보자 명함 배부 시 유의사항 …… 206
6. 수행원과 함께하는 식사를 어찌할 것인가 …… 206

제5절 대량 문자메시지 · 전자우편 발송 208

1. 자동동보통신 문자메시지 · 전자우편 발송 …… 208
2. 문자메시지 · 전자우편에 선거운동정보 표시 …… 209

제8장 제한 또는 금지된 선거운동

제1절 선거운동을 위한 사조직 설립 금지 213

1. 설립이 금지된 사조직의 개념 …… 213
2. 사조직 판단기준 …… 214
3. 사조직 판단사례 …… 215
4. 정치인 팬클럽과 사조직의 경계 …… 217

제2절 사적 단체 등의 선거운동 금지 219

1. 사적(私的) 단체의 선거운동 금지 …… 219
2. 후보자 설립 · 운영 단체의 활동 · 홍보 제한 …… 220

제3절 유사기관 설치 금지 222

1. 유사기관(類似機關)의 의미와 금지의 취지 …… 222
2. 유사기관 판단기준 …… 223
3. 기존시설의 유사기관화 금지 …… 224

제4절 호별방문 금지 225

1. 호별방문(戶別訪問) 금지의 취지 …… 225
2. 호(戶)의 판단기준 …… 226
3. 호별방문 성립요건 …… 227

제5절 직무 · 특수지위 이용 선거운동 금지 228

1. 직무 · 특수지위 이용 선거운동 금지 개요 …… 228
2. 교육적 직무이용 선거운동 금지 …… 229
3. 종교적 직무이용 선거운동 금지 …… 230
4. 직업적 직무이용 선거운동 금지 …… 232
5. 거래상 특수지위 이용 선거운동 금지 …… 233

제6절 인쇄물 배부 · 첩부 · 게시 제한 235

1. 인쇄물 배부 · 첩부 · 게시 제한 개요 …… 235
2. 선거에 영향을 미치게 하기 위하여의 개념 …… 236
3. 인쇄물에 관한 규제 개선 방안 …… 238
4. 신문 · 잡지의 통상방법 외의 배부 금지 …… 240

제7절 선전물 설치 · 판매 · 배부 제한 242

1. 선전물 설치 · 판매 · 배부 제한 개요 242
2. 간주규정에 따라 금지되는 선전물 243
3. 설치 · 게시가 허용되는 선전물 245
4. 선전물에 관한 규제 개선 방안 246

제8절 기타 제한 · 금지된 선거운동 방법 248

1. 확성장치 사용제한 248
2. 집회 개최 금지 249
3. 언론매체 · 인터넷 광고 제한 251
4. 서명 · 날인운동 금지 252
5. 여론조사결과 공표 제한 253

제9장 허위사실 공표와 후보자 비방

제1절 표현범죄의 벌칙구조와 소추요건 257

1. 명예훼손 등 표현범죄의 벌칙구조 257
2. 표현범죄의 성립요건 258
3. 표현범죄의 위법성 조각과 소추요건 261

제2절 당선목적의 허위사실공표죄 262

1. 범죄 구성요건과 법정형 개요 262
2. 당선목적 허위사실공표죄의 의의 263
3. 허위사실의 의미 264
4. 공표의 의미 265
5. 당선목적의 허위사실공표죄 적용사례 266

제3절 낙선목적의 허위사실공표죄 270

1. 범죄 구성요건과 법정형 개요 270
2. 후보자에 관한 허위사실의 의미 271
3. 사실적시와 의견표현의 판단기준 272
4. 허위사실에 기초한 의견표현의 범죄성립 여부 273
5. 허위소문을 공표한 경우 범죄성립 여부 274
6. 존재하지 않는 사실 공표 시 입증책임 275
7. 사실 왜곡의 허위사실 해당 여부 276
8. 벌금형 하한을 500만원 이상으로 정한 취지 276

제4절 당내경선 허위사실공표죄 278

1. 범죄 구성요건과 법정형 개요 278
2. 당내경선 허위사실공표죄의 의의 278
3. 당내경선 허위사실공표죄 적용사례 279

제5절 후보자비방죄 281

1. 범죄 구성요건과 법정형 개요 281
2. 비방죄 구성요건의 의미 282
가. 공연히의 의미 / 282 나. 사실의 적시의 의미 / 282
다. 비방의 의미 / 283
3. 후보자비방죄의 위법성 조각사유 284
가. 위법성 조각사유를 둔 취지 / 284 나. 위법성 조각의 요건 / 285
4. 위법성 조각사유를 인정한 예 287
5. 위법성 조각사유를 인정하지 않은 예 288
6. 입후보예정자 비방 위헌결정에 따른 문제점 289

제10장 불공정보도와 허위사실 대응방법

제1절 선거보도 심의제도 개요 295

1. 언론기관의 공정보도 의무 295
2. 선거보도 심의제도 도입의 의미 296
3. 선거보도 심의기구 설치 · 운영 방법 297

제2절 불공정 선거보도 시정요구 299

1. 시정요구와 제재조치 299
2. 제재조치 불이행 시 벌칙 300

제3절 인신공격 · 왜곡선전에 반론보도 청구 301

1. 반론보도 청구제도의 성격과 의미 301
2. 신문 · 방송 선거보도에 대한 반론보도 청구 302
3. 인터넷언론사 선거보도에 대한 반론보도 청구 303

제4절 인터넷 · SNS 위법정보 삭제요청 304

1. 후보자 등의 위법정보 삭제요청 304
2. 위법정보에 대한 선거관리위원회의 조치 305
3. 콘텐츠 게시자에 대한 통보 306
4. 게시자 등의 이의신청 처리 306

제5절 허위사실에 대한 이의제기 308

1. 허위사실 이의제기의 요건 308
2. 이의제기의 처리 및 허위사실 공고 309

제11장 정당추천 혹은 선거인 추천

제1절 정당의 공직선거 후보자 추천 313

1. 현대정치에서 정당의 기능 313
2. 헌법이 정당정치를 보호하는 이유 314
3. 정당의 공직후보자 추천제도 315
4. 정당의 여성후보자 추천의무 316
5. 여성·청년·장애인 추천 보조금 지급 317

제2절 후보자추천 관련 금품수수 금지 319

1. 공천 관련 금품수수 금지 개요 319
2. 정당에 특별당비·대여금 등 금지 320
3. 국회의원·당협위원장과 금품거래 금지 322
4. 후보자추천 관련 금품수수 처벌사례 322

제3절 당내경선의 선거운동 방법 324

1. 당내경선의 방법 324
2. 국민참여경선의 경선운동 방법 325
3. 당내경선운동과 사전선거운동과의 관계 327
4. 경선선거인 등 매수행위 금지 328

제4절 당내경선 불복금지와 그 예외 330

1. 불복금지 당내경선의 범위 330
2. 불복금지가 적용되는 선거구역 331
3. 불복이 가능한 당내경선 332
4. 당내경선과 후보자 추천의 적법성에 관한 판례 333
   가. 후보자 추천에 대한 사법심사 기준 / 333

나. 위법한 후보자 추천으로 판단한 사례 / 334
다. 적법한 후보자 추천으로 판단한 사례 / 335

제5절 선거권자의 무소속 후보자 추천 337

1. **선거권자 추천의 의의** ········ 337
2. **선거별 선거권자 추천인 수** ········ 338
3. **무소속 후보자 추천 시 유의사항** ········ 339

제12장 선거절차와 후보자의 참여방법

제1절 선거인명부 작성 343

1. **선거인명부 작성방법** ········ 343
2. **선거일 전 투표할 사람들의 신고** ········ 344
3. **후보자 등에게 선거인명부 사본 교부** ········ 345
4. **통합선거인명부 작성과 이중투표 방지** ········ 346

제2절 후보자 등록신청과 기호 결정 348

1. **등록신청 구비서류와 그 작성방법** ········ 348
   가. 후보자 등록신청 개요 / 348　　나. 재산신고서 작성방법 / 350
   다. 병역사항 신고서 작성방법 / 351
   라. 세금납부 · 체납 신고서 작성방법 / 351
   마. 최종학력 증명서 제출기준 / 352
2. **선거별 기탁금액과 반환요건** ········ 353
   가. 기탁금 제도의 취지 / 353　　나. 선거별 후보자 기탁금 / 354
   다. 후보자 기탁금의 반환 / 354
3. **후보자의 기호 결정** ········ 356

제3절 후보자의 선거운동 방법 358

1. 후보자의 선거운동 개요 358
2. 선거홍보물에 학력을 게재하는 방법 360
3. 책자형 선거공보 제작 시 유의사항 362
4. 선거벽보 · 선거공보에 대한 이의제기 364
5. 거리유세를 둘러싼 쟁점 366
6. 후보자 초청 대담 · 토론 369
7. 선거운동을 위한 인터넷 광고 370

제4절 여섯 가지의 투표방식과 주요쟁점 372

1. 기표와 투표방식 개요 372
2. 거주지에 제약이 없는 사전투표 374
3. 사전투표를 둘러싼 오해와 진실 376
4. 기관 · 시설 거주자 기표소 투표 378
5. 거동불능자 · 낙도거주자 거소투표 379
6. 해외국민 재외투표 380
7. 외항선원 선상투표 381
8. 국제공역투표 도입 제안 383
9. 선거일 투표를 둘러싼 쟁점 384
가. 본인확인용 신분증의 범위 / 384
나. 투표보조를 받을 수 있는 요건 / 384
다. 투표지 촬영을 금지하는 취지 / 385
라. 자신의 투표지를 공개한 경우 / 386
마. 자신의 투표지를 훼손한 경우 / 387
10. 전자투표에 길을 묻다 389

제5절 개표절차와 당선인 결정 391

1. 개표방식 개요 391
2. 개표 진행절차 392

3. **전산조직과 기계장치의 활용** ······ 393
4. **투표의 효력판단** ······ 396
가. 투표의 효력판단 원칙 / 396 나. 유효로 하는 투표 / 396
다. 유효투표 사례 예시 / 397 라. 무효로 하는 투표 / 400
마. 무효투표 사례 예시 / 401
5. **개표상황표는 진실을 안다** ······ 402
6. **당선인 결정** ······ 404

제13장 공직선거법의 주요 선거범죄

제1절 매수 및 이해유도죄 409
1. **매수 및 이해유도죄 개요** ······ 409
2. **선거인 매수죄** ······ 410
가. 범죄 구성요건과 법정형 개요 / 410 나. 매수행위의 주체 / 411
다. 향응의 의미 / 411 라. 그 밖에 재산상의 이익의 의미 / 412
마. 공사(公私)의 직의 의미 / 412 바. 제공의 의미 / 413
사. 제공의 의사표시의 의미 / 414 아. 제공의 약속의 의미 / 415
3. **기관·단체·시설에 대한 이해유도죄** ······ 415
4. **선거운동 관련 매수죄** ······ 417
가. 범죄 구성요건과 법정형 개요 / 417
나. 선거운동과 관련하여의 의미 / 418
다. 선거운동과 관련한 금품제공 사례 / 418
5. **댓글게시·투표참여 홍보 매수죄** ······ 420
가. 댓글게시 매수죄 / 420 나. 투표참여 홍보 매수죄 / 421
6. **매수를 받는 죄** ······ 422
7. **매수의 지시·권유·알선·요구죄** ······ 423
8. **매수죄 적용과 관련된 주요쟁점** ······ 424

가. 선거세일의 매수죄 해당여부 / 424
나. 중간자에게 교부한 경우 매수죄 성립 여부 / 425
다. 물적증거가 없는 경우 진술의 증거능력 / 426

제2절 선거의 자유방해죄 428

1. **선거의 자유방해죄 개요** ········ 428
2. **후보자 · 선거인 · 선거관계자 폭행 · 협박죄** ········ 429
3. **집회 · 연설에 관한 선거의 자유방해죄** ········ 431
4. **가짜뉴스를 통한 선거의 자유방해죄** ········ 432
5. **강요에 의한 선거의 자유방해죄** ········ 434
6. **당내경선의 자유방해죄** ········ 435

제3절 선거관리 침해죄 437

1. **선거관리 관계자 폭행죄** ········ 437
가. 범죄 구성요건과 법정형 개요 / 437
나. 폭행 · 협박 · 유인 · 체포 · 감금의 의미 / 438
2. **투표소 · 개표소 등 소요 · 교란죄** ········ 439
가. 범죄 구성요건과 법정형 개요 / 439
나. 소요 · 교란의 의미 / 439
3. **선거관리 용구 · 장비 · 서류 등 은닉 · 파손 · 탈취죄** ········ 440
가. 범죄 구성요건과 법정형 개요 / 440
나. 투표지 · 투표용지 · 투표보조용구의 의미 / 440
다. 단속사무와 관련한 장비 / 441
라. 단속사무와 관련한 서류의 의미 / 442
마. 은닉 · 파손 · 훼손 · 탈취의 의미 / 443

제4절 기타 주요 선거범죄 444

1. **투표의 간섭 · 방해죄** ········ 444
2. **사위등재 · 허위날인죄** ········ 445
3. **사위투표죄** ········ 446

제14장 선거범죄 조사와 피조사자의 권리

제1절 선거범죄 조사권 개요 451

1. 선거관리위원회에 조사권을 부여한 취지 …… 451
2. 선거범죄 조사권 행사의 주체 …… 452
3. 선거범죄 조사권 행사의 요건 …… 453
   가. 선거범죄의 혐의가 있는 경우 / 453
   나. 후보자 등의 소명이 이유 있는 경우 / 453
   다. 현행범의 신고를 받은 경우 / 454
4. 조사권 행사 시 미란다원칙 준수 …… 455

제2절 선거범죄 조사권의 주요내용 457

1. 위법행위 예방조치권 …… 457
2. 위법행위 중지 · 경고 · 시정명령권 …… 458
3. 질문 · 조사권 …… 459
4. 자료제출 요구권 …… 460
5. 장소출입권 …… 462
6. 증거물품 수거권 …… 463
7. 동행 · 출석요구권 …… 464
8. 정보통신 선거범죄 조사권 …… 465
9. 금융거래자료 제출 요구권 …… 466

제3절 방어를 위한 피조사자의 권리 468

1. 위법한 조사 거부권 …… 468
2. 불리한 진술 거부권 …… 469
3. 변호인의 조력을 받을 권리 …… 470
4. 위법수집증거의 배제 …… 472

가. 위법수집증거 배제법칙의 의의 / 472
나. 일시적으로 현출된 자료 압수 / 473
다. 녹음 미고지 후 수집한 녹음파일 / 474
라. 핸드폰에서 발견한 별도의 혐의 / 475
마. 조사공무원이 증거형성에 가담 / 476

제4절 선거범죄 신고자 포상과 보호 478

1. 선거범죄 신고 대상기관 …… 478
2. 선거범죄 신고자 포상 …… 479
3. 선거범죄 신고자 보호 …… 480
4. 포상금 반환과 그 요건 …… 481

제5절 선거범죄 신고에 관한 쟁점 482

1. 현행범 또는 압수수색이 필요한 경우 …… 482
2. 예비 · 음모 또는 미수범의 신고 …… 483
3. 선거운동 목적의 명예훼손 …… 484
4. 선관위 재정신청 대상범죄가 아닌 경우 …… 485
5. 가벼운 선거범죄의 경우 …… 485

제15장 특별 형사제도와 과태료 특례

제1절 자수자에 대한 특례 489

1. 자수자 특례규정의 입법취지 …… 489
2. 자수자 특례규정의 주요내용 …… 490
3. 형의 감면대상 자수의 요건 …… 491

가. 자수의 인정요건 / 491
나. 자수시점에 대한 판단 / 492

4. 불완전 자수에 관한 쟁점 …… 493

제2절 선거범죄 고발자의 재정신청 494

1. 공직선거에서 재정신청 제도의 의의 ······ 494
2. 재정신청 대상 선거범죄 ······ 495
3. 검찰항고 전치주의 적용 ······ 496
4. 재정신청 인용 시의 처리 ······ 496

제3절 선거범죄에 대한 공소시효 498

1. 선거범죄의 공소시효 ······ 498
가. 선거범죄 공소시효 제도의 취지 / 498
나. 단기의 공소시효를 정한 취지 / 499
다. 공무원 · 국외범죄의 공소시효 연장 / 499
2. 공소시효 기산 기준일 ······ 500
3. 금품수수 범죄에 일반 공소시효 적용 ······ 501
4. 범인 도피 시 공소시효 연장 ······ 503
5. 공소시효의 진행과 정지 ······ 504

제4절 선거범의 재판에 관한 특례 505

1. 선거범에 대한 재판의 관할 ······ 505
2. 신속한 재판을 위한 강행규정 ······ 505
3. 궐석재판과 형의 선고 ······ 506
4. 선관위에 기소 · 확정판결 통지 ······ 507

제5절 당선무효와 형의 분리선고 508

1. 당선무효 제도의 취지 ······ 508
2. 선거 · 정치자금 범죄로 인한 당선무효의 요건 ······ 509
가. 당선인의 선거 · 정치자금 범죄 / 509
나. 당선인 가족의 정치부패 범죄 / 510
다. 선거사무장 · 회계책임자의 정치부패 범죄 / 510
라. 선거사무장 · 회계책임자의 선거비용 범죄 / 511

3. 당선무효 범죄의 분리선고 취지 ··· 512
4. 신분별 분리선고 대상 범죄 ··· 513
가. 누구든지 / 513 나. 후보자의 배우자와 가족 / 513
다. 선거사무장 · 회계책임자 / 514
5. 분리선고에 따른 공판절차 ··· 515
6. 상상적 경합범의 처리 ··· 515

제6절 과태료 부과 · 징수의 특례 517

1. 공직선거법의 과태료 개요 ··· 517
2. 과태료 부과 · 징수 특례규정의 취지 ··· 518
3. 공직선거법의 과태료 부과 · 징수 절차 ··· 519
가. 사전통지 · 의견제출 / 519 나. 과태료 부과방법 / 519
다. 과태료의 징수 위탁 / 520
라. 이의제기와 법원의 과태료 재판 / 520

제16장 선거무효와 당선무효 쟁송

제1절 지방선거에 선거소청 전치주의 적용 523

1. 선거소청 전치주의의 성격과 의미 ··· 523
2. 선거소청 제기절차와 방법 ··· 524
3. 선거소청의 심리와 결정 ··· 526

제2절 당선무효 · 선거무효 소송 527

1. 선거무효 소송의 제기 ··· 527
2. 당선무효 소송의 제기 ··· 528
3. 행정소송법 · 민사소송법 준용 ··· 529
4. 증거보전과 신속한 판결 ··· 530

제3절 선거쟁송에 관한 주요쟁점 531

1. 선거종료 전 소송제기 가능 여부 ······ 531
2. 기간경과 후 선거무효사유 추가의 적법성 ······ 532
3. 개표방식에 관한 반복적 소송제기의 위법성 ······ 533
4. 선거무효 판결의 효력 소급 여부 ······ 534
5. 선거쟁송 제기 시 유의사항 ······ 535

제4절 당선무효 · 선거무효 판결의 요건 536

1. 선거에 관한 규정을 위반한 경우 ······ 536
2. 규정 위반이 선거결과에 영향을 미친 경우 ······ 537
3. 중대한 위법행위로 선거의 공정을 침해한 경우 ······ 539

제5절 선거소송 주요 판결 사례 541

1. 사전투표관리관 도장을 인쇄한 투표의 효력 ······ 541
2. 가짜뉴스로 선거무효 주장 시 입증책임 ······ 542
3. 사망후보자가 당선된 선거에서 차점자 승계여부 ······ 543
4. 무자격자가 후보자로 등록한 선거의 효력 ······ 544
5. 쌍방 위장전입과 선거의 효력 ······ 545
6. 투표지분류기를 활용한 개표의 효력 ······ 546

찾아보기 ······ 551

일러두기

- 이 책은 2025. 1. 1. 시행중인 법령을 기준으로 하였다.
- 자치구 · 시 · 군의회의원은 '기초의원'으로, 시 · 도의회의원은 '시 · 도의원' 또는 '광역의원'으로 줄였다.
- 본문에 규범의 명칭이 언급된 경우 문장의 끝 괄호 안에는 그 명칭 기재를 생략하고 조항만을 표시하였다.
- 본문에 규범의 명칭에 언급되지 않았으나 괄호 안에 조항이 표시된 경우 해당 규범은 공직선거법을 말한다.
- 공직선거관리규칙을 문장의 끝 괄호 안에 표시하는 경우 '규칙'이라 줄였다.
- 문장의 끝 괄호 안에 조항표시는 괄호 안과 같이 기호를 사용하여 축약하였다. (제93조제2항 → §93②)

제 1 장

선거의 원칙과 대표제도

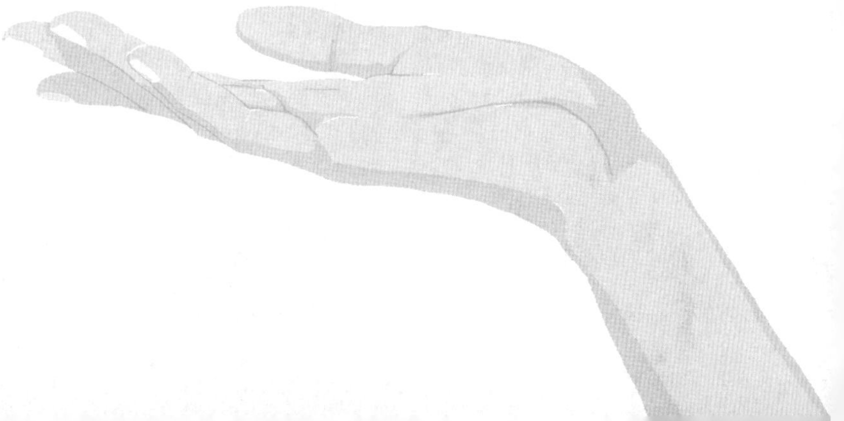

선거는 국민주권의 원리를 대의민주주의 방식으로 실현하는 정치체제에서 국가권력을 창설하고 국가 내에서 행사되는 모든 권력에 국민적 동의를 부여하는 행위이다.

민주주의 정치체제에서 선거가 갖는 이러한 중요성 때문에 대부분의 국가들은 선거의 원칙을 헌법에 직접 규정하고 있다. 우리 헌법도 대통령선거와 국회의원선거에서 보통 · 평등 · 직접 · 비밀선거의 원칙을 명시하고 있고, 해석론에서는 자유선거의 원칙도 헌법상 선거의 원칙으로 확인하고 있다.

이 장에서는 헌법상 선거의 원칙, 대표제와 선거구제, 공직선거에 출마할 수 있는 자격 등에 관하여 살펴보고자 한다.

제 1 절 민주주의와 선거

1. 공직선거의 의의

우리 헌법 제1조제2항은 "대한민국의 주권은 국민에게 있고, 모든 권력은 국민으로부터 나온다"고 규정하여 국민주권의 원리를 선언하고 있다. 이러한 원리에 터 잡아 주권자인 국민이 직접 국정운영에 참여하는 방식이 이상적이라고 할 수 있으나, 현실적·기술적으로 이를 실현하기에는 많은 어려움이 있다.

이에 따라 대부분의 국가에서는 대표제를 적용하여 주권자가 간접적으로 국정에 참여하는 대의민주주의 방식을 원칙으로 하고, 예외적으로 국민투표 같은 직접민주주의적 요소를 가미하여 운영하고 있다. 대의민주주의는 선거를 통하여 대표자를 선출하고 선출된 대표자에게 임기 동안 주권을 위임하는 방식으로 이루어진다. 주권자는 선거를 통하여 선출된 국가기관과 그의 권력행사에 민주적 정당성을 부여하는 것이다.

이러한 측면에서 공직선거는 '국민적 합의에 바탕한 민주정치를 구현하기 위하여 주권자인 국민이 그들을 대표하는 대의기관을 선임하는 행위'로 정의할 수 있다. 그러므로 선거는 오늘날 대의민주주의 정치체제에서 국민이 주권을 행사할 수 있는 가장 중요한 방법으로서,

이러한 참정권 행사를 구체화하기 위한 민주주의적 요청의 결과가 바로 선거제도라 평가할 수 있다.

따라서 합리적 선거제도의 형성과 그 올바른 운용은 민주주의 정치체제의 존속과 발전을 위한 사활적인 조건이고, 국민의 정치적 생존권과 직결된 문제이며, 민주적 기본질서를 구현하는 근본이 된다. 만일 공직선거가 오염되거나 불공정하게 실시된다면, 선거는 단지 요식행위가 되어 국민주권 및 민주주의 원리와 적극적으로 갈등을 빚게 될 것이다.[1)]

2. 선거의 법적 성격

공직선거는 선거인단이 국민 또는 주민을 대표할 기관을 선임하는 집합적 합성행위라는 성격을 가진다. 선거에서는 선거인명부 작성, 후보자 등록, 선거운동, 투표 및 개표, 당선인 결정 등 일련의 절차와 다수의 당사자 및 이해관계인의 참여를 통하여 대표자 선출이라는 결과를 형성하기 때문이다.

따라서 선거는 일종의 합동행위적 다수의사의 표현이기 때문에 각 개별적 선거인의 투표행위 자체를 지칭하는 것이 아닐뿐더러 단순한 지명행위라는 점에서 특정한 공무수행 기능을 맡기는 위임행위와도 구별된다.

대부분의 대의제 민주주의 국가에서 선거인과 대표자의 관계는 무기속 위임을 원칙으로 하고 있다. 우리나라의 헌법도 공무원은 국민 전체에 대한 봉사자임을 선언하고 있고, 국회의원은 국가이익을 우선하여 양심에 따라 직무를 행한다고 규정함으로써 무기속위임의 원칙을 확인하고 있다(§7① · §46②).

1) 헌법재판소 1989. 9. 8. 선고 88헌가6 결정

3. 선거의 정치적 기능

공직선거는 국가기관 또는 대의기관을 구성하는 기능, 국가권력에 대하여 민주적 정당성을 부여하는 기능, 국민의 참정권을 현실화하는 기능, 국가기관을 정치적으로 통제하는 기능 등 다양한 정치적 기능을 수행한다.

따라서 국민이 주권의식을 자각하여 그 권한을 올바르게 행사하면 평화로운 절차와 방법에 따른 다수의사의 표현으로 대표자를 교체할 수 있어 입법부와 행정부의 쇄신을 기할 수 있고, 민의에 의한 정치를 가능하게 하여 국민주권과 민주주의에 적극적으로 호응함으로써 헌정중단을 예방할 수 있다.

이러한 측면에서 국회가 선거에 관한 게임의 룰인 공직선거법을 제정하거나 개정하는 때에도 국민주권과 국민대표제의 본질을 침해하거나 제한할 수 없는 내재적 한계가 설정된 것으로 보아야 할 것이다.[2]

결론적으로 대의민주주의 정치체제의 성공적 운용과 국민주권의 원리를 적극적으로 실현하기 위한 기초가 바로 자유롭고 정의로운 선거제도를 마련하는 데 있고, 그 선거제도의 올바른 운용만이 민주정치 발전을 궁극적으로 담보할 수 있을 것이다.

---

2) 헌법재판소 1989. 9. 8. 선고 88헌가6 결정

제 2 절

헌법상 선거의 원칙

1. 선거의 원칙을 헌법에 규정한 이유

헌법은 국민적 합의에 따라 제정된 국민생활의 최고 윤리규범이며 정치생활의 가치규범으로서 국가공동체에서 정치와 사회질서의 지침을 제공하고 있기 때문에 이를 준수하고 그 권위를 보존하는 것이 바로 민주주의 사회의 기초가 된다.[3] 헌법제정권자인 국민은 이러한 헌법적 약속을 공유하고 있다.

우리 헌법은 참정권의 가장 중요한 형태인 선거권과 공무담임권을 보장하면서, 한편으로는 국회의원과 대통령의 선출에 보통·평등·직접·비밀선거를 선거의 기본원칙으로 명시하고 있다(§41① · §67①). 이러한 선거의 원칙은 지방선거에서도 적용되는 기본원칙으로서 지방의회와 지방자치단체의 장의 선거에 관하여는 지방자치법에서 이를 구체화하고 있다(§38 · §107).

현대 선거제도를 지배하는 보통선거의 원칙, 평등선거의 원칙, 직접선거의 원칙, 비밀선거의 원칙, 자유선거의 원칙 등 다섯 가지 선거

3) 헌법재판소 1989. 9. 8. 선고 88헌가6 결정

의 원칙은 국민 각자에게 인격의 존엄성을 인정하고 그 개인을 정치적 단위로 모든 사람에게 자유로운 선거참여의 기회를 보장하는 데 그 기초를 두고 있다.

따라서 헌법상 선거의 원칙을 실현하기 위해서는 정당이나 후보자에 대한 단순한 선택의 가능성이나 자유가 보장되는 것만으로는 부족하고, 선거구 획정, 후보자 추천, 선거운동이 공정하게 이루어져야 하며, 투표와 개표의 투명하고 정확한 관리와 득표수에 상응하는 의석의 배분은 물론, 선거 과정에서 모든 선거참여자에게 동등한 지위와 공평한 기회가 부여되어야 한다.

이에 따라 헌법제정권자들은 선거의 기본원칙을 헌법에 명시함으로써 합리적인 선거제도가 민주정치의 이상을 실현할 수 있는 유일하고도 최선의 수단이라는 점을 확인하면서, 입법자가 공직선거에 관한 규범을 형성·변경하는 때에도 이를 준수하도록 하여 국회의 입법재량에 일정한 한계를 설정하고 있는 것이다.

2. 우리 헌법상 선거의 원칙

가. 보통선거의 원칙

보통선거의 원칙이란, 제한선거에 대응하는 개념으로서 일정한 연령에 달한 모든 국민에게 선거권을 인정하는 제도를 말한다. 만일 입법권자가 연령 외에 납세액이나 재산 규모 그밖에 사회적 신분이나 종교·교육 등을 선거권의 요건으로 정한다면 이는 전면적으로 보통선거의 원칙에 위배될 것이다.

보통선거제도는 연령에 의한 선거권의 제한을 불가피한 것으로 인정한다. 국정 참여수단으로서 선거권 행사는 일정한 수준의 정치적인 판단능력이 전제되어야 하기 때문이다. 다만, 치매 · 심신미약 등 의사능력의 보유 여부는 묻지 않는다.

공직선거법은 선거권 연령을 18세로 정하고 있다. 통상적으로 공법상의 권리인 선거권 연령은 사법상의 법률행위 연령, 즉 성년과 일치시키는 것이 일반적이나, 우리의 경우 공법상의 법률행위 연령과 사법상의 법률행위 연령에 차이를 두고 있다.

나. 평등선거의 원칙

평등선거의 원칙은 평등권이 선거제도에 적용된 것으로서 투표의 수적 평등, 즉 1인 1표의 원칙(One person, One vote)과 투표의 성과가치의 평등, 즉 1표의 투표가치가 대표자 선정이라는 선거결과에 기여한 정도에 있어서도 평등해야 한다는 원칙(One vote, One value)을 말한다.

투표의 성과가치의 평등은 선거구 간 인구편차를 의미한다. 헌법재판소는 선거구역표에 대한 심판에서 국회의원선거는 2:1, 시 · 도의원선거는 3:1을 인구편차의 허용 한계로 제시한 바 있다. 참고적으로 기초의원의 지역구는 시 · 도의원 지역구 안에서 획정되므로, 시 · 도의원의 선거구 획정이 합헌이라면 기초의원의 지역구도 일단 합헌성을 추정할 수 있으므로 쟁점이 되지 않는다.

우리나라 국회와 지방의회는 모두 단원제를 채택하고 있고, 단원제에서 선출된 대표자는 국민대표성 또는 주민대표성과 더불어 지역대표성도 함께 보유하고 있으므로, 상원에서 지역대표성이 담보되는 양원제 국가에 비하여 선거구 간 인구편차의 허용한계를 다소 완화할 수밖에 없는 것으로 보인다.

한편, 헌법재판소는 일정한 집단의 의사가 정치과정에서 반영될 수 없도록 차별적으로 선거구를 획정하는 이른바 게리맨더링(Gerrymandering)

에 대한 부정(否定)을 평등선거 원칙의 내용으로 판시하고 있다.[4] 게리맨더링이란 미국 보스턴시의 게리(Gerry)라는 후보자가 자신의 당선이 확실히 보장될 수 있도록 선거구를 획정한 결과 선거구의 모양이 전설상 불 속에 산다는 도마뱀(Salamander)의 형태와 흡사하였기에 유래된 말이다.

여기에서 한 번 가상의 보스턴시를 대상으로 게리맨더링 방식으로 선거구를 획정하여 정당별 의석확보의 마법을 부려 보자. 보스턴시에 총 15명의 유권자가 거주하고, 그 정치성향은 민주당 지지자(□) 8명, 공화당 지지자(△) 7명이며, 의석은 총 3석이 배정된 것으로 가정하자. 정치성향이 다른 유권자들이 지역적으로 아래의 그림처럼 분포되었을 때 선거구 획정방법에 따라 정당별 당선자 수는 전혀 다르게 나타난다.

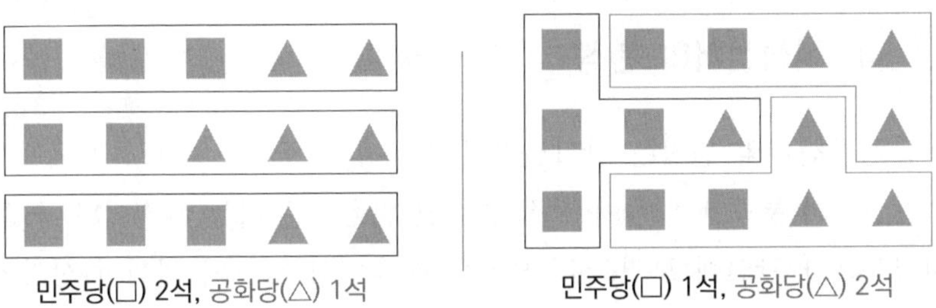

예컨대, 왼편처럼 선거구를 획정하면 민주당 2석, 공화당 1석이 되지만, 오른편처럼 선거구를 획정하면 그 반대의 결과가 나온다. 이러한 선거구 획정의 마법은 상대편의 사표를 최대화하는 데 그 비결이 있다. 위의 오른쪽 그림처럼 상대방 지지자들이 압도적으로 많도록 선거구를 획정하여 1석을 내주는 대신, 당선에 필요한 득표를 초과한 부분에 대량의 사표를 유도하고, 인접한 다른 선거구에서는 모두 근소표차로 자기편이 승리하도록 선거구를 획정하는 것이다.

---

4) 헌법재판소 1995. 12. 27. 선고 95헌마224 결정

선거구 획정에 관한 이러한 문제점 때문에 선거구는 사회적·지리적·역사적·경제적·행정적 연관성 및 생활권 등을 고려하여 특단의 불가피한 사정이 없는 한 인접지역이 1개의 선거구를 구성하도록 획정해야 한다.

실제 헌법재판소는 1995년 충북 옥천군을 사이에 두고 서로 인접하지 않은 보은군과 영동군을 하나의 선거구로 획정한 국회의원 선거구구역표를 자의적인 선거구 획정인 게리맨더링으로 판단하여 헌법에 위반된다고 선언한 바 있다.[5)]

참고적으로 보통선거의 원칙은 선거권을 부여하는 연령에 관한 기준을 설정하는 부분이 쟁점이라면, 평등선거의 원칙은 이미 선거권이 부여된 것을 전제로 선거인별 투표권의 수와 투표가치의 형평성에 관한 사항이 핵심 쟁점이 된다.

다. 직접선거의 원칙

직접선거의 원칙은 간접선거에 대응하는 개념으로서 선거결과가 선거권자의 투표에 의하여 직접 결정될 것을 요구하는 원칙이다. 국회의원선거와 관련해 보면, 국회의원의 선출이나 정당의 의석이 선거인단이나 정당 등에 의하지 않고 주권자의 의사에 따라 직접 결정되어야 함을 의미한다.

우리 현대사에서 정치적으로 암흑기였던 제4공화국에서는 2,550명 정도의 통일주체국민회의라는 선거인단을 통하여 경찰관들에 의하여 평온하게 질서가 유지되는 가운데 체육관에서 간접선거의 방식으로 대통령을 선출한 사례가 있었다. 이 경우 투표율은 통상 99%를 넘었고, 심지어 1972년 실시한 8대 대통령선거에서는 100%를 기록하기도 하였다.

---

5) 헌법재판소 1995. 12. 27. 선고 95헌마224·239·285·373병합 결정

당시의 투표방식은 현재의 공직선거처럼 기표방식이 아니라 투표용지에 지지하는 후보의 이름을 적어 내는 자서식 투표방식을 채택하였고, 2명의 선거인이 후보자의 성명을 틀리게 적어 내어 무효로 처리되는 바람에 당선자의 득표율이 99.9%에 그치기도 하였다.[6)]

제5공화국에서도 선거인단 제도를 두어 간접선거의 방식으로 대통령을 선출하였다. 선거인단 규모는 5,277명으로 확대되었고, 투표소는 전국적으로 77개가 설치되어 이전의 체육관선거보다 진일보한 모습을 보였다. 투표율은 99.9%였고, 집중개표 대신 투표소 개표를 실시하였으며, 4명의 후보자 중 전두환 후보가 90.2%를 득표하여 대통령으로 선출되었다.[7)]

이제 이러한 대통령 선출방식은 헌법상 허용될 수 없으므로, 아무리 입법권을 위임받은 국회라도 주권자의 승인 없이 간접선거의 방식으로 대표자를 선출하는 규범을 형성할 수 없다.

라. 비밀선거의 원칙

비밀선거의 원칙이란 공개투표 또는 공개선거에 대비되는 개념으로서 투표에 대한 선거인의 의사표시가 다른 사람에게 알려지지 않도록 보호하는 선거를 말한다. 특정 정당이나 후보자에게 투표한 사실이 공개될 경우 해당 선거인이 정치적 박해를 당하거나 경제적으로 불이익을 받을 염려가 있기 때문이다.

이러한 비밀선거의 원칙은 공직선거법에서 구체화되어 선거인은 투표한 후보자의 성명이나 정당명을 누구에게도 또한 어떠한 경우에

---

6) 중앙선거관리위원회 2009. 12.『대한민국선거사』제4집 55~57쪽 참조. 당시 'Mr. 박' 및 '박정이'라 적힌 투표지가 각각 무효로 처리되었고, 중앙정보부에서는 당사자를 색출하여 적절한 조치를 취한 것으로 알려졌다. 여기에서 자서식 투표방식에 내재된 투표의 비밀침해 위험성을 본다.

7) 중앙선거관리위원회 2009. 12. 앞의 책 178~181쪽

도 진술할 의무가 없다고 선언하고 있다(§167②). 참고적으로 선거일에 투표를 마친 선거인을 대상으로 언론사가 출구조사를 할 수 있으나, 이 또한 투표의 비밀이 보장되는 방법으로만 허용된다. 예컨대, 통상적인 출구조사는 조사요원이 투표소로부터 50미터 밖에서 투표를 마친 선거인에게 조사지를 교부하고, 선거인은 해당 조사지에 자신이 투표한 정당의 명칭이나 후보자의 성명을 기재한 후 이를 봉함하여 조사요원이 휴대한 조사함에 투입하는 방법으로 실시한다. 응답자의 신상정보는 통계형성에 필요한 연령과 성별만 요구할 뿐이다.

또한 비밀선거의 원칙을 구체화한 공직선거법은 선거인이 자신의 투표를 스스로 공개하는 행위를 금지하고(§167③), 기표소 안에서 자신의 투표지를 촬영하는 행위조차 금지하고 있다(§166의2①). 아울러 공직선거법은 투표지에 기표 외에 문자나 기호 또는 물형을 기재한 경우 이를 무효로 한다. 이러한 투표는 비밀선거 원칙이 침해될 위험성 외에도 매수 등 선거부정이 개입될 우려도 있기 때문이다.

마. 자유선거의 원칙

자유선거의 원칙은 헌법에 명시적으로 규정된 원칙이 아니라 헌법재판소의 해석을 통하여 인정된 원칙이다. 헌법재판소는 자유선거의 원칙을 민주국가의 선거제도에 내재하는 법원리로서 선출된 대표자에게 민주적 정당성을 부여하기 위한 기본적 전제조건으로 보아 선거의 기본원칙에 포함됨을 확인한 바 있다.

자유선거의 원칙이란, 유권자의 투표행위가 국가나 사회로부터의 강제나 부당한 압력의 행사 없이 이루어져야 한다는 것뿐만 아니라, 유권자가 자유롭고 공개적인 의사 형성과정에서 자신의 판단과 결정을 내릴 수 있어야 한다는 것을 의미한다. 선거에서 국민의 의사를 올바르게 반영하기 위해서는 유권자가 자유롭고 개방적인 의사 형성과정에서 외부로부터의 부당한 영향력의 행사 없이 스스로의 판단을 형성하고 결정을 내릴 수 있어야 하기에 이를 헌법상 선거의 원칙으로 수용한 것이다.

헌법재판소는 자유선거 원칙의 근거로서 국민주권의 원리, 의회민주주의의 원리 및 참정권에 관한 규정을 들고 있다. 이러한 자유선거의 원칙은 선거의 전과정에 요구되는 선거권자의 의사형성의 자유와 의사실현의 자유를 말하고, 구체적으로는 투표의 자유, 입후보의 자유 나아가 선거운동의 자유를 뜻한다.[8)]

이러한 헌법정신을 구체화한 공직선거법은 유권자의 의사형성의 자유를 보호하기 위하여 언론기관의 공정보도 의무를 규정하고(§8), 선거보도와 여론조사에 대한 심의제도를 두며(§8의2~§8의6, §8의8·§8의9), 선거벽보·선거공보 게재내용에 대한 이의제기 제도는 물론(§64·§65), 딥페이크 홍보물을 활용한 선거운동 제한(§82의8), 허위논평·보도 등 금지(§96), 후보자 등의 비방금지(§110), 허위사실 등에 대한 이의제기(§110의2) 등의 규정을 두고 있다. 아울러 후보자에 관한 거짓 정보의 공표와 유통을 차단하기 위한 안전판으로서 허위사실공표죄(§250)와 후보자 비방죄(§251)를 두고 있다.

또한 공직선거법은 유권자의 의사실현의 자유를 보장하기 위하여 누구든지 자유롭게 선거운동을 할 수 있다는 원칙을 선언하고(§58②), 선거의 자유를 방해한 사람을 선거의 자유방해죄로 처벌하는 형벌규정(§273~§239의2)을 두고 있다. 여기에서 주의할 점은 헌법재판소가 우리 헌법에 대한 조화로운 해석을 통하여 자유선거의 원칙을 헌법상 선거의 원칙으로 수용하고 있고, 그 구체적 내용으로서 선거운동의 자유를 들고 있지만, 이를 선거운동의 자유방임을 의미하는 선거운동 자유의 원칙으로 오인해서는 안 된다는 점이다.

---

8) 헌법재판소 1999. 6. 24. 선고 98헌마153 결정

다만, 헌법재판소는 선거운동의 자유가 널리 선거과정에서 자유로이 의사를 표현할 자유의 일환으로서 표현의 자유의 한 태양이기도 하므로, 언론·출판·집회·결사의 자유를 보장한 헌법의 관련 규정에 의해서도 보호를 받는다고 보았다(§21).

3. 선거운동 기회균등의 원칙

우리 헌법에서 선거운동은 각급 선거관리위원회의 관리하에 법률이 정하는 범위에서 하되, 균등한 기회가 보장되도록 선거운동 기회균등의 원칙을 선언하고 있다(§116①). 이에 따라 우리 헌법은 공직선거에서 보통·평등·직접·비밀·자유선거의 원칙과 선거운동의 기회균등의 원칙이 구현될 수 있도록 선거관리위원회라는 독립된 헌법기관에 그 관리집행을 맡기고 있다.

공직선거법은 선거운동 기회균등의 원칙을 구현하고자 선거운동의 방법과 횟수 및 기간에 관하여 촘촘한 규제를 두고 있다. 이에 더하여 공직선거법은 선거운동에 소요되는 비용의 상한을 규제하는 선거비용제한액 제도를 추가적으로 도입하여 선거운동 방법에 대한 통제와 비용에 대한 총량규제를 중층적으로 적용함으로써, 공직선거에 참여하는 정당과 후보자에게 균등한 기회를 보장하고 선거의 공정을 구현하고 있다.

4. 선거공영제 실시

가. 선거운동 공영제 실시

우리 헌법에서 선거운동은 각급 선거관리위원회의 관리하에 법률이 정하는 범위에서 하도록 규정하고 있다(§116①). 이를 선거운동 관리의 원칙으로 해석해도 자연스럽다. 헌법의 해당 규정은 각종 선거에서 행해지는 정당 또는 후보자들의 선거운동을 자유방임의 상태에 방치하지 않고 각급 선거관리위원회의 관리하에 두어 선거운동의 기회를 균등하게 보장함으로써 민주적이고 공정한 선거를 구현하려는 데 그 목적이 있다.

이에 따라 공직선거법에서는 선거의 과열을 방지하고 정당·후보자 간 기회균등을 확보하기 위하여 선거운동에 대한 각종 제한·금지 규정을 두고 있다. 선거운동 자유의 원칙을 채택할 경우 선거가 과열되고, 과도한 비용지출이 수반되며, 정당 또는 후보자 간 경제력의 차이에 따라 선거운동의 기회에 공정을 기하기 어려워 무기대등의 원칙이 붕괴될 수 있기 때문이다.

선거운동 공영제의 대표적인 내용으로는 선거관리위원회가 후보자의 선거벽보를 거리에 첩부하고, 후보자의 선거공보를 선거인의 세대별로 우송하며, 선거방송토론위원회가 후보자를 초청하여 대담·토론을 진행하는 선거운동 방법을 들 수 있다.

아울러 신문 또는 방송 매체에 광고를 하거나, 거리유세 차량과 확성장치를 활용하거나, 선거사무소를 설치하거나, 선거사무관계자를 선임하는 등 후보자의 선거운동에 대하여 관할 선거관리위원회에 신고와 신청을 의무화한 부분도 헌법이 규정한 선거운동 관리의 원칙을 구체적으로 드러낸 것으로 보인다.

나. 선거비용 공영제 실시

우리 헌법은 선거에 관한 경비는 법률이 정하는 경우를 제외하고는 정당 또는 후보자에게 부담시킬 수 없도록 규정하고 있다(§116②). 이를 선거경비 국고부담의 원칙으로 해석할 수 있다. 헌법재판소는 후보자 등록신청을 하는 때에 납부하는 기탁금도 선거경비로 해석하여 엄격한 기탁금 반환요건이 선거경비 국고부담의 원칙에 위배된다고 판시한 사례도 있다.[9]

이러한 헌법이념을 구체화하여 공직선거법은 정당 또는 후보자의 선거운동에 소요되는 비용을 국가 또는 지방자치단체가 부담하도록 하고, 선거결과 15% 이상을 득표한 후보자에게는 지출한 선거비용 전액을, 10% 이상 15% 미만을 득표한 후보자에게는 지출한 선거비용의 50%를 보전하고 있다.

9) 헌법재판소 1989. 9. 8. 선고 88헌가8 결정

제 3 절

공직선거법의 성격과 특징

1. 공직선거법의 입법목적

가. 목적규정의 의의

공직선거법은 헌법과 지방자치법에 따른 선거가 국민의 자유로운 의사와 민주적인 절차에 따라 공정히 행하여지도록 하고, 선거와 관련한 부정을 방지함으로써 민주정치의 발전에 기여함을 목적으로 제정되었음을 스스로 명확히 밝히고 있다(§1). 대통령선거와 국회의원선거 및 지방선거가 그 적용 대상이다.

이러한 목적규정은 공직선거법이 달성하려는 목적을 분명히 하여 일반 국민으로 하여금 입법목적이나 취지를 쉽게 이해할 수 있도록 하고, 법 해석상 개별조문에 대한 의문이 생긴 경우에 해석의 기본적인 지침과 재판규범이 되므로, 구체적인 문제 해결에 있어서는 법규범의 공백을 보충하는 역할을 한다.

나. 국민의 자유로운 의사

국민의 자유로운 의사에 따른 선거의 의미는 우리 헌법 규정에 스며들어 있는 자유선거의 원칙에 다름 아니다. 자유선거의 원칙은 선출된 국가기관에 민주적 정당성을 부여하기 위한 기본적 전제조건으로서 헌법재판소는 이를 선거의 기본원칙에 포함되는 것으로 해석하고 있기 때문이다.

우선 의사형성의 자유로서 유권자가 선거권을 올바르게 행사하기 위해서는 객관적이고 정확한 선거정보의 자유로운 유통과 교환이 필연적으로 요청되고, 유권자들은 자유롭고 공개적인 의사형성 과정에서 자신의 판단과 결정을 내릴 수 있어야 한다. 따라서 후보자는 자신의 정책과 공약을 유권자들에게 적극적으로 알릴 수 있어야 하고, 유권자는 후보자에 관한 정확한 정보에 자유롭게 접근할 수 있는 기회가 보장되어야 한다.

한편, 의사실현의 자유로서 투표의 자유는 유권자의 투표행위가 국가나 사회로부터 강제나 부당한 압력의 행사 없이 이루어져야 한다는 것을 의미한다. 공직선거법에서 선거권자는 성실하게 선거에 참여하여 선거권을 행사하도록 규정하고 있으나(§6), 실제 투표참여 여부는 선거인의 자유의사에 맡기고 있다.

헌법재판소도 선거권자들로 하여금 투표를 강제하는 과태료나 벌금 등의 수단을 채택하게 된다면[10] 자발적으로 투표에 참가하지 않은 선거권자들의 투표의 자유를 침해하여 결국 자유선거의 원칙에 위반될 우려가 있다고 판시한 바 있다.[11]

다. 선거운동의 자유

선거운동의 자유는 널리 선거과정에서 자유로이 의사를 표현할

10) 호주, 브라질, 필리핀 등 일부 국가는 투표불참자에게 벌금을 부과하거나, 공무담임을 제한하는 등 의무투표제도를 시행하고 있다. 투표율이 90%를 상회하는 국가의 공통된 특징이다. 의무투표제도가 아님에도 투표율이 80%를 넘는 국가들은 주로 스웨덴, 핀란드 등 북유럽 국가들이다.

11) 헌법재판소 2003. 11. 27. 선고 2003헌마259 결정

자유의 일환이므로 표현의 자유의 한 태양이기도 하다. 표현의 자유, 특히 정치적 표현의 자유는 선거과정에서 선거운동을 통하여 국민이 정치적 의견을 자유로이 발표·교환함으로써 그 기능을 다하게 되므로, 선거운동의 자유는 헌법에 정한 언론, 출판, 집회, 결사의 자유 보장규정에 따라 보호를 받는다.[12)]

그러므로 선거에서도 표현의 자유가 최대한 보장되어야 함은 두말할 나위가 없으며, 선거의 공정성을 해치지 않는 범위에서 정치적 표현의 자유인 선거운동의 자유가 한껏 보장되어야 한다. 이에 따라 공직선거법에서도 해당 법률과 다른 법률에서 개별적으로 제한 또는 금지하지 않는 한 자유롭게 선거운동을 할 수 있도록 선거운동의 원칙을 규정하고 있다(§58②).

다만, 선거운동의 자유방임에 따른 사회경제적 손실과 선거의 과열을 방지하고, 공중의 안전과 일상의 평온을 보호하며, 선거의 공정과 후보자 간 기회균등의 원칙을 담보하기 위하여 특정한 선거운동방법은 후보자에게도 제한 또는 금지하고, 허용된 선거운동에도 선거비용제한액 제도를 두어 선거별로 일정한 금액의 범위에서 선거운동을 할 수 있도록 규제하고 있다.

라. 민주적인 절차

공직선거법은 선거의 공정을 위하여 엄격한 절차규정을 두어 정당 또는 후보자 등 이해관계자는 물론 일반 유권자의 참관과 참여를 보장하고 있다. 구체적인 예로서 선거인명부 열람 및 이의신청제도, 선전벽보·선거공보 등 후보자의 선거홍보물의 게재 내용에 대한 이의신청제도, 투표 및 개표참관인 제도, 개표관람인 제도, 선거쟁송 제도 등을 들 수 있다.

---

12) 헌법재판소 2003. 1. 30. 선고 2001헌가4 결정

마. 선거부정의 방지

공직선거법은 선거부정을 방지하기 위하여 단호한 태도를 보이고 있다. 선거와 관련한 기부행위와 매수행위를 엄격하게 금지하고, 선거법을 위반한 범죄자에게는 장기간 기본권을 제한한다. 예컨대, 선거범죄로 100만원 이상의 벌금형이 확정되면 참정권과 공무담임권이 제한되고 선거운동이 금지되어 표현의 자유가 제약된다. 아울러 당선인과 그 가족 또는 선거사무장·회계책임자의 선거범죄로 유죄판결이 확정된 경우 그 당선을 무효로 하고 돌려준 기탁금과 지급된 보전비용은 반환해야 한다.

후보자의 가족 또는 선거사무장 등의 선거범죄로 당선을 무효로 하는 것은, 후보자의 가족 또는 선거사무장 등은 후보자와 일상을 공유하거나 후보자의 행위지배 또는 의사지배의 범위 안에 속하는 신분이고, 이들의 행위는 사실상 후보자의 행위와 다를 바가 없기 때문에 선거에서 공동책임을 지우는 것이다. 이는 자기책임의 원리에 터 잡은 것으로서 우리 헌법이 금지하는 연좌제와는 무관한 것으로 보아야 한다.

2. 공직선거법의 특징

가. 헌법 부속법률의 성격

대의민주주의에 바탕을 둔 우리 헌법의 통치구조에서 선거제도는 국민의 주권이나 참정권 행사의 과정으로서 국가권력의 창출과 국가 내에서 행사되는 모든 권력의 정당성을 국민의 정치적 합의에 근거하게 하는 통치기구의 조직원리이다. 이러한 이유로 우리 헌법에서는 선거의 4대 원칙을 규정하고 세부적 사항은 법률로 정하도록 하였다.

특히 참정권의 헌법상 의의와 기능을 존중하여 참정권에 내포된 기본권적인 의미와 내용이 최대한 보장되고 실현될 수 있는 제도적 장치로서 합리적인 선거제도를 마련하는 것은 실로 중요한 의의를 가진다.

따라서 이러한 헌법 이념들은 대통령선거, 국회의원선거, 지방의회의원 및 지방자치단체의 장 선거에 관한 절차와 방법을 정하고 있는 공직선거법에 의하여 비로소 구현될 수 있으므로, 공직선거법은 헌법 부속법률로서의 성격과 중요성을 가진다.

나. 정치적 타협의 산물

공직선거법과 정당법·정치자금법 등 정치관계법[13]은 민법이나 형법 같은 자연법적 형평법이 아니라 정치적 타협의 산물이다. 이에 따라 공직선거법은 형식적 측면에서 정교하고 치밀한 체계를 갖추지 못한 문제가 있고, 법리적 측면에서도 상호 모순되거나 충돌하는 부분들이 종종 드러나기도 한다.

이러한 문제점들은 정치적 합의를 중시하는 정치관계법이 지닌 속성상 어쩔 수 없는 한계로 보인다. 결국 공직선거법을 올바르게 해석하기 위해서는 정확한 문리해석을 기초로 헌법의 가치질서 속에서 논리해석, 입법론적 해석의 경계를 자유롭게 넘나들며 규범조화적 해석능력을 갖춤으로써 일반 국민의 건전한 상식과 통상적인 법감정에 부합하는 구체적 타당성을 확보해야 할 것이다.

13) 정치관계법의 범위에 관해서는 명확하게 정의된 바가 없다. 다만, 국회의 입법과정을 기준으로 할 때 정치개혁특별위원회를 구성하여 다루는 법률로는 공직선거법, 정당법, 정치자금법, 국회법 등이 있다.

다. 입법절차의 특수성

일반적으로 법률의 성립과정은 국회의원 또는 정부의 입법발의에 대하여 국회의 소관 상임위원회 심사를 거쳐 법제사법위원회로 이송되고, 법제사법위원회의 체계심사와 자구심사를 거친 후 본회의에 부의된다. 법제사법위원회는 단원제를 체택하고 있는 우리나라의 국회에서 사실상 양원제 국가에서 상원의 기능과 역할을 맡아온 것이다.

그러나 공직선거법 등 정치관계법의 제정과 개정은 국회의 오랜 운영관례에 따라 소관 상임위원회의 심사 대신 정치개혁특별위원회를 구성하여 처리하고 있다. 정치개혁특별위원회는 정당 간 의석비율에도 불구하고 항시 여야 동수로 구성하여 왔고, 그 의사는 대체적으로 합의에 의한 방식으로 결정하여 왔다.

정치개혁특별위원회에서 법제사법위원회에 이송된 법안에 대하여는 법제사법위원회가 여야 간 합의정신을 존중하여 체계심사와 자구심사를 느슨하게 진행하는 바람에 정치관계법의 체계부조화에 주된 원인을 제공하고 있다.

참고적으로 정부는 국회에 법률안을 제출할 수 있고 그 범위에 제한이 없음에도 불구하고, 정치관계법의 제정이나 개정에 관해서는 국회에 법률안을 제출한 기록을 찾아볼 수 없다. 오히려 국회에 법률안 제출권이 없는 중앙선거관리위원회가 정치관계법 개정의견이라는 형식으로 국회에 의견을 제출하여 정치제도와 선거법제 개선에 적극적 역할을 수행하여 왔다.[14)]

14) 중앙선거관리위원회는 선거 · 국민투표 · 정당 등 정치관계법은 물론이고, 주민투표와 주민소환에 관한 법률에도 소관 범위에 관하여 국회에 제정 또는 개정의견을 제출할 수 있다. 선거관리위원회법 제17조제2항 참조.

제 4 절
대표제와 선거구제

1. 대표제의 의의

대표제는 지지세력에 따른 대표자 배정방식을 의미하고, 선거구제는 선거인을 지역 단위로 분할하는 방식을 말한다. 대표제와 선거구제는 단순한 기술적 문제가 아니라 국가의 헌정운영과 지방자치 운영에 중대한 영향을 미친다.

선거제도의 목표는 민의를 정확하게 반영할 수 있는 대표를 선출하고 안정된 국정운영을 확보하는 데 있으므로, 이 두 가지 목표를 조화롭게 실현할 수 있는 선거제도의 형성이 바람직하다. 예컨대, 안정된 국정운영에만 중점을 둔다면 소선거구제와 다수대표제만을 채택할 수도 있을 것이나, 유권자의 지지에 상응하는 대의기관을 형성하기 위해서는 소수대표제 또는 비례대표제를 도입할 필요가 있다.

우리 현대사에서도 남북 분단상황에 따른 정치적 안정을 핑계로 1970년대에는 국회의원 정수의 3분의 1을 대통령이 일괄 추천하고, 통일주체국민회의가 추천된 후보자 전체에 대한 찬반투표를 통하여 선출한 사례가 있었다. 이렇게 선출된 국회의원의 임기는 지역구 국회의원의 절반으로 하였다.

2. 대표제의 유형

대표제 중 다수대표제의 의미는 대표의 선출을 선거인의 다수의사에 따르게 하는 것으로, 다수자만이 대표를 낼 수 있고 소수자는 대표를 내는 것이 불가능한 대표제를 말한다. 소위 말하는 승자독식제도(Zero Sum Game) 형태의 대표제를 의미한다.

예를 들면, 甲 정당과 乙 정당이 추천한 사람들이 각각 전체 선거구에 출마하여 甲 정당이 추천한 후보자들이 모든 선거구에서 乙 정당이 추천한 후보자보다 각각 1표씩을 더 득표하였다면, 乙 정당은 한 명의 당선인도 내지 못하고 乙 정당의 후보자에게 투표한 모든 표는 사표(死票)가 되는 것이다.

다수대표제에도 과반수 득표와 같은 일정한 득표수를 요구하는 절대다수대표제와 상대적 다수득표를 요구하는 상대다수대표제가 있다. 우리나라의 선거에서는 상대다수대표제를 채택하고 있고, 대통령선거에서 후보자가 1인인 경우에 한정하여 선거권자 총수의 3분의 1 이상 득표를 요구하는 변형된 절대다수대표제를 적용하고 있다(헌법 §67③).

절대다수대표제를 채택한 대표적 국가로는 프랑스를 들 수 있다. 대통령선거는 물론 의원선거에서도 1차 투표에서 과반수 득표자가 없으면 1차투표의 1순위와 2순위 후보자를 대상으로 결선투표를 실시하여 과반수 득표자를 당선인으로 결정한다.

한편, 소수대표제는 1개의 선거구에서 복수의 대표를 선출하는 방식으로서 정치적 소수세력도 대표자를 낼 수 있는 선거제도를 말한다. 소수대표제는 중선거구제 또는 대선거구제와 결합되는 것이 일반적이다. 현재 우리나라에서 중선거구제를 적용하는 선거의 예는 지역구 기초의원선거가 유일하다.

비례대표제는 선거에서 특정 정당에 대한 유권자의 지지 정도,

즉 정당별 득표수에 비례하여 의석을 배분하는 제도를 말한다. 가장 전형적인 예로서 정당명부식 비례대표제를 들 수 있다. 각 선거인이 지지하는 정당에 투표하고 정당별 득표비율에 따라 비례대표후보자명부의 순서대로 당선인을 결정한다.

3. 선거구제의 유형

선거구제는 소선거구제, 중선거구제 및 대선거구제로 구분할 수 있다. 이와 같이 구분하는 기준은 선거인의 많고 적음이나 지역의 넓고 좁음이 아니라 오로지 해당 선거구에서 선출하는 대표자의 수를 기준으로 판단한다.

소선거구제는 1개의 선거구에서 1명의 대표자만을 선출하는 제도를 말하고, 중선거구제는 하나의 선거구에서 2인 내지 4인의 대표자를 선출하는 방식을 의미하며, 대선거구제는 한 선거구에서 5인 이상의 대표자를 선출하는 제도이다.

소선거구제의 투표는 단기투표(單記投票)를 원칙으로 하고 단순다수득표자를 당선인으로 결정한다. 단기투표란 투표용지에 1명의 후보자만을 선택하도록 하는 투표방식을 말하며, 우리나라의 모든 선거에 적용되는 투표방식이다.

단기투표와 대비되는 개념으로서 복수의 정당 또는 후보자에게 기표할 수 있는 연기투표제가 있으나, 실제 선거에 적용하기에는 개표관리에 어려움이 많아 적용된 사례가 흔치 않다.

4. 선거구제의 장단점

소선거구제는 군소정당의 진출을 억제하고 양대 정당의 육성이 가능하여 정국의 안정을 기할 수 있다는 점이 최고의 장점으로 꼽힌다. 아울러 선거의 공정을 기하기 쉽고, 대표자와 선거구민과의 유대가 밀접하며, 후보자 측면에서는 적은 선거비용으로 선거를 치를 수 있다. 부수적으로 재선거와 보궐선거를 실시하기가 용이한 장점도 있다.

단점으로는 사표가 많고, 거대정당에 유리하여 군소정당의 진입장벽으로 작용할 수 있으며, 지역적 인물의 당선이 유리하다는 점이 지적되고 있다.

대선거구제의 경우에는 정치적 소수세력도 대표자를 낼 수 있는 장점이 있으나, 많은 선거비용이 소요되고, 선거의 공정한 관리에 상당한 부담이 있으며, 재선거와 보궐선거의 실시가 곤란한 부분이 약점으로 꼽힌다.

중선거구제는 소선거구제와 대선거구제의 단점을 보완하기 위하여 고안된 것이나, 결과적으로 양 제도의 단점 또한 동전의 양면처럼 간직하고 있다. 즉, 중선거구제 단기투표의 경우 여전히 사표가 많이 발생하고, 거대정당에 유리하며, 적격자의 입후보가 곤란한 문제점 등은 여전히 극복해야 할 과제로 남아 있다.

그렇다고 이를 보완하기 위하여 중선거구제에 연기투표제를 적용하는 것은 선거관리의 측면에서 어려움이 많아 전자투표의 도입 등 높은 수준의 사회적 합의가 필요한 것으로 보인다.

제 5 절
의원정수와 선거구 획정

1. 선거구의 개념

공직선거는 후보자 등록부터 당선인 결정까지 일련의 절차가 일정한 구역을 단위로 행하여지며, 이 구역을 선거구라 한다. 다만, 대통령과 지방자치단체장 등 독임제기관을 선출하는 선거와 비례대표 의원선거에서는 공동체의 관할구역 전체를 대상으로 선거를 실시하므로 선거구의 개념과 어울리지 않는다.

따라서 이러한 선거는 선거구 획정과 아무런 관련이 없다. 그러나 지역구 국회의원선거와 지방의원선거에서는 선거구민을 지역적으로 분할하여 선거구를 획정한 후 선거를 실시하므로, 선거구 획정이 선거의 전제조건이자 핵심 쟁점이 된다.

2. 선거구획정위원회 설치

공직선거법에 따라 임기만료에 따른 국회의원선거에서 지역구의 공정한 획정을 위하여 국회의원 선거구획정위원회를 둔다(§24①). 국회의원 선거구획정위원회는 임기만료에 따른 국회의원선거의 선거일 전 18개월부터 해당 국회의원선거에 적용되는 국회의원지역구의 명칭과 그 구역이 확정되어 효력이 발생하는 날까지 존속한다(§24①).

국회의원 선거구획정위원회는 총 9명의 위원으로 구성하고, 위원장은 위원 중에서 호선한다. 이를 위하여 국회는 중앙선거관리위원회 위원장이 지명하는 1명과 학계 · 법조계 · 언론계 · 시민단체 · 정당 등으로부터 추천받은 사람 중 8명을 의결로 선정하여 중앙선거관리위원회에 통보하고, 중앙선거관리위원회 위원장이 이들을 획정위원으로 위촉한다(§24④).

국회의원선거구획정위원회는 1996년 실시된 제15대 총선을 앞두고 처음으로 도입되었으나, 자문기구로 운영됨에 따라 국회에서 선거구획정위원회가 제출한 획정안을 정치적 이해관계에 따라 불합리하게 조정하고, 그마저 매번 선거일에 임박해서야 선거구가 확정되는 문제점이 반복적으로 발생하였다.

이러한 문제점을 해결하기 위하여 2015년 6월 공직선거법을 개정하여 현행처럼 선거구획정위원회의 구성과 운영방법을 개선한 바 있으나, 여전히 선거 때마다 선거구획정이 지연되고, 자의적인 선거구 획정에 따른 의구심도 해소되지 않았다.

한편, 기초의원 선거구획정위원회는 11인 이내의 위원으로 구성하되, 학계 · 법조계 · 언론계 · 시민단체와 시 · 도의회 및 시 · 도선거관리위원회가 추천하는 사람 중에서 해당 시·도지사가 위촉한다. 선거구 획정의 공정을 기하기 위하여 국회의원이나 지방의원은 물론 정당의 당원도 선거구획정위원회의 위원이 될 수 없다.

참고로 시·도의원 지역구의 획정과 관련해서는 따로 선거구획정위원회를 두지 않는다. 시·도의원 선거구는 기초자치단체 또는 국회의원지역구를 분할하여 획정하므로 애초에 자의적인 선거구 획정, 즉 게리멘더링의 위험성이 높지 않기 때문이다.

3. 국회의원 정수와 선거구 획정

가. 국회의원 정수

우리 헌법은 국회의원의 정수를 200인 이상으로 하도록 그 하한만을 정하고 있을 뿐, 구체적으로 국회의원 수를 몇 명으로 할 것인지는 법률로 정하도록 유보함으로써, 공직선거법에서는 국회의원 정수를 지역구국회의원 254명과 비례대표국회의원 46명을 합하여 총 300명[15]으로 하도록 규정하고 있다(§21).

아울러 공직선거법은 1개의 국회의원지역선거구에서 선출할 정수는 1인으로 규정하여 지역구 국회의원선거에서는 소선거구제를 채택하고 있음을 명확히 하고 있다.

나. 국회의원 지역구 획정

우리나라는 도시화와 농촌지역의 소멸현상 때문에 총선거를 실시한 후 다음 총선거를 앞두고는 항시 선거구 간 인구편차가 2 대 1을 넘은 지역이 출현하므로, 헌법재판소가 제시한 평등선거의 원칙에 부합하도록 지역선거구를 다시 획정해야 한다.

이에 따라 국회의원 선거구획정위원회는 재적위원 3분의 2 이상의 찬성으로 의결한 선거구획정안과 그 이유 및 그 밖에 필요한 사항을 기재한 보고서를 임기만료에 따른 국회의원선거의 선거일 전 13개월까지 국회의장에게 제출해야 한다(§24⑪).

국회의원 지역선거구는 시 · 도 안에서 인구·행정구역·교통 등을 고려하여 획정하되, 구·시·군의 일부를 분할하여 다른 국회의원지역구에 속하게 하지 못한다. 다만, 인구편차의 허용한계를 맞추기 위하

15) 우리 헌정사에서 양원제 시기에도 의원정수는 300명을 넘지 않았다.

여 분할하는 경우에는 예외를 인정한다(§25①).

과거 국회의원선거에서 선거구별 인구편차를 줄이기 위해 공직선거법의 부칙에 특례를 두고 구·시·군의 일부를 분할하여 다른 국회의원지역구에 속하도록 허용하는 사례가 흔했다. 심지어 2020년 4월 실시한 제21대 총선에서는 화성시의 봉담읍을 분할하여 화성시갑과 화성시병선거구로 획정한 사례도 있다.

헌법재판소는 공직선거법의 구·시·군 분할 금지의 원칙이 헌법적 가치는 아니므로 부득이한 경우에는 선거권 평등이라는 헌법적 요청 앞에서는 양보되어야 할 것이고, 오히려 행정구역 자체를 일부 수정하는 방법도 고려될 수 있다고 적극적으로 판시한 사례도 있다.[16] 여기에서 우리는 성과가치의 평등을 추구하는 평등선거 원칙의 이상을 확인할 수 있다.

국회의원선거구획정위원회가 제출한 선거구획정안은 국회의 상임위원회 또는 특별위원회가 3분의 2 이상의 찬성으로 1회에 한하여 다시 제출할 것을 요구할 수 있다(§24의2③).

다. 국회의원 선거구획정제도 개선방안

국회의원선거구획정위원회는 임기만료에 따른 국회의원선거의 선거일 전 13개월까지 국회의장에게 선거구획정안을 제출해야 한다(§24⑪). 해당 규정은 총선 전년도에 국회가 예산·결산안의 처리와 국정감사를 실시하기 전에 선거구획정안이 반영된 공직선거법 개정법률안을 처리하기 위한 취지로 보인다. 특히 국회의원선거에서는 선거일 전 120일부터 예비후보자 등록신청이 개시되는 점도 고려해야 한다(§60의2①).

그러나 변경된 선거구역표를 반영한 공직선거법 개정법률안은

16) 헌법재판소 2001. 10. 25. 선고 2000헌마92·240병합 결정

여전히 선거가 코앞에 다가와서야 시행되고 있다. 예컨대, 2016년 4월 13일 실시된 제20대 총선에서는 선거일을 40여일 앞둔 3월 3일에, 2020년 4월 15일에 실시된 제21대 총선에서는 선거일을 90여일 앞둔 1월 14일에, 2024년 4월 10일에 실시된 제22대 총선에서는 선거일을 불과 33일 앞둔 3월 8일에야 각각 선거구역표를 담은 공직선거법 개정법률이 공포되었다.

국회의원 선거구가 선거일에 임박하여 확정될 경우 예비후보자에게 선거운동의 자유가 제약되고, 이는 유권자의 알권리 침해에 따른 선거권의 제약으로도 파악될 수 있다. 아울러 촉박한 일정상 민주적 절차에 따른 정당의 후보자 선출이 곤란하여 신비스럽고 은밀한 전략공천이 당내민주주의를 구축하게 된다. 선거구 획정의 지연은 이렇게 정당의 당내민주주의를 위협할 뿐만 아니라 일반 유권자의 후보자 선택의 자유도 침해될 수 있다.

입법론적으로 이러한 선거구 획정 지연의 문제점을 해결하기 위해서는 국회의원선거구획정위원회가 제출한 선거구획정안을 담은 공직선거법 개정법률안을 국회가 예비후보자 등록신청 개시일까지 의결하지 못한 경우에는 선거구획정위원회가 국회에 제출한 선거구획정안에 따라 국회의원선거를 실시하도록 선거구획정제도를 개선할 필요가 있다고 본다.

아울러 국회의원선거구획정위원회의 설치일부터 과거 1년 동안 정당의 당원이었던 사람은 위원이 될 수 없도록 금지하고 있으나(§24⑦), 정당은 선거구획정위원회의 위원을 추천할 수 있고, 사실상 정당 간 합의에 따라 획정위원이 결정되므로(§24④), 여전히 정당의 손아귀에는 선거구획정위원회 위원의 의사를 원격으로 제어할 수 있는 리모컨이 쥐어져 있다.

실제 특정 정당의 영향력에서 자유롭지 못한 일부 획정위원의 경우 정당의 대리인처럼 수시로 회의 진행상황을 외부에 알리는 문제가 발생하여 회의 중 전화기 사용을 금지하자, 이제는 원격조정의 스위치가 꺼진 로봇처럼 침묵의 카르텔이 회의장을 지배하여 논의가 중단된 사례도 있었다고 한다.

이러한 교착상태를 해소하고자 2016년 1월 초에는 선거구획정위원장이 일부 위원과 함께 선거구획정에 관한 합의를 도출해 내지 못한 점에 책임을 지고 사퇴하기도 하였다. 그 원인에는 선거구획정위원의 추천방식과 구성비율, 그리고 3분의 2 이상의 찬성을 요구하는 의결정족수의 문제점이 자리잡고 있다.

국회의원선거구획정위원회의 획정안은 국회의 입법권을 일부 제한하므로 그 획정안 의결에 3분의 2 이상의 특별의결정족수를 요구하는 부분은 수긍할 수 있더라도, 정당의 영향력에서 자유롭지 못한 국회 위원회의 의결로 사실상 획정위원회가 구성되는 점과, 정당이 선거구획정위원회의 위원을 추천하는 부분은 반드시 개정이 필요하다고 본다. 누구도 자신이 개입된 사건의 재판관이 될 수 없기 때문이다(Nemo Iudex in Causa Sua).

선거구 획정에 정치적 영향력은 철저하게 차단되어야 한다. 정치세력의 개입을 용인하는 순간 획정은 지연되고 합의를 빌미로 선거구역표는 게리맨더링에 오염될 우려가 있기 때문이다.

OECD 국가들의 입법례를 살펴보면, 대부분의 국가에 선거구획정위원회를 두고 있음에도 그 위원회의 구성에 정당이 참여하는 사례를 찾아보기 어렵다.[17] 참고로 공직선거법은 선거구획정위원회가 국회의원지역구를 획정하는 때에 국회에 의석을 가진 정당에게 의견진술의 기회를 부여하도록 보장하고 있다(§24⑩). 이것으로도 절차적 정의는 충분히 구현될 수 있다.

17) 중앙선거관리위원회 2022. 11.『각국의 선거제도 비교연구』178~194쪽

4 시·도의원 정수와 선거구 획정

가. 시·도의원 정수

시·도별 지역구 시·도의원의 정수는 그 관할구역 자치구·시·군수의 2배수로 하되, 인구·행정구역·교통 등의 조건을 고려하여 20%의 범위에서 조정할 수 있다. 이 경우 하나의 기초자치단체에 2 이상의 국회의원지역구가 있는 때에는 그 지역구 수를 기준으로 시·도의원 정수를 산정한다(§22①).

다만, 기초자치단체마다 지역구 시·도의원의 최소 정수를 두어 인구가 5만 명 미만인 자치단체는 최소 1명으로 하고, 인구가 5만 명 이상인 자치단체는 최소 2명으로 한다. 이에 따라 산정된 의원정수가 19명 미만이 되는 시·도는 그 정수를 19명으로 한다. 대전시와 울산시가 이러한 특례조항의 혜택을 누리고 있다.

한편, 비례대표 시·도의원정수는 지역구 시·도의원정수의 10%로 하되, 그 단수는 1로 보고 이에 따라 산정된 비례대표 시·도의원 정수가 3인 미만인 때에는 3인으로 한다. 이에 따라 모든 시·도의 의원정수는 최소 22명이 된다.

참고적으로 세종특별시와 제주특별자치도는 시·도의원 정수를 각각 따로 정한다. 세종시는 세종특별자치시 설치 등에 관한 특별법에서 지역구 시의원 정수를 18명으로, 비례대표 시의원의 정수는 지역구 정수의 10%로 한다(§19②·③). 제주도의 경우 제주특별자치도 설치 및 국제자유도시 조성을 위한 특별법에서 도의원 총정수를 45명 이내에서 도의 조례로 정하되, 비례대표 정수는 총 의원정수의 20% 이상으로 한다(§36①·②).

나. 시·도의원 지역구 획정

시·도의원 지역선거구의 획정에 관해서는 별도의 선거구획정위원회를 두지 않는 것이 가장 큰 특징이다. 시·도의원 지역구는 인구·행정구역·교통 등을 고려하여 기초자치단체 전체를 구역으로 하거나 분할하여 획정한다(§26①).

하나의 자치단체에 2 이상의 국회의원지역구가 있는 때에는 각각의 국회의원지역구를 2개의 시·도의원 지역구로 획정하되, 읍·면·동의 일부를 분할하여 다른 시·도의원지역구에 속하게 하지 못한다. 다만, 최근에는 선거구간 인구편차를 줄이기 위하여 공직선거법의 부칙에 특례를 두고 읍·면·동을 분할하여 시·도의원지역구 획정을 허용한 사례가 일부 있다.

지역구 시·도의원선거의 선거구역표는 국회의 입법사항으로 공직선거법 제26조제1항에 따른 별표 2에서 총 729개 선거구의 명칭과 관할구역을 정하고 있다. 그러나 대부분의 도에서는 농촌지역의 인구감소에 따라 도의원선거에서 선거구 간 인구편차를 준수하는 것이 블랙홀에서 사건의 지평선(Event Horizon)을 들여다보는 것만큼이나 어려운 과제가 되었다.

예컨대, 2006년 실시한 충청북도 도의원선거에서 청주시 제2선거구의 인구수가 12만 명이었으나, 증평군은 2,300명에 불과하여 48:1의 극단적인 인구편차를 보인 사례도 있었다. 그러나 헌법재판소가 시·도의원 지역구의 인구편차 허용한계를 3:1로 판시함에 따라 이제 이러한 편차는 더 이상 허용될 수 없다.

지역구 도의원의 지역대표성 보호와 균형발전을 위한 지방자치의 이념이 평등선거의 헌법적 가치와 상충되지 않도록 입법정책적으로 조화로운 해결책을 모색할 필요가 있다.

5. 기초의원 정수와 선거구 획정

가. 기초의원 정수

자치구·시·군별 의원정수는 공직선거법 제23조제1항에 따른 별표 3에서 정한 시·도별 자치구·시·군의회의원 총정수표의 범위에서 해당 시·도에 설치된 자치구·시·군의원선거구획정위원회가 관할 시·도의 기초자치단체별 인구와 지역대표성 등을 고려하여 중앙선거관리위원회규칙이 정하는 기준에 따라 정한다(§23①).

이에 따라 공직선거관리규칙에서는 의원정수의 산정기준으로서 기초자치단체별 인구 비율과 읍·면·동 수 비율을 고려하되, 자치단체 안에서 지역선거구별로 의원 1인당 인구수의 편차가 최소화되도록 노력할 의무를 부과하고 있다(§4②).

기초자치단체의 최소 의원정수는 7인으로 하고, 비례대표 기초의원정수는 해당 자치단체 의원정수의 10%로 하되, 단수는 1로 본다(§23②·③). 이 경우 비례대표 의원정수를 우선 정하고 그 나머지를 지역구 의원정수로 하므로, 자치구·시·군 의원정수가 15명인 경우 비례대표 정수는 2명이 되고 지역구 정수는 그 나머지인 13명이 된다.

나. 기초의원 지역구 획정

공직선거법에서는 시·도별 기초의원의 총정수만을 정하고 있을 뿐, 기초자치단체별 지역선거구의 획정과 선거구별 의원정수는 해당 시·도에 설치된 자치구·시·군선거구획정위원회가 정하도록 위임하고 있다(§23①).

이에 따라 기초의원 지역구의 공정한 획정을 위하여 각 시·도에 자치구·시·군선거구획정위원회를 두며, 해당 선거구획정위원회는 획정안을 마련하고 그 이유 등을 기재한 보고서를 임기만료에 따른 선거일 전 6월까지 해당 시 · 도지사에게 제출해야 한다. 기초의원 지역구의 획정은 시 · 도의원지역구 내에서 인구·행정구역·교통 등의 조건을 고려하여 획정하되, 읍·면·동의 일부를 분할하여 다른 기초의원 지역구에 속하게 하지 못한다.

하나의 지역구에서 선출할 기초의원 정수는 2인 이상 4인 이하로 하여 우리나라 공직선거 중 유일하게 중선거구제를 적용하고 있다. 과거 하나의 광역의원 지역구에서 기초의원 4인을 선출하는 경우 2개 이상의 지역구로 분할할 수 있도록 허용함에 따라, 다수의 시·도의회가 선거구획정안을 무시하고 4인 선출 지역구를 분할하여 2인 선출 지역구로 변경한 사례가 많았다.

이는 풀뿌리 민주주의의 상징인 기초의원선거에서 중선거구제를 도입한 입법취지를 중대하게 훼손하는 것이므로, 2022년 4월 제8회 전국동시지방선거를 앞두고 입법권자가 공직선거법을 개정하여 관련 근거를 삭제하였다(§26④).

입법권자는 한 발 더 나아가 2022년 6월 실시하는 제8회 전국동시지방선거에 한정하여 적용하는 것을 전제로 공직선거법의 부칙에 기초의원선거에서 중대선거구제 시범실시에 관한 특례를 두고 서울·경기 · 인천 · 대구 등 전국적으로 11개 국회의원 지역구에서는 하나의 기초의원지역구에서 선출할 의원정수를 3인 이상 5명 이하로 정할 수 있도록 규정한 바 있다.

이에 따라 2022년 6월 실시한 제8회 전국동시지방선거에서 기초의원선거의 총 지역구수는 1,030개가 되었다. 세종시와 제주도는 기초의회가 없으니 이를 제외한 숫자이다.

제 6 절
공직선거 출마자격

1. 출마자격과 피선거권 개요

선거에 출마하여 당선될 수 있는 권리를 피선거권이라 한다. 통상적으로 피선거권은 해당 공동체가 추구하는 가치의 실현과 목적달성을 위하여 선거권보다 가중요건을 두는 것이 일반적이다. 공직선거법에서는 국가 또는 지방자치단체의 대표자가 되려는 사람에게는 피선거권으로서 높은 수준의 도덕적·윤리적 기준을 요구하고 있다.

다만, 종전에는 피선거권과 선거권의 연령을 각각 다르게 정하였으나, 2022년 1월 공직선거법의 개정으로 대통령선거를 제외한 선거에서 해당 연령을 18세로 일치시켰다. 대통령선거에서는 여전히 40세 이상의 국민에게만 피선거권을 인정한다(§16). 헌법에서 직접 규정한 연령이기에 입법권자가 공직선거법을 개정하여 완화할 수 없다.

공직선거에서 피선거권은 적극적 요건으로 연령, 거주요건, 국적, 주민 등 일정한 요건을 갖추어야 하고, 소극적 요건으로서 범죄경력 등 결격사유가 없어야 한다. 예컨대, 공직선거법은 피선거권의 적극적 요건을 모두 갖춘 사람이라도 공동체에 위해를 가한 범죄행위로 유죄판결이 확정된 사람에게는 범죄와 형벌의 종류에 따라 일정기간 피선거권을 제한하기 때문이다.

2. 피선거권의 적극적 요건

가. 대통령선거

우리 헌법은 모든 국민이 법률이 정하는 바에 따라 공무담임권을 가진다고 규정하고 있다(§26). 공무담임권의 내용은 공직취임권과 피선거권으로 구분할 수 있으므로,[18] 해당 규정은 피선거권에 관한 일반규정으로 볼 수 있다. 이처럼 우리 헌법은 피선거권의 소극적 요건에 관해서는 아무런 언급이 없다.

대통령선거의 피선거권에 관하여 우리 헌법은 국회의원의 피선거권이 있고 선거일 현재 40세에 달하여야 한다고 적극적 요건을 규정하고 있다(§67④). 이에 더하여 공직선거법은 헌법에 규정된 대통령선거의 피선거권 요건을 강화하여 선거일 현재 5년 이상의 국내 거주요건을 추가하고 있다(§16①).

나. 국회의원선거

국회의원선거의 피선거권의 요건에 관하여 헌법에서는 아무는 규정을 두지 않고 있다. 국회의원의 선거구와 비례대표제 기타 선거에 관한 사항은 법률로 정하도록 유보하고 있을 뿐이다.

공직선거법에서는 국회의원선거의 피선거권에 관한 적극적 요건으로서 오직 18세 이상의 대한민국 국민일 것을 요구하고 있다(§16②). 지역구 국회의원의 경우 특정 지역에서 선출되지만, 입법기관의 구성원으로서 국민 전체의 대표자적 지위를 가지고 있기 때문에 거주요건을 요구하지 않는다.

---

18) 헌법재판소 1999. 5. 27. 선고 98헌마214 결정

다. 지방자치단체선거

우리 헌법은 지방자치단체에 의회를 두도록 하고, 지방의회의 조직·권한·의원선거와 지방자치단체의 장의 선임방법 기타 지방자치단체의 조직과 운영에 관한 사항은 법률로 정하도록 하여 지방선거의 기본적인 원칙은 물론이고 지방자치단체 장선거의 실시 여부에 관해서도 법률에 위임하고 있다(§118).

헌법의 위임에 따라 제정된 지방자치법에서는 지방의원 및 지방자치단체의 장 선거에 관하여 보통·평등·직접·비밀선거에 의하여 선출하도록 기본원칙을 정하면서 세부적인 사항은 따로 법률로 정하도록 규정하고 있다(§38·§107). 이에 따라 지방자치단체의 의회를 구성하는 지방의원선거는 물론이고, 독임제 기관으로서 해당 지방자치단체를 대표하는 지방자치단체의 장선거도 공직선거법이 정한 절차와 방법에 따라 실시되고 있다.

공직선거법에서는 지방의원 및 지방자치단체장 선거의 피선거권은 18세 이상으로 국민으로서 선거일 현재 계속하여 60일 이상 해당 지방자치단체의 관할구역에 주민등록이 되어 있을 것을 요구한다(§16③). 재선거나 보궐선거에서도 예외가 없다.

다만, 공무로 외국에 파견되어 선거일 전 60일 후에 귀국한 사람은 선거인명부작성기준일부터 선거일까지 해당 지방자치단체에 주민등록이 되어 있으면 선거에 출마할 수 있다. 여기에서 공무란 국가나 공공단체의 업무를 말하므로, 사기업의 주재원으로 외국에 파견된 사람에게는 피선거권에 관하여 해당 지방자치단체의 거주요건에 대한 예외가 인정되지 않는다.

지방선거에서 피선거권의 적극적 요건으로서 일정한 거주기간을 요구하는 이유는 지방자치제도의 본질에서 연유한다. 즉, 지방자치제도는 일정한 지역을 단위로 해당 지역의 주민이 그 지방에 관한 사무를 자신의 책임 아래 자신들이 선출한 기관을 통하여 직접 처리하게 함으로써 지방자치 행정의 민주성과 능률성을 제고하고 지방의 균형 발전과 아울러 국가의 민주적 발전을 도모하는 제도이기 때문이다.

따라서 주민자치를 원리로 하는 지방자치제도에서 그 대표자에게 거주요건을 두는 것은 지연(地緣)적 관계를 고려하여 해당 지역의 사정을 잘 알거나, 해당 지역과 사회적·지리적 이해관계가 있어 지역행정에 관심이 많은 사람에게 피선거권을 부여함으로써 지방자치의 민주성과 능률성을 도모하기 위한 것이므로, 지방선거에서 이러한 조건을 두는 것은 실로 자연스럽다.

특히 해당 지방자치단체의 관할구역에서 60일 이상 주민등록을 두도록 지방선거의 피선거권을 정한 취지는, 일정기간 이상 해당 지방자치단체의 주민으로서 생활하여 그 지방자치단체의 사무와 어느 정도 밀접한 이해관계를 형성하고 있다고 판단되는 사람에 한정하여 해당 지방자치단체의 의원선거나 장선거에 출마할 수 있도록 특별한 자격요건을 부여하기 위한 것이다. 다만, 피선거권의 적극적 요건으로서 지방자치단체의 관할구역에 주민등록이 되어 있을 것을 요구하고 있을 뿐, 60일 이상 해당 지방자치단체에 실제 거주해야 하는 것은 아니다.[19]

참고적으로 지방선거의 선거권은 국민의 권리가 아니라 주민의 권리이므로, 영주의 체류자격을 갖추고 3년이 경과한 외국인에게도 선거권을 부여하고 해당 선거에 한정하여 선거운동을 허용하고 있다(§60①). 그러나 지방자치단체의 대표자가 될 수 있는 피선거권은 오로지 대한민국 국민에게만 부여한다.

---

19) 대법원 1992. 9. 22. 선고 92우18 판결

3. 선거권이 없어 피선거권도 없는 사람

가. 선거권이 없는 사람의 공민권 제한 개요

공직선거법은 선거권이 없는 사람에게 피선거권도 인정하지 않는다(§19). 선거권이 없는 사람에게 피선거권을 제한하는 것은 범죄전력을 가진 사람에게 형벌 외의 제재를 부과함으로써 정치공동체의 안전과 발전을 도모하기 위한 조치로 보인다.

선거권이 없는 사람은 피선거권과 공무담임권이 제한되고, 투표할 수 없어 참정권이 박탈되며, 선거운동을 할 수 없어 표현의 자유가 제약됨은 물론, 정당의 당원이 될 수 없어 정당활동의 자유가 제약되고, 후원회의 회원도 될 수 없으므로 정치활동의 영역에서 축출되고 선거의 영역에서 배제된다.

나. 일반범죄로 금고 이상의 형의 선고를 받은 사람

일반범죄로 1년 이상의 징역 또는 금고의 형의 선고를 받고 그 집행이 종료되지 않거나 그 집행을 받지 않기로 확정되지 않은 사람은 선거권이 없다. 다만, 그 형의 집행유예기간 중에 있는 사람에게는 선거권이 있다. 여기에서 형의 선고를 받고 그 집행이 종료되지 않은 사람이란, 현재 복역중인 사람이나 가석방된 사람으로서 잔여형기를 마치지 않은 사람을 의미한다.

반면, 일반범죄로 선거일 현재 1년 미만의 징역 또는 금고의 형을 선고받은 사람, 벌금형의 선고를 받은 사람, 가석방되어 잔여형기를 마친 사람, 일반사면 또는 특별사면을 받은 사람, 선고유예를 받은 사람, 공판이 계속 중인 사람은 선거권이 있다.

다. 선거·정치자금 범죄로 형을 선고받은 사람

공직선거법에 따른 선거범, 정치자금법에 따른 정치자금 부정수수죄 또는 선거비용과 관련된 죄를 범한 사람으로서 100만원 이상 벌금형의 선고를 받고 그 형이 확정된 후 5년이 지나지 않은 사람, 형의 집행유예의 선고를 받고 그 형이 확정된 후 10년이 경과되지 않은 사람, 징역형의 선고를 받고 그 집행을 받지 않기로 확정된 후 또는 그 형의 집행이 종료되거나 면제된 후 10년을 경과하지 않은 사람은 선거권이 없다.

이 경우 형(刑)이 실효(失效)된 사람이라도 공직선거법이 정한 기간이 경과되어야만 선거권이 회복된다. 예컨대, 형의 실효 등에 관한 법률은 자격정지 이상의 형을 받지 않고 형의 집행을 종료하거나 그 집행이 면제된 날부터 벌금형의 경우 2년이 경과한 때, 3년 이하의 징역이나 금고의 경우 5년을 경과한 때 각각 그 형이 실효되도록 규정하고 있다(§7①).

이 경우 형의 실효는 형 선고의 효력을 상실시키는 것이므로, 형이 실효된 경우 선거권이 회복된다고 해석할 여지가 있어 공직선거법은 형이 실효된 경우에도 일정기간 선거권이 없음을 명확히 규정하고 있는 것이다(§18① 3.).

라. 부패범죄로 형을 선고받은 사람

국회의원·지방의원·지방자치단체장 등 선출직 공직자가 재임 중 직무와 관련하여 수뢰, 사전수뢰, 알선수뢰, 알선수재 등의 죄를 범하여 100만원 이상 벌금형의 선고를 받고 그 형이 확정된 후 5년이 지나지 않은 사람, 형의 집행유예의 선고를 받고 그 형이 확정된 후 10년이 경과되지 않은 사람, 징역형의 선고를 받고 그 집행을 받지 않기로 확정된 후 또는 그 형의 집행이 종료되거나 면제된 후 10년이 경과되지 않은 사람도 선거권이 없다. 이 경우에도 형(刑)이 실효(失效)된 사람을 포함하고, 열거된 부패범죄는 특정범죄가중처벌 등에 관한 법률에 따라 가중처벌되는 경우도 포함된다.

마. 판결 또는 타 법률에 따라 선거권이 제한된 사람

법원의 판결 또는 다른 법률에 따라 선거권이 정지 또는 상실된 사람도 선거권이 없다. 법원의 판결에 따라 선거권이 정지 또는 상실되는 사례로서 징역이나 금고의 형이 선고된 경우를 들 수 있다. 해당 판결을 받은 사람은 그 형의 집행이 종료되거나 면제될 때까지 선거권과 피선거권이 정지된다(형법 §43).

유기징역 또는 유기금고에 자격정지를 병과한 판결이 확정된 때에는 해당 형의 집행을 종료하거나 면제된 날로부터 자격정지 기간을 기산(起算)한다. 다만, 형의 실효 등에 관한 법률 등에 따라 형이 실효되거나 사면법에 따라 일반사면 또는 복권이 되는 때에는 선거권 또한 회복된다.[20]

다른 법률에 따라 선거권 또는 피선거권이 정지 또는 상실되는 사례로는 마약·알코올이나 약물중독 상태에서 범죄행위를 한 사람의 보호와 치료를 입법목적으로 하는 치료감호 등에 관한 법률에 따른 피치료감호자를 들 수 있다. 해당 법률에서는 치료감호의 집행이 종료되거나 면제될 때까지 피치료감호자에게 공무담임권과 참정권을 유보하도록 규정하고 있다(§47).

20) 중앙선거관리위원회 2008. 3. 3. 회답

4. 선거권은 있지만 피선거권이 없는 사람

가. 금고 이상의 형이 실효(失效)되지 않은 사람

일반범죄로 금고 이상의 형의 선고를 받은 사람은 선거권과 달리 그 형량을 불문하고 피선거권을 제한한다. 이에 따라 금고 이상의 형을 선고받은 경우라면 그 형량이 1년 미만이라도 피선거권이 없다. 더욱이 금고형의 집행을 종료하거나 그 집행을 받지 않기로 확정되더라도 그 형이 실효된 경우에만 피선거권이 회복된다(§19 2.). 형이 실효되는 사례는 다음 4가지가 있다.

첫째, 형의 실효 등에 관한 법률에 따른 형의 실효가 있다. 금고형의 집행을 종료하거나 그 집행이 면제된 날부터 3년을 초과하는 징역·금고는 10년, 3년 이하의 징역·금고는 5년이 지난 때에 비로소 그 형이 실효되어 피선거권이 회복된다(§7). 다만, 징역형의 선고를 받고 그 형이 실효되기 전에 집행유예 선고를 받은 경우 그 선고가 확정된 날부터 당초 징역형에 따른 실효기간을 새로이 경과해야 피선거권이 회복된다.[21]

둘째, 금고형의 집행유예기간 경과에 따른 형의 실효가 있다. 금고형의 집행유예 선고를 받고 그 유예기간이 경과한 때에는 형이 실효되어 피선거권이 회복된다(형법 §65). 금고형의 집행유예에 자격정지가 병과된 경우 그 집행유예 기간을 무사히 경과하면 자격정지형의 기간은 판결의 확정일부터 기산되지만,[22] 금고형의 집행유예 선고가 없이 자격정지가 병과된 때에는 금고형의 집행이 종료·면제된 날부터 그 정지기간을 기산한다.

셋째, 일반사면 또는 특별사면과 복권에 따른 형의 실효가 있다.

21) 중앙선거관리위원회 1991. 6. 17. 회답

22) 중앙선거관리위원회 1992. 3. 20. 회답

일반사면의 경우 형이 실효되어 모든 권리가 회복되지만, 국회의 동의가 필요하므로 그 예를 찾아보기 어렵다.

공직선거에서 쟁점이 되는 부분은 대통령의 고유권한으로 발하는 특별사면, 소위 특사(特赦)의 경우이다. 특별사면의 법률적 효과는 형의 집행이 면제될 뿐이므로, 특사만으로는 공직선거법에서 특별하게 피선거권을 제한하는 부분까지 그 효력이 미치지 않는다. 따라서 특별사면과 함께 복권조치가 함께 이루어져야만 비로소 피선거권이 온전하게 회복된다(사면법 §5).

넷째, 형법에 따른 재판상 실효가 있다. 금고형의 집행을 종료하거나 집행이 면제된 사람이 피해자의 손해를 보상하고 자격정지 이상의 형을 받음이 없이 7년을 경과한 후 본인 또는 검사의 신청에 따라 그 재판의 실효가 선고된 경우이다(§81). 3년 이하 금고형의 경우 형의 실효등에 관한 법률에 따라 5년이 지나면 저절로 피선거권이 회복되므로, 3년을 초과하는 금고형을 선고받은 사람에게만 실익이 있을 것이다.

참고적으로 형의 선고유예는 비록 유죄 취지의 판결이지만, 선거권과 피선거권에는 아무런 영향이 없다.

나. 후보자추천 매수죄 전과자

정당이 특정인을 후보자로 추천하는 일과 관련하여 금품이나 그 밖의 재산상의 이익 또는 공사의 직을 제공하거나 그 제공의 의사를 표시하거나, 이러한 행위를 지시·권유 또는 요구하거나 알선하여 공직선거법에 따른 후보자추천 매수죄(§230⑥)로 벌금형의 선고를 받고 그 형이 확정된 후 10년이 경과되지 않은 사람은 피선거권이 없다(§19 5.).

본 조는 정당의 후보자 추천과 관련한 금품수수를 엄격히 금지함으로써 선거의 공정성을 강화하기 위하여 2014년 2월 신설되었다.

다. 국회 회의방해죄 전과자

국회법에 따른 국회 회의방해죄(§166)를 범한 사람으로서, 500만원 이상의 벌금형, 집행유예 또는 징역형의 선고를 받은 사람은 그 형이 확정되거나 집행이 종료된 후 최소 5년 이상 최장 10년까지 공직선거의 피선거권이 없다(§19 4.).

해당 규정은 국회의 본회의, 위원회 또는 소위원회의 각종 회의는 물론, 국정감사 및 국정조사의 평온한 질서를 유지하고 성숙한 의회민주주의의 토대를 마련하기 위하여 2013년 12월 공직선거법을 개정하여 국회법 위반에 따른 피선거권 제한규정을 신설한 것이다. 다만, 아직까지는 적용된 사례가 없다.

5. 피선거권이 있어도 미리 사직해야 하는 사람

민주주의 국가의 선거에서 정당 또는 후보자 간 균등한 기회를 보장하여 선거의 공정성을 확보하고 선출된 대표자에게 민주적 정당성을 부여하는 것은 국가가 추구해야 하는 정당한 공익이자 입법권자의 중대한 의무이다. 이에 따라 공직선거법은 현직의 권한을 악용하여 자신의 당선에 유리하도록 선거에 부당한 영향력을 행사하는 것을 방지하기 위하여 특정 신분을 가진 사람이 입후보하려면 선거일 전 90일까지 그 직을 사직하도록 함으로써 선거의 공정을 도모하고 직무전념성을 확보하고 있다.[23]

따라서 해당 자치단체 거주기간 등 피선거권의 적극적 요건을 갖추고 피선거권에 결격사유가 없는 사람이라도 그 신분이 공무원, 공공기관의 임원 등 공적 신분을 가진 사람이 후보자로 등록하기 위해서

23) 헌법재판소 2003. 9. 25. 선고 2003헌마106 결정

는 임기만료 선거의 선거일 전 90일까지 그 직을 그만두도록 하여 피선거권 행사를 제한한다(§53①).

이 경우 실제 사표가 수리되었는지를 불문하고 소속기관의 장에게 사직원이 접수된 때에 그 직을 그만둔 것으로 본다. 당사자의 피선거권과 유권자의 후보자 선택의 자유를 보장하기 위한 취지이다. 임기만료에 따른 선거에서 선거일 전 90일까지 사직서를 제출해야 출마할 수 있는 신분은 다음과 같다.

① 국가공무원법과 지방공무원법에 따른 직업공무원

② 선거관리위원회 또는 교육위원회의 위원

③ 공공기관의 운영에 관한 법률에 따른 공공기관 중 정부가 50% 이상의 지분을 가지고 있는 기관과 한국은행의 상근 임원

④ 농협법·수협법·산림조합법·엽연초조합법에 따라 설립된 조합의 상근 임원과 이들 조합의 중앙회장

⑤ 지방공기업법에 규정된 지방공사와 지방공단의 상근 임원

⑥ 교수·부교수·조교수·강사 외의 사립학교 교원

⑦ 여론형성의 목적이 있는 신문·방송·잡지·인터넷신문사의 발행 또는 경영하는 사람과 이에 상시 고용되어 편집·제작·취재·집필·보도의 업무에 종사하는 언론인

⑧ 바르게살기·새마을운동협의회 및 한국자유총연맹의 구·시·군 이상 단위 조직의 대표자

정부가 50% 이상 지분을 보유하는 공공기관의 상근 임원은 공공기관 지정 여부와 무관하게 입후보제한직에 해당하지만,[24] 한국산업인력공단, 국민건강보험공단, 국민연금공단의 상근 임원이 입후보제한직에서 제외된 점은 선뜻 수긍하기 어렵다.

한편, 입후보가 제한되는 언론인과 관련해서도 불편한 진실이 숨

24) 대법원 2011. 10. 13. 선고 2011도9900 판결

어 있다. 예컨대, 입후보가 제한되는 방송채널 사용사업자는 보도 전문편성에 한정되므로, YTN과 연합뉴스TV가 여기에 해당한다. 그러나 여론형성에 지대한 영향을 미치는 종합편성 채널사용 사업자인 JTBC, MBN, TV조선 및 채널A에서 편집 · 제작 · 취재 · 집필 · 보도의 업무에 종사하는 언론인은 입후보제한직이 아니다. 해당 방송사가 보도 전문편성 채널이 아니기 때문이다.

공직선거법의 행간에는 이렇게 불합리한 차별로 의심할 만한 자의적 입법의 흔적들이 남아 있다. 여기에는 이명박 정권 시절 머리에서 발끝까지 온갖 의혹을 뒤집어쓰고 출현한 종합편성 채널 방송사에 대한 거부감이 자리잡고 있는 것으로 보인다.

참고적으로 헌법재판소의 위헌판결에 따라 언론인은 자연인으로서 선거운동을 할 수 있도록 허용되었지만, 입후보제한직에서는 여전히 제외되지 않았다는 점에 유의해야 한다.

제 2 장

선거비용과 정치자금의 조달

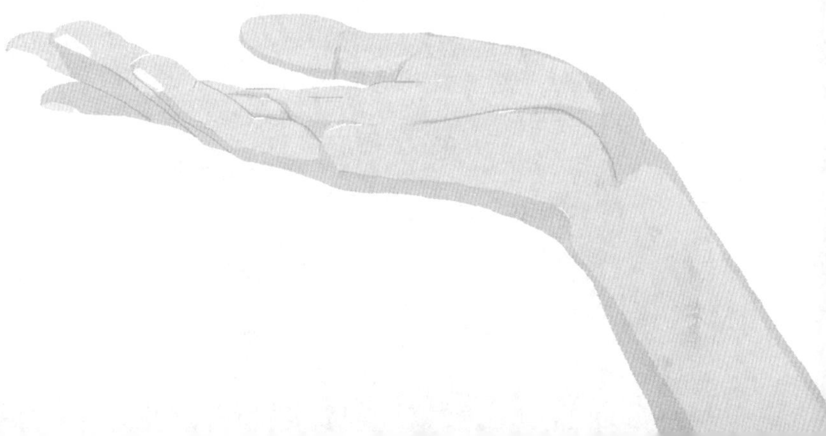

권력을 획득하기 위한 투쟁과 권력을 행사하는 행위를 정치활동이라 하고, 여기에 소요되는 비용을 정치자금이라 한다. 정치자금은 일상적인 정치활동에 소요되는 일반 정치자금과 공직선거에서 당선을 목적으로 선거운동을 위하여 지출하는 선거비용으로 구분된다.

정치자금을 흔히 정치의 모유로 비유하는데, 그 모유가 부족하거나 오염되면 정치발전을 위한 아기는 건강하게 자랄 수 없다. 이러한 측면에서 깨끗하고 투명한 정치자금을 원활하게 조달할 수 있는 방법의 제도화는 정치발전을 담보하는 버팀목으로 기능할 수 있다.

이 장에서는 정치자금의 조달방법과 선거공영제에 따른 선거비용 보전제도에 관하여 살펴본다.

제 1 절
정치자금과 선거비용의 개념

1. 정치자금과 선거비용

정치권력의 획득을 둘러싼 투쟁과 정치권력을 행사하는 행위를 정치활동이라 정의할 때, 그러한 활동의 핵심이 바로 선거다. 정치활동에 소요되는 금전이나 물품을 정치자금이라 하고, 정치자금 중 선거에서 특정 후보자의 당선이나 낙선을 위한 활동, 즉 선거운동을 위하여 지출하는 비용을 선거비용이라 한다.

일상적인 정치활동에 소요되는 정치자금에 관해서는 그 수입과 지출의 투명성에 관해서만 통제할 뿐 그 지출의 한도액을 제한하지는 않는다. 그러나 정치자금 중 선거운동에 소요되는 비용은 선거별로 그 한도액을 정하여 통제한다. 정당과 후보자의 선거운동에 균등한 기회가 보장되어야 한다는 헌법상의 원칙을 비용의 측면에서 선거비용제한액 제도로 구체화한 것이다.

정치자금법에서 정의하고 있는 정치자금이란 당비, 후원금, 기탁금, 보조금 등 공적으로 조성되거나, 정치활동을 위하여 후보자 또는 후보자가 되려는 사람, 정당의 유급사무직원 등 정치활동을 하는 사람에게 제공되는 금품을 말한다(§3 1.).

정치자금의 일종인 선거비용은 선거에서 선거운동을 위하여 소요되는 금품 및 채무 그 밖에 모든 재산상의 가치가 있는 것으로서 정당 또는 후보자가 부담하는 비용을 말한다.

다만, 직접적인 선거운동을 위하여 지출된 비용이 아니라도 기부행위 제한규정을 위반하여 지출한 비용(§119① 1.), 국민참여 방식으로 실시되는 당내경선에서 경선운동 방법을 위반하여 지출한 비용(§57의3 ③), 예비후보자등록신청개시일부터 선거일까지 총 4회를 초과하여 실시하는 선거에 관한 여론조사 비용은 선거비용으로 본다(§120 10.).

누구든지 정치자금법에 따르지 않고는 정치자금을 기부하거나 받을 수 없고, 정치자금의 회계는 공개되어야 하며, 정치자금은 사적경비나 부정한 용도로 지출할 수 없다. 후보자 등이 1회 20만원을 초과하는 정치자금을 지출하는 경우 수표, 신용카드, 계좌입금 등 실명이 확인되는 방법으로 지출해야 한다(§2).

2. 정치자금 조달방법 개요

예비후보자로 등록하기 전까지 후보자가 되려는 사람은 자신의 자산을 정치활동이나 선거운동을 위한 비용으로 사용할 수 있고, 후보자 또는 예비후보자는 관할 선거관리위원회에 후원회를 등록하여 정치자금을 모금할 수 있다. 후원회별 모금하거나 기부할 수 있는 한도액은 선거별로 합리적 차등을 둔다.

후보자 또는 후보자가 되려는 사람은 펀드 등 정치자금 공개차입의 방법으로 일반 대중을 대상으로 정치자금을 빌려 지출한 후 보전비용 등을 통하여 원금과 통상적 이자를 붙여 상환하는 방식으로 정치자금을 조달할 수도 있다. 이때 유의할 사항은 후보자 또는 후보자가 되려는 사람은 정치자금법상 정치활동을 하는 사람에 해당하므로 (§3 1.), 해당 법률이 정한 절차와 방법이 아니라면 절대로 정치자금을 수수해서는 안 된다는 점이다.

예컨대, 후보자가 되려는 사람이 정치활동을 위하여 개설·운영하는 유튜브 채널, 팟캐스트 같은 소셜미디어의 슈퍼챗·별풍선 등을 활용하여 후원금을 받는 행위는 정치자금법에 위반된다. 외관상 운영주체가 정치활동을 하는 사람이 아니라도 운영목적과 방법, 역할분담 등을 종합하여 실질적으로 정치활동을 하는 사람이 운영하는 것으로 평가될 수 있는 소셜미디어라면, 그 플랫폼을 활용하여 후원금을 받는 행위도 마찬가지다.

특히 유튜브 슈퍼챗을 통하여 정치활동을 하는 사람에게 후원금을 제공하는 것이 기업의 수익금 중 일부인 경우에는 법인·단체 또는 법인·단체와 관련된 자금의 정치자금 기부를 금지하는 정치자금법의 관련 규정에도 위반될 수 있다(§31·§45②). 우리는 이를 정치자금 부정수수죄라 부른다.

3. 정치자금 수입·지출과 회계보고

후보자가 되려는 사람이 예비후보자로 등록하기 전에는 회계책임자를 선임할 수 없으므로, 선거 준비와 관련하여 사무소를 임차하는 등 불가피하게 정치자금을 지출하는 때에는 정치자금법에 따라 회계사무를 처리한 후 예비후보자 또는 후보자 등록 후 선임한 회계책임자에게 인계해야 한다.

후보자 또는 예비후보자는 공직선거에서 선거운동을 할 수 있는 사람 중 정치자금의 수입과 지출을 담당하는 회계책임자 1명을 선임하여 지체 없이 관할 선거관리위원회에 신고해야 한다. 이 경우 후보자·예비후보자 또는 그 선거사무장은 회계책임자를 겸하여 신고할 수 있다(정치자금법 §34①·③).

후보자 또는 예비후보자가 회계책임자를 신고하는 때에는 정치자금의 수입 · 지출을 위한 예금계좌와 선거비용제한액의 범위에서 회계책임자가 지출할 수 있는 금액의 최고액을 정하고 회계책임자와 선임권자가 함께 서명 · 날인한 약정서를 첨부해야 한다(정치자금법 §34④).

후보자 또는 예비후보자의 정치자금 수입 · 지출은 그 회계책임자만이 할 수 있다. 후보자 또는 예비후보자가 자신의 재산으로 정치자금을 지출하는 경우에도 그 회계책임자를 통하여 지출해야 한다. 다만, 회계책임자의 관리 · 통제 아래 정치자금 지출을 위하여 신고된 예금계좌를 결제계좌로 하는 신용카드 · 체크카드, 그 밖에 이에 준하는 방법으로 지출하는 경우에는 후보자 또는 예비후보자도 직접 정치자금을 지출할 수 있다(정치자금법 §36①).

후보자 또는 예비후보자의 회계책임자는 선거일 후 20일 현재로 선거일 후 30일까지 관할 선거관리위원회에 정치자금의 수입과 지출에 관한 회계보고를 해야 한다(정치자금법 §40① 5.). 이 경우 예비후보자로 등록하였으나 후보자로 등록하지 않은 사람의 회계책임자도 함께 회계보고를 해야 한다.

회계책임자가 선거비용에 관한 회계보고를 하지 않거나 허위기재 · 위조 · 변조하거나 수입 · 지출을 은닉하기 위하여 누락한 경우 5년 이하의 징역 또는 2천만원 이하의 벌금에 처하고(§49①), 영수증 등 증빙서류를 허위기재 · 위조 · 변조한 경우 2년 이하의 징역 또는 400만원 이하의 벌금에 처한다(§49② 6.).

이러한 형벌보다 더 무서운 것은 선거사무소의 회계책임자가 해당 범죄로 벌금 300만원 이상의 형이 선고되면 공직선거법에 따라 해당 후보자의 당선이 무효로 되는 점이다(§263②).

제 2 절

후원회를 통한 정치자금 모금

1. 후원회 제도의 의의

후원회 제도는 유권자들의 자발적인 정치참여의식을 높여 그들 스스로 정당이나 정치인을 후원하도록 함으로써 정치에 대한 신뢰를 높이는 데 그 목적이 있다. 특히 정치인이 직접 정치자금을 수수하지 못하도록 후원회라는 완충지대를 설정하여 정치권력의 오염을 방지하는 점에도 큰 의의가 있다.

이러한 후원회 제도는 해당 후원회 또는 후원회원이 지향하는 정책적 의지가 보다 효율적으로 구현될 수 있도록 하자는 점에서 그 정치철학적 기초를 찾을 수 있다.

후원회 제도는 1980년 12월 국고보조금제도와 함께 정치자금법의 개정을 통하여 최초로 도입되었다. 초기에는 정당후원회를 허용하고 곧이어 국회의원후원회를 허용한 이래 점진적으로 후원회를 둘 수 있는 신분의 범위를 확대하여 왔다. 2022년 6월 실시된 제8회 전국동시지방선거부터는 광역의원선거와 기초의원선거의 예비후보자 및 후보자에게도 후원회가 허용되었다. 다만, 비례대표 선거에서는 그 주체가 정당이므로 해당 후보자에게는 후원회가 허용되지 않는다.

후원회 제도는 국고보조금 제도와 함께 1979년 12·12 군사반란으로 집권한 신군부가 1980년 국회를 해산한 후 정치권을 회유할 목적으로 비상입법기구의 입법을 통하여 도입되었으나, 지금은 정치신인에게 정치활동과 선거참여의 새로운 기회를 제공하게 되었다는 점은 역사의 아이러니다.

참고적으로 2002년 12월 실시된 대선에서 불특정 다수의 유권자들이 능동적으로 참여하여 대가성 없는 소액 다수의 순수한 정치자금을 모금한 사례는 정치자금 모금에 관하여 전세계적인 전범(典範)을 창출한 것으로 평가할 수 있다. 이제 희망돼지는 역사가 되었지만, 유권자들의 사랑을 받는 정치신인이 등장하여 그 가능성이 다시 실현되기를 기대해 본다. 꿈도 여럿이 함께하면 현실이 되기 때문이다.

2. 후원회를 활용한 정치자금 모금

정치인의 후원회는 정치자금을 조달하는 경제적 측면으로만 그 의미를 축소해서는 안 된다. 오히려 지지자들을 조직화하여 득표력을 강화하고 정치자금 모금활동을 통하여 인지도를 확장할 수 있는 정치적 의미와 그 가능성에 더 주목해야 한다.

이러한 측면에서 상당한 재력을 가진 정치인이라도 가급적 후원회를 설립하여 정치적 자산으로 활용하는 것이 바람직해 보인다. 특히 지역사회에서 존경받은 인물을 후원회의 회장으로 초빙하여 자신이 추구하는 가치와 정책방향을 간접적으로 유권자에게 제시하는 의미도 무시할 수 없을 것이다.

아울러 후원회 회계책임자 선임에도 주의를 기울여야 한다. 일반적인 회계처리와 달리 정치자금과 선거비용 수입·지출에 관해서는 상당한 전문성이 요구되기 때문이다.

적임자를 구했더라도 정치자금의 회계처리에 관해서는 수시로 관할 선거관리위원회에 문의하여 확인할 일이다. 후원회 운영에 관한 구체적인 내용은 선거일 3～4개월 전에 중앙선거관리위원회가 발간·보급하는 안내자료를 참고하면 된다.

2024년 2월 정치자금법의 개정에 따라 지방선거에서 후보자와 예비후보자 후원회가 모금할 수 있는 한도액이 변경되었다. 선거비용제한액과 무관하게 광역의원선거 5,000만원, 기초의원선거는 3,000만원으로 법정되었다(§12① 5.). 다만, 단체장선거는 선거비용제한액의 50%에 해당하는 금액으로 종전과 같다.

참고적으로 국회의원선거에서 예비후보자와 후보자가 후원회를 두어 모금할 수 있는 한도액은 모두 합하여 1억 5천만원으로 선거비용제한액과 연동되지 않는다.

한편, 정치자금법에 따른 후원회를 두었더라도 지방선거에서 후보자와 예비후보자 후원회가 1명의 후원인으로부터 기부받을 수 있는 한도액이 정해져 있다. 광역의원선거 200만원, 기초의원선거는 100만원이다(§11②). 이 경우 기부한도액은 동일한 정치인의 예비후보자후원회와 후보자후원회를 모두 합한 금액이다. 참고적으로 기초단체장·광역단체장 선거와 국회의원선거는 500만원이고, 대통령선거에서는 1,000만원이다.

정치자금을 기부하는 사람을 기준으로 하면 연간 모든 후원회에 기부할 수 있는 총 금액은 2,000만원을 넘을 수 없다. 투명하고 원활한 정치자금의 조성을 위하여 후원금에 대하여는 조세 감면제도를 적용한다. 연간 10만원까지는 세액을 공제하고, 10만원을 초과한 금액에 대해서는 15%에 해당하는 금액을 종합소득산출세액에서 공제한다(정치자금법 §59).

3. 후원금 모금방법

후원회는 정치자금법에 따라 우편·통신·전화 및 인터넷 전자결제시스템에 의한 모금, 중앙선거관리위원회가 제작한 정치자금영수증과의 교환에 의한 모금, 신용카드·예금계좌에 의한 모금 등의 방법으로 후원금을 모금할 수 있다(§14①). 어떤 경우에도 집회에 의한 정치자금 모금은 허용되지 않는다.

후원회는 모바일 블로그를 활용하여 소액결재를 하는 방법으로도 후원금을 모금할 수 있다. 이 경우 정치자금을 기부한 사람에게는 결재한 금액이 기재된 정치자금영수증을 교부하고, 통신사 등에 지급된 수수료는 후원금 모금경비로 처리한다.[1] 아울러 후원회로부터 정치자금 모금을 공식적으로 위임받은 사람이 후원회 수입계좌와 연결된 신용카드 단말기를 휴대하여 후원금을 보금하는 것도 정치자금법상 적법한 방법이다.[2]

후원회 또는 후원회로부터 위임을 받은 사람은 정치자금영수증을 후원금과 교환하는 방법으로 모금을 할 수 있다. 이 경우 30일 이내에 해당 후원회의 회계책임자에게 후원금 접수내역과 후원인의 인적사항을 알려 자금의 유용을 방지하도록 한다.

후원회의 회계책임자는 후원인으로부터 기부받은 후원금이 청탁 또는 불법 후원금이라는 사실을 안 날부터 30일 이내에 해당 후원인에게 반환해야 한다. 이 경우 후원인의 연락처를 알지 못하나 후원인이 수령을 거절하는 때에는 관할 선거관리위원회를 통하여 이를 국고에 귀속시켜야 한다(정치자금법 §18).

---

1) 중앙선거관리위원회 2006. 11. 22. 회답

2) 중앙선거관리위원회 2018. 1. 24. 회답

4. 후원금 모금 시 유의사항

후원금은 아무에게나 받을 수 있는 것이 아니다. 아래에 해당하는 경우에는 후원금을 받아서는 안 된다(정치자금법 §31).

첫째, 외국인에게서 후원금을 받아서는 안 된다. 대한민국의 정체성과 관련된 부분이므로 정치자금법에서는 외국인의 정치자금 기부를 엄격하게 금지하고 있다.

둘째, 법인 또는 단체로부터 후원금을 받아서도 안 된다. 정경유착의 폐해를 방지하기 위한 취지이다. 우리는 2002년 불법 대선자금이 남긴 트라우마로부터 아직 벗어나지 못했다.

셋째, 법인 또는 단체와 관련된 자금으로 후원을 받거나, 법인 또는 단체와 관련된 자금을 그 구성원에게서 쪼개기 후원금으로 받아서도 안 된다. 예컨대 동창회에서 회원들이 갹출한 돈과 이미 적립된 동창회비를 합하여 후원금을 내거나, 회사의 대표가 해당 법인의 자금을 여러 직원들에게 개인별로 나누어 특정 후원회에 기부한 사안은 모두 유죄판결을 피하지 못했다.

넷째, 직업공무원으로부터 후원금을 받아서도 안 된다. 공무원은 국민 전체에 대한 봉사자로서 공직선거법상 선거중립의무가 부과된 신분이기에 입법정책적으로 후원금 기부를 금지하는 것은 논리필연적인 결론이 된다.

그 밖에 업무·고용 그 밖의 관계를 악용하여 부당하게 타인의 의사를 억압하는 방법으로 후원금 기부를 알선해서는 안 된다. 실제 축협의 조합장이 국회의원후원회에 후원금을 기부할 의사가 없는 직원들에게 후원금을 기부하도록 알선한 행위가 정치자금 부정수수죄로 처벌된 사례가 있다.

제 3 절

정치인 펀드와 출판기념회

1. 정치인 펀드를 통한 정치자금 조달

선거출마에 소요되는 정치자금을 마련하기 위하여 불특정 다수를 대상으로 정치자금을 공개적으로 차입하는 방법, 즉 정치인 펀드를 활용하여 정치자금을 조성할 수도 있다.

정치인 펀드는 예비후보자 등 후보자가 되려는 사람이 자신의 홈페이지나 SNS 등 공직선거법에 따라 허용되는 선거운동 방법으로 정치인 펀드를 홍보하고 원금보장과 확정이율을 약속하여 일반 대중을 상대로 정치자금을 차입하는 방법이다. 정치인 펀드는 사인(私人) 간의 돈거래에 불과하므로 정치활동이 금지된 공무원을 대상으로 모금하더라도 무방하다.

다만, 정치인 펀드의 확정이율은 금융기관의 대출금리 또는 법정이자율 등 통상적인 시중금리와 차이가 없어야 한다. 만일 시중금리보다 현저하게 낮은 이자율로 차입하는 경우 그 이자율의 차액만큼 정치인 펀드에 가입하는 사람이 해당 정치인에 대한 정치자금의 기부에 해당하여 정치자금법에 위반될 수 있다.

반대로 통상적인 시중금리보다 높은 이자율로 차입하는 경우에는 그 이자율의 차액만큼 해당 정치인이 정치인 펀드에 가입한 사람에 대한 재산상의 이익제공, 즉 기부행위가 성립되어 공직선거법에 위반될 수 있다.

정치인 펀드를 통하여 차입한 정치자금은 선거 종료 후 관할 선거관리위원회로부터 지급받은 보전비용으로 변제하거나, 후원회로부터 기부받은 정치자금으로 갚으면 자연스럽다. 물론 정치인 자신의 부동산 등 자산을 매각하여 갚아도 무방하다.

현실적으로 정치인 펀드의 흥행 여부는 선거비용 전액 보전요건인 본 선거의 15% 이상 득표 가능성이나 해당 정치인의 자산규모에 의존하는 것으로 보인다.

2. 출판기념회를 통한 정치자금 조달

출판기념회의 사전적 의미는 '저작물이 처음 출판되었을 때에 그것을 축하하기 위하여 베푸는 모임' 정도로 정의되고 있다. 현실 정치에서는 선거를 앞두고 정치인들이 자서전 등을 출간하고 출판기념회를 통하여 자신의 홍보기회로 활용하거나 탈법적인 정치자금 모금기회로 악용하는 사례도 있는 것으로 보인다.

이에 따라 자서전을 대필하는 전문작가나 홍보기획사도 성행하는 것으로 알려져 있다. 출판기념회가 안고 있는 이러한 문제점 때문에 2004년 공직선거법을 개정하여 선거일 전 90일부터 선거일까지는 누구든지 후보자가 되려는 사람과 관련 있는 저서의 출판기념회를 원천적으로 금지하고 있다.

출판기념회가 허용되는 기간에도 다음에 해당하는 경우에는 공직선거법에 위반될 수 있으므로 특별한 주의가 필요하다.

첫째, 출판기념회의 대상물인 서적의 내용에 관한 제한이 있다. 서적에 특정 지역에 대한 개발 약속 등 선거공약에 해당하는 내용을 게재한 경우에는 공직선거법이 금지한 사전선거운동 또는 탈법방법에 의한 문서·도화 등의 배부에 해당되어 처벌될 수 있다. 서적의 내용에 후보자가 되려는 경쟁 정치인이나 그 가족에 대한 비방 또는 허위사실이 포함된 때에는 당연히 후보자비방죄 또는 허위사실공표죄도 함께 적용된다. 후보자가 되려는 사람의 선거공약과 추진계획 및 재원조달방안 등을 게재하여 시중에 판매할 수 있도록 허용한 서적은 오직 예비후보자공약집뿐이다(§60의4). 다만, 대통령선거와 지방자치단체장선거에 한한다.

둘째, 출판기념회 개최를 홍보하는 방법에 관해서도 제한이 있다. 선거일 전 120일부터는 공직선거법에 따라 선거에 영향을 미치게 하기 위한 시설물 설치와 인쇄물 배부가 제한되므로, 후보자가 되려는 사람의 성명이 게재된 현수막이나 인쇄물을 통상적인 고지방법을 넘어서 선거구역에 광범위하게 게시하거나 대량으로 첩부하는 행위는 공직선거법에 위반된다. 물론 120일 전이라도 행사목적을 벗어나 현수막을 마구 설치하거나 인쇄물을 살포하면 사전선거운동에 해당할 수 있다.

셋째, 출판기념회 진행방법에도 유의해야 한다. 출판기념회를 진행하면서 후보자가 되려는 사람을 과도하게 홍보하는 내용의 발언, 또는 그러한 내용의 선전물·인쇄물을 첩부·배부·게시하거나 영상물을 상영하는 행위는 공직선거법에 위반될 수 있다. 다만, 출판기념회에 초청된 인사가 행사 성격에 부합하는 의례적인 내용의 축사나 격려사를 하는 것은 무방하다.

넷째, 출판기념회에 참석한 선거구민에 대한 기부행위는 엄격하게 금지된다. 참석자에게 기념품 또는 음식물을 제공하거나, 축하금 또는 서적의 정가에 해당하는 금품을 내지 않은 선거구민에게 저서를 나누어주는 것은 기부행위에 해당한다. 실제 행사장에서 축하금을 내지 않은 사람도 자유롭게 저서를 집어갈 수 있도록 방치하여 기부행

위위반죄로 처벌된 사례가 있다.[3)]

아울러 출판기념회를 개최하면서 유료수준의 공연에 이르는 유명 가수의 축가, 마술공연, 전문예술인의 초청공연도 기부행위가 되어 금지된다. 다만, 출판기념회에 참석한 선거구민에게 통상적인 범위에서 1천원 이하의 차·커피 또는 음료를 제공하는 것은 기부행위로 보지 않는다.

참고적으로 후보자 또는 후보자가 되려는 사람의 출판기념회에서 책의 정가에 비하여 현저하게 높은 고액의 금전을 출판기념회 축하금으로 제공하는 것은 정치자금법의 정치자금 부정수수죄 또는 형법상 사전수뢰죄를 구성할 소지가 있다.

다만, 아직까지 출판기념회의 축하금 함에 대한 압수수색이 집행된 사례가 없어 고액의 축하금에 관해서는 아직 열리지 않은 판도라의 상자처럼 남아 있다. 출판기념회가 노골적이고 탈법적인 정치자금 모금행위 또는 집회를 이용한 사전선거운동으로 인정될 정도로 이를 빈번하게 개최할 경우 그 상자가 강제로 열리게 될 수도 있다. 이 경우 판도라의 상자와 달리 희망마저 날아가 버릴 것이다.

---

3) 대법원 2014. 11. 13. 선고 2014도10949 판결

제 4 절
선거비용의 보전

1. 선거비용 보전제도의 의의

우리 헌법은 선거에 관한 경비는 법률이 정하는 경우를 제외하고는 정당 또는 후보자에게 부담시킬 수 없도록 선거비용 공영제를 선언하고 있다(§116②). 이러한 헌법정신을 구체화한 공직선거법은 선거비용 보전제도를 두고 있다.

공직선거에서 후보자가 선거운동을 위하여 지출한 비용은 관할 선거관리위원회가 공고한 비용의 범위에서 국가 또는 지방자치단체의 예산으로 보전한다. 후보자의 득표수가 유효투표 총수의 15% 이상인 경우 지출한 선거비용의 전액을, 후보자의 득표수가 유효투표 총수의 10% 이상 15% 미만인 경우 지출한 선거비용의 50%를 각각 선거일 후 60일까지 보전한다(§122의2).

물론 10% 미만을 득표한 후보자가 지출한 선거비용은 보전하지 않는다. 유권자의 정치적 의사형성에 기여한 정도가 미약하기 때문이다. 후보자의 기탁금 반환요건에 관해서는 장애인과 청년후보자에게 특례를 인정하지만(§57①), 선거비용 보전에 관해서는 예외가 없다.

참고적으로 비례대표 선거에서는 후보자 중 한 명이라도 당선인이 있으면 해당 정당이 지출한 선거비용을 보전한다.

2. 선거비용 보전의 예외

선거에서 후보자가 일정한 득표를 한 경우 해당 후보자가 선거운동을 위하여 지출한 비용은 보전함이 원칙이다. 그러나 다음에 해당하는 경우에는 그 비용을 보전하지 않는다(§122의2②).

첫째, 예비후보자가 지출한 선거비용은 보전하지 않는다. 예비후보자는 후보자와 달리 사퇴와 재등록이 자유롭기 때문이다.

둘째, 선거관리위원회에 제출한 선거비용 회계보고서에 보고되지 않았거나 허위로 보고된 비용은 보전하지 않는다. 아울러 지출을 증빙하는 영수증 그 밖의 증빙서류가 첨부되지 않은 비용과 후보자가 자신의 차량·장비·물품 등을 선거운동에 사용한 비용도 보전하지 않는다.

셋째, 공직선거법에 위반되는 선거운동을 위하여 지출하였거나 기부행위 제한규정을 위반하여 지출된 비용은 선거비용에 산입하되, 그 비용은 보전하지 않는다. 위법행위에 지출한 비용이기 때문이다.

넷째, 후보자의 가족, 소속 정당 또는 제3자가 차량·장비·물품 등을 무상으로 제공하는 등 후보자가 실제로 지출하지 않은 비용도 보전하지 않는다.

다섯째, 중앙선거관리위원회 규칙으로 정하는 기준에 따라 산정한 통상적인 거래가격 또는 임차가격과 비교하여 현저하게 비싼 금액을 청구하는 경우, 그 가격을 초과하는 금액도 보전하지 않는다. 선거홍보물의 제작 일정에 쫓겨 궁박한 처지에 몰린 후보자가 악덕업자에게 바가지를 쓴 점은 딱하지만, 국가 또는 지방자치단체의 예산을 집행하는 선거관리위원회의 회계담당 직원에게 관용을 기대하기는 어렵다.

한편, 시각장애 선거인을 위한 점자형 선거공보 제작비용, 책자형 선거공보의 내용을 음성으로 출력할 수 있도록 디지털 파일로 전환하여 저장하는 매체 작성비용, 점자형 선거공약서 작성비용은 득표율과 무관하게 국가 또는 지방자치단체가 부담하여 선거관리위원회가 해당 후보자에게 그 비용을 보전한다.

사회적 약자에 대한 배려는 해당 문명이나 국가의 윤리적 수준과 도덕성을 평가하는 잣대가 된다. 시각장애 유권자가 아무리 소수에 불과하고, 음성 저장매체 또는 점자형 홍보물의 제작에 많은 정성과 시간이 필요하더라도, 모름지기 국민이나 주민의 대표가 되려는 사람이라면 그들의 주권행사에 필요한 적정한 판단자료를 제공해야 할 정치적 책임이 있다고 본다.

제 3 장

입후보예정자 등의 기부행위 제한

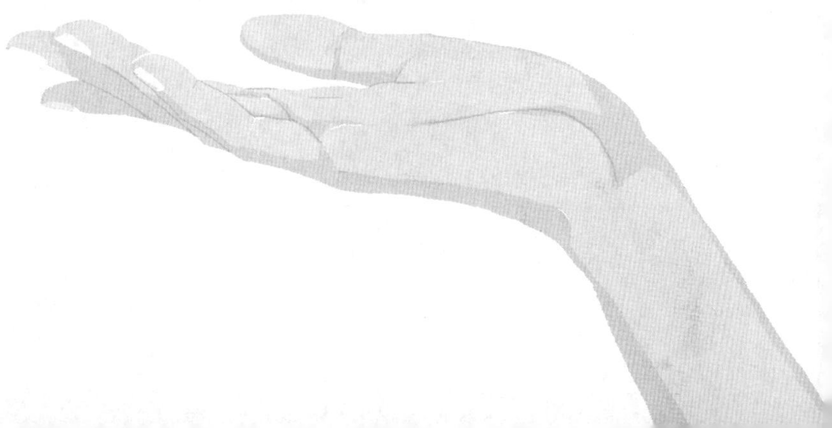

공직선거법은 선거의 공정을 확보하기 위하여 선거운동 방법을 엄격하게 규제하면서도 따로 선거비용제한액 제도를 두어 선거운동 기회에 무기대등의 원칙을 실현하고 있다. 그러나 선거운동에 이르지 않는 활동에 대하여는 그 방법이나 비용을 통제하는 것은 불가능할뿐더러 바람직하지도 않다.

이에 따라 경제력의 차이로 인하여 정치인들의 유권자 접촉활동의 폭과 깊이에 현저한 차이가 발생할 수밖에 없고 이는 곧바로 선거의 공정을 위협하게 된다. 이러한 이유로 공직선거법은 정치인의 기부행위를 상시 제한하여 고비용 정치구조를 억제하고 선거의 공정을 기하고 있다.

이 장에서는 기부행위의 정의, 기부행위로 보지 않는 행위의 구체적 내용, 기부받은 사람에 대한 50배 과태료 등에 관하여 살펴보기로 한다.

제 1 절
기부행위제한의 취지와 의미

1. 기부행위의 정의

기부행위란 선거구 안에 있는 사람이나 기관·단체·시설 및 선거구민의 모임이나 행사 또는 해당 선거구의 밖에 있더라도 그 선거구민과 연고가 있는 사람이나 기관·단체·시설에 대하여 금전·물품 기타 재산상 이익의 제공, 이익제공의 의사표시 또는 그 제공을 약속하는 행위를 말한다(§112①).

기부행위의 정의에 관하여 유의할 점은 금품 기타 재산상의 이익을 무상으로 제공하는 경우는 물론이고, 정당한 채무의 이행 등 대가관계가 있더라도 급부와 반대급부의 불균형으로 그 일부가 무상이나 다름없는 경우에도 기부행위가 된다는 점이다.

예컨대, 후보자가 되려는 사람이 선거구민 11명에게 풀베기 작업을 시키면서 작업 시작 후 약 1시간이 지나 비가 내리는 바람에 작업을 중단하였음에도, 해당 선거구민들에게 실제 작업 대가를 초과한 하루 일당 5만원씩을 지급한 사안을 판례는 기부행위로 보아 이를 처벌한 사례가 있다.[1)]

1) 대법원 2004. 9. 24. 선고 2003도5289 판결

일반적으로 기부행위란 무상으로 금품 기타 재산상의 이익을 제공하는 것을 의미하지만, 유상으로 행해지는 경우에도 이를 통하여 다른 사람이 얻기 어려운 재산상의 이익을 얻게 되는 때에는 기부행위가 된다.[2] 예컨대, 특정 선거구민에 대한 상가의 특혜 분양이나 수의계약도 기부행위가 될 수 있다는 의미다.

물품의 경우에는 가액이 아무리 소액이라도 재산적 가치가 있고 그 제작이나 배부를 위하여 비용지출이 수반되는 것이라면 기부행위에 해당된다.[3] 2002년 대선에서 정치자금 모금을 위하여 불과 몇백원짜리 희망돼지 저금통을 제공한 사안을 기부행위위반죄로 처벌한 판결에 적용된 법리이다.

참고적으로 기부행위는 재산상의 이익을 제공함으로써 이미 완성되는 것이고, 기부받는 사람에게 누가 기부하는지 알리거나 기부받는 사람이 누가 기부하는지 알아야 하는 것도 아니다.[4]

2. 기부행위를 제한하는 취지

기부행위는 금전이나 물품을 제공하는 행위가 후보자의 지지기반을 조성하는 데 기여하거나 매수행위와 결부될 가능성이 높아 이를 허용할 경우 선거가 후보자의 인물이나 식견 또는 정책 등을 평가받는 기회가 되기보다 후보자의 자금력을 겨루는 과정으로 타락할 위험성이 있어 이를 금지하고 있다.[5]

달리 말하자면, 후보자가 되려는 사람 등의 기부행위는 선거권자

2) 대법원 1996. 12. 23. 선고 96도1558 판결
3) 대법원 2004. 4. 9. 선고 2003도8168 판결
4) 대법원 2010. 1. 14. 선고 2009도11861 판결
5) 대법원 2002. 2. 21. 선고 2001도2819 판결

의 자유의사를 왜곡시켜 선거의 공정을 해하고, 후보자의 자질이나 정책 또는 공약보다 경제력에 의하여 선거결과가 좌우됨으로써 혼탁한 선거의 주된 원인이 되기 때문이다.[6)]

선거운동을 위해서는 필연적으로 비용이 수반되므로, 공직선거에서 후보자 간 무기대등의 원칙을 구현하기 위하여 선거비용제한액 제도를 도입하여 총량규제로서 후보자의 선거운동을 규제하고 있다. 그러나 일상적인 품위유지와 지지기반 배양활동 등 선거운동에 이르지 않는 활동은 방법이나 비용으로 통제하기가 현저히 곤란하거나 불가능하다.

이는 결국 후보자 간 경제력의 차이에 따라 지지기반 배양 활동의 폭과 깊이가 달라지고 선거인을 대상으로 하는 활동에 불평등을 초래한다. 이러한 활동 기회의 불평등은 결과적으로 선거운동 기회균등의 원칙을 위협할 수 있으므로 공직선거법 제정 전에도 선거일 전 180일부터 기부행위를 제한하여 왔다.

공직선거법 제정 후 1997년 11월에는 축·부의금품과 행사찬조금 제공을 상시 제한하였고, 2004년 불법 대선자금에서 촉발된 정치개혁을 계기로 현행과 같이 기부행위는 물론 결혼식의 주례까지 상시 제한하기에 이르렀다. 이와 같이 후보자가 되려는 사람 등 정치인의 기부행위 상시제한은 선거에서 실질적인 기회균등을 도모할 뿐만 아니라 고비용 정치구조를 억제하여 정치부패를 방지하기 위한 안전판으로서의 의미를 가진다.

이제 후보자가 되려는 사람이나 선출직들은 쇄도하던 주례요청으로부터 해방되고, 축·부의금품 제공 금지에 따라 정치자금이 절감되어 정치자금 부정수수의 유혹으로부터 자유로워진 만큼, 앞으로 기부행위 제한이 완화될 가능성을 기대하는 것은 흘러간 물로 방아를 찧으려는 시도만큼이나 부질없게 되었다.

6) 헌법재판소 2009. 4. 30. 선고 2007헌바29 결정

3. 선거구민 · 연고관계 등의 의미

가. 선거구민 등의 의미

기부행위의 정의에서 '해당 선거구 안에 있는 사람'이란 해당 구역 안에 있는 사람이면 족하므로, 그 사람이 상대방의 당선을 위하여 선거운동을 하는 사람인지, 아니면 자신의 지지자인지를 묻지 않는다. 미성년자이거나 선거권이 없더라도 상관이 없다.

예컨대, 판례는 선거기간 전후에 선거 관련 취재와 기사 작성을 위하여 해당 선거구역에 월세방을 얻어 일시적으로 거주하는 언론인도 선거구 내에 거소를 가지고 있는 사람으로서 '해당 선거구 안에 있는 사람'에 해당한다고 보았다.[7]

'기관 · 단체 · 시설'이란 다수인의 계속적인 조직이나 시설이면 충분하고, 반드시 민법상의 법인과 같이 형식적 · 실질적인 요건을 모두 갖춘 단체일 필요는 없다. 판례는 재단법인 설립등기를 마치지 않았으나 조직 및 기금 등 실체를 갖춘 장학회를 해당 선거구안에 있는 단체로 인정한 바 있다.[8]

한편, '선거구민의 모임이나 행사'란 선거구민들로 구성된 일정한 공동목적을 가진 다수인의 일시적인 집합을 말한다. 이 경우 그 모임이나 행사에 참여하는 사람들 전부가 선거구민일 필요는 없고, 그 모임이나 행사의 성격, 주최자와 주최 목적, 구성원의 분포 등을 종합적으로 고려하여 구체적 사안에 따라 개별적으로 선거구민의 모임이나 행사인지를 판단한다.[9]

---

7) 대법원 2015. 11. 27. 선고 2015도7254 판결

8) 대법원 1996. 6. 28. 선고 96도1063 판결

9) 대검찰청 2020. 3. 『공직선거법 벌칙해설』 제10개정판 817쪽

나. 선거구민과 연고관계의 의미

기부행위의 상대방으로서 '선거구 밖에 있는 사람'이란 해당 선거구민의 가족·친지·친구, 선거구민이 다니는 직장의 동료·상하급자 또는 향우회·동창회·친목회 등 일정한 혈연적·인간적 관계가 있어 해당 선거구민의 의사결정에 직접적 또는 간접적으로 영향을 미칠 수 있는 가능성이 있는 사람을 말한다.[10)]

예컨대, 해당 선거의 선거구민은 아니나 선거구 안에 자신이 운영하는 사회단체의 사무소를 두고 활동하는 사람으로서 선거구민에게 영향력을 행사할 수 있는 사람과, 해당 선거구 안에 주소나 거소를 갖고 있지는 않으나, 동호회 사무국장으로서 회원인 해당 선거구민과 밀접하게 인간적인 관계를 가지고 있는 사람은 선거구민과 연고가 있는 사람으로 볼 수 있다.

한편, '선거구민과 연고가 있는 기관·단체·시설'이란 해당 선거구민과 일정한 관계를 가지고 있어 그 선거구민의 의사결정에 영향을 미칠 수 있는 단체 등을 말한다.[11)] 출향인사로 조직된 재경동문회와 향우회를 대표적인 사례로 꼽을 수 있다. 아울러 다른 지역에 본부를 두고 있더라도 환경단체처럼 해당 선거구의 환경보호를 위하여 활동하는 단체도 선거구민과 연고가 있는 기관·단체·시설에 해당될 것이다.

10) 대법원 2006. 12. 21. 선고 2006도7087 판결 등

11) 대법원 2007. 7. 12. 선고 2007도172 판결

제 2 절
기부행위가 금지된 사람과 법인·단체

1. 후보자·입후보예정자와 그 배우자

국회의원·지방의원 등 현역 정치인, 공직선거의 후보자 또는 후보자가 되려는 사람과 그들의 배우자는 명목여하를 불문하고 언제든지 기부행위를 할 수 없다. 이에 더하여 공직선거법은 결혼식 주례도 기부행위에 포함하여 금지한다(§113①).

이처럼 국회의원, 지방의원, 지방자치단체의 장 등 현역 정치인, 후보자(이하 이 장에서 후보자가 되려는 사람을 포함한다)와 그 배우자의 기부행위는 후보자 또는 그 가족과 관계있는 법인이나 단체 또는 제3자의 기부행위와 달리 선거 관련성이나 선거에서 특정 후보자의 당선이라는 목적을 요구하는 것이 아니라는 점에 유의할 필요가 있다.[12)]

여기에서 배우자는 법률상 배우자만을 의미하므로 후보자와 사실혼 관계에 있는 사람은 제3자에 해당될 뿐이다. 판례도 후보자와 사실혼 관계에 있는 사람이 선거운동기간 전에 노인회 정기총회 장소를 방문하여 돼지 1마리를 무상으로 제공한 사안을 제3자의 기부행위로 보았다.[13)]

12) 대법원 2007. 11. 16. 선고 2007도7205 판결

13) 광주지방법원 장흥지원 1995. 8. 28. 선고 95고합14 판결

2. 후보자의 가족, 관련 법인 · 단체와 임직원

후보자나 그 배우자의 직계존·비속과 형제자매, 후보자의 직계비속 및 형제자매의 배우자, 후보자 또는 그 가족과 관계 있는 회사·법인·단체 또는 그 임직원, 선거사무관계자와 회계책임자는 선거기간 전에는 해당 선거에 관하여, 선거기간에는 선거에 관한 여부를 불문하고 후보자를 위하여 일체의 기부행위를 할 수 없다(§114①). 여기에서 '해당 선거에 관하여'란 직접적인 선거운동까지는 이르지 않더라도 해당 선거를 동기로 하거나 빌미로 하는 등 선거와 관련이 있으면 족하다.[14)]

후보자의 가족이란 후보자의 배우자와 후보자 또는 그 배우자의 직계존·비속과 형제자매나 후보자의 직계비속 및 형제자매의 배우자를 의미한다. 민법상 가족의 개념과 달리 후보자 직계혈족의 배우자, 배우자의 직계혈족 및 형제자매에게 생계를 같이 할 것을 요건으로 하지 않는다(§779②).

본조에서 후보자 또는 그 가족과 관계있는 회사·법인·단체란 다음 중 어느 하나에 해당하는 조건을 갖추고 관계법규나 규약에 따라 후보자가 의사결정에 실질적으로 영향력을 행사할 수 있는 회사·법인·단체를 말한다.

① 후보자가 임직원 또는 구성원으로 있거나 기금을 출연하여 설립하고 운영에 참여하는 회사·법인·단체

② 후보자의 가족이 임원 또는 구성원으로 있거나 기금을 출연하여 설립하고 운영에 참여하는 회사·법인·단체

③ 정치자금법에 따라 설립된 후보자 후원회

14) 대법원 1996. 6. 14. 선고 96도405 판결

3. 누구든지

후보자, 후보자의 배우자와 그 가족, 후보자와 관계 있는 회사·법인·단체에 해당하지 않는 신분이라도 누구든지 선거에 관하여 후보자 또는 그 소속 정당을 위하여 기부행위를 하거나 하게 할 수 없다(§115).

이 경우 후보자 또는 그 소속 정당의 명의를 밝혀 기부행위를 하거나 후보자 또는 그 소속 정당이 기부하는 것으로 추정할 수 있는 방법으로 기부행위를 하는 것은 해당 선거에 관하여 후보자 또는 정당을 위한 기부행위로 본다.

여기에서 특히 유의할 사항은 후보자 또는 후보자가 되려는 사람의 명의를 밝혀 기부행위를 하거나, 그들이 기부하는 것으로 추정할 수 있는 방법으로 기부행위를 한다면, 간주규정의 효력에 따라 선거에 관하여 해당 후보자 또는 후보자가 되려는 사람을 위하여 기부행위를 한 것으로 사실관계가 확정되는 점이다.

입법기술적으로 간주규정은 법규에서 정한 내용대로 사실관계가 확정되고 반증을 허락하지 않으므로, 아무리 증명력이 높은 반대증거를 내세워 해당 이익제공이 선거에 관하여 후보자 또는 후보자가 되려는 사람을 위하여 기부행위를 한 것이 아니라고 항변하더라도 간주규정에 따라 확정된 사실관계를 바꾸지 못한다.[15)]

15) 대법원 1995. 2. 17. 선고 94다52751 판결 등

제 3 절

기부행위에 관한 판단기준

1. 입후보예정자 판단기준

후보자가 되려는 사람, 즉 입후보예정자의 의미는 아직 후보자등록을 하지 않았으나 장차 후보자가 될 의사를 가진 사람을 말한다. 따라서 정당에 공천을 신청하거나 선거권자로부터 추천을 받기 위한 활동을 벌이는 등 입후보 의사가 확정적으로 외부에 표출된 사람은 당연히 후보자가 되려는 사람에 포함된다.

외부에 확정적으로 입후보 의사를 표시하지 않은 사람이라도 그 신분이나 접촉대상·언행 등에 비추어 해당 선거에 입후보할 의사를 가진 것으로 객관적으로 인식할 수 있을 정도에 이른 사람도 후보자가 되려는 사람에 포함된다.[16] 이 경우 입후보할 것을 예정하거나 그 의사를 가지고 있으면 족하고 확정적 결의까지 요구하는 것이 아니다. 따라서 입후보할 의사를 공식적으로 외부에 표시한 사실이 없더라도 후보자가 되려는 사람에 해당될 수 있다.

기부행위나 사전선거운동이 적발되어 형사처벌의 위기에 몰리자 당선이 어려울 것으로 판단하여 출마를 포기하더라도 행위 당시 후보자가 되려는 사람임에는 틀림이 없다.[17]

16) 대법원 2005. 9. 25. 선고 2005도2642 판결 등

2. 기부행위에서 상대방 특정의 정도

공직선거법에서 기부행위의 상대방은 해당 선거구 안에 있는 사람이나 기관·단체·시설, 선거구민의 모임이나 행사, 그리고 해당 선거구 밖에 있더라도 선거구민과 연고가 있는 사람이나 기관·단체·시설을 의미하므로, 이들에 대한 기부행위만이 공직선거법에 따른 기부행위위반죄가 성립한다. 특히 기부행위의 상대방은 금품이나 재산상 이익 등을 제공 받는 구체적이고 직접적인 상대방으로 특정되어야 하고, 추상적이고 잠재적인 수혜자에 불과한 경우는 기부행위의 상대방으로 볼 수 없다.

예컨대, "시장에 당선되면 보수 전액을 지역인재 육성을 위한 장학회 발족에 기탁하고자 한다"는 발언은 비록 그와 같은 기탁의 결과 불특정 다수의 시민들이 장학금의 수혜대상이 될 수 있더라도 해당 시의 선거구민 전체는 추상적이고 잠재적인 수혜자일 뿐 기부행위 자체의 구체적이고 직접적인 상대방이라고 할 수 없으므로 기부행위가 성립되지 않는다.[18)]

또한 "처음 받는 봉급 어려운 이웃(사회복지시설)과 함께"라는 내용이 게재된 예비후보자 홍보물을 선거인들에게 발송한 경우도 해당 홍보물을 받는 선거인들이 그 혜택을 직접적으로 받는 지위에 있다고 볼 수 없으므로 기부행위가 성립되지 않는다.[19)]

반면, 선거사무소 외벽에 "자비를 들여 24인승 버스 2대를 전철역까지 운행하겠습니다"라고 기재한 현수막을 설치하고, 선거공보에 "24인승 순환버스를 자비를 들여 5년간 무료로 유치 운행하겠습니다"라는 내용을 게재한 행위에 대하여, 판례는 이를 선거구민에 대한 이

17) 대법원 1996. 1. 26. 선고 95도2409 판결

18) 대법원 2003. 10. 23. 선고 2003도3137 판결

19) 대법원 2007. 1. 12. 선고 2006도7906 판결

익제공의 의사표시로 보았다.[20] 여기서는 수혜자가 특정될 뿐만 아니라 사비를 들여 공약을 이행하겠다는 내용이 발목을 잡은 것으로 보인다. 선거공약이 선거구민에 대한 이익제공의 의사표시에 이르지 않도록 특별하게 유의할 부분이다.

3. 제3자에게 제공 시 기부행위 성립 여부

금품 기타 재산상의 이익을 제공한 경우 기부행위 공모자 사이의 금품 교부, 즉 후보자가 제3자를 통하여 선거구민에게 금품을 제공한 경우에 후보자가 제3자에게 금품을 교부한 행위가 기부행위에 해당하는지 쟁점으로 부각될 수 있다.

기부행위에서 '제공'이란 반드시 금품을 상대방에게 귀속시키는 것만을 의미하는 것이 아니라, 중간자에게 금품을 주는 경우에도 그 중간자가 특정인에게 금품을 전달하기 위하여 오로지 심부름을 하는 사람에 불과하다면 이를 제공으로 볼 수 없어 중간자에 대한 기부행위는 성립되지 않는다.

그러나 중간자에게 금품 배분의 대상이나 방법, 배분 액수 등에 관하여 어느 정도의 판단과 재량의 여지가 있다면, 비록 그에게 귀속될 부분이 구체적으로 정해지지 않더라도 이는 중간자에 대한 제공에 해당한다. 이 경우 중간자가 받은 금품을 선거구민들에게 배분 또는 유용하였는지, 심지어 용처가 밝혀지지 않은 경우에도 기부행위 성립에는 아무런 지장이 없다.[21]

---

20) 대법원 1999. 2. 5. 선고 98도4124 판결

21) 대법원 2002. 2. 21. 선고 2001도2819 전원합의체 판결

4. 제공의 의사표시와 기부행위 성립 요건

기부행위 정의규정에 따라 재산상의 이익을 실제 제공하는 행위뿐만 아니라 이익제공의 의사를 표시하거나 제공을 약속하는 행위도 기부행위에 포섭된다. 이 경우 이익제공을 약속하고 사후에 이를 취소하더라도 기부행위 성립에는 지장이 없다.

다만, 금품 등 이익제공의 의사표시는 그 의사가 사회통념상 쉽게 철회하기 어려울 정도로 진정한 의지가 담긴 것으로서 외부적·객관적으로 나타나는 정도에 이르러야 한다. 따라서 이익제공과 관련하여 어떤 대화가 있었더라도 그 의사가 단지 의례적이나 사교적인 인사치레에 불과하다면 이를 이익제공의 의사표시로 볼 수 없다.[22]

예컨대, 후보자가 되려는 사람과 선거구민이 함께 커피숍에서 차를 마신 후 참석자 중 한 사람이 먼저 자리를 뜨면서 찻값을 계산하려 하자 후보자가 되려는 사람이 "내가 낼 테니까 그냥 가라"는 식으로 자신이 찻값을 지불하겠다며 계산을 만류하였으나 실제로는 본인이 찻값을 내지 않은 사안이 이익제공의 의사표시죄로 기소된 사례가 있었다.

해당 사안에 대하여 판례는 피고인이 실제로 차를 대접할 의사가 있었던 것은 아니었다고 항변하고 있는 점, 당시 찻값을 계산하려 했던 참석자도 피고인이 실제 찻값을 내려는 의사는 없었던 것으로 판단하였다는 취지로 진술한 점 등을 고려하여 기부행위 위반죄의 성립을 부인한 바 있다.[23]

한편, 금품 등 재산상의 이익제공을 약속하는 행위란 아직 이익이 제공되지는 않았으나 장차 제공하겠다는 의사와 상대방이 이것을 수령하겠다는 의사가 합치되는 것을 말한다. 일단 약속이 이루어진 이

---

22) 대법원 2007. 3. 15. 선고 2006도8869 판결

23) 대전고등법원 2006. 11. 24. 선고 2006노385 판결

상 나중에 약속을 취소해도 기부행위 성립에는 영향이 없다. 상대방이 먼저 금품 등 재산상의 이익을 요구하자 이에 응한 경우도 마찬가지다.

기부행위의 의사표시와 기부행위를 약속하는 행위는 실제 기부를 한 행위와 동일하게 모두 5년 이하의 징역 또는 1천만원 이하의 벌금으로 처벌한다(§257①).

5. 소유자와 제공자가 다른 경우 기부행위자

기부행위는 기부의 효과를 후보자 또는 후보자가 되려는 사람에게 돌리려는 의사를 가지고 기부행위의 상대방에게 금품 기타 재산상의 이익을 제공하는 것으로서 통상 금품의 출연자가 기부행위자가 된다. 그러나 기부행위를 하였다고 평가되는 주체인 기부행위자는 항상 금품의 출연자에 한정되는 것이 아니다.

예컨대, 금품 등의 출연자와 기부행위자가 서로 일치하지 않거나, 외형상 출연자와 제공자가 기부행위에 함께 관여하는 듯이 보여서 어느 쪽이 기부행위를 한 사람인지 분명하지 않은 경우에는 금품 등이 출연된 동기와 목적, 출연행위와 기부행위의 실행 경위, 출연자와 제공자 그리고 기부받은 사람과의 관계 등 모든 사정을 종합하여 기부행위자를 가려내야 한다.[24)]

달리 말하면, 금품 제공의 명의, 공모 또는 실행행위의 역할분담 내역 등을 종합적으로 고려하여 사회통념상 일정한 사람이 재산상의 이익을 제공한 것으로 인정할 수 있으면 기부행위자가 특정된 것으로 볼 수 있다. 따라서 기부행위 위반의 주체는 이와 같은 사정을 종합하여 기부행위자로 평가되는 사람에 해당하면 충분하고, 반드시 제공한

24) 대법원 2018. 5. 11. 선고 2018도4075 판결

물품에 대한 실질적인 소유권 또는 처분권을 보유한 사람에 한정되는 것이 아니다.[25)]

예컨대, 판례는 현직 구의원이 장학금, 노인정 개소식 비용 등을 기부한 행위가 새마을금고 이사회의 결의에 따라 이를 집행하는 형식으로 이루어진 경우에도 해당 구의원을 각 기부행위의 주체로 보았다.[26)] 아울러 형식적으로는 다른 사람이 식사비용을 지불하였더라도 실질적으로는 입후보예정자가 자신의 계산과 부담으로 음식을 제공한 경우에는 해당 입후보예정자가 기부를 한 것으로 보아야 한다.

다만, 자신은 전달자에 불과하다는 사실을 명백히 밝히고 금품을 제공한 경우에는 기부의 효과를 자신에게 돌리려는 의사가 전혀 없는 것이므로, 해당 제공자를 기부행위자로 보아서는 안 될 것이다.[27)]

---

25) 대법원 2021. 6. 24. 선고 2019도13234 판결

26) 대법원 2005. 2. 18. 선고 2004도6323 판결

27) 대법원 2010. 4. 15. 선고 2009도11146 판결

제 4 절
기부행위로 보지 않는 행위

1. 기부행위로 보지 않는 행위의 의미

현역 정치인, 후보자와 그 가족, 후보자와 관계 있는 회사 등 기부행위가 제한되는 주체에게 선거구민에 대한 일체의 기부행위를 금지하면, 법인·단체의 영업활동이 위축되고, 구호·자선행위의 제한에 따라 사회적 안전망이 붕괴될 우려도 있다.

아울러 후보자가 되려는 사람이라는 이유만으로 기부행위 제한의 수범자(受範者)가 되어 사람이 살아가는 도리로 행하는 의례적 금품 제공행위조차 금지될 것이므로, 자연인으로서 품위유지가 불가능하여 인간의 존엄과 가치를 해칠 우려도 있다.

이러한 이유로 공직선거법에서는 통상적인 정당활동과 관련한 행위, 사람의 도리로 행하는 의례적 행위, 구호적·자선적 행위, 회사·법인·단체 등의 설립목적 달성을 위한 직무상·업무상 행위, 법령에 따라 금품 등을 찬조·출연 또는 제공하는 행위, 그 밖에 앞에 열거된 행위에 준하는 행위로서 중앙선거관리위원회규칙으로 정하는 행위는 기부행위로 보지 않는다.

이와 같이 공직선거법에서 기부행위로 보지 않는 행위로 열거된 행위들은 위법성 조각사유가 아니라 구성요건해당성 조각사유로 해석된다.[28] 따라서 기부행위로 보지 않는 행위로 열거되지 않은 일체의 재산상의 이익제공은 우선 기부행위 위반죄의 구성요건 해당성을 충족하게 된다. 물론 이 경우에도 기부행위위반죄가 성립되기 위해서는 형법의 일반원칙에 따라 위법성 조각사유와 책임조각사유의 존재 여부를 별도로 따져봐야 한다.

아래에서는 기부행위로 보지 않는 금품 등 이익제공의 사례를 살펴보고자 한다. 다만, 통상적인 정당활동과 지방자치단체의 이익제공 행위에 관한 설명은 생략한다.

2. 의례적 행위

의례적 행위란 인간의 존엄에 기초하여 사람이 살아가는 도리로 하는 행위를 말한다. 공직선거법은 후보자 등 기부행위 제한의 주체에게 사람이 살아가는 도리로서 행하는 금품 제공과 자연인으로서 품위유지를 위한 이익제공은 의례적 행위로서 기부행위로 보지 않는다. 따라서 다음에 해당하는 경우에는 선거구민에게 금품 등 재산상의 이익이 제공되더라도 이를 의례적 행위로 평가하여 기부행위가 아닌 행위로 본다(§112② 2.).

가. 근조기 게시, 축하카드 발송

후보자가 되려는 사람이 선거구민의 장례식에 자신의 직명과 성명이 게재된 근조기를 게시하는 행위는 기부행위가 아니다. 게시한 근조기는 장례절차를 종료하면 해당 후보자가 회수하기 때문에 상주 등에 대한 금품 기타 재산상의 이익제공 행위가 성립될 수도 없기 때문이다.

28) 대법원 2003. 8. 22. 선고 2003도1697 판결

다만, 공직선거법에서 선거일 전 120일부터 선거일까지는 선거운동에 이르지 않더라도 선거에 영향을 미치게 하기 위한 선전물 설치·게시를 금지하면서 후보자의 성명 등이 게시된 선전물은 선거에 영향을 미칠 목적이 있는 것으로 간주한다. 따라서 해당 기간에는 후보자가 되려는 사람 등의 성명이 게재된 근조기를 설치하거나 게시해서는 안 된다.

한편, 후보자가 되려는 사람이 평소 지면이나 친교가 있는 선거구민의 경조사에 통상적인 근조전보나 축하카드를 발송하는 행위도 기부행위로 보지 않는다.[29] 근조전보 또는 축하카드는 심리적 위안이나 기쁨을 제공하는 것에 그치므로 재산상의 이익제공으로 보기 어렵지만, 전보와 축하카드 발송에 정치인이나 후보자 등의 비용지출을 수반하게 되므로, 고비용 정치구조 해소를 위하여 그 발송대상을 전체 선거구민이 아니라 평소 지면이나 친교가 있는 썩 가까운 사이로 제한하는 것이다.

나. 공공행사에 화환·기념품 제공

국가유공자 위령제, 국경일 기념식, 정부주관 기념일의 행사, 공공기관 개소·이전식, 합동결혼식, 산하 기관·단체의 준공식, 정당의 창당대회·합당대회 등에 화환·화분·기념품을 제공하는 행위는 기부행위로 보지 않는다(§112② 2. 다.).

국가유공자 위령제는 국가유공자 예우 등에 관한 법률에 따른 위령제를 말하고, 공공기관 개소·이전식에는 지방자치단체가 보조금을 지원하여 설립한 경로당·마을회관 개소식과 파출소 준공식도 포함된다. 이 경우 해당 행사에 의례적인 화환·화분·기념품을 제공하는 행위는 기부행위가 아니라는 의미다.

29) 중앙선거관리위원회 2024. 1. 『정치관계법 사례예시집』 128쪽

중앙선거관리위원회는 기념품의 범위에 거울, 시계는 물론, 기념식수도 이에 해당하는 것으로 해석하고 있다.[30] 기념품에는 제공자의 직·성명을 부각되지 않게 게재할 수 있다. 제공하는 화환·화분·기념품이 의례적인 범위에 해당하는지는 제공대상 기관·단체의 규모, 관행, 금액 등을 종합적으로 고려하여 구체적 사안마다 개별적으로 판단해야 한다.

다. 공익재단의 정기적인 금품 제공

공익목적으로 설립된 재단 또는 기금이 선거일 전 4년 이전부터 그 설립목적에 따라 정기적으로 지급하여 온 금품을 제공하는 행위는 기부행위로 보지 않는다(§112② 2. 라.). 다만, 선거일 전 120일부터 선거일까지 그 금품의 금액과 지급 대상·방법 등을 확대·변경하거나 후보자가 직접 주거나 후보자 또는 소속 정당의 명의를 추정할 수 있는 방법으로 지급할 수 없다.

공익재단이 선거일 전 4년 이전부터 그 설립목적에 따라 정기적으로 지급하여 온 금품을 지급하는 경우라면 후보자가 해당 재단의 대표라도 그 명의로 장학금을 지급할 수 있다. 반면에 4년의 요건을 갖추지 못한 신설 장학재단이 장학금을 지급하려면 후보자와의 관련성을 철저하게 차단해야 한다. 4년 이상 지속적으로 장학금을 지급하기 전에 후보자의 명의를 밝히거나 그 명의를 추정할 수 있는 방법으로 장학금을 제공하는 것은 해당 후보자를 위하여 기부행위를 한 것으로 간주되기 때문이다.

공익재단이 선거일 전 4년 이전부터 지급해 온 장학금 대신 재단에 재능을 기부한 사람으로 하여금 장학생에게 학습지도·예능교육 등을 하게 하는 것도 가능하다.

---

30) 중앙선거관리위원회 2009. 12. 1. 회답

라. 회칙·운영관례에 따른 회비 납부

친목회·향우회·종친회·동창회 등 각종 사교·친목단체와 사회단체의 구성원으로서 해당 단체의 정관·규약 또는 운영관례상 의무에 따라 종전의 범위에서 회비를 납부하는 행위는 기부행위로 보지 않는다(§112② 2. 마.). 본 조에 따라 회비를 납부하는 것이라면 납부금액에 차등이 있더라도 기부행위가 아니다.[31] 회장 취임에 따른 특별회비 등이 이에 해당할 것이다.

한편, 본 조에 해당하려면 그 금품 제공행위가 정관·규약 또는 운영 관례상의 의무에 따른 회비 납부여야 하는바, 회칙 등 내부규범에 회원 자격이나 회비 납부의무 등에 대하여 아무런 근거 조항도 없는 상태에서 막연히 종전의 관행에 따라 특별회비 명목의 현금을 제공한 경우에는 기부행위가 된다.[32]

아울러 본 조에 터잡아 내부규범이나 운영관례에 따라 회비를 납부하는 외에 운영관례가 없는 특별회비나 행사찬조금 등의 명목으로 금품을 제공하는 것은 기부행위에 해당한다. 예컨대, 동창회 총회에서 선출된 이전의 회장들은 통상적으로 50만원 이하의 찬조금을 냈으나, 새로 동창회장으로 선출된 사람이 찬조금 명목으로 100만원을 제공하여 처벌된 사례가 있다.[33]

최근에도 흔히 발생하는 대표적인 기부행위 위반으로는 고사상에 차려진 돼지머리에 돈봉투 또는 현금을 꽂는 행위이다. 모두 용서받지 못한다.[34] 산악회 시산제이든 신축건물의 준공식이든 고사상 돼지머리의 눈웃음에 미혹되어 지갑을 열면 안 된다.

31) 중앙선거관리위원회 1994. 7. 16. 회답
32) 대법원 2007. 7. 12. 선고 2007도579 판결
33) 대구고등법원 1997. 12. 27. 선고 95노657 판결
34) 부산고등법원 2020. 11. 4. 선고 (창원)2020노153 판결

참고적으로 부처님오신날봉축위원회, 지역축제 등 특정 행사의 추진을 위하여 일시적으로 구성된 단체에 고문이 되어 분담금을 납부하는 행위는 본조에서 규정한 '종전의 범위에서'라는 요건을 충족할 수가 없어 모두 기부행위에 해당한다.

마. 종교인의 헌금

종교인이 평소 다니는 교회·성당·사찰 등에 통상의 예에 따라 헌금 또는 물품을 제공하는 행위는 기부행위로 보지 않는다(§112② 2. 바.). 그러나 평소 자신이 다니지 않는 교회의 예배에 참석하여 헌금하는 행위는 기부행위가 된다.

예컨대, 입후보예정자가 평소 자신이 다니지 않는 교회 3곳의 예배에 참석하여 감사헌금 봉투에 자신의 이름을 기재한 후 각각 5만원씩 헌금함에 넣은 행위가 기부행위로 인정되어 처벌받은 사례가 있다.[35)]

바. 수행원에 대한 식사 제공

선거운동을 위하여 후보자와 함께 다니는 사람이나 국회의원·후보자·예비후보자가 관할구역의 지역을 방문하는 때에 함께 다니는 사람에게 통상적인 범위에서 식사류의 음식물을 제공하는 것은 기부행위로 보지 않는다(§112② 2. 사.).

후보자·예비후보자 신분을 기준으로 함께 다니는 사람의 범위는 시·도지사선거에서는 15인, 지역구국회의원선거 및 기초단체장선거에서는 10인, 지역구지방의원선거에서는 5인으로 한다. 이 경우 함께 다니는 사람의 수에 가족은 포함되지 않는다(규칙 §50②). 정해진 수 이내의 수행원에 대한 식사제공은 기부행위로 보지 않지만 후보자의

---

35) 서울고등법원 1996. 4. 10. 선고 96노350 판결

선거비용에 산입한다(§120. 8.).

공직선거법에서 통상적인 범위에서 제공할 수 있는 식사류의 단가는 1만원 이내로 규정하고 있다. 최근 장바구니 물가의 인상으로 수행원과 함께 식사를 하는 경우 지갑의 두께보다 매뉴판의 단가를 먼저 살펴봐야 한다. 단가가 1만원을 초과하면 발걸음을 돌려야 하기 때문에 식사 때마다 고충이 따른다.

참고적으로 후보자 등이 선거구민의 모임이나 행사에 참석한 경우 식사비 등 소요경비를 참석자들과 함께 나누어 분담하는 방법(Dutch pay)은 공직선거법의 기부행위위반죄와 정치자금법에 따른 정치자금 부정수수죄의 안전지대를 형성한다.

후보자 등이 식사비용을 부담할 경우 제공자에게는 형벌인 기부행위위반죄가 적용되고, 제공받은 사람에게는 10배 이상 50배 이하의 과태료가 부과된다. 거꾸로 후보자 등이 참석자들로부터 금품 등을 제공받은 경우 정치자금 부정수수죄를 구성하는 것은 아닌지 불편한 의문이 떠오르게 된다.

사. 기관장의 금품 · 선물 제공

기관 · 단체의 대표자가 소속 상근직원이나 소속 또는 차하급 기관 · 단체의 대표자 · 그 배우자 또는 그 직계존비속이 결혼하거나 사망한 때에 통상적인 범위에서 축의 · 부의금품 또는 화환 · 화분을 제공하는 행위는 기부행위로 보지 않는다.

아울러 소속 상근직원이나 소속 또는 차하급 기관 · 단체의 대표자에게 연말 · 설 · 추석 · 창립기념일 또는 그의 생일에 자체사업계획과 예산에 따라 의례적인 선물을 해당 기관 · 단체의 명의로 제공하는 것도 기부행위가 아니다(§112② 2. 아.).

아. 공공행사에서 상장 수여

읍·면·동 이상 행정구역 단위의 정기적인 문화·예술·체육행사, 각급 학교의 졸업식 또는 공공의 이익을 위한 행사에 의례적인 범위에서 상장을 수여하거나, 구·시·군 단위 이상의 공적인 조직·단체의 정기총회에 의례적인 범위에서 연 1회 상장을 수여하는 행위는 기부행위로 보지 않는다(§112② 2. 자.). 최초로 개최하는 문화·예술·체육행사라도 향후 정기적으로 개최할 것이 예견되는 경우라면 정기적인 행사로 볼 수 있다.

공공의 이익을 위한 행사란, 사회단체 등 개최기관의 성격에 불문하고 공익을 위하여 일반 주민을 대상으로 개최하는 행사를 말한다. 따라서 국회의원이 청소년을 대상으로 개최하는 청소년의회 프로그램[36]과 한국시각장애인연합회가 시각장애인, 자원봉사자 등을 대상으로 개최하는 시각장애인복지대회도 이에 해당한다. 공공의 이익을 위한 행사에서 상장을 수여하는 경우 입상자가 아닌 행사 유공자에게도 시상이 가능하다.

다만, 유아교육법에 따른 유치원과 초·중·고등학교의 졸업식에 상장을 수여하는 것은 가능하나, 영유아보육법에 따른 보육시설인 어린이집은 학교에 해당되지 않으므로 시상할 수 없다.

상장 수여시 부상(副賞)은 제외하지만, 상장의 재질을 반드시 종이로 한정하는 것은 아니므로 통상적인 상패·트로피·감사패 등의 형태로 상장을 제작할 수 있다. 다만, 다른 용도로 사용될 수 있는 도자기는 상장에 포함되지 않는다.[37] 특히 예비후보자 등록신청개시일부터 선거일까지는 공공의 이익을 위한 행사라도 후보자 등이 직접 상장을 수여할 수 없다.

---

36) 중앙선거관리위원회 2017. 6. 28. 회답

37) 중앙선거관리위원회 2009. 7. 14. 회답

참고적으로 각종 단체가 소속 구성원만을 대상으로 개최하는 체육대회·노래자랑대회는 참석 범위의 측면에서 내부행사에 불과하고, 행사 목적의 측면에서 공공의 이익을 위한 행사로 보기 어려우므로, 우승자에게 상장을 수여할 수 없을 것이다.

자. 행사 참석자에게 음료 제공

의정보고회, 정책토론회, 출판기념회, 그 밖의 각종 행사에 참석한 사람에게 통상적인 범위에서 차·커피 등 음료를 제공하는 행위는 기부행위로 보지 않는다(§112② 2. 차.).

다만, 후보자가 출판기념회를 개최하면서 참석한 선거구민에게 무료 또는 싼 값으로 저서를 제공하거나 통상적인 범위의 차·커피 등 음료 외에 음식물을 제공하는 것은 해당 참석자의 축하금 제공여부를 불문하고 기부행위가 된다.

참고적으로 공직선거법에서 통상적인 범위에서 제공할 수 있는 음료의 단가범위는 1천원 이하이다.

차. 선거사무소 개소식 내빈에게 다과 제공

선거사무소·선거연락소의 개소식 또는 현판식에 참석한 정당의 간부·당원들이나 선거사무관계자들에게 해당 사무소 안에서 통상적인 범위의 다과류 음식물을 제공하는 행위는 기부행위로 보지 않는다(§112② 2. 카.).

여기에서 다과류 음식물에는 차·커피 등 음료 외에도 떡·김밥·음료와 같은 간식이나 다과회 등에서 가볍게 먹을 수 있는 음식물도 포함된다. 다만, 공직선거관리규칙에 따라 1인당 제공할 수 있는 통상적인 범위의 다과류 음식물의 단가는 3천원 이하라야 한다(§50⑥).

만일 단가범위를 벗어나면 기부행위가 된다.

실제 선거사무소 개소식에서 제공된 1인당 500원 정도의 삶은 돼지고기를 음료 · 김밥 및 떡 등과 함께 참석자들에게 제공한 행위도 다과류의 음식물로 보아 처벌을 면한 사례가 있다.[38] 다만, 앞의 사례들은 제공자가 직접 다과를 준비하여 방문객에게 제공하는 경우를 의미하는 것이므로, 방문객들을 인솔한 대표자에게 일행의 다과류 제공비용이라며 1인당 3천원 이하로 계산한 금액을 현금으로 지급한 행위는 처벌을 받았다.[39]

카. 회사 · 단체의 식사 · 기념품 제공

후보자 또는 그 가족과 관계있는 회사 등이 개최하는 정기적인 창립기념식 · 사원체육대회 또는 사옥준공식 등에 참석한 소속 임직원이나 그 가족, 거래선, 한정된 범위의 내빈에게 회사 등의 경비로 통상적인 범위에서 유공자를 표창하거나 식사류의 음식물 또는 싼 값의 기념품을 제공하는 행위는 기부행위로 보지 않는다(§112② 2. 타.).

식사와 기념품 등을 제공할 수 있는 참석자의 범위를 한정된 범위의 내빈으로 제한하고 있으므로, 일반 선거구민을 초청하여 행사를 개최하고 다과를 제공하는 것은 기부행위가 된다.[40]

타. 하객 · 조문객에게 음식물 · 답례품 제공

기부행위를 할 수 없는 사람의 관혼상제에 참석한 하객이나 조문객 등에게 통상적인 범위에서 음식물 또는 답례품을 제공하는 행위는 기부행위로 보지 않는다(§112② 2. 파.).

38) 대법원 2007. 7. 27. 선고 2007도3541 판결
39) 대법원 2003. 7. 11. 선고 2003도1136 판결
40) 대법원 2007. 7. 27. 선고 2007도3541 판결

관혼상제란 전통적으로 관례(冠禮), 혼례(婚禮), 상례(喪禮), 제례(祭禮), 즉 성년식, 결혼식, 장례식, 제사를 의미하므로 회갑연, 고희연, 은혼식, 금혼식에 선거구민을 초청하여 음식물이나 답례품을 제공하는 것은 기부행위가 된다.[41]

여기에서 쟁점은 통상적인 범위에서 제공하는 음식물 또는 답례품의 단가이다. 음식물은 1만원 이하이지만 답례품의 단가에는 제한이 없다. 이에 따라 국회의원 등 정치인의 자녀 결혼식에서 식사 대신 와인세트 등을 답례품으로 제공하기도 한다.

파. 친족의 경조사에 축·부의금 제공

친족의 관혼상제의식 기타 경조사에 축·부의금품을 제공하는 행위는 의례적 행위로서 기부행위로 보지 않는다(§112② 2. 가.). 여기에서 친족의 범위는 민법에 따라 8촌 이내의 혈족, 4촌 이내의 인척 그리고 배우자로 한정한다(§777). 대상이 극히 제한적이어서 친족을 대상으로 하는 금품 등 이익제공은 기부행위로 보지 않으므로 아예 공직선거법의 적용대상이 아니다.

참고적으로 금품 등 이익제공의 상대방이 정치활동을 하는 사람이라면 정치자금법 위반 여부를 검토할 수 있으나, 제공하는 금품이 정치자금에 해당하더라도 금품을 기부하거나 기부받은 사람의 관계가 친족인 경우에는 처벌하지 않는다(§45①).

결론적으로 친족관계에서는 선거에 관하여 또는 정치활동을 위하여 거액의 금품이나 재산상의 이익이 제공되더라도 공직선거법이나 정치자금법의 처벌대상에서 자유로운 영역이 된다. 물론 증여세·소득세 등 세금납부는 별개의 문제이다.

---

41) 중앙선거관리위원회 2004 11. 15. 회답

3. 구호적·자선적 행위

본래 기부행위는 측은지심(惻隱之心)이라는 인간의 본성에서 발휘되는 미덕이다. 공직선거법의 영역에 포섭되기 전까지는 그렇다. 따라서 금권선거의 방지와 후보자 간 기회균등을 보장하기 위한 이상에 치우쳐 선거구민에 대한 일체의 이익제공을 금지하면 소외계층에 대한 사회적 안전망이 붕괴될 우려가 있다.

이에 따라 공직선거법에서는 다음에 해당하는 행위는 구호적·자선적 행위로서 기부행위로 보지 않는다(§112② 3.).

가. 수용보호시설에 금품 제공

법령에 의하여 설치된 사회보호시설 중 수용보호시설에 의연금품을 제공하는 행위는 기부행위로 보지 않는다(§112② 3. 가.). 여기에서 유의할 사항은 경로당, 노인회관, 마을회관은 수용보호시설이 아니라는 점이다. 따라서 해당 시설에 음료수 등을 제공하는 경우에는 기부행위가 된다.

나. 구호기관에 금품 제공

재해구호법에 따른 구호기관과 대한적십자사에 천재·지변으로 인한 재해의 구호를 위하여 금품을 제공하는 행위는 기부행위로 보지 않는다(§112② 3. 나.). 이 경우 금액제한은 없다.

재해구호법에 따른 구호기관이란 이재민과 일시대피자의 거주지를 관할하는 지방자치단체장을 말하지만, 공직선거법에서는 원활한 구호활동을 위하여 전국재해구호협회도 포함한다.

다. 장애인복지시설에 금품 제공

장애인복지법에 따른 장애인 복지시설에 의연금품·구호금품을 제공하는 행위는 기부행위로 보지 않는다(§112② 3. 다.). 다만, 장애인 복지시설이라도 유료로 운영되는 경우 해당 시설에 금품을 제공하는 것은 기부행위가 된다.

라. 중증장애인에게 구호금품 제공

국민기초생활 보장법에 따른 수급권자인 중증장애인에게 자선·구호를 위한 금품을 제공하는 행위는 기부행위로 보지 않는다(§112② 3. 라.). 중증장애인에게 휠체어·목발 또는 보행보조기를 제공하거나, 중증장애 청소년에게 장학금을 제공하는 행위는 본조에 따라 정당화 될 수 있다.

여기에서 유의할 부분은 구호적·자선적 행위의 외관을 빌렸더라도 기부자에게 진정한 자선 내지 구호의 의사가 있어야만 기부행위로 보지 않는다는 점이다. 예컨대, 예비후보자가 중증장애인에게 '약값에 보태쓰라'며 5만원을 제공하면서 '잘 부탁한다'는 발언을 부가한 사안에 대하여, 판례는 기부자에게 자선 내지 구호의 의사가 인정될 수 없다며 이를 기부행위로 보았다.[42)]

마. 자선단체 및 후원행사에 금품 제공

자선사업을 주관·시행하는 국가·지방자치단체·언론기관·사회단체 또는 종교단체 그 밖에 국가기관이나 지방자치단체의 허가를 받아 설립된 법인 또는 단체에 의연금품·구호금품을 제공하는 행위는 기부행위로 보지 않는다(§112② 3. 마.).

42) 대법원 2007. 3. 16. 선고 2007도617 판결

본조의 단체에는 바르게살기운동협의회, 새마을운동협의회, 불우이웃돕기 바자회 등 자선사업을 시행하는 각종 단체, 사회복지시설에 해당되는 종합사회복지관, 기획재정부장관이 지정한 기부금 대상단체, 군부대,[43] 전·의경이 근무 중인 기관, 장학회, 사회적 기업인 아름다운 가게, 노인일자리 전담기관인 시니어클럽,[44] 청소년지역아동센터[45] 등이 포함된다.

한편, 국가기관·지방자치단체 또는 구호·자선단체가 개최하는 소년·소녀가장, 장애인, 국가유공자, 무의탁노인, 결식자, 이재민, 불우이웃 등을 돕기 위한 후원행사에 금품을 제공하는 행위도 기부행위로 보지 않는다(§112② 3. 사.).

다만, 의연금품·구호금품 또는 후원금품을 제공하는 때에 개별물품 또는 그 포장지에 제공자의 직명·성명 또는 소속 정당의 명칭을 표시할 수 없다. 공직선거법도 착하고 어진 일을 하는 때에는 오른손이 하는 일을 왼손이 모르게 하도록 요구한다.

바. 소년·소녀가장(家長) 후원

자선·구호사업을 주관·시행하는 국가·지방자치단체, 그 밖의 공공기관·법인을 통하여 소년·소녀가장과 후원인으로 결연을 맺고 정기적으로 제공해온 자선·구호금품을 제공하는 행위는 기부행위로 보지 않는다(§112② 3. 바.).

그 밖에 근로청소년을 대상으로 야학 등 무료학교를 운영하거나 그 학교에서 학생들을 가르치는 행위도 기부행위로 보지 않는다(§112② 3. 아.).

---

43) 대법원 2012. 10. 25. 선고 2012도10146 판결

44) 중앙선거관리위원회 2009. 5. 22. 회답

45) 중앙선거관리위원회 2010. 9. 5. 회답

4. 직무상 · 업무상 행위

직무상의 행위란 법령 · 조례 또는 행정관행 · 관례에 따라 그 지위의 성질상 필요로 하거나 수반되는 행위나 활동을 말한다. 공직선거법에서 다음에 해당하는 이익제공의 경우에는 직무상 행위로서 이를 기부행위로 보지 않는다(§112② 4.). 아울러 계속적 · 반복적으로 종사하는 업무상 행위도 직무상 행위와 같이 특별한 사정이 없는 한 기부행위로 보지 않는다.

가. 전문직업인의 인터넷 무료상담

변호사 · 의사 등 법률에서 정하는 일정한 자격을 가진 전문직업인이 업무활동을 촉진하기 위하여 자신이 개설한 인터넷 홈페이지를 통하여 법률 · 의료 등 자신의 전문분야에 대한 무료상담을 하는 행위는 기부행위로 보지 않는다(§112② 4. 아). 다만, 대면으로 무료상담을 하는 경우에는 기부행위가 된다. 통상 변호사의 대면상담에는 수십만 원의 상담료가 청구될 수 있기 때문이다.

변호사 출신인 국회의원 · 지방의원이 선거구민에게 대가를 지급해야 받을 수 있는 수준의 법률 서비스를 제공하는 것도 기부행위에 해당한다. 다만, 무료상담에 이르지 않는 민원청취 또는 취업의 중개 · 알선에 이르지 않는 단순한 취업상담은 가능하다.[46)]

참고적으로 변호사가 아닌 국회의원 · 지방의원이 자신의 사무소에서 무료 법률지원실을 운영하는 것은 가능하지만, 변호사 등 전문직업인을 초빙하여 무료 법률상담을 해서는 안 된다.[47)]

46) 중앙선거관리위원회 2009. 2. 20. 회답

47) 중앙선거관리위원회 2012. 8. 8. 회답

나. 후보자 관계 회사의 영업활동

후보자 또는 그 가족과 관계있는 회사가 영업활동을 위하여 달력·수첩·탁상일기·메모판 등 홍보물을 그 명의로 제한된 범위의 거래처, 영업활동에 필요한 유관기관·단체·시설에 배부하거나 영업활동에 부가하여 무료강좌를 실시하는 행위는 기부행위로 보지 않는다(§112② 4. 자).

이처럼 공직선거법도 후보자, 예비후보자 또는 그 가족과 관계있는 법인·단체 또는 회사라도 본래의 설립목적 달성을 위한 행위와 정상적인 영업활동은 제한하지 않는다. 다만, 홍보물에 후보자의 성명이나 직명 또는 사진을 게재한 것은 탈법적인 선거운동으로 악용될 소지가 있어 기부행위로 규제한다.

아울러 통상적으로 후보자의 성명이 포함되는 상호를 표시한 달력 등 홍보물이라도 거래처 등 영업활동에 필요한 제한된 범위를 벗어나 입후보 예정지역의 일반 선거구민에게 배부하는 것은 기부행위가 되어 공직선거법에 위반된다.

다. 채무 이행행위

물품구매·공사·역무의 제공 등에 대한 대가의 제공 또는 부담금의 납부 등 채무를 이행하는 행위는 기부행위로 보지 않는다(§112② 4. 차). 정당한 계약에 따른 채무 이행행위는 당연히 계약의 상대방인 선거구민에게 금품 등 재산상의 이익제공이 될 수 없어 기부행위가 성립될 수 없다.

여기서는 급부와 반대급부 간 불균형으로 계약의 상대방에게 일정 부분 재산상의 이익을 제공하게 되더라도 계약자유의 원칙을 존중하여 이를 인정하기 위한 취지로 보인다.

5. 법령에 따른 금품 제공

공직선거법은 위에서 열거한 기부행위로 보지 않는 행위 외에 법령에 근거하여 금품 등을 찬조·출연 제공하는 행위를 기부행위로 보지 않는다(§112② 5.). 법령이란 법규명령의 줄임말로 일반적·추상적 규범으로서 법규의 성질을 가지는 것을 말한다. 법규명령은 국민과 행정권을 구속하고 법원의 재판규범이 되는 성문규범을 총칭하는 개념이다.

존재형식의 측면에서 법규명령의 범위에 입법부인 국회가 제정한 성문법률은 물론이고, 행정부가 발하는 대통령령·총리령·부령과 국회·대법원·헌법재판소·중앙선거관리위원회 등 헌법기관이 제정한 규칙이 포함된다. 실질적 내용의 측면에서는 행정규칙이나 고시의 형식이라도 상위법과 일체를 이루어 국민의 권리 의무에 영향을 미치는 것은 법규명령에 포함될 수 있다.

법령에 따른 금품 제공으로서 기부행위로 보지 않는 행위의 대표적 사례로 초·중등교육법에 따라 초등학교·중학교 및 고등학교에 학교발전기금을 기부하는 것을 들 수 있다.[48] 다만, 대학교에 발전기금을 제공하는 것은 법령에 아무런 근거가 없으므로 기부행위에 해당할 수 있다.

또한 후보자가 도서관법에 근거하여 도서관 자료를 지원하기 위하여 학교도서관, 시립도서관 등에 도서를 기증하는 것도 기부행위가 아니다. 이 경우 도서를 기증받은 도서관은 해당 도서에 기증자를 표시하여 대출하거나 열람에 제공할 수 있다.[49]

48) 중앙선거관리위원회 2003. 4. 10. 회답

49) 중앙선거관리위원회 2006. 2. 2. 회답

6. 중앙선거관리위원회 규칙으로 정하는 행위

공직선거법은 통상적인 정당활동, 의례적 행위, 구호적·자선적 행위, 직무상 행위 외에 이에 준하는 행위로서 중앙선거관리위원회 규칙으로 정하는 행위도 기부행위로 보지 않도록 규정하고 있다(§112② 6.). 그러나 기부행위 제한의 입법취지를 고려할 때 중앙선거관리위원회가 규칙개정을 통하여 기부행위에 대한 예외를 허용할 개연성은 거의 없는 것으로 보인다.

만일 중앙선거관리위원회가 규칙개정을 통하여 선거구민에 대한 이익제공 행위를 기부행위가 아닌 행위로 폭넓게 열거할수록 기부행위 위반죄의 구성요건 조각사유가 더욱 확대되어 가벌성의 범위는 축소된다. 이 경우 죄형법정주의 원칙이 직접적으로 침해될 가능성은 높지 않은 것으로 보인다.

그러나 이러한 조치는 기부행위를 제한하는 공직선거법의 입법취지가 몰각되고 관련 규정의 규범력이 형해화될 가능성이 높다. 이는 입법권의 침해에 따라 위헌논란이 제기될 가능성도 내포하고 있다. 중앙선거관리위원회의 신중한 판단이 요구되는 이유이다. 다행히 아직까지는 중앙선거관리위원회 규칙에서 기부행위로 보지 않는 행위를 따로 정한 사례가 없다.

공직선거법의 기부행위 위반사건을 심리하는 법원의 해당 재판부에서 이따금 법제과 등 중앙선거관리위원회의 소관부서에 기부행위로 보지 않는 행위를 따로 정한 사례가 없는지 종종 확인해 오기도 한다.

제 5 절

기부행위 위반의 위법성 조각사유

1. 위법성 조각사유의 의의

앞서 살펴본 바와 같이 기부행위로 보지 않는 행위로 열거한 규정의 성격은 기부행위위반죄의 구성요건 조각사유이다. 그러므로 이에 해당하지 않는 금품 등 재산상의 이익제공 행위는 원칙적으로 공직선거법상 기부행위위반죄의 구성요건 해당성이 충족되는 것으로 보아야 할 것이다. 그러나 공직선거법에 규정된 형벌에도 개별적으로 특별한 예외규정이 없는 한 형법총칙이 적용되므로, 기부행위위반죄가 성립하려면 형법의 일반원칙에 따라 위법성 조각사유와 책임조각사유의 존재 여부를 면밀하게 따져봐야 한다.

따라서 공직선거법에서 개별적으로 열거한 기부행위의 예외에 해당하지 않는 행위라도 그것이 지극히 정상적인 생활형태의 하나로서 역사적으로 생성된 사회질서의 범위 안에 있는 것이라면, 그러한 행위는 일종의 의례적 또는 직무상의 행위로서 결과적으로 사회상규에 위배되지 않아 위법성이 조각된다. 이러한 법리는 일정한 행위가 범죄의 구성요건에 해당하는 경우라도 그 행위가 법질서 전체에 의한 가치평가에 따라 위법하지 않은 것으로 평가되는 경우에는 위법성이 조각된다는 형법상의 기본원칙에 따른 것이다(§20).

2. 위법성 조각사유 인정요건

공직선거법에서 기부행위에 해당하지 않는 행위를 구체적으로 상세하게 열거하고 있고, 그에 해당하지 않는 행위는 원칙적으로 사회상규에도 반하는 것으로 엄격하게 해석함이 당연하므로 위법성 조각사유를 인정함에는 신중을 요한다.[50)]

따라서 위법성 조각사유의 존부 판단에 있어서는 금품 등 재산상의 이익을 받은 사람의 범위와 지위, 기부행위가 이루어진 동기, 기부행위에 제공된 금품 등의 종류와 가액, 기부행위 시점, 기부행위와 관련한 기존의 관행, 기부행위자와 기부를 받은 사람과의 관계 등 제반 사정을 종합적으로 고려해야 한다.[51)]

그 밖에 공직선거법에서 기부행위의 명시적 예외규정으로 열거하고 있지는 않지만, 업무로 인한 행위 기타 사회상규에 위배되지 않는 행위도 형법의 일반원칙에 따라 위법성이 조각되어 기부행위 위반죄가 성립되지 않는다.

3. 위법성 조각사유를 인정한 사례

판례는 자동차 가스충전소를 경영하는 후보자가 설명절 직전에 고객에 대한 감사와 가스충전소 홍보를 위해 택시기사들에게 시가 3,500원 상당의 선물세트를 제공한 행위에 대해 가스충전소의 영업관행을 고려하여 위법성 조각사유를 인정하였다.[52)]

50) 대법원 2006. 7. 13. 선고 2006도1879 판결
51) 대법원 2022. 2. 24. 선고 2020도17430 판결
52) 대법원 1996. 5. 10. 선고 95도2820 판결

또한 공직선거의 입후보예정자인 학교운영위원회 위원장이 녹색어머니연합회 대표자로부터 체육대회 경품을 협찬해 달라는 부탁을 받고 시가 8만원 상당의 자전거를 경품으로 제공하면서 자신은 행사에 참석하지도 않고 경품에는 협찬자의 이름을 알 수 있는 표기를 전혀 하지 않은 행위에 위법성 조각사유를 인정하기도 하였다.[53)]

한편, 동갑계의 관광여행시 입후보예정자인 계(契)의 간부가 관행에 따라 계원의 식대와 유람선 이용료를 부담한 사안에 관해서, 판례는 일반인의 건전한 상식과 사회통념에 비추어 계의 간부의 자격에서 행한 의례상의 행위로서 사회상규에 위배되지 않는 것으로 보아 위법성 조각사유를 인정하였다.[54)]

또한 공직선거에 출마한 새마을금고 이사장이 해당 동의 바르게 살기운동협의회 등 지역단체에 10만원씩 찬조금을 제공한 사안에서, 판례는 수년간 지역사업의 일환으로 새마을금고가 지역단체에 유사한 금액을 기부하여 온 경위와 내역, 기부방식 등에 비추어 기부행위위반죄의 구성요건 해당성이 없거나 사회상규에 반하지 않아 위법성이 없다고 판시한 바 있다.[55)]

아울러 구청장선거의 회계책임자가 후보자의 배우자, 직계혈족 기타 친족에게 식사를 제공한 행위가 지극히 정상적인 생활형태의 하나로서 역사적으로 생성된 사회질서의 범위 안에 있는 것으로 보아 위법성이 조각된다고 판시한 사례도 있다.[56)]

53) 대법원 2013. 5. 9. 선고 2013도3579 판결
54) 대법원 1996. 5. 10. 선고 96도668 판결
55) 대법원 2007. 9. 7. 선고 2007도3823 판결
56) 대법원 1999. 10. 22. 선고 99도2971 판결

4. 위법성 조각사유를 인정하지 않은 사례

후보자가 되려는 사람이 장학금을 지급하고 노인정 개소식 비용을 기부하며 청년회와 부녀회에 경비를 지원한 기부행위가 형식적으로는 해당 새마을금고 이사회의 결의에 따라 이를 집행하는 형식으로 이루어진 사안에 대하여, 판례는 실질적으로는 후보자가 되려는 사람이 각 기부행위의 주체인 사실을 알 수 있다며 위법성 조각사유를 인정하지 않았다.[57)]

아울러 판례는 국회의원이 자신의 선거구민들로 구성된 조기축구회 창단식에 참석하여 현금 20만원이 든 봉투를 고사상 위에 놓은 행위도 제공자의 신분, 조기축구회의 구성원 및 그 성격과 규모, 제공된 현금의 액수 등에 비추어 볼 때 위법성 조각사유가 인정될 수 없다고 판시한 바 있다.

한편, 후보자가 선거구민에게 결혼축의금으로서 5만원을 제공한 사유가 자신의 모친상에서 해당 선거구민으로부터 받은 같은 금액의 부의금에 대한 답례 취지였더라도 그것이 미풍양속으로서 사회상규에 위배되지 않는다고 볼 수 없다며, 위법성 조각사유를 모질게 부인한 판례도 있다.[58)]

이처럼 민법상 친족, 즉 8촌 이내의 혈족과 4촌 이내의 인척관계가 아니라면, 선거구민이나 선거구민과 연고가 있는 사람의 관혼상제나 기타 경조사에 소액이라도 축의금 또는 부의금을 제공하는 것은 특별한 사정이 없는 한 기부행위가 된다.

---

57) 대법원 2005. 2. 18. 선고 2004도6323 판결

58) 대법원 1999. 5. 25. 선고 99도983 판결

제 6 절

기부행위제한 위반의 벌칙

1. 기부행위제한 위반 시 적용되는 벌칙

공직선거법은 후보자 등은 물론이고 누구든지 기부행위 제한을 위반한 사람에게는 5년 이하의 징역 또는 1천만원 이하의 벌금에 처하도록 무거운 법정형을 규정하고 있다. 특히 후보자, 국회의원, 지방의원 등 정치인과 그 배우자에게 기부행위를 지시하거나 권유하거나 알선하거나 요구한 사람도 기부를 한 사람과 동일한 법정형으로 처벌한다(§113② · §257① 1.).

그 밖에 기부행위가 금지되는 주체에게 기부를 지시 · 권유 · 알선 · 요구하거나 그로부터 기부를 받은 사람은 3년 이하의 징역 또는 500만원 이하의 벌금에 처한다(§257②). 다만, 수동적으로 100만원 이하의 금품을 단순하게 제공받은 사람은 형벌 대신 10배 이상 50배 이하의 과태료에 처해진다.

기부행위위반죄는 기부를 지시하거나 권유하거나 요구하는 등 기부행위를 '하게 한 사람'도 처벌하도록 규정하고 있다. 그 의도는 실제 위반행위를 한 사람 외에 행위자를 배후조종한 인물도 함께 처벌하겠다는 입법권자의 의지를 명백히 표명함으로써 기부행위에 대한 일반예방효과를 거두려는 취지이다.

참고적으로 후보자의 배우자, 후보자의 직계존비속, 선거사무장 또는 선거사무소의 회계책임자가 기부행위위반죄 중 기부를 한 죄로 징역형 또는 300만원 이상의 벌금형의 선고를 받은 때에는 해당 후보자의 당선을 무효로 한다. 아울러 해당 형이 선고된 경우 당선자든 낙선자든 돌려받은 기탁금과 지급된 보전비용을 반환해야 한다(§265·§265의2①).

금권선거 또는 금권정치를 플루토크라시(Plutocracy)라 한다. 그리스 신화에 등장하는 재물의 신 플루토스(Plutos)와 지배의 의미인 크라시(Cracy)가 합성된 말이다. 플루토스는 출생의 비극[59]으로 눈이 멀어 아무에게나 재물을 뿌리고 다녔다고 한다. 아직도 우리의 공직선거 주변에는 플루토스가 배회하고 있고, 그의 눈은 아직 완전히 떠지지 않았다.

2. 기부받은 사람에 대한 50배 과태료

가. 50배 과태료 도입경과

공직선거법에서 정치인 등의 기부행위를 상시 제한함에 따라 소액의 금품수수에 따른 위반자가 속출하여 전과자를 양산하고, 경미범죄의 형사소추와 공소유지에 따른 수사기관과 검찰의 부담이 가중되며, 법원이 경미범죄의 바다에 익사할 위기에 처해 있다는 비판까지 제기되었다.

또한 기부받은 사람에 대한 가벼운 벌금형만으로는 유권자의 금품기대심리를 효과적으로 근절하기 어려운 형사정책적 한계도 함께

59) 호메로스의 오디세이아에 따르면 플루토스는 대지의 여신 데메테르와 제우스의 아들 이아시온이 3번이나 갈아놓은 부드러운 밭고랑에서 사랑을 맺어 태어났으나, 분노한 제우스에 의해 이아시온이 벼락을 맞고 죽었다고 한다.

노출되었다. 이에 따라 2004년 공직선거법을 개정하여 가액 100만원 이하의 금품을 제공받은 행위는 형벌 대신 제공받은 가액의 50배 과태료를 부과하되, 그 상한은 5천만원으로 하도록 제도를 개선하여 전과자의 양산을 방지하고 처벌의 실효성을 확보하며 금품기대심리를 근절하고자 하였다.

그러나 2009년 3월 헌법재판소는 50배 과태료 제도가 구체적·개별적 사정을 고려하지 않고 오로지 기부받은 물품 등의 가액만을 기준으로 일률적으로 정해진 액수의 과태료를 부과하는 것이므로 구체적 위반행위의 책임 정도에 상응한 제재가 되기 어렵다고 보아 관련 규정에 대하여 헌법불합치결정을 하였다.[60] 불합치결정의 사유로 헌법재판소는 금품·음식물 등을 제공받는 경우 그 위반의 동기와 태양, 기부행위가 이루어진 경위와 방식, 기부행위자와 기부받은 사람과의 관계, 사후의 정황 등에 따라 위법성의 정도에 큰 차이가 있다고 보았다.

이에 따라 기부받은 사람에 대한 과태료는 행위양태와 가벌성의 정도에 따라 기부받은 금품·음식물 가액의 10배 이상 50배 이하에 해당하는 과태료를 부과하되, 그 상한액은 3천만원으로 낮추어 헌법불합치결정의 취지에 부합하도록 보완되었다.

나. 50배 과태료 부과요건

누구든지 후보자, 후보자의 배우자, 후보자가 속한 기관·단체·시설, 그 밖에 기부행위가 제한되는 사람에게서 해당 선거에 관하여 금전·물품 등 100만원 이하의 재산상 이익을 제공받은 사람에게는 선거관리위원회가 총 3천만원 이하의 범위에서 제공받은 금액이나 가액의 10배 이상 50배 이하에 상당하는 금액의 과태료를 부과한다(공직선거법 §261⑨ 1.).

60) 헌법재판소 2009. 3. 26. 선고 2007헌가22 결정

다만, 기부행위가 제한되는 사람으로부터 100만원을 초과한 금품 또는 재산상의 이익을 받거나, 100만원 이하의 금품이라도 기부행위가 제한되는 사람에게 요구하여 금품 등 재산상의 이익을 받은 사람은 과태료가 아니라 여전히 형벌 적용 대상으로서 공직선거법의 기부행위위반죄로 처벌된다(§257②).

50배 과태료 부과제도는 선거범죄 신고자에 대한 포상금 지급제도, 그리고 자수자에 대한 특례제도와 결합되어 금품선거를 억제하는 강력한 안전판으로 기능하고 있다.

후보자가 다수의 선거인에게 금전이나 물품 기타 재산상의 이익을 제공한 경우, 금품을 제공받은 사람들은 이를 자수 또는 신고할 것인지 죄수의 딜레마에 빠지고, 금품을 제공한 후보자는 당선 여부를 불문하고 공소시효가 완성될 때까지 밀고의 두려움과 불안으로 가득 찬 독방에 갇히게 된다.

금품을 제공받은 사람 중 한 사람이라도 선거범죄 신고자 포상금에 매력을 느끼거나, 50배 과태료에 압박을 받아 금품수수 사실을 신고하거나 자수한 경우, 해당 지역은 선거범죄 조사와 50배 과태료 처분에 따라 민심까지 흉흉해진다.

이 경우 선거의 공정은 고사하고 선거 자체가 의미를 잃는다. 2008년 1월 일부 지역의 군수선거와 관련하여 금품제공 행위가 수사선상에 오르자 금품제공자는 극단적 선택을 하고, 금품을 받은 사람들은 단체로 관광버스를 대절하여 경찰서에 자수하러 왔던 풍경을 상상해 보는 것으로 충분하다. 아직도 공직선거에서는 상상한 일이 가끔 현실이 되기도 한다.

참고적으로 검찰청법의 개정에 따라 검찰이 수사를 개시할 수 있는 선거범죄의 범위가 대폭 축소되었지만, 기부행위위반죄는 여전히 검찰도 수사를 개시할 수 있는 범죄이다.[61]

3. 기부행위위반죄와 다른 벌칙의 관계

가. 매수죄와의 관계

선거인에 대한 금품 제공행위가 있더라도 급부와 반대급부가 균형을 이루고 있다면 재산상의 이익제공이 될 수 없어 공직선거법의 다른 규정에 의한 처벌을 별론으로 한다면, 최소한 기부행위위반죄는 성립되지 않는다.

예를 들면, 공직선거에서 명목상 자원봉사자라고 부르더라도 처음부터 대가를 지급하기로 하고 선거운동을 할 사람을 모집하여 선거운동을 하게 하고 그 대가로서 일당을 지급하였다면, 이는 진정한 의미의 자원봉사가 아니라 일종의 유상계약이고 선거운동에 대한 일당의 지급은 채무의 이행에 불과하여 최소한 기부행위위반죄는 성립하지 않을 것이다.[62]

그러나 공직선거법에서는 정당한 대가관계가 인정될 수 있는 사적인 계약의 이행행위라도 선거사무장·선거사무원 등 선거사무관계자가 아닌 사람에게 선거운동과 관련하여 금품 기타 이익을 제공한 경우에는 급부와 반대급부가 균형을 이루는지를 불문하고 매수죄로 처벌될 수 있다(§230① 4.).

따라서 공직선거에서 대가를 지급하기로 약속하고 선거운동을 할 사람을 모집하여 특정 후보자를 위한 선거운동을 하게 한 후 대가를 지급하였다면, 급부와 반대급부가 균형을 이루는 경우 기부행위위반죄를 구성하지는 않겠지만, 선거운동과 관련한 금품의 수수가 되어 양자가 모두 매수죄로 처벌된다.

---

61) 검사의 수사개시 범죄 범위에 관한 규정 제2조제1호 및 별표 1 참조.

62) 대법원 1996. 11. 29. 선고 96도500 판결

나. 50배 과태료와의 관계

공직선거법의 50배 과태료는 기부행위가 제한되는 사람으로부터 실제 금품을 받은 사람에게 적용된다. 따라서 후보자 등에게 금품을 요구하거나, 후보자 등의 금품제공 의사표시를 승낙한 경우, 즉 기부행위를 약속한 사람에게는 행정질서벌인 50배 과태료 대신 형벌인 기부행위위반죄가 적용된다.

이 경우 후보자가 되려는 사람 등에게 금품을 요구하여 실제 100만원 이하의 금품을 수령한 사람에게 형사처벌과 별도로 50배 과태료를 부과할 수 있는지가 법리적으로 쟁점이 될 수 있다.

그러나 기부행위 요구죄와 50배 과태료는 금권선거의 척결과 금품기대심리의 근절이라는 입법목적과 보호법익이 동일한 점, 금품의 수령행위는 요구죄의 불가벌적 사후행위에 해당하여 요구죄에 흡수될 수 있다는 점, 과태료가 비록 형벌은 아니더라도 국가의 일반통치권에 따른 처벌임에는 틀림이 없다는 점 등을 고려하면, 요구하여 수령한 행위로 기부행위위반죄가 적용되어 형사처벌되는 사람에게 50배 과태료를 부과하는 것은 우리 헌법이 금지하는 이중처벌에 해당될 수 있을 것으로 보인다.

헌법재판소도 과태료가 형벌의 목적·기능과 중복되는 면이 없지 않으므로 동일한 행위를 대상으로 형벌을 부과하면서 과태료까지 함께 부과한다면 그것은 이중처벌 금지의 기본정신에 배치되어 국가 입법권의 남용으로 인정될 여지가 있음을 부정할 수 없다고 판시한 바 있다.[63]

63) 헌법재판소 1994. 6. 30. 선고 92헌바38 결정

제 4 장

선거운동이란 무엇인가

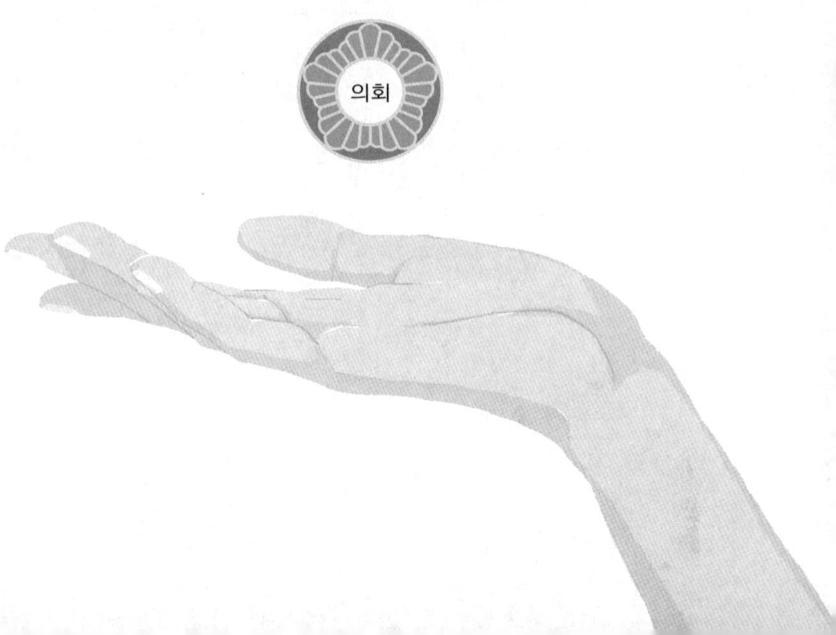

선거운동은 선거법제 전체를 관철하는 핵심 개념이다. 공직선거법에서는 선거운동의 자유방임에 따른 부작용을 방지하기 위하여 선거운동의 주체·시기·방법 등에 관한 각종 제한·금지규정과 벌칙을 두고 있다.

따라서 선거운동에 해당하는 행위라면 주체 · 시기 · 방법 등의 규제에 저촉될 경우 형벌이 적용될 수도 있으므로, 형벌의 명확성의 원칙의 측면에서라도 과연 어떠한 행위가 선거운동에 해당하는지 그 의미를 정확하게 파악할 필요가 있다.

이 장에서는 선거운동에 대한 법률상 정의와 판례를 통하여 발전된 개념에 관하여 살펴본다.

제 1 절

표현의 자유와 선거운동

1. 표현의 자유와 민주주의

우리 헌법은 언론·출판의 자유를 국민의 기본권으로 보장하고 있다(§21①). 우리 헌법에서 규정하고 있는 언론·출판의 자유는 자유로운 인격발현의 수단임과 동시에 합리적이고 건설적인 의사형성 및 진리발견의 수단이며, 민주주의 국가의 존립과 발전에 필수불가결한 기본권이다. 고전적으로 언론·출판의 자유는 표현의 자유를 뜻하며, 그 의미는 '자신의 생각 또는 의견을 언어·문자 등으로 불특정 다수인에게 표명하거나 전달하는 의사표현의 자유'를 말한다.

특히 정치적 표현의 자유는 단순히 개인적 자유에 그치는 것이 아니라 통치권자를 비판함으로써 피치자가 스스로 지배기구에 참가하는 자치정체(自治政體)의 이념을 근간으로 한다. 따라서 정치적 표현의 자유는 자유민주적 기본질서의 구성요소로서 현대 자유민주주의의 존립과 발전에 필수불가결한 기본권이므로, 정치적 표현의 자유가 억압당하는 경우 국민주권과 민주주의 정치원리는 공허한 메아리에 지나지 않게 될 것이다.[1)]

1) 헌법재판소 2023. 6. 29. 선고 2023헌가12 결정

특히 우리나라의 헌법재판소는 표현의 자유를 사상 또는 의견의 자유로운 표명과 그것을 전파할 수 있는 자유로서 개인이 인간의 존엄과 가치를 유지하고 행복을 추구하며 국민주권을 실현하는 데 필수불가결한 요소로 파악하여 왔다.

현대적 의미에서 표현의 자유는 고전적 의미의 의사표현의 자유에 더하여 알 권리까지 포함하는 개념으로 확장되었다. 우리나라의 헌법재판소는 설립 초기인 1989년부터 정보의 접근·수집·처리의 자유, 즉 알 권리를 표현의 자유에 포함되는 것으로 보아 헌법의 해석상 직접적인 권리로 인정한 바 있다.[2)]

그러나 표현의 자유가 민주주의 국가에서 다른 기본권에 우선하는 헌법상의 지위를 점유하는 것으로 인정되는 기본권이긴 하지만, 이 또한 절대적인 권리는 아니므로 다른 법익을 침해하지 않는 범위에서 존중되어야 한다. 표현의 자유가 타인의 명예 또는 권리를 침해하거나, 공중도덕이나 사회윤리 같은 사회적 법익을 훼손하거나, 국가의 안전보장이나 질서유지와 같은 국가적 법익을 침해하는 경우 해당 권리는 더 이상 보호받기 어려울 것이다.

인류의 역사에서 민주주의 초기였던 그리스 도시국가 시대에도 아테네 사람들은 표현의 자유가 자신들의 군대를 더 용감하게 만들었다고 믿었다. 인류 최초의 역사가인 헤로도토스(Herodotus)가 전하는 기록에 따르면, 아테네인들은 노예가 아닌 자유로운 시민으로서 전투에 참여하였기 때문에 수적으로 많은 페르시아인을 상대로 승리할 수 있었다고 한다.

이는 프랑스의 일간지 르몽드가 사상의 은사(恩師)로 칭송하였던 리영희 교수가 강조하였던 말, 즉 진실을 아는 국민만이 진정으로 나라를 위할 수 있다는 의미와 일맥상통하는 것으로 보인다.[3)] 우리는 종종 이러한 진실을 잊어버린다.

---

2) 헌법재판소 1989. 9. 4. 선고 88헌마22 결정

3) 리영희 저작집 제8권 『새는 좌·우의 날개로 난다』 한길사 2006

2. 선거에서 표현의 자유의 의의

유권자가 정당 또는 후보자에 대한 지지·반대의 의사를 표시하는 것은 정치적 표현의 자유의 한 형태로서 주권행사의 일환이자 민주사회를 구성하고 움직이게 하는 중요한 요소이다. 선거의 궁극적인 목적은 국민의 정치적 의사를 대의기관의 구성에 정확하게 반영하는 데에 있고, 이를 위해서는 선거에 관하여 자유롭게 의견과 정보를 주고받는 과정에서 비판과 토론을 통해 정치적 의사를 형성해 나가는 것이 필수적이기 때문이다.

특히 대의민주주의의 방법으로 국민주권의 원리를 실현하는 현대 민주주의 정치체제에서 정치적 표현의 자유는 주권자가 선거과정에서 정치적 의견을 자유로이 발표·교환함으로써 비로소 그 기능을 다하게 되는 것이므로, 이는 헌법에 정한 언론·출판·집회·결사의 자유 보장규정에 따라 보호를 받는다.[4] 선거에서 표현의 자유가 최대한 보장되지 않고서는 정치공동체의 관심사안에 대한 합리적 여론형성이 어렵고, 후보자의 공직적격성과 그가 제시한 공약의 타당성에 대한 검증도 불가능하기 때문이다.

만일 선거에 관한 객관적이고 정확한 정보가 부족한 상태라면 선거권자는 주권행사의 올바름에 대한 확신이 없이 잘못된 선택의 위험을 무릅쓰고 투표에 참여해야 한다. 이 경우 선거는 요식행위가 된다. 아울러 선거에서 표현의 자유가 보장될 필요성에 관해서는 자유선거의 원칙에도 주목할 필요가 있다. 선거의 전체 과정에서 선거권자의 의사형성의 자유와 의사실현의 자유를 보장하기 위해서는 표현의 자유가 최대한 보장되어야 하기 때문이다.

---

4) 헌법재판소 2011. 12. 29. 선고 2007헌마1001 결정 등

3. 선거운동의 자유에 대한 규제의 한계

자신의 당선 또는 자신이 지지하는 사람의 당선을 위하여 선거운동을 하려는 사람의 표현의 자유를 보호하고, 선거에 관한 객관적이고 정확한 정보의 유통을 통하여 선거권자에게 적절한 판단자료를 제공하는 등 주권자의 알 권리를 보장하기 위하여 선거에서 표현의 자유인 선거운동의 자유는 최대한 보장함이 마땅할 것이다.

그러나 선거에서 표현의 자유, 즉 선거운동의 자유를 방임에 맡길 경우 선거운동의 상시화에 따른 사회적 낭비를 초래하고, 일상의 평온과 공중의 안전을 위협함은 물론, 경제력의 차이에 따른 후보자 간 기회균등의 원칙을 심각하게 훼손할 우려가 있다.

이러한 부작용을 방지하기 위해 선거운동에 대한 합리적 규제의 필요성이 인정된다. 물론 우리 헌법은 선거관리위원회에 의한 선거운동 관리와 선거운동 기회균등의 원칙을 선언하면서 선거의 공정을 확보하기 위하여 선거운동에 대한 규제를 정당화할 수 있는 근거를 두고 있다.

이러한 근거에 터 잡아 공직선거법에서는 선거의 공정을 확보하기 위한 다양한 제도와 선거운동에 대한 각종 규제를 형성하고 이를 위반한 행위에 대하여 벌칙을 두고 있다.

그러나 선거의 공정을 확보하기 위하여 후보자 간의 경쟁규칙을 단순화하고 선거에 관한 정보와 의견의 교환을 제한하는 방법, 즉 선거운동의 자유를 제한하는 방법이 형식적 측면에서 후보자 간 기회균등을 보장하는 데 의미가 있겠으나, 유권자들에게 불완전하거나 불충분한 정보가 제공되어 유권자의 판단의 자유를 침해할 우려가 높으므로 실질적 측면에서는 이를 선거의 공정을 확보하기 위한 최선의 방법이라 평가하기 어렵다.

이처럼 선거에 관한 규제를 형성함에 있어 선거의 자유를 강하게 보장할 것인지, 아니면 선거의 공정을 더 투텁게 보호할 것인지 상충하는 법익 간 조화로운 해결책을 모색하는 것은 입법자의 오래된 임무가 되었다. 다행히 최근의 입법경향이 선거의 공정보다 선거의 자유에 좀 더 무게중심을 두고 있다는 점은 국민의 기본권 보장에 큰 의미가 있다고 본다.

공직선거법의 입법목적에서 스스로 밝히고 있듯이(§1), 선거의 공정성을 추구하는 궁극적 목적은 민주정치의 발전에 기여하는 데 있다. 따라서 선거의 공정은 국민의 정치적 의사를 굴절 없이 반영하는 선거를 실현하기 위한 수단적 가치일 뿐, 그 자체가 공직선거의 궁극적 목표는 아니다. 그러므로 선거의 공정을 이유로 선거에서 표현의 자유가 과도하게 제한되어서는 안 된다.[5)]

이와 같이 민주주의 국가에서 정치적 표현의 자유의 헌법상 지위, 선거운동의 자유의 성격과 그 의미, 자유선거의 원칙에서 보호되는 의사실현의 자유와 의사형성의 자유의 중요성 등에 비추어 볼 때, 선거운동의 자유를 규제하려는 때에는 자유를 원칙으로, 금지를 예외로 해야 한다는 점이 자명해 보인다.

따라서 입법자가 선거의 공정을 확보하고 선거의 과열을 방지하기 위하여 부득이하게 선거에서 정치적 표현의 자유를 제한하거나, 선거운동의 자유를 제한하는 경우에도 표현의 자유와 선거운동의 자유의 본질적 부분을 침해할 수 없다는 헌법상 기본권 제한의 법리를 준수해야 한다(§37②). 그 구체적 내용으로서 모든 기본권 제한의 입법에 요구되는 목적의 정당성, 수단의 적정성, 법익의 균형성 및 피해의 최소성의 요건을 모두 갖추어야 할 것이다.[6)]

5) 헌법재판소 2023. 6. 29. 선고 2023헌가12 결정
6) 헌법재판소 2011. 12. 29. 선고 2007헌마1001 결정 등

4. 불합리한 선거규제에 대한 위헌법률 심사

우리나라는 1988년 헌법재판소가 출범한 이래 선거규제의 종합전시장인 공직선거법에 대한 위헌법률심사를 통하여 선거운동의 자유를 과도하게 제한하였던 조항들을 헌법불합치 또는 위헌으로 결정함으로써 국회의 자의적 입법을 견제하고 선거운동의 자유를 점진적으로 확장하는 역할과 기능을 수행하여 왔다.

예컨대, 선거운동 주체의 제한에 관하여 헌법재판소는 2016년 철도공사 직원의 선거운동을 금지하였던 공직선거법 조항을 위헌으로 결정한 이후, 2018년에는 언론인의 선거운동을 금지한 조항도 위헌으로 결정하였고, 2024년 1월 25일에는 지방공사 직원의 선거운동을 금지하는 규정을 위헌으로 결정한 바 있다. 앞으로 통·리·반장이나 농협·수협·산림조합의 상근직원의 선거운동을 금지하고 있는 규정(§60①)도 유사한 운명을 기다리고 있는 것으로 보인다.

또한 선거운동 시기의 제한에 관해서도 헌법재판소는 2011년 12월 선거에 영향을 미칠 목적의 인쇄물 배부·게시를 금지하는 공직선거법 조항(§93①)을 인터넷 홈페이지 또는 그 게시판·대화방에 글이나 동영상을 게시하는 방법까지 포함되는 것으로 해석하면 헌법에 위반된다며 한정위헌으로 결정함에 따라 문자메시지·SNS 및 인터넷을 활용한 선거운동을 상시 허용하는 개선입법의 기폭제가 되었다.

아울러 선거운동 방법의 제한에 관해서도 헌법재판소가 2022년 7월 후보자와 선거사무종사자를 제외한 사람에게 선거운동용 소품의 활용을 금지한 공직선거법의 관련 조항(§90①)이 헌법에 합치되지 않는다고 결정함으로써, 2023년 8월 국회의 보완입법을 통하여 누구든지 선거운동을 할 수 있는 사람은 선거운동기간 중 소형의 표찰이나 수기(手旗)·선전물 등 소품을 본인의 부담으로 제작 또는 구입하여 선거운동에 활용할 수 있도록 하였다(§68②).

이러한 입법개선이 국민의 대표기관인 국회의 자유로운 선택에 따른 결단이 아니라 헌법재판소의 위헌법률 심사를 통하여 의무화되었다는 점은 우리에게 많은 시사점을 던져주고 있다. 선거에 관한 게임의 룰인 선거법의 제정 또는 개정에 관한 부분에서는 입법권자가 자신에게 유리한 방향으로 규범을 형성하여 왔다는 합리적 의심을 거둘 수 없기 때문이다.

따라서 허위사실공표나 매수행위처럼 그 자체가 비난가능성이 높은 범죄는 별론으로 하더라도 선거운동에 관하여 주체 · 시기 · 장소 · 방법 등을 제한하는 규정을 위반하여 기소된 경우, 우선 공소장에 기재된 적용법조의 합헌성에 강한 의문을 갖고 재판부에 위헌법률심판 재청신청을 할 필요가 있다. 만일 해당 신청이 기각될 경우에는 헌법재판소에 헌법소원을 청구하는 등 공직선거법의 불합리한 규제조항에 대해서 적극적으로 다투어 볼 일이다.

권리 앞에 잠자는 사람은 누구도 보호하지 않는다는 독일의 법철학자 예링의 경구는 이런 경우에도 적용된다.

표현의 자유에 대한 제한이 권력에 대한 자유로운 비판을 통제하여 국민주권의 원리를 위협해 왔던 것처럼, 기득권의 잉크로 쓰인 선거운동의 자유에 대한 과도한 규제는 항시 사회적 소수와 정치신인의 진입을 가로막는 장벽으로 기능하였다는 점은 우리의 현대사가 넉넉히 입증하고 있다.

제 2 절

선거운동의 개념에 관한 정의

1. 선거운동에 관한 엄격한 정의의 필요성

선거운동에 관한 정의는 선거법 전체를 관철하는 중심 개념으로서, 선거운동이 성립됨을 전제로 주체·방법·시기 등 각종 제한·금지 규정의 뼈대를 형성함은 물론이고, 형벌의 구성요건에서도 가장 핵심적인 부분을 점유한다.

따라서 법치국가의 원리에서 파생되는 명확성의 원칙에 따라 선거법에서도 어떠한 행위가 선거운동에 해당하는지를 수범자(受範者)가 쉽게 이해할 수 있도록 선거운동의 의미를 명확히 정의할 필요가 있다. 어떤 것이 금지되는 행위이고 또 어떤 것이 허용되는 행위인지를 수범자(受範者)가 쉽게 알 수 없다면, 법적 안정성과 예측가능성을 확보할 수 없을 뿐만 아니라 법 집행기관에 자의적인 규범운용의 길을 열어주게 될 것이기 때문이다.

한편, 선거의 과열을 방지하고 후보자 간 기회균등을 확보하기 위해서는 선거운동에 대한 규제가 필연적이고, 이를 위반한 행위에 대하여 벌칙을 둔다. 선거운동에 대한 규제의 핵심 내용은 주체와 신분에 대한 규제, 방법에 대한 규제, 시기에 대한 규제, 비용과 장소에 관한 규제, 내용에 관한 규제로 구분할 수 있다.

만일 일정한 의사표현이 선거운동에 해당한다면, 공무원 등 선거중립의무가 부과된 사람의 행위는 주체의 위반이 성립할 것이고, 광고를 이용한 행위라면 방법의 위반이 성립되며, 선거운동기간 전의 행위라면 시기의 위반, 즉 사전선거운동이 성립될 것이다.

아울러 투표소 또는 사전투표소에서 이루어진 행위라면 장소의 위반이 성립될 것이고, 해당 선거운동에 비용을 지출하였다면 선거비용제한액을 통제하는 총량규제가 적용될 것이다. 반대로 특정한 의사표현이 선거운동에 해당하지 않는다면, 공중의 안전 또는 도시의 미관풍취(美觀風趣)를 해치거나 다른 사람의 권리를 침해하지 않는 한 원칙적으로 언제든지 그리고 누구든지 가능한 행위가 되어 표현의 자유로 보장될 것이다.

그러므로 선거운동의 개념을 포괄적으로 정의할수록 가벌성의 범위가 확장되어 표현의 자유는 위축되고, 선거운동의 개념을 엄격하고 협소하게 정의할수록 가벌성의 범위는 축소되어 표현의 자유가 확대될 수 있다. 이러한 측면에서 선거운동에 관한 적절하고 명확한 법률적 정의의 필요성이 인정된다.

이를 위하여 공직선거법에서는 선거운동에 관한 정의규정을 두고 있다. 입법기술적으로 정의규정을 두는 이유는 법령문에 쓰는 중요한 용어이거나, 해당 법률에서 언어의 통상적인 의미와 다소 다르게 쓰이거나, 의미를 확실히 하여 법령의 적용과 해석상의 의문을 제거하기 위한 것이 주된 목적이다.

그러나 미국 연방대법원이 공인(公人)이나 음란(淫亂)에 대한 정의에서 그렇게 고민하였듯,[7] 선거운동에 대한 정의도 밀가루 반죽을 콘크리트 벽에 못 박아 걸어두는 것만큼이나 어렵다. 선거운동의 개념을 아무리 정교하고 치밀하게 정의하더라도 항시 예외가 발생하기 때문이다. 이러한 이유로 우리나라에서 선거운동의 정의에 관해서는 법원의 판례로 그 개념을 구체화하여 발전시켜 왔다.

---

7) 이재진 2018. 2.『언론과 공인』한양대학교 출판부 423쪽

2. 선거운동에 관한 법률상 정의

공직선거법에서는 선거운동의 개념을 '당선되거나 되게 하거나 되지 못하게 하기 위한 행위'로 정의하면서 다음에 해당하는 행위는 선거운동으로 보지 않는다(§58①).

① 선거에 관한 단순한 의견개진 및 의사표시

② 입후보와 선거운동을 위한 준비행위

③ 정당의 후보자 추천에 관한 단순한 지지·반대의 의견개진 및 의사표시

④ 통상적인 정당활동

⑤ 설날·추석 등 명절, 부처님오신날·성탄절 등에 하는 의례적인 인사말을 문자메시지로 전송하는 행위

위와 같은 행위들은 문리해석상 선거운동의 정의에 포함될 소지가 있으나, 그 행위의 성격상 선거운동으로 규제하는 것이 타당하지 않은 행위를 입법정책적으로 규제대상에서 배제한 것이다.

이러한 취지는 정당의 후보자 추천에 관한 단순한 지지·반대의 의견개진 및 의사표시를 선거운동으로 보지 않는 점에서 극명하게 드러난다. 이와 같이 공직선거법은 제정 이후 선거운동으로 보지 않는 행위를 지속적으로 추가하여 선거운동에 관한 규제범위를 점차적으로 축소하는 일관된 흐름을 보이고 있다.

한편, 의례적·사교적 행위와 직무상·업무상 행위는 해석상 당연히 선거운동이 아니므로, 공직선거법에서 굳이 선거운동이 아닌 행위로 열거할 필요가 없다.[8] 이러한 개념은 입법자의 관용이 아니라 해석자의 통찰력에 힘입어 확장되어 왔다.

8) 대법원 2001. 6. 29. 선고 2001도2268 판결 등

3. 실제 적용하는 판례상 개념

법률상 선거운동의 정의는 '당선되거나 되게 하거나 되지 못하게 하기 위한 행위'이므로, 이렇듯 광범위하고 포괄적이며 모호한 개념적 정의에 따를 경우 국민의 일상적 활동이나 의례적 행위 심지어 생명유지 활동조차 선거운동의 개념에 포섭되어 규제대상이 될 수 있는 문제점이 있다.

이에 따라 대법원 판례는 선거운동의 개념을 "선거에서의 당선 또는 낙선을 위하여 필요하고도 유리한 모든 행위로서 당선 또는 낙선을 도모한다는 목적의사가 객관적으로 인정될 수 있는 능동적·계획적인 행위"로 판시하고 있다.[9)]

대법원의 판례는 법률상 선거운동 정의규정의 포괄적이고 모호함에 따른 위험성을 제거하고 선거운동에 대한 정의를 구체화하기 위하여 '당선 또는 낙선의 목적의사가 객관적으로 인정될 수 있는 능동적·계획적 행위'라는 요소를 부가함으로써 선거운동의 개념을 명확하게 확정하고 그 자의적 확장을 경계한다.

선거운동의 개념에 대한 이러한 해석은 대법원과 헌법재판소의 일치된 견해이고, 선거법을 집행하는 중앙선거관리위원회도 이를 원용하고 있다. 선거운동의 개념에 대한 변천은 60년이 넘는 세월을 겪으며 선거제도가 진화된 결과이다. 이처럼 선거운동의 개념을 엄격히 파악하여 가벌성의 범위를 축소하고 표현의 자유를 확장하려는 시대정신의 큰 흐름과 판례 경향에는 상당한 일관성이 있다.

최근의 판례는 특정한 행위가 선거운동에 해당하는지에 관하여 단순히 그 행위의 명목뿐만 아니라 행위의 태양, 즉 그 행위가 행하여지는 시기·대상·방법 등을 종합적으로 관찰하여 그것이 특정 후보자의 당선

---

9) 대법원 2017. 3. 22. 선고 2016도16314 판결

또는 낙선을 도모하는 목적의지가 수반되는 행위인지를 선거인의 관점에서 객관적으로 판단하도록 요구하고 있다.[10)]

해당 판례는 당선 또는 낙선의 목적의사에 대하여 행위 주체의 내부의사가 아니라 그 상대방인 선거인의 관점에서 특정 선거에서 당락을 도모하는 행위임을 명백히 인식할 만한 객관적인 사정에 근거하여 판단하도록 함으로써 선거운동에 대한 판단기준을 엄격하게 제시한 점에 큰 의의가 있다. 이러한 해석은 선거운동의 목적의사를 판단하기 위한 보다 합리적 기준으로 선거인의 객관적 관점을 요구함으로써 표현의 자유에서 강조하는 소위 “숨 쉴 공간”을 열어준 것으로도 평가할 수 있다.

특히 선거운동에 해당하는지는 법률전문가의 관점에서 사후적 · 회고적인 방법으로 판단하는 것이 아니라 선거인의 관점에서 행위 당시의 구체적인 상황에 기초하여 판단해야 하므로, 개별적 행위들의 유기적 관계를 치밀하게 분석하거나 법률적 의미와 효과에 중점을 두기보다 문제된 행위를 경험한 선거인이 행위 당시의 상황에서 그러한 목적의사가 있음을 알 수 있었는지를 살펴보아야 한다.[11)]

이러한 목적의사는 특정한 선거에 출마할 의사를 밝히면서 그에 대한 지지를 부탁하는 등의 명시적인 방법뿐만 아니라 당시의 객관적 사정에 비추어 선거인의 관점에서 특정 선거에서 당선이나 낙선을 도모하려는 목적의사를 쉽게 추단할 수 있을 정도에 이른 경우에도 인정될 수 있다. 그러나 이러한 목적의사가 있었다고 추단하려면, 단순히 선거와의 관련성만으로는 부족하고 특정 선거에서의 당락을 도모하는 행위임을 선거인이 명백히 인식할 만한 객관적인 사정에 근거해야 한다.

이제야 비로소 선거운동에 관한 판단이 법률전문가나 법집행기관의 전유물에서 벗어나 선거인의 건전한 상식과 통상적인 법 감정의 품에 안기게 된 것이다.

---

10) 대법원 2016. 8. 26. 선고 2015도11812 전원합의체 판결

11) 대법원 2016. 8. 26. 선고 2015도11812 전원합의체 판결

입법권자는 그동안 지속적으로 선거운동의 자유를 확대하는 방향으로 입법개선을 이루어 왔지만, 현실적으로 정치활동과 선거참여의 영역에서 표현의 자유의 확장은 선거운동의 정의에 관한 법원의 엄격한 해석에도 힘입은 바가 크다. 선거운동의 개념과 정의에 관한 법원의 판례는 항시 국민들의 표현의 자유를 확대하는 방향으로 형성·변화되어 왔기 때문이다.

이미 말(言)과 전화로 하는 선거운동은 선거일을 제외하고는 상시 허용되었고, 인터넷과 SNS·문자메시지를 활용한 선거운동은 선거일에도 허용됨에 따라, 이제 선거운동에 관한 정의는 확성장치를 사용하거나 집회에서의 행위, 그리고 공무원 등 선거운동을 할 수 없는 사람의 특정한 의사표현 행위가 선거운동에 해당하는지를 판별하는 경우에만 유용한 기준으로 활용되고 있다.

대통령선거법, 국회의원선거법, 지방의원선거법 등 모든 선거법을 통합하여 단일한 규범을 형성함에 따라 통합선거법으로 불렸던[12] 공직선거법에는 선거과열을 우려한 입법권자가 규제의 벽을 높이 쌓고 그 벽에 기득권의 언어로 수많은 경고와 예언들을 새겨놓았다. 그러나 이제는 시대정신의 압력을 버티지 못한 벽의 수많은 균열로 그 경고와 예언들은 더 이상 알아보기 힘들게 되었다.

12) 통합선거법 제정 당시 공식적인 명칭은 공직선거및선거부정방지법이었으나, 2005년 8월 현재의 공직선거법으로 그 명칭을 변경하였다.

제 3 절
선거운동으로 보지 않는 행위

1. 선거에 관한 단순한 의견개진 · 의사표시

공직선거법에서 선거에 관한 단순한 의견개진이나 의사표시는 선거운동으로 보지 않는다(§58① 1.). 이러한 행위에는 선거운동의 핵심적 징표인 능동적·계획적 요소가 없으므로 당연히 선거운동으로 보아서는 안 될 것이다. 다만, 어떠한 행위가 선거에 관한 단순한 의견개진 또는 의사표시인지 아니면 당선 또는 낙선을 위한 선거운동에 해당하는지는 그 행위의 시기·장소·방법·대상 등을 종합적으로 평가하여 판단한다.

선거법 운용에 높은 수준의 법리적 무장과 더불어 통찰력과 지혜가 필요한 이유이다.

예컨대, SNS 사용자가 관심 있는 게시물을 공유하거나 그 게시물에 본인의 짧은 글을 덧붙인 정도의 행위는 선거에 관한 단순한 의견개진 또는 의사표시로서 선거운동이 아니다.

또한 특정 세력이 선거에 승리하면 반대진영을 탄압할 것이라는 내용의 글을 SNS에 게재하였더라도 그 횟수가 단 1회에 불과하다면, 그러한 행위는 선거에 관한 단순한 의견개진 또는 의사표시에 해당하여 선거운동으로 볼 수 없다.[13)]

13) 서울고등법원 2019. 1. 25. 선고 2017노182 판결

그러나 비슷한 내용의 게시물이라도 게시자가 단기간에 페이스북 계정을 만들고 페이스북 친구를 과다하게 추가하여 이례적일 정도로 연달아 게시하였다면, 이러한 행위에는 능동적이고 계획적인 요소가 가미되어 있으므로 선거운동에 해당될 수 있을 것이다. 인터넷과 SNS를 활용한 선거운동이 상시 허용됨에 따라 이제 이와 같은 사례는 게시자의 신분이 공무원 등 선거운동이 금지된 사람의 행위에만 따져볼 수 있는 한가한 이야기가 되었다.

중앙선거관리위원회는 이미 오래전부터 후보자가 되려는 사람이 친척과 친지의 집을 방문하여 입후보 의사를 표시하는 행위를 선거에 관한 단순한 의사표시로 보았다. 판례도 사교적인 모임에서 상대방의 격려에 대한 답례로 자신의 출마사실을 공표한 행위와 지역신문의 인터뷰 요청에 응하여 현안에 대한 자신의 의견과 출마의사를 밝힌 기사가 신문에 실린 경우에도 단순한 의사표시에 해당하여 선거운동으로 볼 수 없다고 판시한 바 있다.

이제는 선거일을 제외하고는 말로 하는 선거운동이 상시 허용되었으므로, 이 또한 공무원 등 선거운동이 금지된 사람의 행위가 아니라면 집회나 확성장치를 활용하지 않는 한 선거운동에 해당하는지를 따져볼 실익이 없다.

2. 입후보와 선거운동 준비행위

공직선거법은 입후보와 선거운동을 위한 준비행위도 선거운동으로 보지 않는다(§58① 2.). 입후보와 선거운동을 위한 준비행위는 선거에 출마하여 당선되기 위한 목적의사가 분명한 행위지만, 행위 시점에서는 직접 선거인을 대상으로 특정 후보자의 당선을 목적으로 투표를 얻기 위한 행위가 아니라 장래의 선거운동을 위한 내부적·절차적 준비행위

에 불과하므로 이를 선거운동으로 보지 않는 것이다(§58① 2.).[14]

입후보와 선거운동 준비행위는 사실상 선거운동과 목적이 동일하여 경우에 따라서는 선거운동으로 규제될 수도 있으나, 이러한 행위는 아직 선거운동을 하려는 사람의 내부적인 활동에 그치기 때문에 이를 선거운동으로 파악하여 규제하는 것은 적절하지 않다. 이러한 이유로 공직선거법은 입법정책적으로 그 행위의 성격상 선거운동에 포섭하여 규제하는 것이 타당하지 않은 행위를 명시적으로 열거하여 선거운동의 규제대상에서 제외한 것이다.

입후보와 선거운동을 위한 준비행위의 전형적인 사례로서 주민간담회를 개최하여 지역현안을 파악하는 행위, 선거공보 또는 선거벽보의 원고를 작성하는 행위, 공개장소에서의 연설·대담을 위한 연설문 작성행위, SNS 홍보 콘텐츠 제작행위 등을 들 수 있다.

아울러 후보자가 되려는 사람이 선거공약 개발을 위한 의견수렴에 필요한 범위에서 지역주민 또는 선거인과 접촉활동을 하거나 전문가를 초청하여 토론회를 개최하는 행위도 입후보 준비행위로서 선거운동으로 볼 수 없다.[15]

한편, 언론사가 후보자가 되려는 사람을 대상으로 선거정보와 선거전략에 대한 컨설팅을 제공하는 워크숍을 개최하는 행위도 일종의 선거운동 준비행위에 해당하여 규제대상이 아니고, 무소속 후보자가 되려는 사람이 선거권자의 추천을 받는 때에 해당 입후보예정자의 경력 또는 공적을 말로 알리거나 소개하는 행위도 입후보 준비행위로서 선거운동이 아니다.

---

14) 헌법재판소 2005. 10. 27. 선고 2004헌바41 결정

15) 중앙선거관리위원회 2017. 9. 28. 회답

3. 정당의 후보자 추천에 관한 지지 · 반대

공직선거법은 정당의 후보자 추천에 관한 단순한 지지·반대의 의견개진과 의사표시는 선거운동으로 보지 않는다(§58① 3.). 본 조는 2000년 2월 제16대 총선을 앞두고 봇물처럼 터진 시민단체의 선거참여를 제도적으로 수용하기 위하여 신설된 조항이다.

입법 당시 인터넷 선거운동이 상시 허용되기 전이었음에도 특정 단체가 낙천·낙선대상자를 결정하여 해당 단체의 인터넷 홈페이지에 게시하거나 제3자가 자신의 인터넷 홈페이지에 그 낙천·낙선대상자 명단을 게시하는 것을 선거운동이 아닌 행위로 보아 허용한 것이다.

이에 따라 시민단체가 정당의 공천반대자 또는 낙천대상자를 기자회견 등의 방법으로 공표하는 행위가 허용된다. 다만, 정당의 후보자 추천에 관한 단순한 지지·반대의 의견개진이나 의사표시를 허용한 것이므로, 그 범위를 넘어서는 행위는 선거운동에 해당하거나 공직선거법의 다른 제한·금지규정에 위반될 수 있다.

예컨대, 기자회견의 목적범위를 벗어나 언론인이 아닌 다수의 선거구민을 모이게 하거나, 기자회견장에 선거에 영향을 미치게 하기 위한 시설물을 설치하거나 인쇄물을 배부하는 행위는 공직선거법에 위반된다.

인터넷 선거운동과 SNS·문자메시지에 의한 선거운동이 상시허용됨에 따라 시민단체의 낙천·낙선운동을 선거운동으로 보지 않는 실익이 크지 않고, 시민단체의 낙천·낙선운동 등 선거참여의 열기도 많이 식은 것으로 보이지만, 그 역사를 간직한 입법자의 결단은 여전히 공직선거법의 조문 형태로 남아 있다.

4. 통상적인 정당활동

정당은 국민의 이익을 위하여 책임 있는 정치적 주장이나 정책을 추진하고 공직선거의 후보자를 추천 또는 지지함으로써 국민의 정치적 의사형성에 참여함을 목적으로 하는 국민의 자발적 조직을 말한다(정당법 제2조).

우리 헌법은 정당이 국민의 정치적 의사형성에 참여하는 한 그 활동의 자유를 보장한다. 따라서 공직선거법은 정당이 그 목적을 달성하기 위하여 행하는 당원의 모집과 교육, 정책의 개발·보급 등 선거시기에 관계없이 정당이 존속하는 한 지속적으로 추진해야 하는 정당 본연의 활동은 통상적인 정당활동으로서 선거운동으로 보지 않는다(§58① 4.).

구체적으로 정당의 어떠한 활동이나 행사가 선거운동으로 보지 않는 통상적인 정당활동에 해당하는지는 당원과 비당원 등 참가자의 신분, 행사의 시기와 선거의 인접성, 행사 장소와 규모 등 그 활동의 실질적 내용을 살펴 이를 총체적으로 판단해야 한다.[16)]

예컨대, 정당이 정강·정책 등을 홍보·교육하기 위하여 제작한 홍보물을 소속 당원에게만 배부하는 행위, 정당이 선거기간이 아닌 때에 정치적 현안에 대한 자당의 입장을 일반국민에게 알리기 위하여 선거와 무관하게 강연회를 개최하는 행위는 통상적인 정당활동에 해당하여 선거운동이 아니다.

아울러 공직선거의 후보자가 되려는 사람이 정당의 대표자 선출을 위한 경선에 출마하여 소속 당원에게 홍보물을 배부하는 행위도 통상적인 정당활동으로서 선거운동으로 보지 않는다.

16) 대법원 1995. 2. 3. 선고 94도753 판결

5. 명절 · 기념일 등에 문자메시지 전송

공직선거법은 설날·추석 등 명절과 부처님오신날·성탄절 등 기념일에 의례적인 인사말을 문자메시지로 전송하는 행위는 선거운동으로 보지 않는다(§58① 6.). 명절 등에 의례적인 인사말을 문자메시지로 전송하는 행위를 선거운동으로 보지 않도록 허용된 것은 비교적 최근인 2013년의 개정입법을 통하여 이루어졌다. 여기에서 명절·기념일 등의 범위에는 정월 대보름 등 세시풍속, 연말연시, 농번기, 성년의 날 등 국가의 각종 기념일이 포함된다.

판례는 선거일로부터 멀리 떨어진 시기에 출마계획을 알리거나, 의례적인 안부를 묻거나, 방송 출연 또는 언론인터뷰를 홍보하는 내용을 담은 문자메시지를 지속적으로 광범위하게 전송한 행위도 선거운동으로 보지 않았다.

그러나 예비후보자등록이 근접한 시기에 단체문자로 "함께해요 △△△!"이라는 표현이 부가되어 선거인의 입장에서 특정인에 대한 지지 호소로 볼 수 있는 내용이 포함된 것은 선거운동에 해당한다고 판시한 바 있다.[17]

설날·추석 등 명절과 초파일·크리스마스 등을 계기로 보내는 문자메시지의 내용이 의례적이라면, 이러한 행위는 선거운동이 아닌 행위로 간주되므로, 선거운동이 금지된 공무원에게도 허용되는 행위이고, 선거운동을 위한 자동 동보통신의 방법에 의한 문자메시지와 달리 발송 전화번호를 선거관리위원회에 신고할 필요가 없으며, 발송 횟수나 비용에 제한을 받지 않고 마음껏 보낼 수 있다.

17) 부산고등법원 2018. 4. 18. 선고 2017노623 판결

6. 투표참여 권유활동

투표참여 권유활동은 공직선거법 자체에서 명시적으로 선거운동이 아닌 행위로 정의되어 있지는 않다. 그러나 투표참여 권유활동은 누구든지 가능한 행위이고 선거일에도 특정한 방법을 제외하고는 허용되는 행위이므로(§58의2), 논리필연적으로 투표참여 권유활동도 선거운동이 아닌 행위로 보아야 할 것이다.

다만, 공직선거법에서는 아래의 방법으로 하는 투표참여 홍보활동은 행위양태에 따라 선거운동 방법에 관한 제한·금지 규정 위반뿐만 아니라, 독립적으로 투표참여 권유활동 방법 위반으로도 처벌될 수 있다.[18)]

① 호별로 방문하여 하는 경우

② 투표소 또는 사전투표소에서 100m 안에서 하는 경우

③ 특정 정당이나 후보자 또는 후보자가 되려는 사람을 지지·추천하거나 반대하는 내용을 포함하는 경우

④ 정당의 명칭이나 후보자 또는 후보자가 되려는 사람의 성명·사진 또는 그 명칭·성명을 유추할 수 있는 내용을 나타내어 현수막 등 시설물, 인쇄물, 확성장치·녹음기·녹화기, 어깨띠, 표찰, 그 밖의 표시물을 사용하는 경우

당초 투표참여 권유활동은 2012년 공직선거법 개정에 따라 선거운동으로 보지 않도록 명문화되었으나, 정당 또는 후보자의 명의가 표시된 현수막 등을 사용한 투표참여 권유행위가 무질서하게 이루어져 탈법적인 선거운동으로 악용되는 문제점이 지적되자 2014년 5월 현행의 내용으로 보완되었다.

---

18) 공직선거법 제256조제3항제3호 참조

7. 의례적 · 사교적 행위

가. 의례적 · 사교적 행위의 의미

의례적 · 사교적 행위는 공직선거법에서 선거운동으로 보지 않는 행위로 명시적으로 열거되지는 않았으나, 관련 규정에 대한 해석과 판례를 통하여 선거운동으로 보지 않는다. 의례적 · 사교적 행위는 해석상 당연히 선거운동이 아니므로, 공직선거법에서 굳이 선거운동이 아닌 행위로 열거할 필요가 없기 때문이다.[19]

여기에서 의례적 행위란 사람이 살아가는 도리로 행하는 행위를 말한다. 일상적 행위나 사교적 행위도 이에 준하는 행위로 판단된다. 일상적이거나 의례적이거나 사교적 행위는 비록 외형상 당선 또는 낙선의 목적이 있는 것처럼 보이더라도 이를 선거운동으로 평가해서는 안 된다는 것이 판례의 태도이다.

나. 의례적 · 사교적 행위 판단기준

구체적으로 어떠한 행위가 의례적 · 사교적 행위로서 선거운동에 해당하지 않고, 또 어떠한 행위가 당선 또는 낙선의 목적이 있는 선거운동에 해당하는지는 그 행위자와 상대방의 사회적 지위, 그들 사이의 관계, 행위의 동기, 방법, 내용과 태양 등 제반 사정을 종합하여 사회통념에 비추어 판단해야 한다.[20]

이러한 판단은 선거관리위원회나 법률전문가의 관점에서 사후적 · 회고적으로 내리는 것이 아니라, 그러한 표현이나 행위를 대하는 선거인의 관점에서 행위 당시의 구체적인 상황에 기초해야 한다.

---

19) 대법원 2001. 6. 29. 선고 2001도2268 판결 등

20) 대법원 1996. 4. 26. 선고 96도138 판결

따라서 특정한 행위에 선거운동 목적이 있었는지를 판단하기 위해서는 개별적 행위와 표현내용들의 유기적 관계를 치밀하게 분석하거나 그 효과에 집중하기보다는, 문제된 행위를 경험한 선거인이 행위 당시의 상황에서 행위자에게 당선 또는 낙선의 목적의사가 있음을 알 수 있었는지를 살펴보아야 한다.[21)]

이 경우 쟁점이 되는 행위가 의례적·사교적 행위의 외관를 두르고 있더라도 행위 당시의 객관적 사정에 비추어 선거인의 관점에서 특정 선거에서 당선이나 낙선을 도모하려는 목적의사를 쉽게 추단할 수 있을 정도에 이른 경우에는 선거운동이 성립될 수 있다.

다. 의례적·사교적 행위 예시

연말연시·명절·국경일 등 통상적인 계기에 후보자가 되려는 사람의 직·성명이나 사진·동영상이 포함된 안부 또는 축원(祝願)의 문자메시지를 선거인에게 전송하는 것은 사람이 살아가는 도리로 행하는 의례적 행위이므로 이를 선거운동으로 보지 않는다. 따라서 이러한 행위는 누구든지 그리고 언제든지 가능한 행위가 된다.

다만, 특별한 계기가 없음에도 지속적·반복적으로 문자메시지를 발송하거나, 문자메시지에 지지를 호소하는 내용이 게재되어 있거나, 후보자가 되려는 사람을 홍보하기 위한 내용이 포함되어 있다면 선거운동에 해당될 수 있다. 예컨대, 단순하게 발송자의 신분을 밝히는 범위를 벗어나 여러 개의 경력을 게재하는 경우 이러한 행위는 선거운동에 해당될 수 있다.

특정한 문자메시지의 내용이 선거운동에 해당한다면 현직 공무원에게는 금지된 행위이고, 일반인도 자동 동보통신의 방법으로는 보낼 수 없다. 반면, 단순하게 후보자가 되려는 사람이 자신의 직·성명·사진이

21) 대법원 2016. 8. 26. 선고 2015도11812 전원합의체 판결

게재된 내용의 연하장을 연말연시에 지역주민에게 발송하는 행위는 의례적 행위로서 무방하다.

아울러 후보자가 되려는 사람이 통상적으로 사용하는 업무용 명함에 자신의 학력이나 경력 또는 수상내역을 게재하여 통상적인 방법으로 수교하는 것도 의례적 행위로서 선거운동이 아니다. 다만, 통상적인 내용의 명함이라도 마을회관이나 행사 등을 방문하여 불특정 다수의 회원에게 살포하거나, 통상적인 방법으로 교부하는 명함이라도 그 명함에 자신의 선거공약이나 지지를 호소하는 내용이 게재되어 있다면 선거운동에 해당될 수 있다.

후보자가 되려는 사람이 자신과 친분관계가 있는 작가의 출판물에 통상적인 내용의 추천사 또는 축하의 글을 게재하거나, 후보자가 되려는 사람이 각종 행사장을 방문하여 참석한 선거구민을 대상으로 악수를 하거나 인사를 하는 것도 의례적 행위로서 선거운동이 아니다.[22] 이 경우 주최측의 요청에 따라 행사의 성격에 부합하는 내용의 인사말을 하는 것도 선거운동이 아니므로 마이크와 확성장치 사용을 두려워할 필요가 없다.

판례는 명예퇴직을 앞둔 공무원교육원 교관이 피교육생이자 고향후배인 읍·면장들과의 회식자리에서 “명예퇴직원을 제출하였으니 도와달라”는 발언을 한 것을 의례적 행위로 보았다.[23] 물론, 다가올 선거에서 지지를 호소하는 등 회식에 참석한 선거인의 관점에서 당선을 도모한다는 목적의사가 표시되었다고 평가할 수 있는 경우에는 선거운동에 해당될 수 있다. 발언자의 신분이 선거운동을 할 수 없는 공무원이기에 말로 하는 선거운동이 상시 허용된 지금도 여전히 검토가 필요한 부분이다.

22) 중앙선거관리위원회 2011. 11. 15. 회답

23) 대법원 1996. 4. 26. 선고 96도138 판결

8. 직무상·업무상 행위

가. 직무상·업무상 행위의 의미와 판단기준

직무상·업무상 행위도 선거운동이 아닌 행위로 공직선거법에 명시적으로 열거되지는 않았으나, 관련 규정에 대한 해석과 판례를 통하여 이를 선거운동으로 보지 않는다. 직무상 행위란 법령·조례 또는 행정관행·관례에 따라 그 지위의 성질상 필요로 하는 정당한 행위 또는 활동을 말하고,[24] 업무상 행위란 영업행위 등 사람이 그 사회생활상의 지위에서 계속·반복의 의사로서 종사하는 업무에 따른 행위를 말한다.

따라서 공직선거에 후보자가 되려는 사람이라도 소속 기관이나 단체의 운영에 필요한 의견이나 자료수집을 목적으로 선거와 무관하게 간담회 또는 공청회를 개최하거나, 자신에 대한 선전이나 업적의 홍보가 부가됨이 없이 기관의 설립목적 달성을 위하여 의견을 청취하는 활동은 직무상·업무상 행위로서 선거운동이 아니다.[25]

아울러 후보자가 되려는 사람이라도 자신의 소관 업무에 관하여 취재에 응하거나, 언론사가 개최하는 대담·토론회에 참석하여 토론주제의 범위에서 발언하는 행위는 직무상·업무상 행위로서 선거운동에 해당되지 않는다.

이러한 행위로 인하여 후보자가 되려는 사람의 인지도가 높아지는 결과가 발생하더라도, 이는 언론의 자유를 두텁게 보장함에 따라 초래되는 반사적이고 부수적인 효과에 불과하므로 이를 선거운동으로 평가하여 규제하는 것은 적절치 않다.

24) 대검찰청 2020. 3.『공직선거법 벌칙해설』제10개정판 89쪽

25) 중앙선거관리위원회 2013. 11. 26. 공직선거법 운용기준

나. 직무상·업무상 행위 예시

후보자가 되려는 사람이 대표자로 있는 기관이나 단체가 선거기간 전에 통상적인 방법으로 구성원들에게 해당 기관·단체의 운영과 관련된 각종 정보를 알리기 위한 매체에 해당 후보자가 되려는 사람의 직명·성명·사진·동영상을 게재하거나 전송하는 행위는 직무상·업무상 행위로서 선거운동이 아니다.

또한 입후보예정자가 대표자로 있는 기관이나 단체가 통상적으로 해오던 방법으로 해당 기관·단체의 설립목적 달성을 위한 범위에서 사업추진 경과, 현안에 대한 입장과 대처방안 등을 알리기 위한 안내장에 입후보예정자의 직·성명·사진을 게재하거나, 사업계획과 예산에 따라 발간하는 소식지에 입후보예정자의 직·성명·사진과 의례적인 인사말을 게재하는 것도 직무상·업무상 행위로서 선거운동으로 볼 수 없다.

아울러 선거와 무관하게 사업계획과 예산에 따라 기관·단체의 홍보영상을 제작하고, 입후보예정자가 해당 영상에 출연하는 것도 직무상 행위로 무방하다. 다만, 기관이나 단체의 홍보목적을 벗어나 선거에 출마하려는 대표자의 개인 업적을 홍보하는 것은 직무상·업무상 행위로 보기 어려우므로 선거운동에 해당될 수 있다.

특히 기관·단체의 운영이 견실함에도 대표를 맡고 있는 입후보예정자의 무능으로 위기에 빠졌다는 등의 악의적인 가짜뉴스가 유포될 경우, 이를 차단하고 해당 기관·단체의 이익을 보호하기 위하여 객관적인 경영지표와 자산운용 현황 등을 통상적인 방법으로 고객이나 구성원들에게 알리는 행위는 직무상·업무상 행위에 해당하여 선거운동으로 볼 수 없다. 비록 이로 인하여 해당 입후보예정자에게 부수적인 홍보 효과가 발생하더라도 달리 볼 것은 아니다.

제 5 장

선거운동의 규제형식과 주요내용

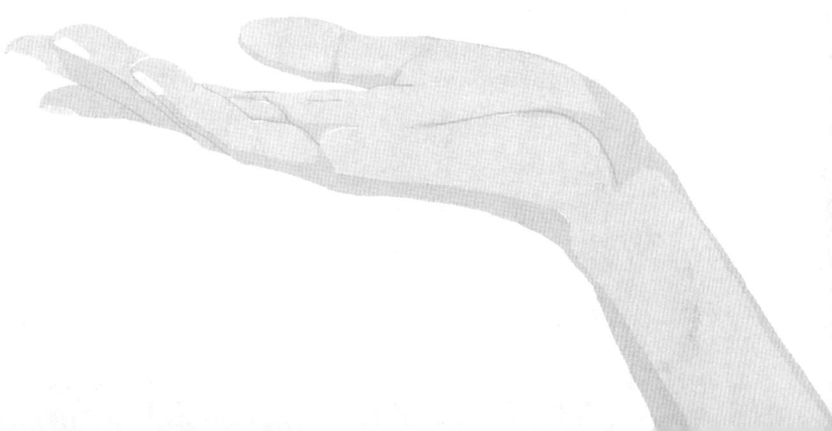

표현의 자유의 일환인 선거운동의 자유는 개인의 주관적 권리를 넘어 후보자 선택에 필요한 판단자료의 제공이라는 객관적 선거질서의 의미도 함께 가지고 있으므로, 선거운동에 대한 규제를 형성함에도 이를 감안하여 보다 엄격한 기준을 적용할 필요가 있다.

그러나 민주주의 체제의 정당성은 정치적 형평성을 전제로 하고, 우리 헌법도 선거운동에 대하여 후보자 간 기회균등의 원칙을 선언하고 있으며, 선거운동의 자유방임에 따른 부작용을 방지하기 위해서라도 선거운동에 대한 규제는 불가피한 것으로 보인다.

이 장에서는 공직선거법에 따른 선거운동의 규제형식과 그 문제점, 그리고 규제의 주요 내용을 살펴보기로 한다.

제 1 절
선거운동 규제형식 개요

1. 선거운동 규제의 필요성

선거를 통하여 선출된 대표자에게 주권행사를 위임하는 대의민주제 방식으로 국민주권의 원리를 실현하는 민주주의 국가에서 공직선거는 주권자인 국민이 직접 그 권리를 행사하는 행위이다. 따라서 주권자가 선거에 참여하여 그 의사를 표현할 기회와 자유는 최대한 보장되어야 할 것이다.

그러나 대의민주주의의 기초인 선거는 동시에 공정하게 실시되지 않으면 안 된다. 선거운동의 자유방임으로 인하여 발생할 사회경제적 손실과 부작용을 최소화하고, 금권·관권 등으로 인한 타락선거를 막아 선거에서 국민의 진정한 의사를 정확하게 반영하기 위하여는 우선 선거의 공정이 보장되어야 하기 때문이다. 선거의 공정 없이는 진정한 의미에서 선거의 자유도 보장되지 않는다는 것이 민주주의를 발전시켜 온 인류의 역사에서 반복적으로 확인할 수 있는 내용이다.

이러한 점에서 공직선거에서 선거운동에 관한 어느 정도의 규제가 불가피함을 인정할 수 밖에 없다.[1] 결국 민주주의 국가에서 선거

1) 헌법재판소 1995. 5. 25. 선고 95헌마105 결정

에 관한 규범을 형성하기 위해서는 선거의 자유와 공정의 두 이념이 적절히 조화되도록 해야 할 것이다.

그러나 선거운동을 어느 수준까지 허용하고 또 어떻게 제한하는 것이 적절한 것인지에 관하여 모든 국가사회에 공통적으로 적용할 수 있는 절대적인 기준이나 논리필연적인 결론은 존재할 수 없다. 따라서 그 기준은 각 나라의 사정, 즉 그 나라의 역사와 정치문화, 선거풍토와 선거문화의 수준, 민주시민의식의 성숙 정도 등 여러 가지 사정에 따라 달라질 수밖에 없다.

예컨대, 민주주의가 확고하게 뿌리를 내리고 자유롭고 정의로운 선거가 안정적으로 실시되는 선진국에서는 선거운동의 자유를 보다 확대해도 좋을 것이나, 민주주의가 확고하게 뿌리내리지 못한 채 부정선거로 얼룩진 후진국에서는 선거의 공정을 확보하는 것이 국가적으로 더 절실하고 우선적인 과제가 될 것이다.

우리 헌법은 선거권, 공무담임권, 표현의 자유 등을 기본권으로 보장하면서 안전보장·질서유지 또는 공공복리를 위하여 필요한 경우에는 그 본질적인 내용을 침해하지 않는 범위에서 국민의 자유와 권리를 법률로써 제한할 수 있도록 규정하고 있다(§37②). 따라서 선거운동의 자유도 선거의 공정이라는 공익을 위하여 필요한 경우에는 법률로써 제한할 수 있음이 분명해 보인다.

특히 우리 헌법은 선거공영제가 선거운동의 기본방식임을 천명하면서 선거운동은 각급 선거관리위원회의 관리하에 '법률이 정하는 범위에서 하되, 균등한 기회가 보장되어야 한다'는 특별규정을 두고 있는바(§116①), 이러한 헌법규정들에 터잡아 공직선거법은 선거운동에 관하여 그 주체·방법·기간·비용 등에 관하여 다양한 규제를 하고 있다.

이는 우리의 역사적 경험과 선거 현실을 고려하여 "자유와 공정"이라는 상충하는 이념을 슬기롭게 조화시키기 위한 입법자의 결단이므로 특별한 사정이 없는 한 존중되어야 할 것이다.

2. 선거운동의 규제형식

공직선거법은 원칙적으로 누구든지 자유롭게 선거운동을 할 수 있다고 선언하면서, 해당 법률 또는 다른 법률에 따라 금지 또는 제한하는 경우에는 예외로 하도록 규정하고 있다(§58②). 이와 같이 허용을 원칙으로 하되, 개별적으로 금지하는 규제형식을 네거티브 시스템(Negative System)이라 한다.

현행 공직선거법의 전신인 공직선거및선거부정방지법, 즉 통합선거법 제정 전에는 대통령선거법, 국회의원선거법 등 개별법에서 선거운동 규제에 포지티브 시스템(Positive System)을 적용하여 포괄적 금지를 원칙으로 하고 개별적으로 허용하는 방식을 취하여 왔다. 그리하여 불과 30여년 전까지만 하더라도 선거관리위원회에 신고된 극소수의 선거운동원에게 선거운동기간에 한정하여 선거법에 열거된 방법으로만 선거운동을 허용하여 왔다.

1948년 제헌의원선거 당시에는 선거규제가 거의 없었으나, 1950년대 중반 진보당의 약진에 놀란 보수정당들의 담합에 따라 1958년 참의원선거법과 중의원선거법을 제정하면서 선거운동에 포괄적 금지형식의 규제를 최초로 채택하고 이러한 규제가 독재정권에 의해 강고하게 유지된 점은 시사하는 바가 적지 않다.

참고적으로 농업협동조합법·수산업협동조합법·산림조합법·새마을금고법 등 개별 법률의 선거 관련 조항과 농협·수협·산림조합의 조합장선거 및 새마을금고의 이사장선거에 적용되는 공공단체 등 위탁선거에 관한 법률(이하 '위탁선거법'이라 한다)은 여전히 한정된 사람이 해당 법률에 열거된 방법으로만 선거운동을 할 수 있도록 포지티브 방식의 선거규제를 적용하고 있다(§24).

3. 현행 규제형식의 문제점

국회에서 오랜 기간의 논의를 거쳐 1994년 선거운동에 관한 포지티브 규제형식을 폐기하고 네거티브 규제시스템으로 패러다임을 전환한 공직선거법의 제정에 따라 우리의 헌정사에서 주권자의 선거참여에 중대한 변화를 맞이하게 되었다.

공직선거법 제정 전까지는 후보자·선거사무장·선거연락소장과 선거사무소에 20인 이내, 선거연락소에 5인 이내, 투표구마다 3인 이내의 신고된 선거운동원만이 선거운동기간 중 법에 열거된 방법으로 선거운동을 할 수 있었을 뿐, 정작 나라의 주인인 일반 주권자에게는 침묵을 강요하였기 때문이다.[2)]

한편, 선거규제의 패러다임을 전환하여 선거권을 가진 모든 유권자들에게 선거운동을 허용하고, 선거운동의 방법 또한 자유를 원칙으로 하고 금지를 예외로 하는 네거티브 시스템의 선거규제는 실제 금지되는 행위가 개별적이고 구체적인 경우에만 규제시스템의 도입 취지를 살릴 수 있을 것이다.

그러나 공직선거법은 유권자들의 일반적인 의사소통 수단인 인쇄물, 시설물, 선전물, 확성기, 집회, 방송 등에 의한 선거운동은 후보자에게만 제한적으로 허용하거나 모두에게 금지하는 광범위하고 포괄적인 선거규제를 두고 있다. 공직선거법 제84조부터 제109조까지 선거운동 방법에 관한 촘촘한 제한·금지규정은 사실상 포괄적 금지방식과 다를 바가 없는 선거규제로서 선거의 과열을 우려한 입법자의 의도를 굳이 숨기려 하지 않는다.

입법권자는 주권자의 당연한 권리를 회복시켜 주면서 선거운동의 자유와 권리의 회복에 따른 선거의 과열과 기회균등의 원칙이 위협받

2) 국회의원선거법(법률 제4462호, 1991. 12. 31.) 제39조부터 제41조까지, 대통령선거법(법률 제4495호, 1992. 11. 11.) 제34조부터 제36조까지의 규정 참조.

을 것을 우려하여 형식만 네거티브 시스템으로 전환하였을 뿐, 선거규제의 실질적 효과와 내용은 여전히 포지티브 시스템을 유지하고 있기 때문이다.

공직선거법은 선거운동 방법에 관하여 형식적으로는 원칙적 허용을 규정하였지만, 그 실질적 내용은 사실상 포괄적 금지를 유지하고 있으므로, 유권자의 입장에서는 과연 어떤 선거운동 방법이 제한되고, 또 어떤 선거운동 방법의 금지되며, 실제 허용되는 선거운동 방법은 무엇인지 도대체 알기 어렵다.

공직선거법 제58조에서 '누구든지 자유롭게 선거운동을 할 수 있다'는 장엄한 선언이 감동을 주지 못하고 공허하게 들리는 이유다. 오히려 공직선거법 제정 전 허용되는 선거운동 방법을 구체적으로 열거하여 규정한 구 국회의원선거법과 대통령선거법에서 명확성의 원칙에 충실한 친숙함을 느낀다.

이처럼 선거규제에서 무늬만 네거티브 시스템을 유지하는 한 규범의 간결성과 명확성은 포기할 수 밖에 없는 한계가 있다. 약법삼장(約法三章)이라는 말이 있다. 중국 한나라 고조(高祖)가 진나라를 멸하고 폭정에 시달리던 진나라 백성과 약속한 세 가지 법규, 즉 살인자는 사형에 처하고, 남을 해친 자와 도둑질한 자는 엄벌하며, 진나라의 가혹했던 규범들은 모두 폐지하는 간략한 법을 시행하겠다는 약속으로 알려져 있다.

우리 헌법상 법치국가의 원리와 죄형법정주의 원칙에서 파생되는 명확성의 원칙, 체계정당성의 원리와 법체계의 간결성, 그리고 알기 쉬운 법제를 위하여 이러한 약법삼장의 교훈도 입법자가 새겨야 할 교훈으로 보인다.

4. 알기 쉬운 법제를 위한 대안 모색

우리나라의 선거 현실에서 선거운동을 자유방임에 맡길 경우 그 부작용을 감당하기 어렵다면, 선거운동에 대한 규제가 불가피할 것이고, 그 규제의 실질적 내용이 포괄적 금지임에도 그 형식은 개별적 금지형식을 취하는 네거티브 시스템을 유지하는 한 금지되는 행위를 일일이 열거해야 하므로 법의 간결성과 명확성, 그리고 알기 쉬운 법제는 포기할 수밖에 없다.

이와 같은 문제는 형식과 내용의 모순에서 근원적으로 잉태하고 있으므로, 실질적인 규제의 내용에 부합하도록 선거규제의 형식을 현행의 네거티브 시스템에서 포지티브 시스템으로 환원하는 방안도 적극 검토할 필요가 있다고 본다.

예컨대, 현재 허용되어 있는 선거운동 방법을 그대로 유지하면서도 규정하는 형식만 선거에 참여하는 주체별로 아래의 예와 같이 선거권이 있는 사람, 예비후보자, 후보자 또는 정당에게 각각 허용되는 선거운동 방법을 구체적으로 열거하는 것이다.

제OO조(선거운동 방법의 제한) 선거운동은 이 법에서 열거한 방법으로만 할 수 있다.

제OO조(선거권자의 선거운동 방법) ① 선거운동을 할 수 있는 사람은 언제든지 말로 하거나(옥외집회 또는 확성장치를 사용하는 경우는 제외한다), 전화 · 문자메시지(자동동보통신의 방법을 제외한다) 또는 전자우편 · SNS · 인터넷홈페이지의 방법으로 선거운동을 할 수 있다. 다만, 선거일에는 말로 하거나 전화통화의 방법으로는 선거운동을 할 수 없다.

② 선거권이 있는 사람은 선거운동기간 중 중앙선거관리위원회규칙으로 정하는 규격 범위의 소형의 소품 등을 본인의 부담으로 제작 또는 구입하여 몸에 붙이거나 지니고 선거운동을 할 수 있다.

이러한 규정 외에 SNS 또는 유튜브처럼 새로운 정보통신기술이나 의사소통 방법의 출현에 대비하여 제3항을 예비적으로 추가하여 '선거권이 있는 사람은 중앙선거관리위원회규칙으로 정하는 방법으로 선거운동을 할 수 있다'는 규정을 둔다면 기술발전이나 국민의 생활환경 변화에 탄력적으로 대응할 수 있을 것이다.

예비후보자와 후보자의 선거운동 방법도 선거권자의 선거운동 방법에 준하여 현행의 허용된 선거운동 방법을 각각 열거하면 무난할 것으로 보인다. 이 경우 현행의 복잡하게 얽혀 있는 제한·금지규정과 벌칙을 대체하여 열거되지 않은 선거운동 방법에 대하여 포괄적으로 적용되는 하나의 벌칙을 두는 것으로 족할 것이다.

이렇게 선거운동에 관한 규제형식을 변경한다면, 일찍이 선거운동의 자유 원칙을 선언한 입법자의 대의는 손상될 수 있겠지만, 주권자인 국민에게 알기쉬운 법제를 선사하게 될 것이다. 잃는 것은 난해한 규제요, 얻는 것은 명확성과 간결성이다.

제 2 절 주체의 제한

1. 선거운동이 금지된 사람

공직선거법은 원칙적으로 대한민국 국민으로서 선거권이 있는 사람에게 선거운동을 허용하되, 예외적으로 공무원 등 공적 지위에 있는 사람들의 선거운동은 금지하고 있다(§60).

공무원 등이 그 직을 유지한 채 선거운동을 하는 경우 자신들의 지위와 권한을 특정인의 당선을 위하여 남용할 소지가 크고, 심지어 자신의 당선에 유리하도록 정책을 수립하거나 직무를 수행하거나 관련 법규를 적용하는 등 그로 인한 부작용과 폐해가 선거결과에 지대한 영향을 미치게 될 것이기 때문이다.[3)]

특히 공무원은 국민 전체에 대한 봉사자라는 공직의 무게에 더하여 선거중립의 무게도 함께 견뎌내야 한다. 선거권이 있음에도 불구하고 선거운동이 금지된 신분은 다음과 같다.

① 공무원. 다만, 국회의원·지방의원 등 선출직을 제외한다.

② 사립학교 교원

③ 예비군 중대장급 이상의 간부

3) 헌법재판소 2008. 4. 24. 선고 2004헌바47 결정

④ 주민자치위원

⑤ 통장 · 이장 · 반장

⑥ 정부가 50% 이상의 지분을 가지고 있는 공공기관의 상근 임원

⑦ 지방공사의 상근 임원

⑧ 농협 · 수협 · 산림조합 등 조합의 상근 임직원

⑨ 바르게살기 · 새마을운동협의회 · 한국자유총연맹의 상근 임직원 및 이들 단체의 대표자

다만, 위에서 열거된 신분이라도 그 사람이 예비후보자 또는 후보자의 배우자인 경우, 그리고 후보자의 직계존비속인 경우에는 예외적으로 선거운동을 할 수 있다. 과거 현직 판사가 국회의원선거에 출마한 남편의 선거운동을 도운 것이 사회적 논란을 촉발시켜 제한이 풀렸다. 공직선거법의 엄격한 규제도 차마 천륜(天倫)과 인륜(人倫)만은 외면하지 않는다.

참고적으로 외국인의 정치활동은 금지되지만, 지방선거에서 선거권을 가진 외국인은 예외적으로 해당 선거에 한정해서 선거운동을 할 수 있다. 지방선거는 주민의 대표를 뽑는 선거이기에 국가의 정체성과 관련이 적기 때문이다.

2. 관권선거의 주홍글씨가 새겨진 사람들

앞서 살펴보았듯 공직선거법은 미성년자, 외국인 등 선거권이 없는 사람, 공무원, 사립학교 교원, 예비군 중대장급 이상의 간부, 주민자치위원, 통장 · 이장 · 반장 등의 신분을 가진 사람에게는 선거운동을 금지하고 있다. 실로 자기 땅에서 유배당한 사람들이다.

특히 헌법상 과잉금지의 원칙과 관련하여 합헌성에 강한 의심이 드는 부분은 선거운동이 금지된 신분에게 그 제한이 적용되는 장소적

범위가 거주지로 한정되지 않는 점과 금지되는 선거운동에 해당 신분의 직무관련성 여부를 전혀 따지지 않는다는 점이다.

예컨대, 서울에서 통장을 맡고 있는 사람은 자신의 처남이 제주도 의원선거에 출마하더라도 그를 위한 선거운동을 할 수 없다. 과거 독재정권 시절 통장·이장·반장을 부정선거에 동원하였던 어두운 역사가 현재를 살아가는 주권자의 기본권을 제한하고 있는 것이다. 이처럼 불합리한 규제의 배경에는 항시 부정선거의 역사적 기억이 자리잡고 있다.

국민 전체에 대한 봉사자의 지위로 선거에서 중립의무가 부과된 직업 공무원의 경우 특정 후보자의 당선 혹은 낙선을 위한 선거운동을 금지하는 것이 논리필연적 결론일 수 있다. 특히 정당 가입이 금지된 사람이나 미성년자, 외국인 등 선거권이 없는 사람의 선거운동을 금지하는 부분도 충분히 수긍할 수 있다.

그러나 통장·이장·반장의 선거운동을 금지한 부분은 헌법적으로 그 정당성을 인정받기 어려울 것으로 보인다. 굳이 통장·이장·반장의 선거운동을 금지할 필요가 있더라도 해당 지방자치단체에서만 선거운동을 금지하거나, 지위를 이용한 선거운동만을 금지하는 등 보다 완화된 방법을 적용하는 것이 타당할 것으로 보인다. 특히 지방선거에서는 외국인도 선거권이 있으면 해당 지역에서 선거운동을 할 수 있는데, 정작 우리 국민에게 통장·이장·반장을 맡고 있다는 이유로 선거운동을 원천적으로 금지하는 것은 과잉금지의 원칙에 위반되는 것으로 보아야 할 것이다.

과거 공직선거법은 언론인에게도 선거운동을 금지하였으나, 2012년 실시된 제19대 총선에서 인터넷신문 발행인과 주간신문 사회팀장 등 2명의 언론인이 선거운동을 한 혐의로 기소되자, 피고인들은 해당 규정에 대한 헌법재판소의 위헌법률심판을 통하여 2016년 구제를 받았다.

헌법재판소는 위헌결정의 이유로서 언론인의 선거개입으로 인한 문제는 언론매체를 통한 활동의 측면, 즉 언론인으로서의 지위를 이용하거나 그 지위에 기초한 활동으로 인해 발생하는 것이므로, 언론매체를 이용하지 않은 언론인 개인의 선거운동까지 전면적으로 금지할 필요는 없다고 보았다.[4)]

또한 2020년에는 선거운동이 금지된 지방공사의 상근직원들이 선거운동을 한 범죄사실로 기소되자 피고인들이 재판부에 관련 규정에 대한 위헌법률심판재청 신청을 하였고, 재판부도 이를 수용하여 헌법재판소에 위헌법률심판재청을 하자 헌법재판소는 기다렸다는 듯이 2024년 1월 지방공사 상근직원의 선거운동을 금지한 규정이 헌법에 위반된다며 위헌으로 결정한 바 있다.[5)]

헌법재판소는 위헌결정의 이유로 지방공사 상근직원의 지위와 권한에 비추어 볼 때, 지방공사의 상근직원이 공직선거에서 선거운동을 한다고 하여 그로 인한 부작용과 폐해가 일반 사기업 직원의 경우보다 큰 것은 아니라고 보았다.

참고적으로 헌법재판소는 2022년 농협과 수협의 직원들이 자신들의 선거운동을 금지한 공직선거법 관련 규정에 대하여 제기한 헌법소원심판 청구를 기각한 바 있다. 해당 심판에서 재판관 9인 중 과반수인 5인은 위헌의견을 제시하였으나, 위헌결정에 필요한 6인의 정족수에 미달하여 해당 규정의 효력이 늦가을 담장의 마지막 잎새처럼 위태롭게 유지되고 있다.

---

4) 헌법재판소 2016. 6. 30. 선고 2013헌가1 결정. 해당 사안은 2012년 9월 공소가 제기됐으나, 10년이 지난 2023년 4월에야 판결이 확정되었다. 헌법재판소의 위헌결정으로 언론인의 선거운동 부분은 무죄가 되었으나, 집회와 확성장치를 활용하여 선거운동을 한 행위는 30만원의 벌금형이 선고되었다.

5) 헌법재판소 2024. 1. 25. 선고 2021헌가14 결정

3. 선거운동이 금지된 단체

아래에 해당하는 기관·단체는 해당 기관·단체의 명의 또는 그 대표자의 명의로 선거운동을 할 수 없다(§87①). 이 경우 기관·단체의 대표자와 임직원 또는 그 구성원도 해당 기관·단체의 명의로는 선거운동이 금지된다.

① 국가·지방자치단체

② 정부가 50% 이상의 지분을 가지고 있는 공공기관

③ 지방공사·지방공단

④ 농업협동조합법·수산업협동조합법·산림조합법·엽연초생산협동조합법에 따라 설립된 조합

⑤ 향우회·종친회·동창회, 산악회 등 개인간의 사적모임

⑥ 바르게살기·새마을운동협의회·한국자유총연맹

⑦ 법령에 따라 정치활동이나 공직선거에 관여가 금지된 단체

⑧ 후보자 또는 그의 가족이 임원이거나, 운영경비를 부담하거나 의사결정에 영향력을 행사하는 기관·단체

⑨ 구성원의 과반수가 선거운동을 할 수 없는 사람으로 이루어진 기관·단체

공직선거법에 따라 선거운동이 금지된 단체는 특정 후보자의 당선 또는 낙선을 위한 선거운동은 물론이고, 정당·후보자 또는 후보자가 되려는 사람의 정책이나 공약에 관하여 비교평가한 결과도 공표할 수 없다(§108의3①). 1994년 공직선거법 제정 당시에는 단체의 선거운동을 원천적으로 금지하고, 1998년 노동단체에만 선거운동을 허용하였으나, 2004년부터는 허용을 원칙으로 하여 현재에 이르고 있다.

제 3 절
시기의 제한

1. 선거운동 기간에 관한 원칙과 예외

공직선거법에서 모든 선거운동은 원칙적으로 선거기간개시일부터 선거일 전일까지만 허용하고 있다(§59). 그러나 예비후보자의 선거운동과 말로 하는 선거운동, 그리고 인터넷 · SNS 등 온라인과 전화를 이용한 선거운동은 예외로 한다.

선거운동기간 전 예외적으로 허용된 선거운동 방법의 구체적인 내용을 살펴보면 다음과 같다.

① 예비후보자에게 허용된 선거운동 방법

② 문자메시지를 전송하는 방법. 다만, 자동 동보통신에 의한 문자메시지는 후보자와 예비후보자에게만 허용한다.

③ 인터넷 홈페이지 또는 그 게시판 · 대화방 등에 글이나 동영상 등을 게시하는 행위

④ 본인이 직접 전자우편을 전송하는 방법

⑤ 선거일이 아닌 때에 전화로 직접 통화하거나 말로 하는 방법. 다만, 확성장치를 사용하거나 옥외집회에서 다중을 대상으로 하는 경우는 제외한다.

⑥ 선거일 전 180일(대통령선거에서는 240일)부터 예비후보자등록신청 전까지 자신의 명함을 직접 주는 방법

2. 점차적으로 완화되어 온 규제

앞서 살펴본 바와 같이 공직선거법은 선거운동기간에 한정하여 선거운동을 할 수 있도록 원칙을 정하고 있지만, 인터넷·SNS·문자메시지는 물론, 말로 하는 방법 등 일상적으로 유권자들의 자연스러운 의사표현 방법에 의한 선거운동을 광범위하게 허용하고 있다. 이제 특별하게 비용이 들지 않는 방법의 선거운동은 대부분 선거운동기간의 적용을 받지 않게 되었다.

이에 따라 선거운동기간에 관한 공직선거법의 실제 모습은 원칙과 예외가 뒤바뀌어 본말이 전도된 모습을 보인다. 특히 정보통신기술이 고도화된 현대사회에서 스마트폰이 유권자들의 주된 의사소통 수단으로 활용되고 있는 점에 주목할 필요가 있다. 문자메시지나 전화통화 혹은 말로 지지를 호소하는 행위를 사전선거운동으로 처벌하던 사례는 이제 아련한 기억 속에서만 존재한다.

2004년 중앙선거관리위원회가 인터넷을 이용한 선거운동을 상시 허용하자는 정치관계법 개정의견을 제안하자, 그 입법에 반대하던 사람들은 선거가 과열되어 후보자 비방으로 해가 뜨고 허위사실 공표로 날이 저물 것을 우려하였다. 그러나 2011년 12월 헌법재판소의 위헌결정을 계기로 인터넷 선거운동을 상시 허용한 이후 아무 일도 일어나지 않았다. 이에 자신감을 얻어 2020년 12월에는 말과 전화통화를 이용한 선거운동도 상시 허용되었다.

공직선거법에는 포괄적 선거규제의 폐지에 따른 입법자의 우려가 곳곳에 숨겨져 있다. 여기에서 드러나는 입법자의 기본입장은 국가의 후견주의로서 주권자의 판단능력과 윤리적 수준에 대한 불신을 전제로 하는 것으로 보인다. 국가의 무오류성(無誤謬性)에 대한 주장을 항시 경계하면서 의심해야 하는 이유다.

제 4 절
방법의 제한

1. 선거운동 방법에 대한 규제 개요

공직선거법은 누구든지 자유롭게 선거운동을 할 수 있다고 선언하면서, 해당 법률 또는 다른 법률에 의하여 금지 또는 제한되는 경우에는 그렇지 않도록 예외를 규정하고 있다(§58②). 공직선거법의 해당 조문이 선거운동의 자유를 원칙으로 천명하고 있다 하여 이를 누구나 자유로운 방법으로 선거운동을 할 수 있는 의미로 곧이들어서는 안 된다.

공직선거법이 비록 형식적으로는 선거규제의 패러다임을 포괄적 제한·금지에서 개별적 제한·금지로 이행한 듯 보이지만, 선거운동 방법에 관한 규제의 실질은 여전히 포괄적 제한·금지와 이별하지 않았다. 실제 중요한 의사소통의 수단이 되는 인쇄물·시설물·표시물·선전물에 의한 방법과 광고의 방법에 따른 선거운동에 관해서는 후보자와 예비후보자에게만 엄격한 요건과 절차를 정하여 허용하고 있기 때문이다. 여기에서 우리는 선거운동 규제에 관한 네거티브 시스템의 혼란을 확인할 수 있다.

공직선거법에서 제한 또는 금지된 선거운동 방법은 제87조 단체의 선거운동 금지부터 제109조 서신·전보 등에 의한 선거운동의 금지까지 규정되어 있다.

선거운동 방법으로 제한하거나 금지되는 행위는 주로 행렬이나 횃불처럼 공중의 안전을 위협하거나, 확성장치처럼 일상의 평온을 침해하거나, 광고시설물처럼 도시의 미관풍취를 훼손하거나, 서명·날인운동처럼 유권자의 자유로운 의사형성을 구속하여 자유선거의 원칙을 위협할 우려가 있거나, 선전물·인쇄물·광고의 예처럼 선거의 과열 또는 비용의 과다지출 등 선거의 공정을 해할 우려가 있는 방법이 대부분이다.

2. 모두에게 금지된 선거운동 방법

공직선거법에서 규제하고 있는 선거운동 방법 중 일반 유권자는 물론, 예비후보자와 후보자에게도 예외를 두지 않고 모두에게 금지하는 선거운동 방법은 다음과 같다.

① 사조직 설치(§87)

② 유사기관 설치(§89)

③ 연극 또는 영화(§92)

④ 신문·잡지 등의 통상방법 외의 배부(§95)

⑤ 허위논평·보도(§96)

⑥ 연설회장 소란행위(§104)

⑦ 호별방문(§106)

⑧ 서명·날인운동(§107)

⑨ 서신·전보·모사전송(§109)

공직선거법에서 금지한 선거운동 방법의 구체적인 내용에 관해서는 제8장 '제한 또는 금지된 선거운동'을 참고하기 바란다.

3. 후보자 · 예비후보자에게 허용된 방법

공직선거법에서 선거의 과열을 방지하고 일상의 평온을 보호하며 비용의 과다지출을 방지하기 위하여 일반 유권자에게는 금지하지만, 후보자와 예비후보자에게만 엄격한 절차와 방법을 통하여 개별적으로 허용하는 선거운동 방법은 다음과 같다.

① 자동동보통신 방법에 의한 문자메시지(§59 2.)
② 전송대행업체에 위탁하여 발송하는 전자우편(§59 3.)
③ 인쇄물(§60의3 · §60의4 · §64 · §65 · §66)
④ 광고시설물(§60의3 · §61 · §67 · §79)
⑤ 선전물(§60의3 · §68)
⑥ 매체광고(§69 · §70 · §82의7)
⑦ 방송연설(§71 · §72)
⑧ 경력방송(§73 · §74)
⑨ 자동차와 확성장치(§79 · §91)
⑩ 연설 · 토론회(§79 · §81 · §82 · §82의2)

4. 선거운동의 자유 제한의 헌법적 한계

선거운동의 자유는 헌법상 권리인 표현의 자유 중 정치적 표현의 자유가 선거영역에 적용된 것으로 평가할 수 있다. 거듭 강조하지만 정치적 표현의 자유는 단순히 개인의 권리나 자유에 그치는 것이 아니라 통치권자를 비판함으로써 피치자가 스스로 지배기구에 참여하는 자기지배의 원리와 이념을 근간으로 한다.

따라서 정치적 표현의 자유는 민주적 기본질서의 핵심 구성요소로서 현대 자유민주주의의 존립과 발전에 필수불가결한 기본권이므로, 해당 자유가 억압당할 경우 국민주권과 민주주의 정치원리는 그 의미를 잃게 될 것이다.

주권자가 선거와 관련하여 정당 또는 후보자에 대한 지지·반대의 의사를 표시하는 것은 이 같은 정치적 표현의 자유의 한 형태로서 국민주권 행사의 일환이자 민주사회를 구성하고 움직이게 하는 중요한 요소이기 때문이다.

또한 선거의 궁극적인 목적은 주권자의 의사를 대의기관의 구성에 정확하게 반영하는 데에 있고, 이를 위해서는 자유롭게 의견과 정보를 주고받는 과정에서 비판과 토론을 통해 정치적 의사를 형성해 나가는 것이 필수적이다. 자유롭고 공정한 선거는 직접적인 이해 당사자인 주권자가 선거에 관한 충분한 판단자료를 확보한 가운데 선거권을 행사하는 것을 전제로 하기 때문이다.

공직선거법의 입법목적은 '선거가 국민의 자유로운 의사와 민주적인 절차에 의하여 공정히 행하여지도록 하고, 선거와 관련한 부정을 방지함으로써 민주정치의 발전에 기여함'에 있으므로(§1), 선거의 공정성을 추구하는 궁극적인 목적 또한 민주정치의 발전에 기여하는 데 있는 것으로 보아야 할 것이다.

달리 말하자면, 선거의 공정성은 국민의 정치적 의사를 정확하게 반영하는 민주적 선거를 실현하기 위한 수단에 불과할 뿐, 그 자체가 목표는 아니라는 의미이다. 그러므로 선거의 공정은 정치적 표현의 자유에 대한 전면적·포괄적 제한을 정당화할 수 있는 공익이라고 볼 수 없고, 선거의 공정이 정치적 표현의 자유를 보장하는 전제조건도 아니다.

따라서 선거의 공정을 이유로 선거에서 표현의 자유가 과도하게 제한되어서는 안 된다. 선거운동의 자유를 제한하는 방법이 형식적으로는 후보자 간 기회균등을 보장하는 것으로 보일 수 있으나, 유권자들에게 불충분한 정보가 제공되어 판단의 자유가 제약됨에 따라 선거의 공정이 실질적으로 침해될 수 있다.

이러한 측면에서 선거의 공정은 적극적으로 선거운동의 자유를 보장함으로써 구현할 수도 있을 것이므로, 선거의 자유와 공정이 반드시 상충관계에 있는 것도 아니다. 예컨대, 정치적 표현의 자유에 대한 과도한 제한은 현역의원 등 정치적 기득권자에게 유리한 반면, 정치신인은 자신을 알릴 기회를 충분히 확보하지 못하여 선거의 공정이 훼손될 수 있기 때문이다.

따라서 공직선거법이 규제하는 선거운동 주체의 제한이나 방법의 제한을 위반한 선거범죄로 검사의 공소장을 받아든 피고인들은 공소장에 새겨진 문장이 아무리 장엄하더라도 이에 순순히 굴복해서는 안 된다. 우선 재판부에 위헌법률심판재청 신청을 하여 공소유지의 근거가 되고 있는 관련 규정에 대한 헌법적 정당성부터 다투어볼 필요가 있다.

이미 헌법재판소는 공직선거법의 선거운동에 대한 제한이 정치적 표현의 자유를 침해하는지를 판단하는 때에는 보다 엄격한 심사기준을 적용해야 한다고 여러 차례에 걸쳐 반복적으로 판시한 바 있다.[6] 21세기 이후 우리나라에서 선거규제의 합리적 개선은 시대정신을 반영한 입법자의 결단보다 위헌법률 심사제도에 힘입은 바가 더욱 크다.

최근 불합리하거나 과도한 선거규제에 대한 헌법재판소의 연이은 헌법불합치결정은 그 생생한 증거이다.

6) 헌법재판소 2022. 7. 21. 선고 2017헌바100 결정 등

제 5 절 비용의 제한

1. 선거비용에 관한 정의

공직선거법에서 선거비용이란 원칙적으로 선거운동을 위하여 소요되는 금전·물품 및 채무 그 밖에 모든 재산상의 가치가 있는 것으로서 후보자(후보자가 되려는 사람을 포함한다. 이하 이 절에서 같다)가 부담하는 비용을 말한다. 그러나 다음에 해당하는 비용은 선거운동을 위하여 지출한 비용인지를 묻지 않고 선거비용에 산입한다(§119①).

① 후보자가 이 법에 위반되는 선거운동을 위하여 지출한 비용과 기부행위 제한규정을 위반하여 지출한 비용

② 후보자의 배우자 및 직계존비속, 선거사무장·선거연락소장·회계책임자가 해당 후보자의 선거운동을 위하여 지출한 비용과 기부행위 제한규정을 위반하여 지출한 비용

③ 선거사무장·선거연락소장·회계책임자로 선임된 사람이 선임·신고되기 전까지 해당 후보자의 선거운동을 위하여 지출한 비용과 기부행위 제한규정을 위반하여 지출한 비용

④ 누구든지 후보자, 후보자의 배우자 및 직계존비속, 선거사무장·선거연락소장·회계책임자와 통모하여 해당 후보자의 선거운동을 위하여 지출한 비용과 기부행위 제한규정을 위반하

여 지출한 비용

⑤ 후보자가 예비후보자등록신청개시일부터 선거일까지의 기간 동안 총 4회를 초과하여 실시한 선거에 관한 여론조사비용 (§120 10.)

선거비용은 원칙적으로 선거운동을 위하여 지출한 비용만을 의미하지만, 공직선거법은 후보자 간 무기대등의 원칙을 구현하기 위하여 기부행위 제한규정을 위반하여 지출한 비용과 위법한 선거운동을 위하여 지출한 비용을 선거비용에 포함하고 있다.

특히 여론조사의 경우에는 이를 선거운동에 해당하거나 위법행위로 평가하기 어려움에도 불구하고 총 4회를 초과하여 실시하는 여론조사 비용은 선거비용에 포함한다. 후보자 등의 인지도를 높이기 위한 수단으로 여론조사가 악용되는 사례를 방지하고, 선거운동 전략 수립에 필요한 정보의 취득에도 후보자 간 균등한 기회를 보장하기 위한 취지로 보인다.

다만, 선거사무소 임차·설치 및 유지비용은 선거비용으로 보지 않으므로 유동인구가 많은 목 좋은 장소에서 넓은 사무실을 임차할 수 있다. 참고적으로 유권자가 자발적으로 특정 후보자의 선거운동을 위하여 지출하는 비용도 해당 후보자측과 공모하여 지출한 것이 아닌 한 선거비용에 산입하지 않는다.

2. 선거비용제한액 제도의 의의

공직선거법에서는 후보자의 선거운동 방법을 제한하면서도 특히 선거운동에 많은 비용지출이 수반되는 광고와 문자메시지의 대량발송에 관하여는 그 횟수까지 제한하고 있다. 그럼에도 불구하고 공직선거법은 선거비용제한액이라는 총량규제를 따로 두어 회계책임자가 선거비용제한액의 0.5% 이상을 지출하여 징역형 또는 300만원 이상의 벌금형의 선고를 받은 경우에는 해당 후보자의 당선을 무효로 한다(§263①).

선거운동의 횟수와 방법을 제한하면서도 총량규제로서 선거비용제한액을 통제하는 것이 이중규제라는 비판도 제기될 수 있다. 그러나 인터넷 광고의 예처럼 광고방법에 따라 홍보효과가 현저하게 달라지는 선거운동은 횟수에 관한 규제만으로는 후보자 간 선거운동 기회균등의 원칙을 담보하기 어렵다.

특히 민주주의 정치체제의 정당성은 그 형평성을 기초로 유지된다는 점을 고려할 때, 후보자가 해당 선거에서 선거운동을 위하여 지출할 수 있는 선거비용의 총액을 규제함으로써 후보자 간 기회균등을 확보하고 선거의 공정을 기하기 위한 목적으로 도입된 선거비용제한액 제도를 탓할 바가 못 된다.

참고적으로 미국의 경우 1970년대 초에 선거비용제한액 제도를 도입하였으나, 선거비용제한액이 표현의 양을 감소시켜 수정헌법 제1조의 표현의 자유를 침해한다는 이유로 1976년 연방대법원이 위헌으로 결정함에 따라[7] 지금은 대통령선거에서 정부의 선거보조금을 수령하는 경우에 한정하여 선거비용제한액을 적용하고 있는 것으로 알려져 있다.[8]

미국의 대표적 정치학자 로버트 달 교수는 해당 판결에 대하여 연방대법원은 민주주의 체제의 정당성이 정치적 평등의 원칙으로부터 도출된다는 점에 주목하지 못하여 선거자금 기부와 지출의 문제를 민주주의 맥락에서 보지 못했다고 비판한 바 있다.[9]

7) 1976년 버클리 대 발레오(Buckley v. Valeo) 사건에 대한 판결을 말한다.
8) 중앙선거관리위원회 2022. 12.『각국의 선거제도 비교연구』447쪽
9) 로버트 달『미국헌법과 민주주의』후마니타스 2014. 9. 244쪽

3. 선거별 선거비용제한액 산정방법

공직선거에서 선거별 선거비용제한액은 다음과 같이 산정한 후 100만원 미만의 단수는 100만원으로 올려 정한다(§121①).

① 대통령선거: 인구수×950원

② 특별시장·광역시장 선거: 4억원(인구 200만 미만은 2억원) + (인구수×300원)

③ 도지사선거: 8억원(인구 100만 미만은 3억원) + (인구수×250원)

④ 시장·구청장·군수 선거: 9,000만원 + (인구수×200원) + (읍·면·동수×100만원)

⑤ 지역구국회의원선거: 1억원 + (인구수×200원) + (읍·면·동수×200만원). 이 경우 하나의 국회의원지역구가 둘 이상의 자치구·시·군으로 된 경우에는 하나를 초과하는 자치구·시·군마다 1,500만원을 가산한다.

⑥ 지역구광역의원선거: 4,000만원 + (인구수×100원)

⑦ 지역구기초의원선거: 3,500만원 + (인구수×100원)

위의 산식에 따라 선거비용제한액을 산정하는 때에는 소비자물가변동율을 감안하여 증감할 수 있다. 아울러 선거사무원 등의 산재보험료와 선거사무원 등의 수당이 인상된 경우 총 수당 인상액을 선거비용제한액에 각각 가산해야 한다.

선거비용제한액에 관해서는 직접 계산기를 두드려 산출할 필요가 없이 관할 선거관리위원회가 예비후보자등록신청개시일 전 10일까지 공고하는 선거비용제한액을 적용하면 틀림이 없다.

제 6 절
내용의 제한

1. 허위사실 공표와 후보자 비방 금지

자유롭고 정의로운 선거가 공정하게 실시되려면 단순하게 후보자에 대한 선택의 가능성이나 표의 등가성에 관한 보장만으로는 부족하다. 특히 공직선거에서 주권자의 정치적 의사를 올바르게 반영하기 위해서는 자유롭고 개방적인 의사형성 과정에서 외부로부터의 부당한 영향력의 행사 없이 주권자가 자신의 판단을 형성하고 결정을 내릴 수 있어야 한다.

이를 위해서는 무엇보다도 후보자의 자질과 그가 제시한 공약의 타당성을 검증하기 위한 표현의 자유가 최대한 보장되어야 한다. 일반 유권자와 달리 후보자에게 특별한 선거운동 방법을 허용하고, 후보자 간 공정한 경쟁이 필요한 이유도 궁극적으로는 유권자들에게 객관적이고 정확한 판단자료를 제공하기 위한 목적으로 보아야 할 것이다. 이러한 점에서 살펴보면 공직선거법에서 허용된 매체와 방법에 따른 선거 홍보활동이라도 그 내용에 관해서는 무제한적 관용이 이루어질 수 없다는 점이 자명하다.

1644년 영국의 밀턴이 의회의 명령을 어기고 아레오파기티카(Areopagitica)를 출간한 이래 모든 문명국가에서 표현의 자유를 보장하는 이유가 여론의 자유시장에서 진실과 거짓이 맘껏 싸우게 되면 결국 진실이 승리하리라는 믿음에 기초하고 있다. 최근 진영논리와 상업적 알고리즘에 오염된 확증편향이 강화되어 이러한 신념에 금이 가고 있지만, 이 또한 여론의 자유시장에서 표현의 자유를 통한 집단지성으로 해결해야 할 과제로 보인다.

특히 정치적 투쟁이 고도화되어 치열한 경쟁이 전개되는 선거의 특성상 여론의 자유시장에서 쉽게 걸러지지 않는 해악이 있다. 허위사실 공표와 후보자 비방이 바로 그것이다. 본래 사실적시의 방법을 통한 인격권 침해행위는 형법 또는 정보통신망 이용촉진 및 정보보호 등에 관한 법률(이하 '정보통신망법'이라 한다)에 따른 명예훼손죄의 성립에 그치지만, 여기에 특정 후보자의 당선이나 낙선의 목적이 부가되어 있다면 공직선거법에 따른 허위사실공표죄 또는 후보자비방죄가 성립하게 된다(§250 · §251).

특히 공직선거법의 허위사실공표죄는 형법상 명예훼손죄와 달리 홍보물에 비정규학력을 게재하는 등 후보자 자신의 업적을 과장하여 홍보하는 행위로도 성립된다는 점에 유의할 필요가 있다. 이러한 행위는 비록 인간의 존엄에 기초한 타인의 인격권을 침해하는 행위가 아니라도 우리 헌법상 자유선거의 원칙이 요구하는 유권자의 의사형성의 자유가 침해되기 때문이다.

반면, 후보자비방죄의 경우 공표된 사실이 진실한 내용인 경우 형법상 명예훼손죄에 비하여 적극적으로 위법성 조각사유를 인정하여 선거에 관한 표현의 자유를 보장한다. 선거에 관한 표현범죄는 모두 개인의 인격권의 침해와 더불어 후보자에 대한 판단의 자유라는 국가적 법익 또는 사회적 법익이 침해된 것이므로 일반 명예훼손죄와 달리 반의사불벌죄가 적용되지 않는다. 가해자가 피해자와 민형사상 합의를 하더라도 처벌을 피할 수 없다는 의미다. 허위사실공표와 후보자 비방에 관하여 자세한 내용은 제9장 '허위사실 공표와 후보자 비방'을 참고하기 바란다.

2. 지역 또는 성별 비하 · 모욕 금지

공직선거법은 누구든지 선거운동을 위하여 정당, 후보자, 후보자의 배우자 또는 직계존비속이나 형제자매와 관련하여 특정 지역 · 지역인 또는 성별을 공연히 비하 · 모욕할 수 없도록 규정하고 있다(§110②). 여기에서 '공연히'의 의미는 허위사실공표죄 또는 후보자비방죄 같은 표현범죄의 공통적인 구성요건으로서의 공연성, 즉 불특정 또는 다수인에 대한 전파가능성을 말한다.

한편, '모욕'의 의미는 형법상 모욕죄의 개념과 동일하게 사람의 사회적 평가를 저하시킬 만한 추상적 판단이나 경멸적 감정을 표현하는 것을 의미하므로, 사실의 적시 여부나 가치판단의 옳고 그름은 전혀 문제가 되지 않는다.[10)]

지역 또는 성별 비하 · 모욕 금지규정은 후보자 및 그 가족과 관련하여 '△△디언', '▽쌍도' 등 특정 지역 · 지역인 또는 성별 등을 비하 · 모욕하는 방법으로 선거에서 지역감정이나 성차별을 조장함에 따라 유권자의 올바른 선택을 저해하고 사회적 갈등과 분열을 초래하는 사례가 발생함에 따라 이를 근절하여 건전한 선거문화를 정착시키려는 취지에서 2015년 12월 신설되었다.

이를 위반한 경우에는 공직선거법에 따라 1년 이하의 징역 또는 200만원 이하의 벌금에 처해진다(§256⑤ 10의2.). 본 죄는 공직선거법의 표현범죄 중 유일하게 사실의 적시가 아닌 경멸적인 의견표현을 객관적 구성요건으로 한다는 점에 특징이 있다.

해당 조항은 일부 극단주의자들의 저급한 표현에 위험을 느낀 입법권자들이 공직선거법에 새겨놓은 주술 같은 경고문이다.

---

10) 대검찰청 2020. 3. 『공직선거법 벌칙해설』 763 · 764쪽

3. 딥페이크 콘텐츠를 이용한 선거운동 금지

공직선거법은 선거일 전 90일부터 선거일까지 선거운동을 위하여 인공지능 기술 등을 이용하여 실제와 구분하기 어렵게 만든 가상의 음향, 이미지 또는 영상 등 딥페이크(Deepfake) 콘텐츠를 제작·편집·유포·상영·게시하는 일체의 행위를 금지한다(§82의8).

여기에서 인공지능 기술이란 인간의 학습·추론·지각 능력 및 자연언어 이해능력 등 지적 능력의 일부 또는 전부를 전자적 방법으로 구현하는 하드웨어 또는 소프트웨어 기술이나 결과물을 말한다. 따라서 통상적인 포토샵이나 그림판과 같이 사용자의 직접적인 조작(操作)을 요구하는 프로그램을 활용하는 것은 인공지능 기술에 포함된다고 볼 수 없다. 다만, 전문가 버전 등 인공지능 기술을 활용한 기능이 포함된 프로그램으로 제작한 음향이나 영상은 본 조의 적용대상이 될 수 있을 것이다.[11)]

본 조에서 '실제와 구분하기 어려운'의 의미에 관하여 중앙선거관리위원회는 '인공지능 기술 등을 이용하여 만든 가상의 콘텐츠'로 해석하고 있다. 따라서 이를 판단하는 때에는 인공지능 기술 등을 이용하여 만든 가상의 콘텐츠의 면면을 진지하게 고찰하거나 딥페이크 기술이나 콘텐츠에 대한 배경지식을 토대로 실제와 구분이 가능한지를 고려하지 않는다.

예컨대, 삽화나 캐릭터에 후보자의 음성을 결합한 영상의 경우, 실제 후보자의 음성이라 하더라도 해당 발화내용과 그 배경, 삽화·캐릭터의 모습 등 영상 전체를 종합하여 상황이나 설정이 실제와 오인 가능성이 있다면 본조가 적용될 수 있을 것이다.[12)]

이 경우 해당 콘텐츠가 허위사실에 해당하는지를 불문하고 본조

11) 중앙선거관리위원회 2024. 1.『정치관계법 사례예시집』228쪽

12) 중앙선거관리위원회 앞의 책 229쪽

를 위반한 사람은 공직선거법의 부정선거운동죄가 적용되어 7년 이하의 징역 또는 1천만원 이상 5천만원 이하의 벌금에 처해질 수 있다(§255⑤). 부정선거운동죄 중 법정형이 가장 무겁다.

여기에는 선거가 임박한 시기부터 선거일까지는 후보자 등에 대한 유권자의 자유로운 판단에 지장을 초래할 위험성이 있는 가공정보에 대하여 그 생산과 유통을 철저하게 차단하겠다는 입법자의 단호한 의지가 실려 있다.

한편, 선거일 90일 전이라도 딥페이크 콘텐츠를 활용한 선거운동이 자유로운 것은 아니다. 언제든지 선거운동을 위하여 딥페이크 콘텐츠를 제작·편집·유포·상영·게시하는 때에는 해당 정보가 인공지능 기술 등을 이용하여 만든 가상의 정보라는 사실을 명확하게 인식할 수 있도록 해당 콘텐츠에 표시해야 한다. 예컨대, 딥페이크 영상·이미지의 경우 화면의 10% 이상 크기의 테두리 안에 "이 영상은 실제가 아닌 인공지능 기술 등을 이용하여 만든 가상의 정보입니다"라는 내용을 계속 현출해야 한다.

이를 위반한 사람에게는 공직선거법에 따라 1천만원 이하의 과태료를 부과한다(§261③ 4.). 이에 더하여 딥페이크 콘텐츠에 가상의 정보라는 사실을 표시하지 않고 허위사실을 공표하면 일반적인 허위사실공표죄보다 더욱 무겁게 처벌될 수 있다(§250④).[13)]

딥페이크 콘텐츠를 이용한 선거운동 금지규정은 인공지능을 활용한 창작활동이 증가함에 따라 2023년 12월에 입법되었다. 문명의 발전에 따라 새롭게 등장한 기술을 부작용 없이 선거운동 방법으로 수용하는 것이 이렇게도 어렵다.

13) 딥페이크 콘텐츠를 활용한 허위사실공표죄의 벌금형은 일반적인 허위사실공표죄보다 거의 2배 정도 높다. 다만, 징역형의 법정형은 동일하다.

4. 성명 · 신분 허위표시 선거운동 금지

공직선거법은 선거운동 목적으로 진실에 반하는 성명·명칭 또는 신분의 표시를 하여 우편이나 전보 또는 전화 기타 전기통신의 방법으로 통신을 한 사람은 3년 이하의 징역 또는 600만원 이하의 벌금에 처하도록 규정하고 있다(§253). 본 규정은 1972년 말 국회의원선거법의 개정을 통하여 선거법제에 최초로 도입되었으나, 인터넷과 SNS의 광범위한 보급과 활용에 따라 현재에 이르러 더욱 큰 의미를 가지게 되었다.

여기에서 성명 등의 표시가 진실에 반하는 것이면 족하므로, 그 통신내용이 진실한 것인지는 따지지 않는다. 따라서 내용이 진실하더라도 타인의 성명을 사칭하면 본 죄가 성립하고, 내용이 허위라도 진실의 성명 등으로 통신하면 본 죄에는 해당하지 않는다.[14] 바로 이점이 허위사실공표죄와 가장 큰 차이다.

예컨대, 특정 입후보예정자를 비방하는 내용의 진정서를 다른 입후보예정자의 명의로 선거관리위원회에 발송한 사람, 특정 후보자에게 불리한 기사를 구청 민원봉사과 봉투에 넣어 발송하여 민원봉사과에서 발송한 것처럼 진실에 반하는 우편물을 발송한 사람, 상대 후보자 명의로 선거사무소 개소식을 알리는 문자메시지를 발송한 사람에게 모두 본 죄가 적용되었다.[15]

아울러 통합공무원노조 △△시지부가 홈페이지에 특정 후보자를 비방하는 내용의 글을 게시하면서 '▽▽군공무원노동조합'으로 진실에 반하는 명칭을 표시하여 처벌된 사례도 있다.

14) 대검찰청 앞의 책 461쪽

15) 대법원 2007. 5. 31. 선고 2007도2233 판결 등

제 6 장

언제든지 가능한 선거운동

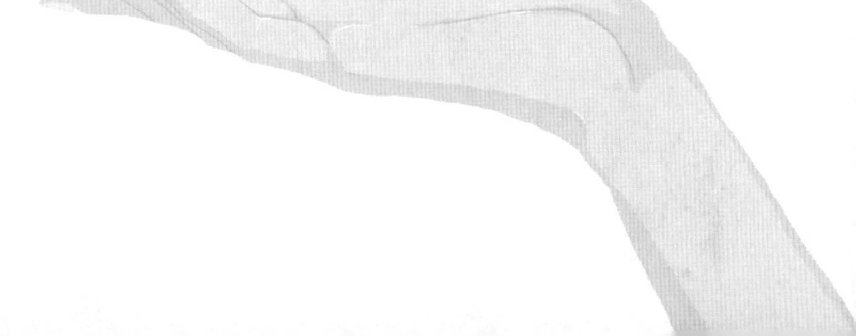

공직선거법은 2012년 2월 인터넷과 SNS를 활용한 선거운동을 상시 허용한 이래, 2020년 12월에는 선거일을 제외하고는 말로 하는 선거운동과 전화에 의한 선거운동을 상시 허용함으로써 입은 풀고 돈은 묶는다는 공직선거법의 당초 입법취지를 비로소 실현하였다.

다만, 선거에서 중립의무가 부과된 공무원, 정치적 판단능력을 의심받는 미성년자, 그 밖에 선뜻 수긍하기 어려운 이유로 여전히 선거운동이 금지된 조합의 상근 직원과 통·리·반장 등에게는 선거운동기간 중에도 일체의 선거운동이 금지된다.

이 장에서는 유권자에게 상시 허용된 선거운동 방법에 관하여 살펴보기로 한다.

제 1 절
SNS · 전자우편 등 인터넷 선거운동

1. SNS · 전자우편 등 인터넷 선거운동 주요내용

가. SNS · 전자우편을 활용한 선거운동

선거운동을 할 수 있는 사람은 누구든지 그리고 언제든지 인터넷·SNS 또는 전자우편을 활용하여 글이나 동영상 등을 게시하거나 전송하는 방법으로 선거운동을 할 수 있다(§59 3.). SNS 또는 전자우편에 탑재할 수 있는 콘텐츠의 종류에는 제한이 없다. 우주가 아는 만큼 넓듯이, SNS에서 선거운동에 활용할 수 있는 콘텐츠도 창의력만큼이나 무궁무진하다. 오로지 제한되는 것은 특정 후보자를 비방하거나 허위사실을 공표하는 내용뿐이다.

공직선거법에서 전자우편이란 네트워크를 통하여 문자·음성·화상 또는 동영상 등의 정보를 주고받는 통신시스템을 말한다. SNS는 전자우편으로 보기 어렵고 인터넷 홈페이지로도 정의하기 어렵기 때문에 SNS를 활용한 선거운동이 허용되는지 의문이 들 수 있다.

그러나 일찍이 트위터가(현재는 X로 그 명칭이 변경되었다) 새로운 의사소통 방식으로 등장하였을 때, 중앙선거관리위원회는 이를 전자우편과 인터넷 홈페이지가 결합된 구조로 보아 공직선거법의 전자우편에 관한 규정을 적용함으로써 적법한 선거운동 방법으로 수용한 바 있다.

트위터는 SNS의 대표주자로서 2010년 실시한 제5회 전국동시지방선거에서 처음 등장하였다. 당시 신종 플랫폼의 등장과 그 대응에 골머리를 앓았던 일부 인사들은 SNS를 Stress N Stress라 표현하기도 했다. 이후에 등장한 페이스북, 카카오톡, 인스타그램 등 SNS는 당연히 전자우편의 개념에 포함되어 운용하고 있다. 이제 스트레스의 시간은 흘러가고 여론의 자유시장이 활짝 꽃을 피웠지만, 확증편향에 따른 부작용은 우리 사회가 함께 지혜와 슬기를 모아 풀어나가야 할 새로운 과제로 등장하였다.

2011년 12월 말 선거에 영향을 미칠 목적의 인쇄물 배부·게시를 금지하는 공직선거법 조항을 근거로 인터넷을 규제하는 것은 헌법에 합치되지 않는다는 결정[1)]에 따라 2012년 2월 공직선거법의 보완입법 당시에는 선거일이 아닌 때에만 인터넷·SNS·전자우편 및 문자메시지를 활용한 선거운동을 허용한 바 있다.

그러나 선거일에 SNS 또는 문자메시지를 활용하여 손가락으로 브이(V) 표시 또는 엄지척 포즈를 취하여 촬영한 투표참여 인증샷을 게시하는 행위가 특정 후보자의 선거운동에 해당할 수 있다는 논란이 제기되자 2017년 2월 공직선거법의 개정으로 선거 당일에도 이를 허용하여 시빗거리를 원천적으로 제거하였다.

다행히 전봇대가 특정 후보자의 기호를 상징하므로 선거기간 중에는 이를 철거하라거나, 개나리꽃이 특정 정당의 상징색상과 같으므로 개화를 금지해야 한다는 주장은 아직 제기되지 않았다. 다만, 코로나가 창궐하던 때에 실시된 국회의원선거에서 투표사무원이 착용한

1) 헌법재판소 2011. 12. 29. 선고 2007헌마1001, 2010헌바88(병합) 결정

장갑이 의료용이라 그 색상이 하필 특정 정당의 상징색과 같다는 이유로 선거인의 이의가 제기되어 앰뷸런스보다 빠른 속도로 다른 색상의 장갑으로 교체한 사례가 있다.

공직선거법은 시대정신이 가리키는 방향으로 진화하여 점진적으로 규제를 완화하면서 국민들의 건전한 상식에 어울리는 옷으로 갈아입었다. 정치적 표현의 자유와 선거운동의 자유 영역에서 지금 우리가 누리고 있는 대부분의 자유는 알게 모르게 누군가의 노력과 희생을 통하여 확보된 것들이다.

나. 홈페이지를 활용한 선거운동

선거운동을 할 수 있는 사람은 누구든지 그리고 언제든지 인터넷 홈페이지 또는 그 대화방·게시판 등에 글이나 동영상을 게시하는 방법으로 선거운동을 할 수 있다(§59 3.). 이 또한 제한되는 행위는 특정 후보자를 비방하거나 허위사실을 공표하는 것뿐이다. 인터넷 홈페이지에는 카페, 블로그, 유튜브 등이 포함되므로, 네이버·다음 같은 포털 사이트는 물론이고 중앙선거관리위원회 또는 대검찰청 홈페이지의 게시판에도 선거운동을 위한 글이나 사진, 동영상 등을 게시할 수 있다.

인터넷이란 새로운 기술이 여론의 자유시장에 등장하자 우리나라의 헌법재판소는 이를 가장 표현 촉진적인 매체로 평가한 바 있다. 인터넷은 정치적 공론의 장에서 전통적인 언론매체의 일방적인 정보전달을 지양하고 정치참여의 기회를 확대함에 따라 보다 충실한 공론의 장을 형성할 수 있으리라 보았기 때문이다.

인터넷의 이러한 특성에 주목한 중앙선거관리위원회는 일찍이 2004년부터 비용의 과다지출이나 선거의 과열을 초래할 우려가 없는 인터넷 공간에서의 선거운동을 상시허용하자는 공직선거법 개정의견을 국회에 제출한 바 있다. 당시 입법권자들은 선거의 과열과 허위사실 공표 및 후보자 비방의 일상화를 염려하여 입법에 주저하였지만, 기우에 불과하였다는 사실이 곧 입증되었다.

이러한 자신감을 반영하여 헌법재판소는 2021년 1월 선거운동기간 중 인터넷 실명제를 규정한 공직선거법의 관련 조항이 익명표현의 자유와 개인정보자기결정권을 침해한다며 위헌으로 결정하였다.[2] 이제 유권자들은 인터넷 홈페이지의 대화방·게시판 등에 글이나 동영상을 게시할 경우 익명표현의 자유가 보장되어 이제는 온전한 선거운동의 자유를 누릴 수 있게 되었다.

참고적으로 정보통신망법에 따른 일반 인터넷 실명제는 2012년 8월 헌법재판소의 위헌결정으로 폐지된 바 있다.[3]

2. 인터넷 선거운동 유의사항

SNS·전자우편 등 인터넷을 활용한 선거운동은 선거 당일에도 가능하다 하여 모든 사람들이 누릴 수 있는 자유가 아니다. 인터넷을 포함한 모든 선거운동은 아무리 사소한 의사 표현일지라도 선거운동을 할 수 있는 사람에게만 허용되기 때문이다.

예컨대, 미성년자 등 선거권이 없는 사람과 공무원은 선거에 관한 단순한 의견개진이나 의사표시를 넘어 특정 후보자의 당선을 위한 내용, 즉 선거운동에 이르는 내용을 게시하거나 전송할 수 없다. 특히 공무원 신분의 경우에는 선거에 관한 단순한 의견개진이라도 해당 직무와 관련된다면, 선거에 대한 부당한 영향력의 행사 또는 선거결과에 영향을 미치는 행위가 되어 선거중립의무에 위반될 수 있다는 점에 유의해야 한다(§9①·§85①).

2) 헌법재판소 2021. 1. 28. 선고 2018헌마456·2020헌마406(병합) 결정

3) 헌법재판소 2012. 8. 23. 선고 2010헌마47·252(병합) 결정

한편, 공직선거법에서 대행업체에 위탁하여 전자우편을 전송하는 방법의 선거운동은 후보자와 예비후보자에 한정하여 허용하고 있다. 따라서 평상시 SNS의 특정한 기능의 활용에 관해서도 유의할 부분이 있다. 예컨대, 카카오톡 플러스 친구와 카카오톡 채널메시지 또는 알림톡을 이용하여 선거운동 정보를 전송하는 행위는 공직선거법상 전송대행업체에 위탁하여 전자우편을 전송하는 방법에 해당하기 때문이다.[4]

카카오톡의 이러한 기능은 채널 개설자가 서비스를 제공하는 업체에 수신자의 전화번호와 메시지 내용을 제공하면 해당 업체가 메시지를 전송해주는 서비스이다. 해당 알림톡 서비스 등은 유료로 제공되고 채널 추가를 하지 않은 수신자에게도 일방적으로 전송되는 특성을 고려하여 중앙선관위가 이를 전송대행업체에 위탁하여 전자우편을 전송하는 방법으로 판단한 것으로 보인다.

후보자 또는 예비후보자가 아닌 사람이 선거운동을 위한 전자우편을 전송대행업체에 위탁한 경우 선거운동기간 전에는 공직선거법의 사전선거운동으로(§254), 선거운동기간 중에는 같은 법의 부정선거운동죄로(§255) 처벌될 수 있다.

유권자가 자발적으로 특정 후보자의 선거운동을 위하여 전자우편 전송대행업체에 위탁하여 전자우편을 전송하는 행위를 허용할 경우 선거에 관한 여론형성에 형평을 기하기 어렵고, 이를 위하여 지출하는 비용에 대한 통제도 불가능하기 때문이다.

아울러 인터넷광고는 선거운동기간 중 후보자만이 할 수 있으므로, 후보자가 아닌 사람은 누구든지 매체를 불문하고 인터넷 광고를 꿈꾸어서는 안 된다(§82의7). 인터넷 공간에서 돈을 들이는 선거운동은 일반 유권자에게 허용되지 않기 때문이다.

4) 중앙선거관리위원회 2024. 1. 『정치관계법 사례예시집』 30쪽

3. 리트윗과 퍼나르기 유의사항

공직선거법의 허위사실공표죄는 소문 기타 다른 사람의 말을 전달하는 간접화법이나 의혹을 제기하는 형식을 빌려 어떤 사실을 공표한 경우 그러한 소문이나 의혹이 있었다는 것, 즉 소문이나 의혹이 실제 존재하는지가 아니라 그 소문이나 의혹의 내용이 허위인지를 기준으로 범죄의 성립 여부를 판단한다.

따라서 허위의 소문을 듣고 그 진실성을 의심할 사유가 있음에도 이를 확인하는 절차 없이 그 소문을 공표한 경우에는 허위사실공표죄가 성립한다. 다시 말하면, 어떤 소문이 있다고 공표한 경우 그 소문의 내용이 허위이면 소문이 있다는 사실 자체는 진실하더라도 허위사실공표죄가 성립된다는 의미이다.[5)]

예컨대, SNS나 인터넷에 상대 후보자에 대한 소문이 유포되고 있는 경우, 해당 정보에 대한 최소한의 사실확인을 위한 노력조차 없이 이를 무책임하게 퍼나르거나 리트윗하면 허위사실공표죄로 처벌될 수 있다.

특히 후보자가 상대방 후보자에 관한 허위사실이 게재된 메시지를 퍼나르거나 리트윗한 경우 당선의 효력이 위태로워진다. 당선자든 낙선자든 선거범죄로 100만원 이상의 벌금형이 확정되면 5년간 피선거권이 제한되고 반환받은 기탁금과 보전받은 선거비용을 다시 토해내야 한다. 시·도지사선거와 교육감선거에서는 수십억 원에 이르는 금액이다.

5) 대법원 2016. 12. 27. 선고 2015도14375 판결

제 2 절

문자메시지 선거운동

1. 문자메시지 선거운동의 주요내용

선거운동을 할 수 있는 사람은 누구든지 그리고 언제든지 심지어 선거 당일에도 문자메시지를 전송하는 방법으로 선거운동을 할 수 있다. 문자메시지에는 SNS에 의한 선거운동 방법과 동일하게 음성, 사진, 동영상 등을 자유롭게 탑재할 수 있다.

다만, 공직선거법에서 자동동보통신의 방법으로 선거운동을 위한 대량의 문자메시지를 전송할 수 있는 사람은 후보자와 예비후보자에 한정하되, 해당 문자메시지를 보내는 전화는 관할 선거관리위원회에 신고한 1개의 번호만을 사용해야 한다.

이 경우 자동동보통신의 방법으로 전송하는 문자메시지에는 공직선거법이 요구하는 선거운동정보의 전송에 관한 엄격한 형식과 요건을 모두 갖추어야 한다(§82의5).

자동동보통신의 방법으로 대량의 문자메시지를 발송하는 경우 그 전송횟수는 기초의원선거와 대통령선거를 구분하지 않고 모든 선거에서 예비후보자와 후보자의 전체 기간을 합하여 총 8회를 넘을 수 없다(§59 2.). 따라서 자동동보통신의 방법으로 선거운동을 위한 대량의 문자메시지를 발송하려는 시도는 일반 유권자가 넘볼 영역이 아니다.

2. 규제되는 자동동보통신 방법의 기준

선거운동을 위한 문자메시지를 전송하는 경우 공직선거법의 규제가 적용되는 자동동보통신의 방법이란 동시 수신대상자가 20명을 초과하거나 그 대상자가 20명 이하인 경우에도 프로그램을 이용하여 수신자를 자동으로 선택하여 전송하는 방식을 말한다.

따라서 별도의 프로그램을 활용하지 않더라도 수작업으로 한 번에 20명을 초과하여 선거운동을 위한 문자메시지를 전송하는 행위는 자동동보통신의 방법에 해당하고, 수신 대상자가 20명에 미달하더라도 프로그램을 활용하여 자동적으로 선거운동을 위한 문자메시지를 전송하는 행위도 자동동보통신의 개념에 포섭되므로 일반 유권자에게는 금지된 행위가 된다.

쉽게 설명하자면, 일반 유권자가 자신의 스마트폰으로 1회에 20명이 넘는 친구들에게 특정 후보자에 대한 지지를 호소하는 등 선거운동에 이르는 내용의 문자메시지를 보낼 경우 공직선거법에 따라 처벌될 수 있다는 의미이다. 이 경우 문자메시지는 선거운동기간 전에도 허용된 선거운동 방법이기 때문에 선거운동기간 위반죄 대신 각종 제한규정 위반죄가 적용된다.[6)]

다만, 단톡방이나 밴드 등 SNS에 불특정 또는 다수의 상대방이 동시에 볼 수 있도록 선거운동을 위한 정보를 게시하는 것은 인터넷 기술구조를 기반으로 하는 의사표현 행위이므로, 문자메시지와 달리 자동동보통신에 관한 규제가 적용되지 않는다. 이 경우 수만 명이 동시에 들여다볼 수 있더라도 적법한 선거운동이므로 자기검열을 할 필요가 없다.

---

6) 공직선거법 제256조제3항제1호 나목 참조

3. 자동동보통신 문자메시지를 규제하는 이유

자동동보통신의 방법에 의한 문자메시지는 불특정 다수를 대상으로 발송하는 성격상 쌍방향성 의사소통이 아니므로 선거에 관한 객관적 여론형성에 기여하지 못하는 반면, 일방적·편면적 의사표시로서 유권자의 불편을 초래한다. 이러한 점이 자동동보통신 방법의 문자메시지가 쌍방향 의사소통이 가능한 페이스북, 엑스, 인스타그램, 카톡 등 SNS와 본질적인 차이를 보이는 부분이다.

아울러 자동동보통신 방법에 의한 대량의 문자메시지 발송에는 상당한 비용지출이 수반되는 점도 지적할 수 있다. 전문 문자발송 대행업체에 맡길 경우 단순 텍스트는 건당 40∼50원 정도, 카드뉴스 등 이미지가 포함되는 문자의 경우에는 건당 100원 정도가 소요된다. 이 경우 후보자와 예비후보자의 자동동보통신 방법에 의한 문자메시지는 발송횟수 외에도 선거비용제한액으로 통제할 수 있지만, 일반 유권자의 대량 문자메시지 발송행위는 횟수와 비용으로 통제하기가 곤란하므로 원천적으로 금지하는 외에 다른 대안을 찾기 어렵다.

국가 또는 지방자치단체라는 정치공동체에서 선거에 관한 여론형성에도 각각의 구성원들에게 정치적 형평성이 보장되어야 한다는 점에 동의하는 한, 선거운동을 위하여 자동동보통신의 방법으로 대량의 문자메시지를 발송하는 행위를 규제하는 부분은 당연한 것으로 수용할 수밖에 없다.

제 3 절
말 · 전화로 하는 선거운동

1. 확성장치의 유혹을 이기자

누구든지 선거운동을 할 수 있는 사람은 선거일을 제외하고는 언제든지 말(言)로 하는 선거운동을 할 수 있다. 다만, 마이크를 사용하거나 옥외집회에서 다중을 대상으로 하는 행위는 금지된다(§59 4.).

옥내라면 다수인의 모임이라도 참석자에게 개별적으로 지지를 호소하거나 마이크를 사용하지 않는 방법으로 본인 또는 제3자에 대한 지지를 호소하는 행위가 가능하다.[7] 따라서 동호회 등 친목 모임의 식사 중 특정인에 대한 지지를 호소하면서 건배사를 하거나, 학회의 토론회 등 공식행사의 참석자들과 개별적으로 인사를 나누면서 지지를 호소할 수도 있다.

다만, 동호회·토론회 등의 구실을 내세워 집회를 개최하면서 실질적으로는 특정인의 선거운동을 목적으로 하거나, 집회의 목적에서 벗어나 선거운동이 주된 목적으로 변질된 경우에는 비록 장소가 옥내라도 공직선거법에 위반될 수 있다.

---

7) 중앙선거관리위원회 2024. 1.『정치관계법 사례예시집』25쪽

옥외에서는 육성에 의하더라도 다중을 대상으로 하는 선거운동은 집회를 이용한 선거운동에 해당하여 금지된다. 다만, 행사에 참석한 사람들과 개별적으로 인사를 나누면서 지지를 호소할 수 있다.

특히 선거운동을 할 수 있는 사람이라면 선거일이 아닌 때에 도로변·광장·공터·주민회관·시장·점포 등 다수인이 왕래하는 공개된 장소를 방문하여 시장 상인이나 행인을 대상으로 특정인에 대한 지지를 호소할 수 있다. 물론 이 경우에도 확성장치를 사용해서는 안 된다. 확성장치를 활용한 선거운동은 선거운동기간 중 후보자에 한정하여 거리유세에서만 허용될 뿐이다.

예비후보자 또는 후보자의 선거사무소 개소식에 참석한 내빈들이 해당 예비후보자 또는 후보자의 당선을 기원하는 덕담을 하는 경우에는 마이크와 확성장치를 사용할 수 있다. 덕담은 의례적 행위로서 선거운동으로 보지 않기 때문이다. 그러나 의례적인 덕담의 수준을 넘어 적극적으로 해당 예비후보자 또는 후보자의 지지를 호소하는 내용의 연설을 하게 되면 선거운동에 해당되므로 마이크를 내려놓고 육성으로 해야 한다.

텔레비전에서 선거사무소 개소식에 참석한 내빈들이 축사를 하는 경우 해당 후보자 또는 예비후보자에 대한 지지를 호소하는 때에는 마이크를 내려놓고 목에 힘을 주는 이유이다.

2. 전화를 활용한 선거운동 유의사항

누구든지 선거운동을 할 수 있는 사람은 선거일을 제외하고는 전화통화의 방법으로 선거운동을 할 수 있다. 전화에 의한 선거운동은 송·수화자 간 직접 통화하는 방식으로만 한정된다. 특히 전화를 활용한 선거운동은 SNS·문자메시지나 인터넷을 활용한 선거운동과 달리

야간, 즉 밤 11시부터 다음날 아침 6시까지는 금지되는 점에 유의해야 한다(§109②).

또한 컴퓨터를 이용한 자동 송신장치를 설치하고 불특정 다수의 선거인에게 전화를 연결하여 녹음된 음성을 들려주는 일방적·편면적 의사표시에 의한 선거운동은 언제든지 그리고 누구든지 금지된다. 당연히 선거운동기간 중 후보자에게도 허용되지 않는다.

참고적으로 특정 후보자의 선거운동을 위하여 예비후보자 또는 후보자의 선거사무소와 유사한 설비를 하고 해당 장소에 설치된 전화를 활용하여 선거운동을 하는 경우 공직선거법에 따른 유사기관 설치 금지규정에 위반된다(§89①).

제 4 절
입후보예정자의 명함이용 선거운동

1. 명함 게재내용

후보자가 되려는 사람은 선거일 전 180일부터[8] 해당 선거의 예비후보자 등록신청 전까지 선거운동을 위하여 제작한 자신의 명함을 선거인에게 직접 주면서 지지를 호소할 수 있다(§59 5.). 규격은 길이 9㎝ 너비 5㎝ 이내로 통상적인 명함의 크기와 같다.

여기에서 말하는 명함은 통상적으로 수교할 때 주고받는 단순한 명함이 아니라 선거운동을 위하여 선거공약까지 게재한 명함을 말한다. 따라서 해당 명함에는 학력·경력, 선거공약 등 자신의 홍보에 필요한 사항을 모두 게재할 수 있다. 이 경우 학력은 정규학력과 이에 준하는 외국의 교육과정을 이수한 학력만을 게재해야 한다.

예비후보자 등록신청기간이 도래하면 아직 등록하지 않은 사람도 선거운동용 명함을 예비후보자의 명함 교부방식에 따라 활용할 수 있다. 입후보예정자의 명함이용 선거운동 제도는 2020년 12월에 연말 선물처럼 후보자가 되려는 사람들에게 전해졌으나, 아직도 그 소식을 모르거나 포장지를 뜯지 않은 사람들이 많다.

8) 대통령선거에서는 240일을 말한다. 예비후보자 등록신청 개시일과 같다.

2. 명함 배부방법

선거운동을 위한 명함은 말로 하는 선거운동을 하는 때에 선거구민과 인사를 나누며 직접 주는 방법으로 배부할 수 있다. 다만, 선박·정기여객자동차·열차·전동차·항공기의 안과 그 터미널·역·공항의 개찰구 안, 병원·종교시설·극장의 옥내에서는 명함을 교부할 수 없다.[9]

만일 극장시설의 경우 대관(貸館) 등으로 해당 시설이 본래의 용도에서 벗어나 다른 용도로 사용되는 경우에는 그 시설에서도 명함을 배부할 수 있다. 예컨대, 헌법재판소는 2020년 4월 실시한 제21대 총선에서 예비후보자가 종교시설인 성당 앞마당에서 신용협동조합 총회에 참석하기 위해 줄을 서 있는 조합원에게 명함을 배부하며 선거운동을 한 행위를 적법한 것으로 보았다.[10]

이 경우에는 해당 성당이 대관(貸館)되어 일시적으로 종교시설로서의 기능을 상실하고 신용협동조합의 총회 행사장으로 그 용도가 변경되었기 때문이다.

9) 공직선거법 제59조제5호·제60조의3제1항제2호

10) 헌법재판소 2023. 2. 23. 선고 2020헌마1739 결정

제 7 장

예비후보자 등록과 선거운동

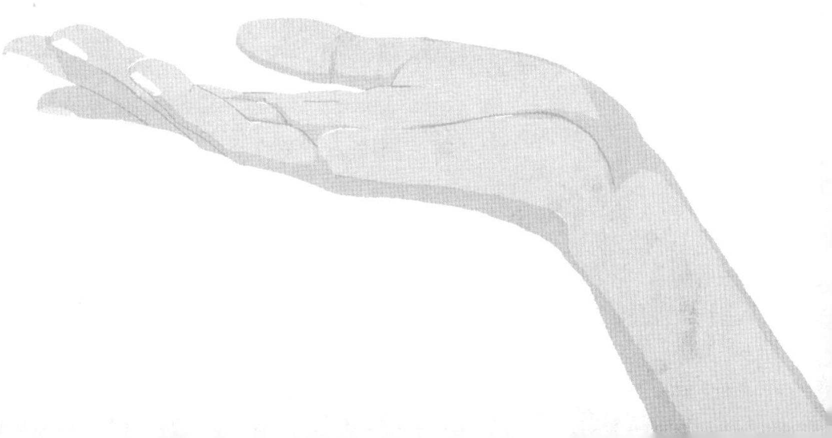

2004년 공직선거법의 개정으로 선거운동기간에 관한 대원칙을 수정하여 예비후보자제도를 도입하고 선거운동기간 전에도 선거운동을 허용한 것은 정치신인에게 홍보기회를 제공하여 선거의 공정을 강화하였다는 점에 그 의미가 크다.

예비후보자는 선거사무소를 설치하고, 선거사무원을 선임하며, 매 세대에 홍보물을 발송하는 한편, 어깨띠와 소품 등 선전물을 착용하고 자신의 홍보에 필요한 사항이 게재된 명함을 배부하면서 선거운동을 할 수 있다.

이 장에서는 예비후보자 등록과 선거운동의 구체적인 방법 등에 관하여 살펴보고자 한다.

제 1 절
예비후보자 등록신청

1. 예비후보자 등록신청 개시일

공직선거에서 거주요건 등 피선거권의 적극적 요건을 갖추고 결격사유가 없는 사람은 후보자등록 전에 관할 선거관리위원회에 예비후보자로 등록을 신청할 수 있다. 다만, 예비후보자로 등록하지 않더라도 본선거의 후보자로 등록하는 데 아무런 지장이 없다.

예비후보자 등록신청 개시일은 대통령선거에서는 선거일 전 240일, 국회의원선거와 시·도지사선거에서는 선거일 전 120일, 시·도의원선거에서는 선거기간개시일 전 90일을 기준일로 하여 선거의 특성과 규모에 따라 차이를 둔다(§60의2).

반면에 기초자치단체의 의원선거와 장선거에서는 도시와 농촌에 따라 지역적으로 예비후보자 등록신청 개시일에 차등을 둔다. 예컨대, 구·시지역에서는 선거기간개시일 전 90일을 기준일로 하지만, 군지역에서는 그 기준일이 선거기간개시일 전 60일로 단축된다. 평소 익명성이 지배하는 도시와 공동체의 지면과 친교가 유지되는 농촌의 지역적 특성을 고려한 취지로 보인다.

참고로 예비후보자로 등록한 사람이라도 후보자가 되려는 사람은 따로 후보자 등록신청을 해야 한다.

2. 예비후보자 등록신청 서류

예비후보자 등록을 신청하려는 사람은 등록신청서에 다음의 서류를 첨부하고 소정의 기탁금을 납부해야 한다.[1)]

① 전과기록에 관한 증명서류

② 정규학력 증명서

③ 주민등록표 초본. 다만, 국회의원선거에서는 제외한다.

④ 가족관계증명서

⑤ 사직원 접수증. 사직해야 출마할 수 있는 신분에 한한다.

전과기록은 실효된 형을 포함하여 벌금 100만원 이상의 범죄경력을 말한다. 전과기록에 관한 증명서류는 예비후보자가 되려는 사람이 선거기간개시일 전 150일부터 경찰서에 범죄경력 조회신청을 하여 발급받은 범죄경력조회 회보서에 따라 작성한다.

정규학력이란 국내 학력의 경우 초·중등교육법 및 고등교육법에서 인정하는 학력을 말하고, 학력증명서란 재학증명서, 재적증명서, 졸업예정증명서, 졸업증명서, 수료증명서 등 학교장이 발행한 최종학력을 증명할 수 있는 서류를 말한다.

대학원을 졸업한 사람이 선거홍보물에 굳이 대학교 학력만 게재하려는 때에는 대학교의 학력증명서만 제출해도 된다. 외국에서 수학한 학력의 경우에는 국내 정규학력에 준하는 외국의 교육기관에서 이수한 학력을 말하며, 그 증명서를 제출하는 때에는 한글번역문을 함께 제출해야 한다.

예비후보자의 전과기록 및 학력에 관한 서류는 후보자등록신청개시일 전일까지 공개한다(§60의2⑩).

---

1) 공직선거법 제60조의2

3. 예비후보자 기탁금

예비후보자 등록을 신청하는 때에는 본 선거에 규정된 기탁금의 20%에 해당하는 금액을 선거관리위원회에 납부해야 한다. 본 선거의 기탁금은 대통령선거 3억원, 시·도지사선거 5,000만원, 국회의원선거 1,500만원, 기초단체장선거 1,000만원, 시·도의원선거 300만원, 기초의원선거 200만원이다.

공직선거에서는 장애인후보자와 청년후보자에게 일반 후보자에 비하여 기탁금 납부액과 그 반환요건에 차등을 두고 있다(§56①·§57①). 장애인후보자와 29세 이하 청년후보자는 기탁금의 50%를, 30세 이상 39세 이하의 후보자는 기탁금의 70%를 납부하면 된다. 예비후보자가 본 선거에서 해당 선거의 같은 선거구에 후보자등록을 신청하는 때에는 예비후보자 등록을 위하여 납부한 기탁금을 제외한 나머지 금액만 납부한다.

참고적으로 예비후보자 등록신청을 하는 때에 제출한 전과기록 증명서류, 학력증명서 등은 후보자 등록신청시 다시 제출하지 않아도 된다(§49⑤).

제 2 절
선거사무소 설치와 선거사무장 등 선임

1. 선거사무소 설치방법

선거사무소는 고정된 장소 또는 시설에 1개만을 설치해야 한다. 고정된 시설이라도 식당·카페 등 식품접객업소나 호텔·찜질방 등 공중위생영업소 안에는 둘 수 없다. 천막이나 컨테이너처럼 이동할 수 있는 시설도 고정시킨 상태라면 선거관리위원회에 신고한 후 선거사무소로 활용할 수 있다(§60의3①·§61①).

한 개 층 전체의 공간이 비좁은 경우 다른 층의 공간과 함께 선거관리위원회에 1개의 선거사무소로 신고한 후 사용할 수 있고, 같은 층에 서로 분리된 공간도 하나의 선거사무소로 활용할 수 있다. 다만, 모든 공간은 선거관리위원회에 신고되어야 한다.

선거사무소로 신고되지 않은 시설이나 공간에서 선거대책회의를 개최하거나, 자원봉사자를 교육하거나, 예비후보자를 홍보하는 선전물이나 홍보물을 부착하거나, 선거운동 전략을 논의한 경우 해당 시설은 모두 공직선거법에서 금지한 유사기관이 된다.[2] 다만, 선거운동 준비차원에서 사무실을 임차하고 선거인에게 영향을 미치지 않는 범위에서 내부적 행위를 하는 것은 공직선거법이 금지한 유사기관이 아니다.

2) 대법원 1999. 5. 25. 선고 99도675 판결

2. 선거사무소에 홍보물 설치

선거사무소로 신고된 건물의 외벽에는 간판·현판과 현수막을 게시할 수 있다(§60의3①). 다만, 선거사무소가 입주한 건물이나 담장을 벗어난 장소에는 설치 또는 게시할 수 없다.

예비후보자의 선거사무소에 게시할 수 있는 간판·현판·현수막의 수량과 규격에는 아무런 제한이 없으므로, 선거사무소가 입주한 건물의 외벽에 걸개그림 형태로 대형 현수막을 게시하는 것도 제한되지 않는다. 이 경우 대형 현수막 설치로 인하여 같은 건물에 입주한 다른 사람들의 조망권과 일조권을 침해하는 부분까지 정당화되는 것은 아니다.

선거사무소에 설치되는 간판·현판·현수막은 네온사인이나 LED 등 전기조명에 의한 방법으로도 설치할 수 있으나, 애드벌룬을 사용하여 공중에 띄우면 공직선거법에 위반된다(§90① 1.).

3. 선거사무소 운영 유의사항

선거사무소 개소식에는 가족, 친지, 국회의원, 정당의 간부 등 평소 친교가 있는 제한된 범위의 내빈을 초청할 수 있다. 이 경우 선거사무소의 수용인원을 현저하게 초과하여 다수의 선거구민에게 초청장을 발송하거나, 초청장에 해당 예비후보자의 치적을 홍보하거나 지지를 호소하는 내용을 게재하는 것은 탈법방법에 의한 문서의 배부에 해당하여 공직선거법에 위반된다(§93①).

초청된 내빈이 축사를 하는 때에 개소식을 축하하면서 승리 또는 당선을 기원하는 덕담을 하는 것은 일종의 의례적 행위로서 선거운동이 아니므로 마이크와 확성장치를 사용해도 무방하다.[3)] 정상적인 선거사무소 개소식이라면 그 개최장소가 실내일 것이므로 확성장치를 사용하지 않고 육성으로 다수의 참석자에게 해당 예비후보자에 대한 지지를 호소해도 법에 위반되지 않는다.

한편, 선거사무소 개소식에 참석한 사람들에게는 해당 선거사무소 안에서 통상적인 범위의 3천원 이하 다과류의 음식물을 제공할 수 있다. 개소식뿐만 아니라 그 후에도 선거사무소를 방문하는 사람에게 통상적인 범위에서 3천원 이하 다과류의 음식물을 제공하는 행위는 기부행위로 보지 않는다.[4)]

여기에서 통상적인 범위란, 일상적인 예를 갖추는 데 필요한 정도로서 현장에서 소비될 정도로 제공하는 것을 말한다. 따라서 기념품 또는 선물로 제공하는 것은 금지된다. 구분된 형태로 개별 포장된 롤케이크·쿠키·케이크 등을 제공하는 경우가 바로 기념품 또는 선물로 제공하는 것에 해당될 것이다.

한편, 선거사무소가 설치된 건물이라도 옥상, 주차장 등 선거사무소가 아닌 공간에서 개소식을 개최하거나, 선거사무소 개회식을 이미 개최하였음에도 불구하고 대상별로 일시를 달리하여 반복적으로 개소식을 개최하는 행위는 공직선거법에 위반된다.

아울러 기자회견을 빌미로 선거사무소에 다수의 선거구민을 모이게 하거나, 선거사무소에서 계속적·반복적으로 공약발표회를 개최하는 것은 집회를 이용한 선거운동에 해당하여 공직선거법에 위반될 수 있다.

---

3) 대법원 2023. 11. 24. 선고 2023도14001 판결

4) 공직선거법 제112조제2항제1호 마목

4. 선거사무장 · 선거사무원 선임

선거사무소를 설치한 예비후보자는 선거운동을 할 수 있는 사람 중에서 선거사무장 1명을 선임할 수 있다. 선거사무장을 두지 않는 경우 해당 예비후보자가 선거사무장을 겸한 것으로 본다.

아울러 예비후보자는 선거별로 일정 수의 선거사무원을 둘 수 있다. 선거별 예비후보자의 선거사무원 수는 대통령선거 10인, 시·도지사선거 5인, 국회의원선거와 기초단체장선거 3인, 지방의원선거에서는 기초·광역의 구분 없이 모두 2인 이내이다. 선거사무원 수에는 선거사무장이 포함된다(§62③). 청각장애인 등 장애인 예비후보자는 그의 활동을 보조하기 위하여 선거운동을 할 수 있는 사람 중에서 따로 1명의 활동보조인을 둘 수 있다.

예비후보자가 선거사무장과 선거사무원을 선임하거나 해임한 때에는 지체없이 관할 선거관리위원회에 서면으로 신고해야 한다. 이 경우 교체선임할 수 있는 선거사무원 수는 최초의 선임을 포함하여 선거사무원 수의 2배수를 넘을 수 없다.

선거사무장·선거사무원·활동보조인에게는 수당과 실비를 지급할 수 있다. 선거사무장의 수당은 대통령선거와 시·도지사선거 14만원, 그 밖의 선거는 10만원이다. 선거사무원과 장애인예비후보자의 활동보조인 수당은 선거별 구분이 없이 모두 6만원이다.[5] 실비는 공무원여비규정에 따르고, 선거사무장 등에게 식사 또는 교통편의를 제공한 때에는 그 금액을 공제해야 한다.

공제하지 않으면 공직선거법에 따른 매수죄 또는 기부행위위반죄가 적용되어 처벌될 수 있다(§230① · §257①).

5) 공직선거법 제135조제2항

5. 회계책임자 선임과 정치자금 수입 · 지출

예비후보자는 선거운동을 할 수 있는 사람 중에서 정치자금의 수입과 지출을 담당하는 회계책임자 1명을 선임하여 지체 없이 관할 선거관리위원회에 신고해야 한다.[6] 이 경우 정치자금의 수입·지출을 위한 예금계좌와 선거비용제한액의 범위에서 회계책임자가 지출할 수 있는 금액의 최고액에 관하여 예비후보자와 회계책임자가 함께 서명·날인한 약정서를 첨부해야 한다.

예비후보자 또는 그의 선거사무장은 관할 선거관리위원회에 서면으로 신고하고 회계책임자를 겸할 수 있다.

회계책임자가 선임된 후 예비후보자의 정치자금 수입·지출은 오로지 그 회계책임자만이 할 수 있다. 예비후보자가 자신의 재산으로 정치자금을 지출하는 경우에도 그 회계책임자를 통하여 지출해야 한다. 다만, 회계책임자로부터 지출의 목적과 금액의 범위를 정하여 서면으로 위임받은 회계사무보조자가 지출하는 경우와 정치자금 지출을 위한 예금계좌를 결제계좌로 하는 신용카드·체크카드 등의 방법으로 지출하는 경우에는 예외로 한다.

참고적으로 예비후보자 등록 전에는 회계책임자를 선임할 수 없으나, 선거준비를 위하여 선거사무소 임차 등 불가피하게 정치자금을 지출해야 하는 경우에는 정치자금법에 따라 회계사무를 처리해야 한다. 예컨대, 예비후보자가 되려는 사람의 명의로 예금계좌를 개설한 후 회계장부 또는 관할 선거관리위원회가 제공하는 정치자금 회계관리 프로그램을 활용하여 정치자금의 수입·지출 내역을 기재하고 영수증 등 증빙서류를 구비해야 한다.

예비후보자가 회계책임자를 선임한 후에는 예비후보자 자신이 회

6) 정치자금법 제34조

계처리를 한 정치자금의 수입 · 지출 내역, 예금통장, 영수증 등 증빙 서류 등에 대하여 회계책임자와 인계 · 인수서를 작성하고 관련 회계 서류 일체를 회계책임자에게 인계해야 한다. 정치자금의 수입 · 지출에 투명성을 확보하고 선거비용제한액 초과 지출 시 그 책임소재를 명확히 하기 위함이다.

참고적으로 선거사무장 또는 회계책임자에게 선거범죄 또는 정치자금 범죄로 300만원 이상의 벌금형이 확정된 경우에는 해당 후보자의 당선이 무효로 될 수 있으므로(§263 · §265), 전문성을 갖추고 절대적으로 신뢰할 수 있는 사람을 선거사무장 또는 회계책임자로 선임해야 한다.

당선된 후보자든 낙선한 후보자든 그가 선임한 선거사무장 또는 회계책임자에게 당선무효에 해당하는 형이 확정된 때에는 돌려받은 기탁금과 지급받은 보전비용을 반환해야 한다(§265의2). 해당 후보자의 기탁금 반환요건과 보전비용 지급요건을 위법한 방법에 의하여 취득한 것으로 평가하기 때문이다.

공직선거에서 선거사무장 또는 회계책임자가 저지른 선거범죄 또는 정치자금 범죄는 전적으로 해당 후보자를 위한 행위로서 총체적으로는 후보자의 의사지배 하에서 이루어진 것으로 본다.

제3절
매 세대 예비후보자홍보물 발송

1. 예비후보자홍보물 제작방법

매 세대에 발송하는 예비후보자홍보물은 1종만 허용된다. 그 규격은 길이 27㎝, 너비 19㎝ 이내로 하되, 대통령선거에서는 16면 이내, 그 밖의 선거에서는 8면을 넘을 수 없다.[7)]

예비후보자홍보물에는 자신의 사진·성명·전화번호·학력·경력, 그 밖에 홍보에 필요한 사항을 게재할 수 있다. 앞면에는 예비후보자홍보물이라 적고, 선거명, 선거구명, 예비후보자의 성명, 소속 정당의 명칭을 적는다. 맨 뒷면에는 공직선거법에 따라 제작한 것이라 기재하고, 인쇄사의 명칭·주소·전화번호를 적어야 한다.

한편, 독임제 기관인 대통령과 지방자치단체장을 선출하는 선거에서는 예비후보자홍보물 전체 면수의 50% 이상에 선거공약과 그 추진계획으로 각 사업의 이행기간과 재원조달 방안 등을 적어야 한다. 해당 면에는 다른 입후보예정자에 관한 사항을 게재할 수 없다. 아울러 대통령선거와 단체장선거에서 정책선거를 촉진하기 위하여 예비후보자공약집 판매제도를 두고 있다(§60의4).

7) 공직선거법 제60조의3제1항제4호, 공직선거관리규칙 제26조의2제2항제1호

2. 홍보물에 학력 게재방법

예비후보자홍보물과 명함에 학력을 게재하는 때에는 초·중등교육법 및 고등교육법에서 인정하는 정규학력에 관한 최종 학력과 이에 준하는 외국의 교육과정을 이수한 학력만 기재할 수 있다. 이러한 학력 기재에 관한 규제는 명함뿐만 아니라 선거벽보와 선거공보에 학력을 게재하는 경우에도 공통적으로 적용된다.

국내의 학력은 정규학력에 관한 최종학력의 출신학교명을 기재하되, 학교의 명칭이 변경된 경우에는 졸업 또는 수료 당시의 학교명을 적어야 한다. 다만, 개명된 학교명을 당시의 학교명칭에 병기(倂記)하는 것은 가능하다.

비정규학력 게재에 따라 허위사실공표죄로 처벌된 대표적 사례를 살펴보면, 대학원의 6개월 또는 1년 정도의 단기 교육과정인 '최고 경영자 과정', '고위 정책과정' 등을 후보자등록신청서, 명함, 선거공보 등에 기재한 경우이다. 반대로 정규학력을 수학한 이력이 있음에도 '무학' 또는 '독학'으로 게재하는 경우에도 허위사실공표죄가 성립될 수 있다. 다만, 본인이 학력 공개를 원하지 않는 경우는 공란으로 비워둘 수 있다.

특히 외국의 교육기관에서 이수한 학력을 예비후보자홍보물 등에 게재하는 때에는 그 교육과정명, 수학기간, 학위를 취득한 때의 취득학위명을 기재해야 한다. 실제 서아프리카의 시에라 리온 대학교를 국내에서 원격과정으로 졸업한 후보자가 선거공보에 그 '원격과정'이라는 교육과정명을 기재하지 않아 허위사실공표죄로 처벌받은 사례가 있다.[8)]

---

8) 대법원 2004. 5. 13. 선고 2003도7058 판결

한편, 중앙선거관리위원회는 학점인정 등에 관한 법률에 따라 학점·학력이 인정되는 사람이 그 학력을 게재하는 경우 특정 대학의 장이 학위를 수여한 때에는 해당 대학교와 학위의 명칭을 게재하는 것을 허용한 바 있다.[9] 이 경우에도 '△△대학교 ▽▽학과 졸업'처럼 해당 대학교의 단과대학 또는 학과를 졸업한 것으로 오인되는 방법으로 게재해서는 안 된다.

특히 해당 대학의 총장 명의로 발급된 졸업증명서가 있더라도 그 학습과정이 정규학부과정이 아닌 경우에는 "졸업"이라 게재해서는 안 된다. 그 밖에 후보자의 선거홍보물에 학력 게재방법에 관하여 자세한 사항은 제12장 제3절 '2. 선거홍보물에 학력을 게재하는 방법'을 참고하기 바란다.

3. 홍보물 발송을 위한 세대주명단 확보

예비후보자홍보물은 선거구 전체 세대수의 10% 이내의 범위에서 발송해야 한다. 예비후보자홍보물 발송은 선거공영제가 적용되지 않는 영역이므로, 선거공보와 달리 예비후보자들이 개별적으로 발송해야 한다. 예비후보자홍보물 제작과 발송에 소요되는 비용은 선거비용에 산입하되, 그 비용은 보전하지 않는다.

예비후보자홍보물은 오직 요금별납에 의한 우편발송의 방법으로만 배부해야 한다. 우편발송을 위하여 예비후보자는 자신의 비용부담으로 후보자등록기간 개시일 전 5일까지 구·시·군의 장에게 선거구 안의 세대주명단 교부신청을 할 수 있다.

세대주의 성명·주소 등 세대주명단 교부신청을 하는 때에는 홍

9) 중앙선거관리위원회 2023. 4. 10. 회답

보물의 발송통수 범위에서 지역 · 연령 · 성별 등을 정하여 신청해야 한다. 세대주 명단을 교부하는 구 · 시 · 군의 장이 임의적으로 전체 세대수의 10%를 정할 수 없기 때문이다. 이 경우 예비후보자는 그 명단을 전산자료로 교부받을 수 있다.

세대주명단을 교부받은 사람은 이를 다른 사람에게 양도하거나 영리를 목적으로 사용할 수 없다(§60의3⑤).

4. 예비후보자홍보물 발송 신고

예비후보자홍보물을 발송하려는 때에는 2일 전까지 발송할 홍보물 2부를 첨부하여 관할 선거관리위원회에 신고해야 한다. 이 경우 홍보물의 작성수량 · 발송수량 · 발송대상, 홍보물 인쇄사의 명칭 · 주소 · 전화번호, 발송 우체국의 명칭과 발송일시를 함께 신고해야 한다. 이 경우 여러 차례에 걸쳐 예비후보자홍보물을 발송하려면 최초로 신고하는 때에 일괄하여 신고할 수 있다.

홍보물을 발송한 후에 세대주의 주소 또는 성명이 잘못 적혀 있거나, 착오 그 밖의 사유로 홍보물이 반송된 경우에는 해당 세대주에게 다시 발송할 수 있다.

이처럼 예비후보자홍보물 발송에 관하여 엄격한 통제를 가하는 이유는 공직선거법의 개별조항에 따라 허용하는 인쇄물이 아니라면 선거일 전 120일부터는 선거에 영향을 미치게 할 목적의 모든 인쇄물의 배부가 금지되기 때문에(§93①), 탈법적인 방법으로 인쇄물을 활용하는 선거운동을 규제하기 위한 취지이다. 아울러 선거공영제가 적용되지 않는 예비후보자홍보물을 활용한 선거운동 절차에 대한 통제를 통하여 선거비용제한액제도의 실효성을 확보하기 위한 목적도 무시하기 어렵다.

5. 예비후보자홍보물 제작 · 배부에 관한 유의사항

예비후보자홍보물은 공직선거법이 정한 규격 범위에서 사각형이 아닌 형태로 제작할 수도 있다. 예비후보자홍보물에 선거운동을 할 수 있는 사람이 지지 · 추천하는 글을 게재하는 행위는 무방하지만, 선거운동이 금지된 공무원 또는 선거권이 없는 사람의 지지내용을 게재하는 것은 공직선거법에 위반될 수 있다.

아울러 예비후보자홍보물의 발송용 봉투에 관하여는 특별한 제한이 없으므로, 발송용 봉투의 뒷면에 예비후보자의 사진 등 자신의 홍보에 필요한 사항을 게재하거나, 발송 지역마다 다른 내용으로 홍보문을 게재하는 것도 가능하다.

한편, 세대주명단 교부제도는 예비후보자 선거운동의 편의를 제공하기 위한 취지일 뿐, 구 · 시 · 군의 장이 교부한 명단대로 홍보물을 발송할 의무는 없으므로, 요금별납 방식을 준수하는 한 예비후보자홍보물을 언론사, 시민단체, 미용실 · 공인중개사 등 점포나 상가에 발송하는 행위도 무방하다.

다만, 선거의 종류를 불문하고 예비후보자 홍보물은 1종만 허용되므로, 예비후보자홍보물을 선거구의 지역별로 내용을 달리하여 발송하는 행위는 공직선거법에 위반된다.

아울러 예비후보자홍보물은 오직 요금별납에 의한 우편발송의 방법으로만 배부해야 하므로, 거리에서 배부하거나, 세대별 우편함에 직접 투입하거나, 음식점 등 다수인이 왕래하는 장소에 비치하여 방문객에게 배부하는 행위는 허용되지 않는다. 옆집에 거주하는 선거인에게도 우편으로 발송해야 한다. 요금별납 제도를 통하여 제작 · 배부수량을 통제하기 위함이다.

제 4 절

어깨띠 · 표지물 · 명함 활용 선거운동

1. 어깨띠 · 표지물 제작방법

예비후보자는 어깨띠를 착용하거나, 표지물을 착용 또는 소지하여 내보이는 방법으로 선거운동을 할 수 있다(§60의3①). 어깨띠를 착용하고 표지물을 소지하여 다수인이 오가는 거리에서 인사하거나, 어깨띠를 착용하고 상가의 점포 등을 방문하여 명함을 교부하면서 지지를 호소하는 것이 가장 일반적인 예비후보자의 선거운동 방법이다.

예비후보자는 표지물의 규격 범위에서 입고 다니는 점퍼 등 윗옷에 표지물 대신 글귀를 새겨 선거운동을 할 수도 있다. 중증장애인 예비후보자의 경우 표지물을 신체가 아닌 휠체어 등 보조기구에 설치할 수도 있다. 본 선거의 선거운동 기간에는 후보자의 선거사무원도 어깨띠를 매고 표찰 · 수기 · 마스코트 등 선거운동을 위한 소품을 활용할 수 있으나, 예비후보자의 선거운동 기간에는 해당 예비후보자만이 어깨띠와 표지를 활용하여 선거운동을 할 수 있다.

어깨띠의 규격은 길이 240㎝, 너비 20㎝ 이내이고, 표지물의 규격은 길이 100㎝, 너비 100㎝ 이내이다. 이 경우 영상표출에 이르지 않는 방법으로 어깨띠 또는 표지물의 내용이 밤에도 잘 보이도록 LED 등의 발광체를 활용하여 제작할 수 있다.

2. 어깨띠 · 표지물 활용 시 유의사항

예비후보자의 선거운동으로 허용되는 표지물을 착용하는 방법이란, 예비후보자가 자신의 특징을 드러내는 선전물을 직접 몸에 입고 두르거나 머리에 쓰는 등의 방법으로 자신의 신체와 떨어지지 않는 상태로 사용하는 것을 말한다.

따라서 예비후보자가 자신의 홍보에 필요한 내용이 게재된 표지물을 목에 걸거나 손에 들거나 잡고 선거운동을 하는 것은 무방하다. 그러나 예비후보자의 표지물인 피켓을 노상의 보행자 보호 설치대에 세워두고 그 옆에서 거리를 오가는 선거인에게 지지를 호소하는 행위는 공직선거법에 위반된다.[10]

3. 명함의 규격과 제작방법

선거운동용으로 활용하는 명함의 규격은 일상적인 비즈니스에 사용하는 명함의 규격과 같이 길이 9㎝, 너비 5㎝ 이내이다. 명함은 선거운동을 위하여 허용된 것이므로, 예비후보자의 성명 · 사진 · 전화번호 · 학력 · 경력은 물론, 선거구호, 공약 등 홍보에 필요한 사항을 기재할 수 있다. 명함의 지질이나 형태에는 제한이 없으므로, 명함의 규격 범위에서 하트, 원형 등 다양한 형태로 제작하여 활용할 수 있다.

명함의 종수에도 제한이 없으므로 배부 대상에 따라 내용을 달리하여 제작할 수 있다. 다만, 명함을 배부하는 때에 1명의 선거인에게 서로 다른 종류의 명함을 동시에 배부하는 행위는 공직선거법에 위반될 수 있다.

---

10) 대법원 2015. 3. 31. 선고 2015도159 판결

참고적으로 예비후보자의 선거사무장과 선거사무원, 그리고 정치자금법에 따라 선임·신고된 회계책임자는 자신의 명함에 예비후보자의 성명을 부각되지 않게 게재하여 활용할 수 있다.

4. 명함을 배부할 수 있는 사람

예비후보자, 예비후보자의 배우자 및 직계존비속은 해당 예비후보자의 명함을 배부할 수 있다. 직계존비속은 가족관계상 예비후보자와 동일시할 수 있는 신분이기에 해당 예비후보자의 명함 배부를 허용하는 것이다. 미혼, 이혼, 사별 등의 사유로 법률적인 배우자가 없는 경우에는 배우자를 대체하여 예비후보자가 지정한 1명이 명함을 배부할 수 있다(§60의3②).

예비후보자는 배우자와 직계존비속을 선거관리위원회에 신고해야 하고, 해당 선거관리위원회는 그 표지를 교부하며, 배우자와 직계존비속은 이를 잘 보이도록 달고 활동해야 한다. 예비후보자의 배우자와 직계존비속은 어깨띠나 표지물을 착용할 수 없지만, 해당 예비후보자와 독립하여 그의 명함을 배부할 수 있으므로, 외견상 그 권한을 가진 사람임을 표시하기 위함이다.

한편, 선거사무장·선거사무원·활동보조인은 예비후보자를 수행하는 때에 한정하여 해당 예비후보자의 명함을 배부할 수 있다. 그들이 독립적으로 예비후보자의 명함을 배부해서는 안 된다.

참고적으로 예비후보자 등록신청 전이라도 후보자가 되려는 사람은 선거일 전 180일부터 선거운동을 위한 명함을 제작하여 배부할 수 있다. 다만, 예비후보자로 등록하지 않았음에도 '예비후보'라 기재한 명함을 배부하는 행위는 허위사실공표죄를 구성할 수 있으므로 유의해야 한다.11)

5. 예비후보자 명함 배부 시 유의사항

명함은 자신을 소개하기 위하여 상대방과 직접 주고받는 것이 상례이므로, 선거운동을 위한 명함을 경로당이나 식당·미용실 등에 비치하거나, 주차된 자동차 와이퍼에 끼워 놓거나, 세대별 우편함에 넣어 두는 행위는 명함을 선거인에게 직접 주는 행위가 아니므로 공직선거법에 위반된다.[12] 비록 이러한 행위를 후보자 본인이 직접 하였더라도 법 위반이라는 점에는 틀림이 없다.

아울러 선박·정기여객자동차·열차·전동차·항공기와 그 터미널·역·공항의 개찰구 안, 병원·종교시설·극장의 옥내에서는 명함 배부와 지지호소가 금지된다. 다만, 해당 시설이 일시적으로 본래의 용도 외의 용도로 이용되는 경우는 예외로 한다.

참고적으로 선거운동을 위한 명함을 배부하는 경우에 적용되는 이러한 장소적 제한은 예비후보자와 후보자는 물론, 후보자가 되려는 사람에게도 예외가 없다.

6. 수행원과 함께하는 식사를 어찌할 것인가

예비후보자가 관할구역 안의 지역을 방문하는 때에 함께 다니는 사람에게 통상적인 범위에서 식사류의 음식물을 제공하는 행위는 기부행위로 보지 않되, 선거비용에 산입한다(§120 8.). 예비후보자와 함께 다니는 사람의 수는 선거별로 차등을 두어 대통령선거 30인, 시·도지사선거 15인, 국회의원선거와 기초단체장선거 10인, 지방의원선거에서는 5인으로 제한한다.

11) 광주고등법원 2014. 12. 11. 선고 2014노419 판결

12) 대법원 2004. 8. 16. 선고 2004도3062 판결

이 경우 통상적인 범위에서 1명에게 제공할 수 있는 식사류의 음식물 단가는 1만원 이하이다. 최근 대도시에서는 1만원 이하의 식사류를 찾기 어렵겠지만, 매수죄 또는 기부행위위반죄로 형사소추되는 위험성을 피하기 위해서는 대른 방법이 없다. 식사를 제공받은 사람들에게는 50배 과태료가 부과될 수 있다는 점을 고려하면 더욱 그렇다. 이쯤되면 선거유세는 고난의 행군이다.

참고적으로 검경수사권 조정에도 불구하고 기부행위위반죄는 여전히 검사가 직접 수사를 개시할 수 있는 부패범죄로 규정되어 있다.[13)]

13) 검사의 수사개시 범죄 범위에 관한 규정 제2조제1호 및 별표 1 참조

제 5 절
대량 문자메시지 · 전자우편 발송

1. 자동동보통신 문자메시지 · 전자우편 발송

예비후보자는 자동동보통신의 방법으로 다수의 선거구민에게 문자메시지를 보낼 수 있다. 여기에서 자동동보통신이란 동시에 문자메시지를 수신하는 대상자가 20명을 초과하거나, 그 대상자가 20명 이하인 경우에도 프로그램을 이용하여 수신자를 자동으로 선택하여 전송하는 방식을 말한다(§59 2.).

예비후보자가 자동동보통신의 방법으로 문자메시지를 전송할 때에는 1개의 전화번호만을 사용해야 하며, 전송일 전일까지 문자메시지를 전송하는 데 사용할 전화번호를 관할 선거관리위원회에 신고해야 한다. 전송횟수에도 제한이 있어 예비후보자와 후보자의 기간을 합하여 총 8회 이내로 한다. 무심결에 스마트폰에 저장된 지인들을 대상으로 동시에 20명을 초과하여 선거운동을 위한 문자메시지를 전송한 경우, 그 행위자가 예비후보자 또는 후보자 신분이라면 전송횟수에 포함될 뿐이지만, 일반인의 행위라면 공직선거법에 위반된다.

한편, 예비후보자는 전송대행업체에 위탁하여 전자우편을 전송할 수 있다. 문자메시지와 달리 전문업체에 그 전송을 위탁하더라도 횟수의 제한을 받지 않는다. 오직 선거비용제한액으로 통제할 뿐이다.

2. 문자메시지 · 전자우편에 선거운동정보 표시

예비후보자 또는 후보자가 선거운동을 위하여 자동동보통신의 방법으로 문자메시지를 전송하거나 전송대행업체에 위탁하여 전자우편을 전송하는 때에는 그 문자메시지 또는 전자우편에 다음 사항을 명시해야 한다(§82의5②).

① 선거운동정보에 해당하는 사실

② 문자메시지를 전송하는 경우 그 전화번호

③ 불법수집정보 신고 전화번호

④ 수신거부의 의사표시를 쉽게 할 수 있는 조치 및 방법에 관한 사항

예비후보자 또는 후보자가 선거운동정보를 전송하는 때에는 수신자가 수신을 거부할 때 발생하는 금전적 비용을 수신자가 부담하지 않도록 필요한 조치를 해야 한다. 아울러 누구든지 숫자 · 부호 또는 문자를 조합하여 전화번호 · 전자우편주소 등 수신자의 연락처를 자동으로 생성하는 프로그램 그 밖의 기술적 장치를 이용하여 선거운동정보를 전송해서는 안 된다(§82의5⑥).

이러한 규제는 2004년 3월 무분별한 선거운동 정보의 전송을 차단하여 유권자의 혼란과 선거의 과열 · 혼탁을 방지하기 위해 도입된 이래 전송대행업체들이 잘 따르고 있는 것으로 보인다.

제 8 장

제한 또는 금지된 선거운동

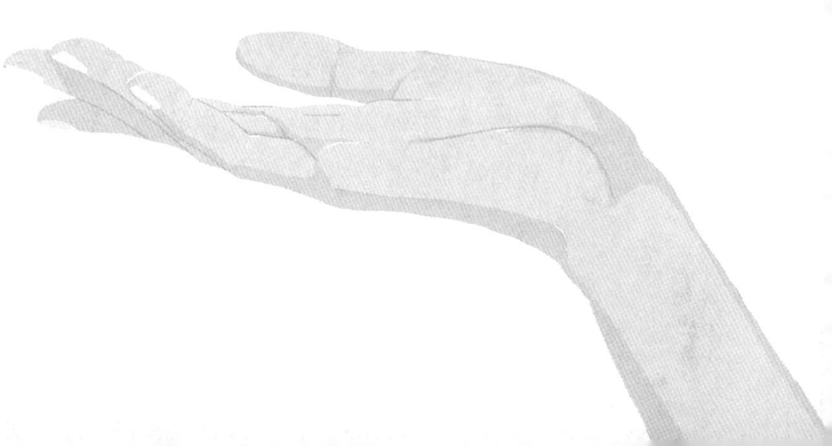

선거운동의 자유는 헌법상 표현의 자유로부터 도출되는 권리이다. 표현의 자유도 국가안전보장 · 질서유지 또는 공공복리를 위하여 법률로써 제한할 수 있고, 특히 선거운동의 자유는 후보자 간 기회균등의 원칙과 선거의 공정을 보장하기 위해서라도 그 제한의 필요성이 인정된다.

이에 따라 공직선거법은 기회균등의 원칙이 침해될 우려가 있거나, 선거의 과열을 초래할 위험성이 있거나, 과도한 비용 지출을 초래하거나, 유권자의 자유로운 의사형성을 방해할 염려가 있거나, 일상의 평온이나 사생활의 비밀을 침해하는 방법의 선거운동은 금지하고 있다.

이 장에서는 제한 또는 금지된 선거운동의 방법에 관하여 살펴보고자 한다.

제 1 절

선거운동을 위한 사조직 설립 금지

1. 설립이 금지된 사조직의 개념

공직선거법은 누구든지 후보자 또는 후보자가 되려는 사람의 선거운동을 위하여 연구소·동우회·향우회·산악회·조기축구회 등 그 명칭이나 표방하는 목적 여하를 불문하고 사조직 기타 단체를 설립하거나 설치할 수 없도록 금지하고 있다(§87②).

사조직 설립 금지규정은 후보자 간 선거운동기구의 형평성을 유지하고 각종 형태의 선거운동기구의 난립으로 인한 과열경쟁과 낭비를 방지하기 위한 규정이다.[1] 실제 해당 규정은 1997년 11월 제15대 대통령선거를 앞두고 우후죽순격으로 등장한 선거운동 단체의 난립을 방지할 목적으로 도입되었다.

사조직이란 말 그대로 공조직의 반대 의미다. 선거에서 공조직은 선거사무장을 정점으로 하는 일원화된 조직체계에서 선거연락소장, 선거사무원 및 자원봉사자를 말한다. 따라서 선거관리위원회에 신고된 선거운동기구 외에 후보자의 선거운동을 위하여 결성되거나 구축되는 모든 조직은 공직선거법이 금지한 사조직이 된다.

---

1) 대법원 2008. 3. 13. 선고 2007도7902 판결

2. 사조직 판단기준

공직선거법에서 설립을 금지한 사조직은 법정 선거운동기구 외에 설립·설치하는 일체의 사조직을 의미하는 것이므로, 단체의 위세를 내보이거나 단체성이 강하게 드러나는 방식의 선거운동을 목적으로 하는 조직에 한정되지 않는다. 또한 사조직은 특정 후보자의 선거운동을 위하여 설립·설치하는 일체의 인적 결합체를 의미하므로, 그 물리적 시설까지 갖출 것을 요구하지도 않는다.

만일 사조직이 사무실 등 물리적 시설까지 갖추고 있다면, 이는 공직선거법이 설치를 금지한 유사기관이 될 것이다.

구체적으로 선거운동을 위한 사조직에 해당하는지는 조직 또는 단체의 설립시기와 설립 후의 활동내용 등을 종합적으로 살펴 판단한다. 예컨대, 포럼이라는 단체를 설립하여 후보자를 위한 정책세미나 등을 여러 차례 개최한 경우, 설립 시기가 선거일로부터 약 1년 6개월 전이고 외부적으로 특정 후보에 대한 지지를 호소한 행위가 없었다면 해당 포럼을 사조직으로 보지 않는다.[2)]

다만, 공직선거법에서 금지하는 사조직은 후보자나 후보자가 되려는 사람을 위하여 그 명칭이나 표방하는 목적 여하를 불문하고 법정 선거운동기구 외에 설립하는 일체의 조직을 의미하므로, 설사 회칙이 없고 조직과 임원 및 재정 등에 관하여 구체적으로 정한 바가 없는 조직이라도 사조직에 해당될 수 있다.[3)]

반면에 공직선거법은 사조직의 설립행위를 금지하고 있을 뿐, 이미 설립된 사조직을 이용하는 행위를 금지하는 것은 아니다. 따라서 입후보예정자와 공모함이 없이 제3자가 독자적으로 특정 입후보예정자의 선거운동을 위하여 설립한 사조직의 모임에 해당 입후보예정자

---

2) 대법원 2018. 6. 19. 선고 2017도10724 판결

3) 대법원 2008. 3. 13. 선고 2007도7902 판결

가 여러 차례 참석하였더라도 그 입후보예정자에게는 사조직 설립 금지규정을 적용할 수 없다.[4)]

다만, 이 경우에도 행위양태에 따라 유사기관 설치 금지, 집회를 이용한 선거운동 금지, 기부행위 제한 위반, 정치자금법 위반 등 다른 제한·금지규정에 저촉될 수 있으므로 유의해야 한다.

참고적으로 사조직은 '선거운동을 위하여' 설립·설치하는 것을 금지하고 있으므로, 예비선거의 성격을 보유한 정당의 당내경선에서 사조직을 설립하는 것은 공직선거법에서 관심을 두지 않는다.

3. 사조직 판단사례

정당추천 후보자와 무소속 후보자 간 단일화를 위하여 제한된 범위의 제3자가 참여하는 후보단일화추진위원회를 구성하고 그 목적 범위 안에서 활동할 경우 해당 추진위원회를 사조직으로 보기 어렵다. 그러나 정당과 시민단체가 공동으로 지지하는 후보자를 선출하고 그 후보자의 선거운동을 위하여 별도의 기구를 조직하는 행위는 금지된 사조직의 설립에 해당한다.

다만, 판례는 입후보예정자의 정치적 기반을 다지기 위한 목적으로 설립된 포럼의 활동으로 해당 입후보예정자의 인지도와 긍정적 이미지를 높였더라도, 해당 포럼을 선거운동을 목적으로 설립한 사조직으로 보기 어렵다고 판단한 사례가 있다.

그 논거로서 해당 후보자가 되려는 사람이 포럼의 일원으로서 회원들과 함께 전통시장 방문, 지역기업 탐방, 시민토론회 개최, 헌혈운동 등을 하였으나, 선거일전 5개월 전에 활동을 종료한 점, 일반 선거인들에게 해당 후보자가 되려는 사람을 지지해 달라고 부탁하는 행위

4) 대법원 2008. 3. 13. 선고 2007도7902 판결

등이 없었다는 점 등을 들었다.[5)]

반면에 2017년 실시한 제19대 대통령선거에서 정권교체를 목적으로 '△△△희망'이라는 포럼을 설립하여 ☯☯당의 경선후보인 ★★★을 지지하고, 이후 계획적인 활동을 통하여 선거승리를 목적으로 활동하기로 결의한 후 약 60명의 핵심회원으로 중앙조직을 정비하는 한편, 외부인을 대상으로 간담회를 개최하여 조직을 확대하고 선거운동 독려 등의 활동을 한 포럼은 선거운동을 위한 사조직의 설립에 해당한다고 보았다.

그 논거로서 포럼의 임원이 2회의 간담회에서 외부인이 포함된 참석자를 대상으로 "우리 포럼은 ★★★을 지지하는 단체이다. 본 조직을 강화해서 ★★★후보의 선거승리를 위해 운동을 하자"거나, "☯☯당 공조직에 들어가서 열심히 선거운동을 하자. ★★★후보의 당선을 위해서 조직강화를 하고 선거운동을 열심히 하자"고 발언한 사실을 들었다.[6)]

아울러 판례는 국회의원선거를 불과 180일도 남겨놓지 않은 시점에 후보자가 되려는 사람이 선거구민들만 따로 모아 명단을 관리하면서 해당 선거구에서 발대식을 거쳐 설립한 '중학교 무상교육 추진운동본부'는 후보자의 선거운동을 위하여 설립한 사조직에 해당한다고 보았다.[7)]

---

5) 대법원 2016. 8. 26. 선고 2015도11812 판결
6) 대법원 2019. 7. 4. 선고 2019도1441 판결
7) 대법원 2002. 6. 25. 선고 2002도45 판결

4. 정치인 팬클럽과 사조직의 경계

정치인 팬클럽은 말 자체로 특정 정치인을 좋아하는 사람들이 만든 사적(私的) 모임이다. 이 경우 특정 정치인을 좋아하는 범위를 벗어나 그 정치인의 선거운동을 위하여 팬클럽을 설립하게 되면, 이는 바로 공직선거법에서 설립을 금지한 사조직이 된다.

정치인 팬클럽은 내부적으로 회원간 친목도모나 학술활동 또는 취미활동을 할 수 있고, 회원을 대상으로 회비를 모금할 수도 있다. 다만, 회비를 해당 정치인의 후원회에 기부하는 것은 단체의 정치자금 기부에 해당하여 정치자금법에 위반된다(§31 · §45).

팬클럽이 선거와 무관하게 학술활동 또는 취미활동을 하면서 관련 분야의 전문가를 초빙하여 회원들을 상대로 강연을 하게 하는 행위도 무방하다. 다만, 해당 강연이 유료강연의 수준에 이른 경우 그 강연에 일반 선거구민을 무료로 수강시키면 제3자의 기부행위가 성립될 수 있으므로 유의해야 한다.

한편, 정치인 팬클럽의 간부는 해당 정치인의 이름이 적시된 팬클럽 명함을 통상적인 방법으로 교부할 수 있다. 물론, 해당 명함을 선거구민에게 살포하거나, 특정 장소에 비치하는 등 명함 배부방법의 통상성을 상실한 경우 공직선거법에 위반될 수 있다.

한편, 특정한 입후보예정자의 선거운동을 위하여 온라인 팬클럽을 결성하여 운영하는 것은 금지된 사조직의 설치가 아니라 정보통신망을 이용한 선거운동의 일환으로 허용된다. 카페 개설을 위해 일부 회원들이 오프라인에서 모임을 가지더라도 그 모임이 일시적 · 임시적 성격이라면 달리 볼 것은 아니다.[8)]

해당 판례는 특정인의 선거운동을 위하여 설립된 것이 명확하여

8) 대법원 2013. 11. 14. 선고 2013도2190 판결

공직선거법이 금지한 사조직으로 평가할 수 있는 단체라도 선거의 과열이나 비용의 과다지출 또는 일상의 평온을 해할 우려가 없는 온라인 활동에 대하여는 국민의 기본권인 결사의 자유와 집단적 표현의 자유를 두텁게 보장하겠다는 취지로 보인다.

그러나 정치인 팬클럽은 국민의 정치적 의사형성에 참여하는 정당이 아니므로 그 활동의 자유를 두텁게 보장받을 수 있는 것이 아니고, 선거참여에 관하여 다른 단체와 달리 우월한 지위를 부여받은 것도 아니므로 정치인 팬클럽은 공직선거법과 정치자금법의 규제로부터 자유로운 단체가 아니다.

아울러 온라인에서 결성된 팬클럽이 오프라인 활동을 하면서 그 활동이 선거운동에 이른 경우에는 공직선거법이 금지한 사조직으로 보아야 할 것이다. 특히 공직선거법상 팬클럽은 개인 간의 사적 모임에 불과하므로 단체의 선거운동이 금지되어 온라인에서도 해당 팬클럽의 홈페이지에 팬클럽의 명의 또는 팬클럽 대표자의 명의로는 선거운동에 이르는 내용을 게시할 수 없다.

물론, 팬클럽의 홈페이지에는 지지하는 정치인의 활동상황이나 연설내용 등을 게시할 수 있고, 해당 팬클럽의 회원이나 외부의 방문자는 팬클럽의 홈페이지에 선거운동에 이르는 내용을 자유로이 게시할 수 있다. 그러나 특정 후보자의 선거운동을 위하여 팬클럽을 결성한 경우, 그 팬클럽은 온라인에서만 선거운동의 자유를 누리는 사이버 공간의 사조직으로 만족해야 한다. 오프라인으로 그 활동범위를 확장해서는 안 된다.

특히 팬클럽과 해당 정치인 간 금품 제공은 철저하게 차단되어야 한다. 금품이 흘러가는 방향에 따라 정치자금법에 따른 정치자금 부정수수죄가 성립되거나, 공직선거법에 따른 매수죄 또는 기부행위위반죄가 성립될 수 있기 때문이다.

제 2 절
사적 단체 등의 선거운동 금지

1. 사적(私的) 단체의 선거운동 금지

원칙적으로 모든 기관과 단체는 해당 기관·단체의 명의 또는 그 대표자의 명의로 선거운동을 할 수 있지만, 공공기관과 불합리한 정서를 자극할 우려가 있는 사적(私的) 단체의 경우 기관·단체의 대표자와 구성원은 해당 기관·단체의 명의 또는 그 대표자의 명의로 선거운동을 할 수 없다(§87①).

이에 따라 바르게살기·새마을운동협의회 및 한국자유총연맹은 물론이고, 향우회·종친회·동창회, 산악회·마라톤 등 사적 모임, 그리고 후보자와 그 가족이 의사결정에 실질적으로 영향력을 행사하는 기관·단체는 해당 기관·단체의 명의 또는 그 대표자의 명의로 선거운동을 할 수 없다. 다만, 해당 단체의 구성원이 개인 자격으로 선거운동을 하는 것은 제한받지 않는다.

참고적으로 정치자금법에 따라 등록된 후원회의 경우에는 특정 정당이나 후보자의 정치활동에 소요되는 투명한 정치자금의 원활한 조성을 위하여 그 활동이 보장되어야 하는 만큼, 해당 후원회의 명의로 선거운동을 할 수 있다. 후보자 등의 후원회가 그 설립목적을 달성하기 위해서는 불가피하게 해당 후보자 등에 대한 홍보활동이 이루어질 수밖에 없기 때문이다.

2. 후보자 설립 · 운영 단체의 활동 · 홍보 제한

후보자 또는 후보자가 되려는 사람이 설립 · 운영하는 단체 · 조직은 사적(私的) 단체가 아니더라도 선거일 전 180일부터 선거구민을 대상으로 선거에 영향을 미치는 행위를 하거나, 해당 단체 등의 설립이나 활동내용을 선거구민에게 알리기 위하여 후보자 또는 후보자가 되려는 사람의 명의나 그 명의를 유추할 수 있는 방법으로 선전할 수 없다(§89②). 물론 정치자금 모금을 위하여 설치된 후원회의 홍보활동은 예외로 한다.

여기에서 '선거에 영향을 미치는 행위'란 선거운동보다 넓은 개념으로서 선거운동에 이르지 않더라도 선거에 간접적으로 영향을 미쳐 선거의 공정을 해칠 우려가 있는 행위도 포함되므로,[9] 그 행위로 인하여 실제로 선거에 영향을 미치는 결과가 발생할 필요까지는 없다. 따라서 선거에 관한 언급이나 후보자에 대한 홍보가 없더라도 선거에 영향을 미치는 행위에 해당될 수 있다.

판례는 국회의원선거의 입후보예정자가 아무런 연고나 봉사활동 전력도 없던 선거구 내에 '△△사랑운동본부'라는 명칭의 단체를 설립하고, 자신의 낮은 인지도를 극복하기 위한 활동의 일환으로 해당 단체가 주관하는 형식을 빌려 대학입시 면접특강과 대학입시설명회를 개최하면서, 해당 입후보예정자가 대학입시설명회 행사에 직접 참석하여 행사를 주관하는 단체의 상임이사임을 밝히고 인사말을 한 행위를 선거에 영향을 미칠 우려가 있는 행위로 보았다.[10]

한편, 후보자 또는 후보자의 '명의를 유추할 수 있는 방법'이란, 후보자 또는 후보자가 되려는 사람의 명의를 직접 명시하지 않더라도 전체적인 표현의 내용과 어휘의 의미, 표현의 배경이 되는 사회적 맥

9) 헌법재판소 2005. 10. 27. 선고 2004헌바41 결정

10) 대법원 2006. 6. 27. 선고 2005도303 판결

락과 전체적인 인상 등을 종합적으로 고려하여 일반 선거구민의 관점에서 판단해야 한다.[11]

판례는 입후보예정자가 자신이 운영하는 연구소의 개소식에 선거구민을 초청하기 위하여 자신의 명의를 표시하여 휴대전화 문자메시지를 전송한 행위를 후보자 또는 후보자가 되려는 사람의 명의를 유추할 수 있는 방법으로 보았다.[12] 이 사건 판례의 함의는 입후보예정자가 설립·운영하는 기관이나 단체를 활용한 과당경쟁과 탈법적인 선거운동에 따른 사회적 낭비를 방지하고 선거운동에 균등한 기회를 보장함으로써 선거의 공정성을 확보하기 위한 공직선거법의 규범력을 명확하게 확인한 점에 있다.

문자메시지와 SNS 등 인터넷를 활용한 선거운동이 상시 허용되었더라도 선거일 전 180일부터 선거일까지 입후보예정자 등이 설립·운영하는 단체의 설립이나 그 활동내용을 홍보하기 위하여 매체와 방법을 불문하고 해당 입후보예정자의 명의나 그 명의를 유추할 수 있는 방법으로는 선전하는 행위는 여전히 공직선거법의 해당 규정에 위반되기 때문이다(§89②).

11) 대법원 2011. 3. 10. 선고 2010도16996 판결

12) 대구고등법원 2019. 12. 19. 선고 2019노254 판결

제 3 절
유사기관 설치 금지

1. 유사기관(類似機關)의 의미와 금지의 취지

유사기관(類似機關)이란 후보자 또는 후보자가 되려는 사람을 위해 선거를 동기로 하여 설립·설치되는 기관·단체 또는 시설로서 선거사무소와 선거연락소 외의 것을 말한다. 주로 인적 결합체의 특성을 보유한 사조직과 달리 유사기관은 인적 결합체뿐만 아니라 물리적 시설까지 가미된 점을 특징으로 한다.

공직선거법에서는 선거에 관한 사무를 처리하기 위하여 둘 수 있는 선거운동기구의 설치요건과 그 수를 엄격하게 제한하고 있다(§61). 만일 이러한 규제를 두지 않는 경우 선거운동기구를 함부로 설치하여 선거의 과열을 유발하고, 불법 또는 탈법 선거운동의 전진기지로 악용되며, 선거비용의 증가를 초래하여 후보자의 재력에 의해 선거결과가 좌우될 위험성이 있기 때문이다.

이에 따라 공직선거법은 선거사무소, 선거연락소 및 선거대책기구 외에 후보자 또는 후보자가 되려는 사람을 위하여 선거추진위원회·연구소·상담소 기타 명칭 여하를 불문하고 선거운동기구와 유사한 기관·단체·조직 또는 시설을 새로이 설치할 수 없도록 금지하고 있다. 다만, 선거사무소에 설치되는 1개의 선거대책기구와 정치자금법에 따른 후원회는 예외로 한다(§89①).

2. 유사기관 판단기준

유사기관 설치 금지규정은 후보자나 후보자가 되려는 사람을 위하여 설치·설립하거나 이용하는 행위를 금지하고 있는바, 이는 선거운동을 목적으로 설치하는 경우를 말한다.[13] 따라서 특정 후보자의 선거운동 목적이 아닌 순수한 선거 준비행위 차원에서 선거인에게 영향을 미치지 않는 내부적 행위를 위하여 시설 등을 설치하거나 당내 경선에서 후보자로 선출되기 위한 목적으로 설치하는 시설은 공직선거법에서 금지하는 유사기관이 아니다.[14]

그러나 후보자의 선거사무소 외에 자원봉사자들의 교육장소를 별도로 설치하거나, 아르바이트 홍보요원을 고용하여 선거사무소가 아닌 장소에 상근시키면서 특정 후보자의 홍보를 위한 전화를 하거나, 선거사무소와 동일 건물의 같은 층에 있더라도 선거관리위원회에 신고된 공간을 벗어나 별도로 구획된 시설에 추가로 선거사무소와 유사한 사무실을 설치하거나, 컨테이너를 임차하여 집기와 비품을 갖추고 그곳에서 선거구민들에게 음료수 등을 제공하며 자신의 지지를 호소한 경우, 해당 시설은 모두 공직선거법에서 설치를 금지한 유사기관으로 판정되었다.

입후보와 선거운동을 위한 준비행위는 공직선거법상 선거운동으로 보지 않으므로 이를 위한 사무실을 개설할 수는 있으나, 예비후보자로 등록하기 전까지 그 사무실에 간판이나 현판을 설치하게 되면 해당 시설은 공직선거법에서 설치를 금지한 유사기관이 될 수 있으므로, 이 또한 유의해야 한다.

---

13) 대법원 2013. 12. 26. 선고 2013도10896 판결

14) 대법원 2013. 11. 14. 선고 2013도6620 판결

3. 기존시설의 유사기관화 금지

공직선거법에서는 선거사무소·선거연락소 및 선거대책기구 외에 후보자 또는 후보자가 되려는 사람을 위하여 명칭 여하를 불문하고 기존의 기관·단체·조직 또는 시설을 이용할 수 없도록 금지하고 있다(§89①).

여기에서 '이용하는 행위'는 어떤 행위가 외관상 특정 후보자를 위하여 기존의 단체·시설 등을 이용하는 것처럼 보이는 것만으로는 부족하고 실질적으로 기존의 단체 등을 선거활동 기타 선거에 관한 사무를 처리하는 선거사무소나 선거연락소 또는 선거대책기구처럼 이용하는 정도에 이르러야 한다.

따라서 단체의 간부가 특정 후보자가 당선되면 해당 단체에 유리할 것이라는 판단하에 자신의 전화를 이용하여 소속 시·도단체의 대표자들에게 전화를 걸어 특정 후보자에 대한 지지를 부탁하거나, 해당 단체의 모임에 참석하여 특정 후보자의 지지를 부탁한 행위는 실질적으로 기존 단체를 선거사무소나 선거연락소처럼 이용한 것으로 보기 어렵다.[15)]

다만, 선거운동을 할 수 있는 단체라도 해당 단체의 사무소에 전화를 증설하거나 컴퓨터를 설치하여 특정 후보자의 선거운동을 하였다면, 이는 공직선거법이 설치를 금지한 유사기관에 해당될 것이다.

---

15) 대법원 2007. 3. 30. 선고 2006도3025 판결

제 4 절
호별방문 금지

1. 호별방문(戶別訪問) 금지의 취지

공직선거법은 언제든지 선거운동을 위하여 또는 선거기간 중 입당을 권유하거나 거리유세의 통지를 위하여 선거인을 호별로 방문할 수 없도록 금지하고 있다(§106). 다만, 호(戶)에 해당하더라도 관혼상제의 의식이 거행되는 장소와 도로·시장·점포·대합실 기타 다수인이 왕래하는 공개된 장소에서는 선거운동이 허용된다.

여기에서 선거인의 범위에는 선거인명부에 오를 자격이 있는 사람을 포함하므로, 호별방문이 금지되는 시기에는 제한이 없다. 호별방문은 많은 국가에서 일반적인 선거운동 방법으로 허용되지만, 우리나라의 경우 사생활의 비밀이나 주거의 평온을 보호하기 위한 목적보다는 주로 은밀한 장소에서 이루어질 수 있는 매수행위의 위험성을 방지하기 위하여 이를 금지하고 있다.

헌법재판소는 호별방문 금지조항을 선거의 공정과 사생활의 평온 등을 보장하기 위한 규제로 판단하여 금품제공 등 불법적인 선거문화가 잔존하는 현실과 대체적인 다른 선거운동 방법이 존재하는 점 등을 고려할 때 해당 규제가 선거운동의 자유를 과도하게 침해하는 것으로 볼 수 없다고 결정한 바 있다.[16]

2. 호(戶)의 판단기준

일반적으로 '호'는 보통 주택의 수를 세는 단위로 사용하거나 공용건물에서 구획된 공간을 특정하기 위한 용도로 사용된다. 그러나 '호'는 일정한 인적집단의 거주단위 또는 사회적인 생활의 단위로서의 의미도 함께 가지고 있으므로, 호별방문에서 금지하는 '호'는 반드시 일상생활을 영위하는 가택에 한정되는 것이 아니라 회사·공장·사무소·점포 등도 모두 '호'에 해당된다.

따라서 '호'는 일반인이 자유롭게 출입할 수 없는 공개되지 않은 곳으로서 주거나 업무 등을 위한 장소 혹은 그에 부속하는 장소라면 모두 이에 해당할 수 있다. 구체적으로 방문이 금지되는 '호'에 해당하는지는 그 장소의 구조, 사용관계와 공개성·접근성 여부, 해당 공간에 대한 점유자의 지배·관리형태 등을 종합적으로 고려하여 사회통념에 따라 판단해야 한다.[17]

선거구민 등 방문 대상자가 일시적으로 거주하는 곳이라도 불특정 다수인의 자유로운 출입이 제한된 비공개적인 장소는 '호'에 포함된다. 예컨대, 병원 입원실의 경우 병원 측이 의료행위를 제공하거나 환자의 보호자 또는 환자와 친분관계가 있는 사람의 병문안에 한정하여 출입이 허용된 장소이므로 '호'에 해당하고, 출입문과 잠금장치가 있는 선박의 객실도 '호'에 해당한다.

아울러 학교나 관공서의 사무실과 기관장 부속실은 업무수행을 위하여 마련된 건물 내의 사무실로서 '호'에 해당하고, 민원실 외에 관공서의 사무실은 일반인의 통상적인 출입이 제한된 장소이므로, 그곳을 방문하는 행위도 호별방문에 해당된다.[18]

---

16) 헌법재판소 2019. 5. 30. 선고 2017헌바458 결정

17) 대법원 2010. 7. 8. 선고 2009도14558 판결

18) 대법원 2015. 9. 10. 선고 2014도17290 판결

3. 호별방문 성립요건

'호별(戶別)'방문은 말 그대로 연속적으로 두 집 이상을 방문해야 성립된다. 선거인의 호(戶)에 대한 연속적인 방문으로 인정되기 위해서 반드시 가가호호를 중단 없이 방문하거나 여러 집을 동시에 방문해야 하는 것은 아니지만, 각 방문행위 사이에는 어느 정도의 시간적 근접성이 있어야 한다.[19]

호별방문의 장소적 범위는 반드시 선거인의 주택이나 건물 안에 들어가는 것뿐만 아니라 해당 건물의 부근으로서 그 거주자가 일상적으로 활동하는 영역으로 진입하면 호별방문이 성립된다.[20]

따라서 선거운동을 위하여 선거인과 면담하기 위하여 방문하였으나 해당 선거인이 출타하여 들어가지 못한 경우도 호별방문에 해당되고, 출입문 안으로 들어가지는 않았으나 선거운동을 위하여 대문 밖에서 인사를 한 경우도 호별방문에 해당하며, 선거운동을 위하여 인터폰을 통하여 방문 대상자를 밖으로 나오게 한 경우도 모두 공직선거법이 금지한 호별방문에 해당된다.

19) 대법원 2007. 3. 15. 선고 2006도9042 판결
20) 대법원 1997. 2. 28. 선고 96도3106 판결

제 5 절
직무 · 특수지위 이용 선거운동 금지

1. 직무 · 특수지위 이용 선거운동 금지 개요

공직선거법은 누구든지 교육적·종교적 또는 직업적인 기관·단체 등의 조직 내에서 직무상 행위를 이용하여 그 구성원에 대하여 선거운동을 하거나, 계열화나 하도급 등 거래상 특수한 지위를 이용하여 기업조직·기업체 또는 그 구성원에 대하여 선거운동을 할 수 없도록 금지하고 있다(§85③).

본 조는 교육기관·종교단체·기업과 그 구성원에 대한 특수관계에서는 판단 미숙, 신앙활동의 특별한 감정이나 소속감, 고용유지와 경제적 이해관계 등 선거에서 불합리한 감정과 판단이 작용할 가능성이 높기 때문에 선거운동을 금지함으로써 구성원의 의사형성의 자유를 보호하고 선거의 공정을 담보하기 위한 것이다.

여기에서 '직무상 행위'는 법령·조례 또는 행정관행·관례에 따라 그 지위의 성질상 필요로 하거나 수반되는 모든 행위나 활동을 의미한다. 한편, '거래상의 특수한 지위를 이용'한다는 의미는 거래로 말미암아 상하관계 또는 협력관계가 형성됨으로써 선거운동을 효과적으로 할 수 있는 영향력 또는 편익을 이용한다는 뜻으로 거래상의 지위와 선거운동이 연관된 경우를 말한다.[21]

2. 교육적 직무이용 선거운동 금지

공직선거법은 교육적인 기관·단체 등의 조직 내에서 직무상 행위를 이용하여 그 구성원을 대상으로 선거운동을 할 수 없도록 금지하고 있다(§85③). 여기에서 '교육적인 기관·단체'란 각급 학교와 사설강습소, 직업훈련소, 사회교육시설을 포함한다.

어떠한 행위가 '조직 내에서의 직무상 행위를 이용한 것'인지는, 조직에서 차지하고 있는 지위에 기초하여 취급하는 직무의 내용은 물론 행위가 행하여지는 시기·장소·방법 등 여러 사정을 종합적으로 고려하여 판단해야 한다.[22)]

판례는 학교장이 교장실에서 교무부장 등과 월례회의를 하던 중 선거에 출마한 이사장의 당선을 위하여 직원들에게 주민등록 주소지를 옮기는 것이 어떠냐고 발언한 행위를 교육적 조직 내에서의 직무상 행위를 이용한 선거운동으로 보았다.

아울러 대학 부학장과 학생과장이 공모하여 도의원선거 후보자의 선거운동을 위하여 부학장실 등에서 교수와 일반 교직원을 상대로 특정 정당의 입당원서를 작성하게 한 뒤 이를 모아 해당 후보자의 선거운동원에게 건네주어 입당하게 한 행위도 교육적 조직 내에서 직무상 행위를 이용한 선거운동으로 보았다.

반면, 대학교 시간강사가 대통령선거의 특정 후보자에 대한 부정적인 기사를 스크랩하여 강의한 사안에서, 교수(教授)의 자유는 헌법상 학문의 자유의 한 내용으로서 보호되어야 한다는 점을 전제로 해당 강의내용이 선거운동에 해당하지 않는다며 보다 완화된 기준을 적용한 판례도 있다.[23)]

21) 대검찰청 2020. 3.『공직선거법 벌칙해설』제10개정판 510쪽
22) 대법원 2011. 4. 28. 선고 2011도1925 판결
23) 대법원 2018. 7. 12. 선고 2014도3923 판결

이 사건 판례는 특정한 교수내용과 방법이 공직선거법이 금지하는 선거운동에 해당하려면, 그 교수행위가 학문적 연구와 교수활동의 본래 기능과 한계를 현저히 벗어나 선거인의 관점에서 학문적 연구결과의 전달이나 학문적 과정이라고 볼 수 없을 정도로 특정 후보자의 당선 또는 낙선을 도모하는 목적의사를 가진 행위라고 객관적으로 명백하게 인정되어야 한다고 보았다.

3. 종교적 직무이용 선거운동 금지

공직선거법은 종교적인 기관·단체 등의 조직 내에서 직무상 행위를 이용하여 그 구성원을 대상으로 선거운동을 할 수 없도록 금지하고 있다(§85③). '종교적인 기관·단체'란 교회·사찰·기도원 등의 신앙단체를 말한다.

종교단체 내에서 지도적 위치에 있는 사람이 종교적 신념을 공유하는 신도에게 자신의 지도력이나 영향력을 기초로 특정 정당이나 후보자에 대한 지지 또는 반대를 끌어내려 하는 경우 그 구성원은 종교지도자의 영향력에 이끌려 왜곡된 정치적 의사를 형성할 위험성이 커지므로 선거의 공정을 확보하기 어렵다.

헌법재판소는 종교적인 직무를 이용한 선거운동을 금지함에 따라 종교단체 내에서 정치적 표현의 자유가 일정 부분 제한되지만, 공통된 신앙에 기초하여 구성원 상호 간에 밀접한 관계를 형성하는 종교단체의 특성과 성직자 등이 종교단체 내에서 가지는 상당한 영향력을 고려하면, 선거의 공정성을 확보하고 정치와 종교가 부당한 이해관계로 결합하는 부작용을 방지함으로써 달성되는 공익이 더 크므로, 해당 조항은 선거운동 등 정치적 표현의 자유를 침해하지 않는다고 판시한 바 있다.[24)]

실제 종교적 지위를 이용한 선거운동은 주로 성직자가 종교행사를 주관하면서 설교·설법이나 강론 중 특정 후보자를 지지하거나 반대하도록 하는 방법으로 이루어진다. 판례는 카톨릭 신부가 미사를 집전하면서 특정 후보자의 비리 의혹을 적시하고, "그 후보자를 지지하는 성향이 있는 신자들은 투표하지 못하도록 선거일에 성지순례를 보내기로 했다"고 농담조로 발언한 행위를 직무상 행위를 이용한 선거운동으로 보았다.

아울러 교회 목사가 신도들을 상대로 "하느님 사랑하시는 장로님 꼭 대통령 되게 기도해 달라", "예수 잘 믿는 장로님이 대선에서 승리하게 해달라" 발언하는 등 설교의 형식으로 특정 후보자에 대한 지지의사를 밝힌 행위도 종교적인 기관·단체의 조직 내에서 직무상 행위를 이용한 선거운동으로 보았다.[25)]

반면, 교회 목사가 주일예배 중 "우리 △△△권사님을 비롯하여 많은 믿는 사람들이 국회의원에 당선되었으면 좋겠습니다"라고 발언한 사안에 대하여는 해당 발언이 정치인 등 기독교인의 회개를 바라는 내용의 설교를 하는 과정에서 원고에 없는 내용을 즉흥적으로 발언하였다는 점을 고려하여 선거운동으로 인정하지 않은 사례도 있다.

24) 헌법재판소 2024. 1. 25. 선고 2021헌바233, 2023헌바239(병합) 결정. 해당 사안은 2020. 4. 15. 실시된 제21대 총선을 앞두고 서울지역 모 교회의 담임목사가 예배에 참석한 신도들에게 "지역구는 2번 찍으세요. △△△장로 당입니다. 그리고 비례대표는 쭉 내려가서 기독자유통일당 찍으셔야 돼요"라고 발언함에 따라 기소되어 법원에 위헌법률심판 재청신청을 하였으나 기각되자 헌법소원을 청구한 사건이다.

25) 서울고등법원 2008. 4. 16. 선고 2008노645 판결

4. 직업적 직무이용 선거운동 금지

공직선거법은 직업적인 기관·단체 등의 조직 내에서 직무상 행위를 이용하여 그 구성원을 대상으로 선거운동을 할 수 없도록 금지하고 있다(§85③).

판례는 한국관광공사의 감사가 비서를 통해 소속 직원 3명을 감사실에 개별적으로 불러 이들의 주소지에서 실시되는 국회의원 재선거에 출마한 특정 후보자의 지지를 부탁한 사안을 직업적인 기관·단체 등의 조직 내에서의 직무상 행위를 이용하여 그 구성원에 대하여 선거운동을 한 것으로 보았다.[26)]

아울러 판례는 수신업협동조합의 상임이사와 총무과장이 교육 명목으로 직원 50여 명을 모이게 하여 광역의원선거에 출마한 해당 조합장의 선거운동을 하도록 요청한 사안이 직업적인 기관·단체 등의 조직 내에서의 직무상 행위를 이용하여 그 구성원에 대하여 선거운동을 한 경우에 해당한다고 판시하였다.[27)]

또한 자동차회사 협력업체의 부사장이 격려 명목으로 직원들을 모이게 하여 자신이 광역의원선거에 출마한다는 사실을 알리고 해당 지역구의 주민들을 대상으로 1인당 5장씩 입당원서를 받아와 달라고 요청한 사안에 대해서도 판례는 직업적인 기관·단체 등의 조직 내에서의 직무상 행위를 이용하여 그 구성원에 대하여 선거운동을 한 것으로 보았다.[28)]

또한 학교운영위원회 위원장이 후보자가 되려는 사람을 해당 운영위원회에 초대하여 "제가 사랑하는 후배다. 이번에 군의원선거에 나온다. 젊은 사람이 열심히 해보겠다고 한다. 그래서 제가 잠깐 들르라

26) 대법원 2011. 4. 28. 선고 2011도1925 판결
27) 대법원 1999. 2. 26. 선고 98도3923 판결 등
28) 대법원 1999. 2. 26. 선고 98도3923 판결 등

고 했다. 응원의 박수 부탁드린다"고 지지를 호소한 사안도 직업적인 기관·단체 등의 조직 내에서의 직무상 행위를 이용하여 그 구성원에 대하여 선거운동을 한 것으로 보았다.

한편, 중앙선거관리위원회의 유권해석 선례에 따르면, 출판사를 경영하는 후보자가 해당 출판사 직원들을 선거사무관계자로 선임하여 선거운동을 하게 한 행위도 직업적인 기관·단체 등의 조직 내에서 직무상 행위를 이용하여 그 구성원에 대하여 선거운동을 한 것으로 보았다.[29)]

5. 거래상 특수지위 이용 선거운동 금지

공직선거법은 계열화나 하도급 등 거래상 특수지위를 이용하여 기업조직·기업체 또는 그 구성원을 대상으로 하는 선거운동을 금지하고 있다(§85③). '계열화'란 제조업자나 판매업자 등이 물품·부품·원료 등의 제조·가공 또는 수리를 중소기업자에게 위탁하고 위탁받은 중소기업자는 전문적으로 물품 등을 제조·가공 또는 수리하는 상호분업적 협력관계를 이루는 형태를 말한다.

'하도급'이란 원사업자가 수급사업자에게 제조·수리·가공·건설을 위탁하거나 원사업자가 다른 사업자로부터 받은 제조위탁 등을 다시 위탁하고 수급사업자는 위탁받은 목적물을 제조·수리·가공·시공하여 원사업자에게 납품 또는 인도하는 것을 말한다.[30)]

계열화나 하도급 등 거래상 특수한 지위를 이용하여 기업조직·기업체 또는 그 구성원을 대상으로 선거운동을 하는 것은 비록 사적 거래관계에서 이루어지는 행위라도 기업집단의 계열화와 하도급 관계

29) 중앙선거관리위원회 1995. 5. 19. 회답

30) 한원도 1996. 2. 『공직선거및선거부정방지법 축조해설』 법전출판사 287쪽

등 거래를 통하여 상하관계 또는 협력관계 등 특수하게 형성된 우월한 지위를 이용한 선거운동이므로, 공무원의 지위를 이용한 선거운동 못지않게 선거의 자유와 공정에 미치는 폐해가 크기 때문에 공직선거법에서 이를 금지하는 것이다.

제 6 절

인쇄물 배부 · 첩부 · 게시 제한

1. 인쇄물 배부 · 첩부 · 게시 제한 개요

공직선거법은 선거일 전 120일부터 선거일까지 선거에 영향을 미치게 하기 위하여 정당의 정강 · 정책이나 후보자 또는 후보자가 되려는 사람을 지지 · 반대하거나 그의 성명을 나타내는 광고, 인사장, 벽보, 사진, 문서 · 도화(圖畫), 인쇄물 그 밖에 이와 유사한 것을 배부 · 첩부 · 살포 · 게시할 수 없도록 금지하고 있다(§93①).

다만, 문자메시지 · 인터넷 · SNS 및 전자우편, 후보자가 되려는 사람의 명함과 매 세대 발송용 예비후보자홍보물, 후보자의 선거공보 · 선거벽보 등 공직선거법에서 개별적으로 열거하여 허용하는 문서 또는 인쇄물은 예외로 한다.

본 조는 선거운동의 부당한 경쟁과 후보자 간 경제력 차이에 따른 불균형이라는 폐해를 막고 선거의 자유와 공정을 보장하려는 데 그 취지가 있다.[31] 이에 따라 선거가 임박한 시기에는 선거운동에 이르지 않더라도 선거의 공정과 평온을 유지하기 위해 인쇄물 배부 등을 일률적으로 금지할 필요가 있어 도입된 것이다.

---

31) 헌법재판소 2009. 7. 30. 선고 2007헌마718 결정

입법 당시에는 문자메시지·인터넷·SNS 및 전자우편도 본 조의 적용대상이었으나, 2011년 12월 헌법재판소의 한정위헌결정을 계기로 2012년 2월 인터넷과 SNS 및 전자우편에 의한 선거운동이 상시 허용됨에 따라 현재는 그 적용대상이 연하장·인사문 등 인쇄물, 자동동보통신 방법에 의한 문자메시지, 전송대행업체에 발송을 위탁하는 전자우편 등으로 축소되었다.[32)]

참고적으로 선거일 전 120일 전에 특정 입후보예정자의 선거운동을 위하여 오프라인에서 인쇄물을 배부·첩부 게시한 경우에는 선거운동기간위반죄, 즉 사전선거운동으로 처벌된다(§254②).

2. 선거에 영향을 미치게 하기 위하여의 개념

공직선거법에 따른 인쇄물 배부·첩부 등의 제한은 선거에 영향을 미치게 하기 위한 목적이 있어야 비로소 규제대상이 된다. 여기에서 '선거에 영향을 미치게 하기 위하여'란 선거운동에 이르지 않더라도 선거의 준비과정 및 선거운동, 선거결과 등에 어떤 작용을 하려는 의도를 말한다.[33)]

따라서 문서·도화(圖畫)의 배부·게시 등 행위가 일상적·의례적·사교적 행위에 불과한지, 아니면 선거에 영향을 미치게 하기 위한 것인지에 관하여는 행위의 시기, 동기, 경위와 수단 및 방법, 내용과 태양, 행위 당시의 상황 등 모든 사정을 종합적으로 고려하여 합리적으로 판단해야 한다.[34)]

예컨대, 후보자 또는 후보자가 되려는 사람의 성명을 나타내는

32) 대법원 2015. 10. 15. 선고 2015도1098 판결 등
33) 헌법재판소 2001. 8. 30. 선고 99헌바92 결정
34) 대법원 2009. 5. 28. 선고 2009도1937 판결

광고라도 일상생활, 통상의 거래행위나 상업광고에서의 성명 표시는 선거에 영향을 미치게 하기 위한 광고로 볼 수 없다.[35] 또한 선거에 영향을 미치게 할 목적을 가지고 문서를 배부하였더라도 그 문서에 정당의 정강·정책 또는 후보자를 지지·추천·반대하는 취지가 포함되어 있음을 직접적으로 추론할 수 없는 경우에도 본 조 위반으로 볼 수 없다.

판례는 상대방 후보자가 군정자문위원의 지위를 이용하여 부당하게 재산을 축적하였다는 취지의 연설을 하고, 그에 대한 증빙자료로서 등기부등본을 복사하여 배부한 행위에 대하여 그 문서에서 상대 후보자를 반대하는 취지가 포함되어 있음을 직접적으로 추론할 수 없다는 이유로 무죄를 선고한 사례가 있다.[36]

반면에 판례는 선거관리위원회에 제출하고 남은 후보자의 선거공보를 거리의 행인에게 배부한 행위를 본 조 위반으로 처벌하였다. 선거벽보나 선거공보처럼 선거공영제에 포섭되어 선거관리위원회가 첩부와 배부를 주관하는 인쇄물에 대해서는 후보자가 마음대로 첩부하거나 배부해서는 안 된다. 아울러 입후보예정자가 선거일 약 4개월 전에 출판기념회를 개최하면서 자신의 이름·사진·직책·경력 등이 기재된 초청장을 인쇄하여 출판기념회 개최 장소 수용인원의 17배를 넘는 12,000여 명에게 발송한 행위를 본조 위반으로 처벌한 사례도 있다.

한편, 대법원은 선거일전 120일부터 선거일까지 발송횟수를 초과하여 자동동보통신의 방법으로 문자메시지를 대량으로 전송한 행위를 본 조에서 규제하는 탈법방법에 의한 문서 배부죄의 구성요건에 해당한다고 보았다.[37]

---

35) 대법원 1996. 5. 31. 선고 96도753 판결

36) 광주고등법원 1996. 4. 26. 선고 96노71 판결

37) 대법원 2017. 10. 31. 선고 2016도19447 판결

3. 인쇄물에 관한 규제 개선 방안

선거일이 다가올수록 정당의 정강·정책이나 후보자가 되려는 사람의 공약과 자질 등 선거에 관한 국민들의 관심이 자연스럽게 증가하지만, 공직선거법은 거꾸로 선거일 전 120일부터는 선거운동에 이르지 않더라도 선거에 영향을 미칠 목적으로 후보자의 성명이 게재되거나 심지어 정당의 정강·정책을 지지하거나 반대하는 내용의 인쇄물 등의 배부·게시 행위를 금지하고 있다.

비록 이러한 규제가 선거에 영향을 미치게 하기 위한 목적을 전제로 하는 제한이기는 하지만, 국가 또는 지방자치단체의 나아갈 방향을 제시하는 정당의 정강·정책에 대하여 지지 또는 반대하는 내용의 인쇄물 등의 배부·게시를 금지하는 것은 주권자에게 침묵을 강요하고 공론의 장에 폴리스라인을 치는 것과 같다.

이와 같이 선거에 영향을 미칠 목적만으로 인쇄물에 의한 의사표현을 규제하는 법제는 1994년 3월 통합선거법을 제정하면서 최초로 등장하였다. 일반 유권자들에게 선거운동을 허용하고 포괄적 선거규제와 결별을 선언하면서도 선거과열을 우려한 입법권자들은 본 조에 그 미련을 남겨둔 것으로 보인다.

이후 해당 조항에 대한 수많은 사법심사를 통하여 선거에 영향을 미칠 목적에 대하여는 누적된 해석이 이루어졌지만, 여전히 명확성의 원칙과는 거리가 있다. 예컨대, 2010년 실시한 제5회 전국동시지방선거에서 무상급식을 추진하던 단체가 무상급식 정책에 찬성하거나 반대하는 정당을 언급하면서 이를 지지·비판한 행위를 유죄로 판단한 반면, 종전부터 주장해 온 무상급식 정책을 지지하는 내용의 행사에 대하여는 무죄로 판단한 사례가 있다.[38]

---

38) 대법원 2011. 10. 27. 선고 2011도9243 판결

본 조에 대하여 2023년 3월 헌법재판소가 과잉금지의 원칙에 반하여 정치적 표현의 자유를 침해한다는 이유로 헌법불합치결정을 하자[39] 입법권자는 마지못해 2023년 8월 30일 본 조의 제한기간을 종전의 180일에서 120일로 단축하는 데 그쳤다. 해당 조문의 위헌성은 여전히 해소되지 않았다.

법원 판례도 선거에 영향을 미치게 하기 위한 행위를 선거운동에 준하는 행위로 본 사례가 있는 점,[40] 선거운동기간 전 인쇄물에 의한 선거운동에 대하여는 선거운동기간위반죄(§254②)로 규제할 수 있는 점, 정당의 정책에 대한 지지·반대의 금지는 과잉금지의 원칙에 위배될 소지가 높은 점, 중복규제로 법의 간결성이 훼손되는 점 등을 고려하면, 정치적 표현의 자유를 확대하고 알기쉬운 법제를 구현하기 위하여 본 조의 적용기간을 선거기간으로 한정하는 것이 바람직하다고 본다. 물론 주관적 요건은 선거에 영향을 미칠 목적 대신 선거운동으로 변경해야 할 것이다.

선거기간 중에도 인쇄물에 관한 규제를 전혀 두지 않으면 선거의 과열에 따른 인쇄물의 범람으로 후보자의 선거벽보와 선거공보가 본래의 효능을 다하지 못하고 선거공영제의 취지가 크게 훼손될 우려가 있으므로 최소한의 안전장치가 필요해 보인다.

참고적으로 중앙선거관리위원회는 2016년 8월 선거운동기간 전에는 누구든지 선거운동에 이르지 않는 범위에서 시설물·인쇄물 등을 활용하여 정치·선거에 관한 자유로운 의사 표현을 할 수 있도록 현행 공직선거법 제90조와 제93조를 폐지하자는 내용의 정치관계법 개정의견을 국회에 제출한 바 있다.

---

39) 헌법재판소 2023. 3. 23. 선고 2023헌가4 결정 참조. 해당 사안은 2022년 1월과 3월 2차례에 걸쳐 제20대 대통령선거에서 윤석열 후보를 반대하는 내용의 인쇄물 약 300장을 살포한 혐의로 기소된 피고인이 재판부에 위헌법률심판제청을 신청하고, 해당 재판부가 이를 받아들인 사건이다.

40) 대법원 1996. 5. 31. 선고 96도753 판결

4. 신문 · 잡지의 통상방법 외의 배부 금지

공직선거법은 선거에 관한 기사를 게재한 신문·통신·잡지 또는 기관·단체·시설의 기관지 기타 간행물을 통상방법 외의 방법으로 배부·살포·게시·첩부하거나 그 기사를 복사하여 배부·살포·게시·첩부할 수 없도록 금지하고 있다(§95①).

본 조는 선거에 관한 기사가 게재된 신문·통신·잡지와 기관·단체·시설의 기관지를 통상적인 방법으로 발행·배부하는 행위가 당연히 허용됨을 전제로, 특정 정당이나 후보자 등에 유리 또는 불리한 기사가 실린 신문·기관지 등을 이례적인 방법으로 배부·살포·게시·첩부하는 것을 금지하여 선거의 공정을 확보하기 위한 것이다.

여기에서 '선거에 관한 기사'란 후보자 또는 후보자가 되려는 사람의 당락이나 특정 정당에 유리 또는 불리한 기사를 말하고, '통상방법에 의한 배부'란 종전의 방법과 범위 안에서 발행·배부하는 것을 말한다(§95②). 신문·잡지·기관지는 특정 후보자 또는 후보자가 되려는 사람의 당락이나 특정 정당에 유리·불리한 기사가 게재되었더라도 언론의 자유와 선거에 관한 보도와 논평의 자유를 보호하는 차원에서 공직선거법이 개입하지 않는다.[41)]

그러나 해당 기사가 게재된 신문이나 잡지 또는 기관지 등 간행물을 이례적인 방법으로 배부하여 선거에 악용하는 행위는 선거에 미치는 영향이 일반적인 인쇄물에 비하여 훨씬 크므로, 공직선거법은 이를 무거운 형으로 처벌하는 것이다(§252③).[42)]

다만, 본 조에서 발행·배부를 보호하는 신문·잡지·기관지는 단순한 문서·도화의 수준을 넘어 통상방법에 의한 배부인지를 판단할 수 있을 정도로 상당기간 반복적으로 제호, 발행인, 발행일 등을 표기

41) 대법원 2002. 4. 9. 선고 2000도4469 판결
42) 대법원 2005. 5. 13. 선고 2005도836 판결

하여 발행되는 것에 한정된다. 따라서 신문·잡지·기관지의 형식을 취했더라도 창간호·특별호·호외는 종전의 배부 전례가 없으므로, 특정 후보자 등에게 유리 또는 불리한 기사가 실리 경우 그 배부방법이 통상적일지라도 공직선거법의 일반적인 인쇄물 배부규정(§93①)이 적용된다.

신문·잡지 등의 통상방법 외의 배부 금지규정 위반으로 처벌된 사례는 다음과 같다.

① 특정 후보자에게 불리한 내용의 기사가 게재된 신문을 평소 배부처가 아닌 곳에 배부하고, 종전부터 배부하여 오던 곳에도 평소보다 많은 양을 배부한 행위[43)]

② 특정 후보자에게 유리한 여론조사결과가 게재된 신문을 구입하여 선거구민에게 배부한 행위

③ 잡지사 편집인이 입후보예정자에 대한 호의적인 대담기사를 게재하고 해당 입후보예정자에게 그 잡지를 구입하여 선거구민에게 배부하도록 한 행위

④ 상대 후보자의 비리와 관련된 기사에 성명이 영문 이니셜로 표현되자 해당 기사의 하단에 그 영문 이니셜이 누구를 지칭하는지를 추가 기재하여 복사·배부한 행위

⑤ 신문사의 편집인이 후보자가 토론회에서 행한 발언을 보도하면서 해당 후보자에게 불리하도록 기사 제목을 뽑은 후 호외 형식으로 추가 발행하여 배부한 행위

43) 대법원 2000. 12. 8. 선고 2000도4600 판결

제 7 절
선전물 설치 · 판매 · 배부 제한

1. 선전물 설치 · 판매 · 배부 제한 개요

공직선거법은 선거일 전 120일부터 선거일까지 선거에 영향을 미치게 하기 위하여 아래에 해당하는 행위를 금지하고 있다. 특히 정당의 명칭이나 후보자 또는 후보자가 되려는 사람의 성명 · 사진 또는 그 명칭 · 성명을 유추할 수 있는 내용을 명시한 것은 선거에 영향을 미치게 하기 위한 것으로 간주한다(§90①).

① 화환 · 풍선 · 간판 · 현수막 · 애드벌룬 · 기구류 또는 선전탑, 그 밖의 광고물 · 광고시설을 설치 · 진열 · 게시 · 배부하는 행위

② 표찰이나 그 밖의 표시물을 착용 또는 배부하는 행위

③ 후보자를 상징하는 인형 · 마스코트 등 상징물을 제작 · 판매하는 행위

본 조는 선거의 부당한 과열경쟁으로 인한 사회경제적 손실을 막고 후보자 간의 실질적인 기회균등을 보장하며 탈법적인 선거운동으로 인한 선거의 공정과 평온이 침해되는 것을 방지하고자 1994년 통합선거법 제정 당시부터 입법에 반영되었다.[44]

---

44) 대법원 2004. 3. 11. 선고 2003도6650 판결 등

다만, 본 조 위반을 처벌하는 벌칙에서는 그 구성요건을 '선전물을 설치 · 진열 · 게시 · 배부하거나 상징물을 제작 · 판매한 자'로 규정하고 있는데(§256③ 1. 아.), 여기에서 선전물은 광고물, 광고시설, 표찰, 기타 표시물을 총칭하는 개념이다.[45] 따라서 후보자의 성명이나 외모가 기재 · 묘사되거나 특징 등이 담겨 있지 않더라도 선거운동에서 특정 후보자의 인지도를 상승시키거나 이미지를 고양시키기 위한 제반 시설물과 용구는 모두 선전물에 해당된다.

예컨대, 2002년 12월 실시한 제16대 대통령선거에서 희망돼지 저금통을 활용하여 대가성 없는 투명한 정치자금의 모금에 전범을 보여 정치자금법의 이상을 실현하였으나, 이러한 모금활동이 공직선거법에 포획되면서 안타까운 결말을 맞았다.

불과 500원 상당의 저금통을 무료로 배부한 행위는 기부행위위반죄로 처벌되었고, 해당 저금통을 진열한 것은 특정 후보의 인지도를 상승시키거나 이미지를 고양시키기 위한 '광고물' 또는 '선전물'로 평가되어 본조 위반으로 처벌되었기 때문이다.[46] 희망돼지 저금통에 아주 작은 글씨로 특정 정당의 명칭이 적혀 있었던 점이 광고물 또는 선전물로 평가되는 단초를 제공한 것으로 보인다.

2. 간주규정에 따라 금지되는 선전물

공직선거법은 선거일 전 120일부터 선거일까지 정당의 명칭이나 후보자 또는 후보자가 되려는 사람의 성명 · 사진 또는 그 명칭 · 성명을 유추할 수 있는 내용을 명시한 시설물 · 표시물 · 상징물 등은 선거에 영향을 미치게 하기 위한 것으로 간주한다(§90①).

---

45) 대법원 2004. 4. 23. 선고 2004도1242 판결

46) 대법원 2004. 4. 23. 선고 2004도1242 판결

입법기술적으로 간주규정을 두는 이유는 사실은 그렇지 않은 경우에도 법률적용을 명확히 하기 위하여 그렇다고 의제하는 것이다. 따라서 시설물·표시물·상징물에 정당의 명칭이나 후보자 또는 후보자가 되려는 사람의 성명·사진 또는 그 명칭·성명을 유추할 수 있는 내용을 명시하였다면, 간주규정의 효력에 따라 선거에 영향을 미치게 하기 위한 행위로 사실관계가 확정된다.

특히 간주규정은 반증을 허락하지 않으므로 아무리 증명력이 높은 반대증거를 내세워 주장하더라도 간주규정에 따라 확정된 사실관계를 변경하는 데 아무런 도움이 되지 못한다.[47]

예컨대, 선거일 전 120일부터 후보자의 별명이 새겨진 티셔츠를 판매하는 경우 해당 행위가 상업적으로 이익을 얻기 위한 것이 주된 목적이라도 그 티셔츠에 후보자를 유추할 수 있는 내용이 게재되어 있으므로 해당 의류는 선거에 영향을 미치는 상징물로 간주되고, 단순히 입후보예정자에게 채무이행을 촉구하는 내용의 현수막이라도 해당 현수막에 후보자가 되려는 사람의 이름이 게재되어 있으면 선거에 영향을 미치는 시설물로 간주되어 처벌될 수 있다는 뜻이다.

간주규정은 법령의 적용에 관하여 입법자가 해석자에게 특별하게 전한 선물로 달리 판단할 여지가 없다.

참고적으로 추정규정은 어느 쪽인지 증거가 분명하지 않은 경우 일단 그러리라고 잠정적인 판단을 내려놓는 것을 말한다. 반대증거가 제출된 경우 당초 추정의 효력은 전복될 수 있다. '아내가 혼인 중에 임신한 자녀는 남편의 자녀로 추정한다'는 민법의 관계 조항이나(§844①), '대한민국에서 발견된 기아(棄兒)는 대한민국에서 출생한 것으로 추정한다'는 국적법 조항을(§2②) 추정규정의 대표적 사례로 꼽을 수 있다.

47) 대법원 1995. 2. 17. 선고 94다52751 판결 등

3. 설치 · 게시가 허용되는 선전물

다음에 해당하는 시설물 · 선전물 등의 설치 · 게시 행위는 선거일 전 120부터 선거일까지도 선거에 영향을 미치게 하기 위한 시설물 설치 금지규정의 예외로 허용된다(§90① · ②). 아래에서 ③부터 ⑥까지의 선전물 설치 · 게시 행위는 선거운동으로도 보기 어려우므로 언제든지 자유로운 행위가 된다.

① 후보자 · 예비후보자가 선거운동을 위하여 선거사무소와 거리에 설치하는 현수막(§60의3 · §61 · §67)

② 선거운동기간 중 본인의 부담으로 제작 또는 구입한 길이 · 너비 · 높이 각각 25㎝ 이내 규격의 표찰(標札) · 수기(手旗) · 마스코트 등 소품을 몸에 붙이거나 지니는 행위(§68②)

③ 순수한 학술 · 문화 · 체육 · 예술 · 종교 기타 이에 준하는 각종 집회를 개최하면서 그 개최장소에 주관단체명 또는 그 대표자의 직명을 표시한 간판 등을 설치 · 게시하는 행위(규칙 §47의2 2.)

④ 직업상의 사무소나 업소에 그 대표자의 성명이 표시된 간판을 게시하는 행위(규칙 §47의2 2.)

⑤ 민속절 · 국경일 등 기념일, 사무소 개소 · 이전, 그 밖에 행사나 사업의 축하 등을 위하여 기관 · 단체 · 시설이 그 명의로 현수막 등을 해당 사무소에 설치 · 게시하는 행위(규칙 §47의2 2.)

⑥ 기관 · 단체 · 시설의 장의 이 · 취임식장 또는 이들의 하급기관 · 단체 · 시설 방문시 그 방문 행사장소에 직 · 성명을 표시한 현수막을 설치 · 게시하는 행위(규칙 §47의2 2.)

4. 선전물에 관한 규제 개선 방안

헌법재판소는 2022년 7월 21일 재판관 전원의 일치된 의견으로 종전의 판례를 변경하여 공직선거법의 시설물 설치 등 금지조항이 목적 달성에 필요한 범위를 넘어 장기간 유권자의 정치적 표현의 자유를 과도하게 제한하고 있으므로 과잉금지의 원칙에 반하여 헌법에 위반된다고 결정한 바 있다.[48]

한편, 헌법재판소는 2023년 6월 말에도 후보자가 되려는 사람의 성명이 게재된 화환 설치를 규제하는 시설물 설치 금지조항에 대하여 헌법불합치결정을 내린 바 있다.[49] 헌법에 위반되는 이유로서 헌법재판소는 다음의 두 가지 논거를 제시하였다.

첫째, 해당 조항이 선거에 영향을 미치게 할 목적만 인정된다면 화환을 설치하는 방법으로는 특정 후보자나 정당에 대한 정치적 표현 자체를 할 수 없게 된다.

둘째, 해당 조항은 규제기간을 선거일 전 180일부터 선거일까지로 정하고 있으나, 각종 선거가 순차적으로 실시되는 현실에서는 국민들의 정치적 표현의 자유를 상시적으로 제한하므로 그로 인한 기본권 제한의 정도가 지나치게 크다.

이에 따라 입법자는 2023년 8월 30일 개정입법을 통하여 본조의 적용기간을 종전의 180일에서 120일로 단축하고, 선거운동기간 중 선거운동을 할 수 있는 유권자에게 손수 제작한 작은 규격의 선전물을 붙이거나 지니고 선거운동을 할 수 있도록 허용하였다(§68②).

---

48) 헌법재판소 2022. 7. 21. 선고 2017헌바100 결정 등

49) 헌법재판소 2023. 6. 29. 선고 2023헌가12 결정. 해당 사안은 2022. 6. 1. 실시된 충북도지사선거를 앞두고 "김△△, 이▽▽▽ 사람이냐, 충북이 호구로 보이냐", "김△△, 이▽▽▽ 철새 정치 그만해라."라는 등의 문구가 기재된 리본을 부착한 근조화환 50개를 설치한 행위로 기소되자 청주지방법원이 직권으로 헌법재판소에 위헌법률심판을 제청한 사건이다.

헌법과 시대정신은 달을 가리키고 있으나, 해당 입법은 여전히 선거규제에 관한 후견인적 시각으로 달을 가리키는 손가락을 바라보는 인식의 한계를 드러낸 것으로 보인다.

이 또한 선거에 영향을 미치게 하기 위한 인쇄물 배부·게시 등의 제한과 마찬가지로 주관적 요건을 불명확한 개념인 '선거에 영향을 미칠 목적' 대신 일반적 기준인 '선거운동'으로 변경하고 그 적용기간을 선거기간에 한정하는 것이 바람직하다고 본다. 나머지 영역은 선거운동기간 위반죄(§254②)가 선거과열에 대한 포괄적 안전판으로서 그 기능과 역할을 다할 수 있을 것이다.

해당 조항에 대한 근본적인 입법개선이 이루어지지 않는 한, 앞으로도 계속 법원의 재판부에 대한 위헌법률심판재청 신청과 헌법재판소의 헌법불합치결정 또는 위헌결정의 줄지은 행진이 예고된 것처럼 보인다.

제 8 절
기타 제한 · 금지된 선거운동 방법

1. 확성장치 사용제한

공직선거법은 누구든지 공개장소에서의 연설 · 대담 장소 또는 대담 · 토론회장에서 연설 · 대담 · 토론용으로 사용하는 경우를 제외하고는 선거운동을 위하여 확성장치를 사용할 수 없도록 금지하고 있다(§91①). 확성장치의 무분별한 사용은 심각한 소음공해를 유발하여 주거의 평온을 침해하고 선거비용의 과다지출을 초래할 것이 명백하므로, 이를 규제하기 위하여 공직선거법에 확성장치의 사용을 제한하는 규정을 둔 것이다.[50)]

일단 선거에서 사용이 허용된 확성장치라면 소음 · 진동관리법의 적용을 받지 않는다. 그러나 정숙하고 평온한 생활환경이 보장되어야 할 주거지역에서 확성장치의 출력이나 소음기준에 관한 규정을 두지 않은 것은 기본권 보호의무를 과소하게 이행하여 쾌적한 환경에서 생활할 권리를 침해한다.[51)]

이러한 입법부작위에 대한 헌법불합치결정에 따라 2022년 1월 입법권자는 공직선거법을 개정하여 거리유세용 확성장치에는 최고출

50) 헌법재판소 2001. 12. 20. 선고 2000헌바96, 2001헌바57(병합) 결정
51) 헌법재판소 2019. 12. 27. 선고 2018헌마730 결정

력과 소음기준을 아주 흐뭇하게 잡아놓았다(§79⑧).

본 조 위반의 사례로는 어촌계 확성기를 이용하여 후보자의 방문 일정과 함께 참석을 독려하는 내용의 방송을 한 행위, 일반 화물차에 확성장치를 설치하여 후보자의 로고송을 방송한 행위, 마을회관 확성장치를 이용하여 후보자의 마을 방문 예정상황을 알린 행위, 후보자의 선거사무소 앞에서 선거운동에 이르는 기자회견을 하면서 확성장치를 사용한 행위[52] 등이 있다.

본 조는 선거운동이 성립됨을 전제로 확성장치의 사용을 제한하는 것이므로, 발언내용이 선거운동에 이르지 않는다면 다중집회에서 확성장치를 사용하더라도 아무런 문제가 되지 않는다.

2. 집회 개최 금지

공직선거법은 개별적으로 허용되는 집회와 모임을 제외하고는 선거기간 중 선거운동을 위한 집회나 모임의 개최를 금지하고, 선거에 영향을 미칠 목적으로 향우회·종친회·동창회·단합대회·야유회 등 사적 모임과 참가 인원이 25명을 초과하는 일반적인 집회나 모임을 개최할 수 없도록 제한하고 있다(§103①·③). 본 조는 선거운동의 부당한 경쟁을 막고 선거의 공정과 평온을 침해하는 탈법적인 행위를 차단하기 위하여 마련된 것이다.

해당 규정은 선거기간 중 특정한 정책이나 현안에 대한 입장과 그에 대하여 지지 또는 반대를 하는 후보자나 정당에 대한 표현행위가 함께 나타나는 집회나 모임의 개최를 전면적·포괄적으로 금지하였던 구법 규정에 대하여 헌법재판소가 위헌결정을 내림에 따라 현행

52) 서울고등법원 2018. 7. 18. 선고 2017노3849 판결

의 내용으로 보완된 것이다. 헌법재판소는 위헌결정의 이유로 심판대상 조항이 선거와 관련된 집단적 의견표명 일체를 금지하여 집회의 자유와 정치적 표현의 자유를 침해한다는 점을 들었다.[53]

개정 조문에 대한 판례나 유권해석은 아직 형성되지 않았지만, 문리해석상 선거운동기간에는 후보자 초청 대담·토론회, 거리유세 등을 제외하고 집회를 이용한 일체의 선거운동이 금지되고, 선거에 영향을 미치게 하기 위한 목적이라면 향우회·종친회·동창회·단합대회·야유회 등 사적 단체의 집회 또는 모임은 규모를 불문하고 금지되며, 그 밖의 집회 또는 모임은 비록 선거에 영향을 미칠 목적이 있더라도 참가 인원이 25명을 초과하는 경우에 한정하여 금지되는 것으로 보인다.

한편, 공직선거법은 선거일 전 90일부터 선거일까지 후보자 또는 후보자가 되려는 사람과 관련 있는 저서의 출판기념회를 개최할 수 없도록 규정하고 있다(§103⑤). 여기에서 후보자와 관련 있는 저서란 후보자 본인의 저서뿐만 아니라 다른 사람이 저술하였더라도 후보자와 관련이 있는 저서이면 이에 해당된다.

출판기념회는 선거에 영향을 미칠 목적도 요구하지 않는다. 과거 후보자가 되려는 사람들이 선거를 앞두고 다수의 저서를 출간하고 그에 대한 출판기념회를 구실로 자신을 선전하거나 세를 과시하는 기회로 악용하는 사례가 빈번하여 이를 금지한 것이기 때문이다. 따라서 출판사가 순수하게 저서의 판매를 목적으로 개최하는 출판기념회도 금지된다.

다만, 저서의 사인회는 출판기념회로 보지 않으므로 비록 후보자가 되려는 사람이라도 선거기간이 아닌 때에 통상적인 사인회를 개최하는 것은 가능하다.

그 밖에 공직선거법에서 바르게살기·새마을운동협의회·한국자

53) 헌법재판소 2022. 7. 21. 선고 2018헌바164 결정

유총연맹 및 주민자치위원회는 선거기간 중 회의 그 밖에 어떠한 명칭의 모임도 개최할 수 없도록 금지하고 있다(§103②). 특별법에 따라 설립된 국민운동단체로서 국가나 지방자치단체의 출연 또는 보조를 받는 단체를 '관변단체'로 총칭하는 네이밍(Naming)에 대한 편견과 더불어 이들의 선거중립에 대한 의심으로 새겨놓은 규제는 쉽게 지워지지 않는다.

3. 언론매체 · 인터넷 광고 제한

방송광고와 신문광고는 대통령선거 · 비례대표국회의원선거 및 시 ·도지사선거의 후보자에게만 허용되는 선거운동 방법으로서 그 절차와 방법, 그리고 횟수와 시간을 엄격하게 통제한다. 예컨대, 방송광고는 광고의 일시와 내용 등을 관할 선거관리위원회에 통보한 후 집행해야 하고(§70), 신문광고는 관할 선거관리위원회로부터 인증서를 교부받아 해당 신문사와 협의하여 진행한다(§69). 따라서 이러한 절차와 방법을 거치지 않고서는 모든 방송 · 신문 잡지를 대상으로 선거운동을 위한 광고는 허용되지 않는다.

한편, 인터넷광고는 모든 선거의 후보자에게 횟수에 제한 없이 허용된다(§82의7). 방송광고 · 신문광고와 달리 선거관리위원회에 신고할 필요도 없다. '선거광고'라 표시하고 광고 근거와 광고주명을 표시하는 것으로 족하다. 다만, 공직선거법은 매체를 불문하고 일반 유권자에게 특정 후보자의 선거운동을 위한 광고를 허용하지 않는다.

4. 서명 · 날인운동 금지

공직선거법은 누구든지 그리고 언제든지 선거운동을 위하여 선거구민을 대상으로 서명이나 날인을 받을 수 없도록 금지하고 있다(§107). 거리에서 서명이나 날인을 받는 경우뿐만 아니라 인터넷 등 온라인에서도 선거운동을 위한 서명운동이 금지된다.

본 조는 특정 후보자에 대한 지지 또는 반대의사를 표명하는 서명 · 날인을 허용할 경우, 서명 · 날인한 사람이 스스로 한 서명 · 날인에 심리적으로 구속되어 결국 선거인의 자유로운 의사에 의한 투표를 방해할 위험성이 있으므로, 이를 금지하여 공정한 선거를 보장하기 위한 취지이다.

따라서 선거와 무관하게 지방자치단체의 합병이나 승격, 군부대 이전 등 지역의 현안이나 숙원사업 해결을 위하여 서명을 받거나, 후보자가 되려는 사람이라도 사회단체와 공동으로 지역 현안을 해결하도록 정부에 촉구하기 위하여 서명활동을 하는 것은 선거운동을 위한 것이 아니므로 공직선거법의 규제대상이 아니다.

판례는 대통령탄핵 반대를 위한 서명운동을 전개하면서 탄핵소추에 찬성한 국회의원을 선거에서 낙선시키려는 의도를 드러내고 있는 경우에는 표방하는 목적에도 불구하고 선거운동을 위하여 서명활동이 이루어진 것으로 보았고,[54] 총선시민연대가 발표한 낙선운동대상 후보에 대하여 "나는 총선시민연대가 선정하는 낙선후보를 찍지 않습니다."라는 문구가 기재된 서명용지에 서명을 받는 행위도 선거운동을 위하여 서명을 받은 것으로 보았다.[55]

---

54) 서울고등법원 2004. 10. 19. 선고 2004노1869 판결

55) 대법원 2001. 1. 16. 선고 2000도4576 판결

5. 여론조사결과 공표 제한

공직선거법은 선거일 전 6일부터 선거일의 투표 마감시각까지 선거에 관하여 정당에 대한 지지도나 당선인을 예상하게 하는 여론조사의 경위와 그 결과를 공표하거나 인용하여 보도할 수 없도록 금지하고 있다(§108①).

아무리 공평하고 정확하게 이루어진 여론조사라도 그 결과가 공표되면 선거인으로 하여금 침묵의 나선이론[56]에 따른 동조성(Conformity)이나 사표방지 심리에 따라 승산이 있는 후보자에게 가담하게 하는 밴드왜건 효과(BandWagon Effect), 또는 불리한 후보자를 동정하는 언더독 효과(Underdog Effect)가 나타남으로써 선거에 부당한 영향을 미쳐 결국 유권자의 진의를 왜곡하고 선거의 공정을 해할 우려가 있기 때문이다.

아울러 공직선거법은 선거일 전 60일부터 선거일까지 선거에 관한 여론조사를 투표용지와 유사한 모형에 의한 방법을 사용하거나, 후보자 또는 후보자가 되려는 사람의 명의로 선거에 관한 여론조사를 할 수 없도록 금지하고 있다(§108②). 투표용지와 유사한 모형에 의한 여론조사는 투표 부정시비가 발생할 수 있고, 후보자 또는 후보자가 되려는 사람의 명의로 여론조사를 하는 것은 후보자 등을 선전하는 행위로 악용될 수 있기 때문이다.

한편, 선거에 관한 여론조사를 실시하려면 여론조사의 목적, 표본의 크기, 조사지역 · 일시 · 방법, 전체 설문내용 등을 여론조사 전 2일까지 선거여론조사심의위원회에 신고해야 한다(§108③). 여론조사 사전신고제도는 여론조사가 후보자의 인지도를 제고하기 위한 수단으로 악용되는 것을 방지하고, 4회를 초과하여 실시하는 여론조사 비용을

56) 침묵의 나선이론은 1970년대 독일의 커뮤니케이션 학자 노이만(Neumann)이 주장한 여론형성 이론이다.

선거비용에 산입하기 위한 것이다.

선거여론조사심의위원회는 선거에 관한 여론조사의 객관성과 신뢰성을 확보하기 위하여 중앙선거관리위원회와 각 시·도선거관리위원회의 산하기관으로 설치되어 있다. 여론조사기관이 공표 또는 보도를 목적으로 선거에 관한 여론조사를 실시하려면 조사시스템, 분석 전문인력 등 요건을 갖추어 관할 선거여론조사심의위원회에 등록해야 한다(§8의9).

선거여론조사기관이 공표 또는 보도를 목적으로 전화를 이용하여 선거에 관한 여론조사를 실시하는 경우 휴대전화 가상번호를 사용할 수 있다(§108의2①). 실제 여론조사를 하는 때에는 휴대전화 가상번호와 집 전화번호를 적정 비율로 혼합하여 사용하기도 한다. 일부 여론조사기관은 정치적 성향이 파악된 응답자들의 전화번호를 따로 관리하는 것으로도 알려져 있다. 영업활동의 자유에 비추어 볼 때 폐기를 요구할 수도 없다.

혹자는 통계를 신의 언어로 맹신하기도 한다. 수집된 데이터가 객관적이고 정확한 경우에나 가능할 것이다. 첨단 물리학인 현대 양자역학의 세계에서도 불확정성의 원리처럼 관찰자의 의도가 실험결과에 영향을 미친다는 사실을 부인하지 않는다.

선거에 관한 여론조사를 하는 때에는 조사대상을 대표할 수 있도록 피조사자를 선정해야 하고, 특정 정당이나 후보자에게 편향된 어휘를 사용하여 질문하는 행위를 금지하고 있지만(§108⑤), 질문의 구성과 배열 순서를 교묘하게 바꾸거나 통계 결과를 보정하는 방법만으로도 조사자의 의도를 충분히 구현할 수 있다. 이 경우 여론조사와 여론조작의 경계는 허물어진다. 여론조사심의위원회의 철저한 감독이 필요한 이유이다.

제 9 장

허위사실 공표와 후보자 비방

선거는 정치권력을 획득하기 위하여 치열한 투쟁이 전개되는 제로섬 게임(Zero Sum Game)이다. 그 과정에서 자신을 공공의 비판대에 세운 후보자 또는 후보자가 되려는 사람들은 상대방에 대하여도 날카로운 공격수단을 탐색하게 된다.

그러나 첨예한 투쟁이 전개되는 선거과정이라도 허위사실을 공표하거나 후보자를 비방해서는 안 된다. 이러한 행위는 인간의 존엄과 가치를 해칠 뿐만 아니라 유권자의 의사 형성의 자유도 함께 침해하기 때문이다.

이 장에서는 표현범죄의 공통요건을 살펴본 후 허위사실공표죄와 후보자비방죄에 관하여 알아보기로 한다.

제 1 절

표현범죄의 벌칙구조와 소추요건

1. 명예훼손 등 표현범죄의 벌칙구조

우리 헌법은 모든 기본권 보장의 궁극적 목적이자 기본이념이라 할 수 있는 인간의 존엄과 가치로부터 유래하는 인격권을 보장하고 있다(§10). 또한 헌법은 표현의 자유를 기본권으로 보장하고 있는데(§21①), 이는 인간으로서 존엄과 가치를 유지하고 행복을 추구하며 국민주권을 실현하는 데 필수불가결한 것이다.[1)]

헌법은 또한 언론·출판의 자유가 민주사회에서 아무리 중요한 기능을 수행하더라도 그것이 인간의 존엄성에서 유래하는 인격권 등의 희생을 강요할 수는 없음을 밝히고 있다(§21④). 이에 따라 형법과 특별형법에서는 인격권을 침해하는 행위를 범죄로 규율하고 있고, 민법에서도 타인의 명예를 훼손하거나 정신적 고통을 가한 사람에게 배상책임을 규정하고 있다(§751).

표현의 자유는 시민적 권리와 정치적 권리로서의 성격을 모두 가지고 있기 때문에 다른 권리들을 실현할 수 있는 수단으로 인식되기도 한다. 개인은 자유로이 자신의 의견을 형성하고 이를 외부에 표현

1) 헌법재판소 1992. 2. 25. 선고 89헌가104 결정 등

할 자유를 가지는 동시에 자유로운 의견 형성 및 표명을 통하여 국가의 의사형성 과정에 참여하기 때문이다.

따라서 민주주의 제도와 표현의 자유는 불가분의 관계이고, 표현의 자유는 민주주의의 제도적 발현과정에 내재하는 기본적인 전제이며 그 실현수단이자 지향하는 목표라고 할 수 있다.[2] 결국 기본권으로서 표현의 자유와 인격권의 보호라는 상충하는 법익간 조화로운 해결책을 모색할 필요성이 제기된다.

타인의 명예를 훼손하는 행위, 즉 표현범죄에 관한 현행 법체계를 살펴보면, 다른 사람의 인격권을 침해한 경우 기본적으로 형법 각칙의 명예훼손죄와 모욕죄가 적용되고(§307 · §309 · §311), 인터넷 · SNS 등을 이용한 인격권 침해에는 정보통신망법에 따른 사이버명예훼손죄가 적용된다(§70).

한편, 공직선거와 관련한 표현범죄, 즉 특정 후보자의 당선이나 낙선을 목적으로 하는 허위사실 공표와 후보자 비방은 공직선거법의 벌칙을 기본으로 하고, 공공단체의 선거에서는 위탁선거법과 개별 법률에서 이를 형벌로 규정하고 있다.[3]

2. 표현범죄의 성립요건

형법이나 정보통신망법에 따른 명예훼손이든, 선거법에 따른 허위사실공표죄 또는 후보자비방죄이든 모두 공연성, 피해자의 특정, 사실의 적시라는 3가지 요건을 모두 갖추어야 한다.

'공연성'이란 불특정 또는 다수인이 알 수 있는 상태를 말한다. 공직선거법의 '공연히' 또는 '공표'의 의미도 형법상 명예훼손죄의 구성

2) 박용상 2003『표현의 자유』현암사 24쪽

3) 위탁선거법 제61조 · 제62조, 새마을금고법 제85조, 농협법 제172조 등

요건인 공연성과 동일한 의미로 읽힌다. 따라서 개별적으로 한 사람에게 유포하더라도 그로부터 불특정 또는 다수인에게 전파될 가능성이 있으면 공연성은 충족된다.[4] 이것이 바로 학설과 판례에서 다수의견으로 수용하고 있는 전파가능성 이론이다.

'피해자의 특정'이란 인격권이 침해된 대상이 특정인임을 알 수 있는 정도에 이른 것을 말한다. 피해자의 실명을 직접 거론하지 않더라도 표현의 전체적인 내용을 통하여 피해자가 누구인지 알 수 있어야 하고, 다른 사람도 행위자가 누구의 명예를 훼손했는지를 알아차릴 가능성을 따져봐야 한다.

따라서 피해자의 특정은 반드시 사람의 성명이나 단체의 명칭을 명시하지 않더라도 '노사모', '박사모' 등 두문자(頭文字)만 사용한 경우에도 그 표현의 내용을 주위사정과 종합하여 볼 때 그 표시가 피해자를 지목하는 것을 알아차릴 수 있을 정도이면 피해자가 특정되었다고 본다.[5]

집합적 명사를 쓴 경우에도 그 표현을 접하는 통상의 방법을 전제로 그 표현의 전체적인 취지와의 연관하에서 표현의 객관적 내용, 사용된 어휘의 통상적인 의미, 문구의 연결방법 등을 종합적으로 고려하여 그 표현이 일반인에게 주는 전체적인 인상을 기준으로 판단할 때 해당 표현이 특정인을 가리키는 것이 명백하다면 피해자의 특정이 이루어진 것으로 본다.[6]

예컨대, 2000년 4월 실시한 제16대 총선에서 국회의원인 상대방 후보자의 권력형 비리가 밝혀진 것이 없음에도, 상대방 후보자가 소속된 정당의 국회의원들이 수십억 원의 정치자금을 마련하여 그것을 나누어 썼다는 제보가 있었다고 말하고서도 그 제보의 구체적 내용과

4) 대법원 2011. 12. 22. 선고 2008도11847 판결
5) 대법원 2002. 5. 10. 선고 2000다50213 판결
6) 대법원 2003. 2. 20. 선고 2001도6138 전원합의체 판결

근거는 물론, 과연 그러한 제보가 있었는지에 대하여 조차 전혀 소명자료를 제시하지 못한 사안에 대하여, 법원은 상대방 후보자인 국회의원이 피해자로 특정된 것으로 보아 의혹을 제기한 후보자를 허위사실공표죄로 처벌하였다.

'사실의 적시'란 가치판단이나 평가를 내용으로 하는 의견표현에 대치되는 개념으로서 시간과 공간적으로 구체적인 과거 또는 현재의 사실관계에 관한 보고 내지 진술을 의미하는 것으로서 그 표현내용이 증거에 의해 입증이 가능한 것을 말한다.[7]

판단할 진술이 사실인지 아니면 의견인지를 구별하는 때에는 언어의 통상적 의미와 용법, 입증 가능성, 문제된 말이 사용된 문맥, 그 표현이 행하여진 사회적 상황 등 전체적인 정황을 고려하여 판단해야 한다.[8] 사실적시와 의견표현이 혼재되어 있는 경우에는 이를 전체적으로 보아 사실의 적시에 해당하는지를 판단해야 하며, 의견표현과 사실의 적시 부분을 분리하여 별개로 범죄의 성립 여부를 논해서는 안 된다.[9]

이와 같이 공연성, 피해자의 특정, 사실의 적시에 특정 후보자의 당선이나 낙선의 목적이 부가되면 비로소 공직선거법, 위탁선거법 등에 따른 허위사실공표죄 또는 후보자비방죄가 성립한다.

참고적으로 사실의 적시라는 요건을 갖추지 못한 표현범죄라면, 비록 선거운동 목적이 인정되더라도 형법상 모욕죄가 적용될 뿐이다(§311). 다만, 공직선거법은 선거운동을 위하여 정당, 후보자 또는 후보자의 가족과 관련하여 특정 지역·지역인 또는 성별을 공연히 비하·모욕하는 행위를 각종제한규정위반죄로 처벌하고 있다(§110②·§256⑤).

---

7) 대법원 1997. 4. 25. 선고 96도2910 판결

8) 대법원 1997. 4. 25. 선고 96도2910 판결

9) 대법원 2004. 6. 25. 선고 2004도2062 판결

3. 표현범죄의 위법성 조각과 소추요건

형법상 단순 명예훼손죄는(§307) 공연히 사실을 적시하여 명예를 훼손한 사람을 처벌하면서 진실한 사실로서 오로지 공공의 이익에 관한 때에는 예외로 하도록 위법성 조각사유를 규정하고 있고(§310), 사람을 비방할 목적의 출판물에 의한 명예훼손죄는 단순 명예훼손에 비하여 무겁게 처벌하면서 위법성 조각사유를 두지 않는다(§309). 정보통신망법에서도 사람을 비방할 목적으로 정보통신망을 통하여 사람의 명예를 훼손하는 사이버명예훼손죄를 규정하면서(§70) 위법성 조각사유를 규정하지 않고 있다.

모든 명예훼손죄는 피해자의 명시한 의사에 반하여 공소를 제기할 수 없도록 반의사불벌죄로 규정한 점이 특징이다.

반면에 선거에 관한 표현범죄에서 진실한 사실로 비방한 경우에는 형법상 명예훼손보다 위법성 조각사유를 넓게 인정하지만, 모두 반의사불벌죄의 적용을 배제함에 따라 형사상 합의를 통한 피해자의 용서로도 처벌을 면치 못하는 특징이 있다. 법익침해의 측면에서 주관적으로 후보자의 인격권뿐만 아니라, 객관적으로 후보자에 대한 정확한 판단을 그르쳐 자유선거의 원칙에 기초한 유권자의 의사형성의 자유를 침해하였기 때문이다.

참고적으로 감정적·경멸적 표현으로 인격권을 침해하는 형법상 모욕죄의 경우 피해자의 고소가 있어야 공소를 제기할 수 있도록 친고죄로 규정하고 있다(§311·§312). 다만, 공직선거법에서 특정 지역·지역인 또는 성별을 비하·모욕하는 행위를 처벌하는 각종제한규정위반죄의 해당 벌칙(§256⑤)은 친고죄도 아니고 반의사불벌죄도 아니라는 점에 유의할 필요가 있다.

제 2 절

당선목적의 허위사실공표죄

1. 범죄 구성요건과 법정형 개요

공직선거법은 당선되거나 되게 할 목적으로 매체와 방법을 불문하고 후보자(후보자가 되려는 사람을 포함한다. 이하 이 장에서 같다)에게 유리하도록 후보자, 후보자의 배우자 또는 직계존비속이나 형제자매의 출생지·학력·경력·재산·행위·소속단체, 특정한 사람이나 단체로부터의 지지 여부 등에 관하여 허위의 사실을 공표한 사람을 처벌하는 당선목적의 허위사실공표죄를 규정하고 있다(§250①).

통상적으로 당선목적의 허위사실공표죄는 특정 후보자의 당선에 유리하도록 해당 후보자에 관한 학력·경력 또는 행위를 부풀리거나, 특정 단체로부터 지지를 받은 사실이 없음에도 지지를 받고 있다고 거짓을 공표하는 등의 방법으로 이루어진다.

허위사실공표죄는 이와 같이 선거인의 공정한 판단에 영향을 미치는 허위사실을 공표하는 행위를 처벌함으로써 유권자의 의사형성의 자유를 보호하고 선거의 공정을 확보하기 위한 것이다. 선거에서 유권자에게 허위사실이 공표될 경우 유권자의 올바른 선택에 지장을 초래하여 민의가 왜곡되고 선거제도의 기능과 대의민주주의의 본질이 훼손될 우려가 있기 때문이다.[10]

2. 당선목적 허위사실공표죄의 의의

일반적으로 자신의 경력이나 능력을 과장하여 홍보하는 행위는 비록 허위사실이더라도 타인의 인격권을 침해하는 행위가 아니므로 굳이 처벌할 필요가 있는지 의문이 들 수도 있다.

그러나 국가권력을 창설하고 국가 안에서 행사되는 모든 권력의 정당성에 국민적 동의를 확보할 목적으로 실시되는 공직선거에서는 후보자의 인격권 침해가 없더라도 자유선거의 원칙이 요구하는 유권자의 의사형성의 자유가 두텁게 보호되어야 한다. 주권행사의 전제 조건으로서 후보자의 공직적격성과 공약의 타당성에 관한 객관적이고 정확한 정보가 제공되어야 하기 때문이다. 이에 따라 후보자의 경력 등을 과대 포장하여 부풀리는 행위는 유권자의 정확한 판단을 그르치게 할 우려가 있으므로 선거 관련 법률에서는 이를 범죄로 파악하여 처벌하는 것이다.

이러한 측면에서 후보자가 토론회에 참여하여 질문·답변을 하거나 주장·반론을 하는 때에, 그것이 토론회의 주제나 맥락과 관련 없이 일방적으로 허위의 사실을 드러내어 적극적으로 허위사실을 표명하는 등의 특별한 사정이 없는 한 허위사실공표죄로 처벌할 수 없다는 대법원의 최근 판례[11]는 유권자의 의사형성의 자유보다 피고인의 권리보호에 더 무게를 둔 것으로 보인다. 선거의 신뢰를 확보하고 유권자의 의사형성의 자유를 보장하기 위하여 너무 늦기 전에 판례변경을 기대해 본다.

10) 대법원 2020. 7. 16. 선고 2019도13328 전원합의체 판결

11) 대법원 2020. 7. 16. 선고 2019도13328 전원합의체 판결을 말한다. 해당 판결은 대장동 도시개발사업과 관련하여 소위 50억 클럽에 포함된 것으로 언론에 보도된 대법관이 무죄판결을 주도했다는 의혹을 받았던 사건이다.

3. 허위사실의 의미

'허위사실'이란 객관적 진실에 맞지 않는 사실을 의미하며, 선거인으로 하여금 후보자에 대한 정확한 판단을 그르치게 할 수 있을 정도로 구체성을 가진 것이면 족하다. '사실'이란 현실적으로 발생하고 증명할 수 있는 과거 또는 현재의 사실을 뜻한다.

실제 어떠한 표현이 허위사실을 표명한 것인지는 일반 선거인이 그 표현을 접하는 통상의 방법을 전제로 그 표현의 전체적인 취지와의 연관하에서 표현의 객관적 내용, 사용된 어휘의 통상적인 의미, 문언의 연결방법 등을 종합적으로 고려하여 그 표현이 선거인에게 주는 전체적인 인상을 기준으로 판단한다.

예컨대, 2008년 4월 실시된 제18대 총선에서 울산지역에 출마한 후보자가 차점자와 1만여 표 차이로 당선이 되었으나, 해당 지역의 고속도로 통행료 폐지 방침이 결정되지 않았음에도 보도자료와 선거공보를 통하여 "건설교통부로부터 울산고속도로 통행료 폐지 약속을 받았다"고 홍보함에 따라 허위사실공표죄로 벌금 150만원이 확정되어 당선이 무효로 된 사례가 있다.[12)]

다만, 공표된 내용에 일부 과장된 표현이 있는 때에는 전체 취지를 살펴서 중요한 부분이 객관적 사실과 합치되는 경우에는 세부에 있어서 진실과 약간 차이가 나거나 다소 과장된 표현이 있더라도 허위사실로 보지 않는다. 판례는 당명을 변경하기 전에 해당 정당의 대변인으로 재직하였으나 명함의 경력란에 당명 변경 후의 정당 대변인으로 기재한 경우 전체의 취지로 보아 중요한 부분이 객관적 사실에 합치된다고 보았다.[13)]

---

12) 대법원 2009. 3. 12. 선고 2009도26 판결

13) 대법원 2015. 5. 14. 선고 2015도1202 판결

4. 공표의 의미

'공표'는 수단이나 방법 여하를 불문하고 불특정 또는 다수인에게 알리는 것을 말한다.14) 표현범죄의 공통적인 성립요건인 공연성과 같은 개념이다. 따라서 허위사실이 기재된 문서를 선거인들에게 보여주는 것이나, SNS에서 다른 사람이 게시한 글을 리트윗한 경우도 당연히 공표에 해당한다.15)

허위사실공표죄에서 공표의 핵심은 메시지를 작성한 주체가 누구인지가 아니라 그 메시지를 다른 사람이 알 수 있도록 전파한 사람이 누구인지 여부이기 때문이다.

특정 기자에게 허위의 사실을 제보한 경우 해당 기자를 통해 기사화되었을 때 비로소 허위사실을 공표한 것이겠지만, 다수의 언론사에 허위의 사실이 게재된 보도자료를 배포한 경우에는 그 내용이 기사화되지 않더라도 공표로 보아야 할 것이다.

아울러 후보자가 후보자등록신청서나 이력서 등 그 부속서류에 허위사실을 기재하여 선거관리위원회에 제출한 경우 그 신청서나 부속서류에 기재된 내용은 해당 선거관리위원회의 게시판에 공고되거나 언론에 제공됨으로써 선거인들에게 알려진다. 후보자 또한 이러한 사정을 충분히 예견하였다고 보아야 할 것이므로, 선거관리위원회에 허위의 사실을 게재한 서류를 제출하는 행위는 당연히 허위사실 공표에 해당한다.16)

14) 대법원 1998. 9. 22. 선고 98도1992 판결
15) 대전고등법원 2013. 7. 24. 선고 2013노1 판결
16) 서울고등법원 2004. 9. 21. 선고 2004노1669 판결

5. 당선목적의 허위사실공표죄 적용사례

당선목적의 허위사실공표죄는 주로 후보자의 출생지, 신분, 경력, 재산, 행위, 학력, 특정 단체로부터의 지지 여부 등을 속이거나 과대 포장하여 홍보하는 행위가 처벌 대상이다.

여기에서 출생지와 관련해서는 등록기준지, 원적지, 출신지, 고향 등 지연(地緣)과의 관계가 문제된다. 2000년 2월 공직선거법의 개정에 따라 본 조에 출생지를 추가한 입법의도는 지역감정 조장 행위를 처벌하기 위한 것이 주된 목적이었다. 민법, 가족관계 등록 등에 관한 법률, 국적법 등에서 '출생' 또는 '출생지'의 개념을 의학적 의미에서 '태어난 곳'으로 해석하고 있으므로, 공직선거법에서 출생지의 의미도 이를 기준으로 삼아야 할 것이다.

판례는 공부(公簿)상 출생지나 과거 홍보자료에 '경주'로 기재되어 있더라도 후보자의 출생 당시 가족들이 '부산'에 거주하였고 생활기록부의 출생지도 '부산'으로 되어 있는 등 실제 '부산'에서 출생했을 가능성이 높다면, 선거공보에 출생지를 '부산'으로 기재한 부분은 허위사실로 단정하기 어렵다고 판시한 바 있다.[17]

한편, 신분은 개인의 사회적 위치나 계급을 말한다. 후보단일화 협상이 없었음에도 '범야권 단일후보'라고 공표하거나,[18] 정당의 시장선거 후보자가 확정되지도 않은 상태에서 예비후보자 신분으로 해당 정당의 시장선거 후보자라 기재한 사안[19]은 모두 허위사실공표죄로 처벌되었다. 다만, 특정 정당의 후보자로 확정된 예비후보자가 '후보자'라는 명칭을 사용한 경우에는 허위사실로 볼 수 없고, 후보단일화에 합의한 정당명을 부기하여 '야권단일후보'라는 표현을 사용한 경우

17) 대법원 2018. 6. 15. 선고 2017도9794 판결
18) 서울고등법원 2011. 1. 28. 선고 2010노3508 판결
19) 서울고등법원 2019. 5. 3. 선고 2019노455 판결

에도 허위사실로 보지 않는다.[20)]

경력이란 후보자의 행동이나 사적(事績)과 같이 후보자의 실적과 능력으로 인식되어 선거인의 판단에 영향을 미치는 사항을 말한다. 국회사무처의 별정직 1급 정책연구위원을 '차관보급'이라 기재한 경우,[21)] 국회의원의 비서임에도 '비서관'이라 기재한 경우, 재단의 '지역본부 운영위원'인 사람이 '재단 운영위원'으로 경력을 게재한 경우는 모두 경력에 관한 허위사실에 해당한다.

아울러 대통령비서실 '7급상당 행정요원' 경력을 '홍보수석실 과장'이라고 기재한 경우, 국회의원실의 인턴 경력을 '국회의원 비서'로 표시한 경우 판례는 이를 모두 경력에 관한 허위사실공표로 보았다. 다만, 당선무효 판결로 의원직을 상실한 사람이 의원직 보유기간을 경력으로 기재하는 것은 무방하다.

재산의 경우에는 일정 목적하에 결합해 있는 경제적 가치가 있는 것들의 총칭으로 동산, 부동산 및 권리·의무 등을 말한다. 후보자 재산신고시 차명계좌로 관리하던 예금을 누락하거나,[22)] 후보자, 배우자, 직계존비속의 채무 40억 원 상당을 누락한 채 적극재산만 기재하거나,[23)] 재산이 40억 원 정도이나 17억 상당에 이르는 부동산 2건을 누락하여 선거공보에 기재한 경우는 모두 재산에 관한 허위사실 공표에 해당한다.

반면, 후보자가 법인 출자지분 1억원 상당을 누락하여 신고한 사안에 대하여, 법원은 서민으로 보이기 위해 축소 신고하였다는 공소사실을 수긍하기 어렵고, 재산축소신고로 기대할 수 있는 이익은 분명하지 않은 반면, 법 위반으로 받게 될 불이익은 매우 크고 그 가능성도

20) 대법원 2016. 9. 8. 선고 2016수33 판결
21) 대법원 2009. 2. 26. 선고 2008도11589 판결
22) 대법원 2009. 10. 29. 선고 2009도5945 판결
23) 대법원 2019. 9. 10. 선고 2019도9062 판결

높았다는 점에서 허위 신고에 대한 고의를 인정하기 어렵다고 보아 무죄로 판단한 사례도 있다.[24]

한편, '행위'의 의미는 일상생활의 모든 행위를 말하는 것이 아니라 본 조에 열거된 직업, 경력, 학력, 재산에 준하여 적어도 후보자의 자질, 성품, 능력 등의 지표로 삼을 수 있는 것으로 인식되어 선거인의 공정한 판단에 영향을 미치는 사항을 말한다.

예컨대, 컴퓨터 합성기법으로 편집한 사진을 선거공보에 게재하거나, 기초의원 후보자가 단체장선거의 후보자와 선거·정책 연대를 하지 않았음에도 함께 촬영된 사진 밑에 '단체장선거의 후보자와 선거·정책을 연대합니다'라는 표현으로 선거공보에 기재하거나, △△산업단지가 총사업비 2,994억원 규모의 시업지구로 지정된 것을 페이스북에 '△△산단 2,994억원 예산 확보'라고 기재한 경우[25]에는 행위에 관한 허위사실 공표에 해당된다.

아울러 선거에서 후보자가 '특정인 또는 특정 단체로부터 지지를 받은 후보'라는 사실은 유권자의 후보자 선택에 매우 중요한 영향을 미칠 수 있는 사항이므로, 2015년 12월 공직선거법 개정 시 허위사실 공표죄의 처벌 대상으로 추가하였다.

판례는 ▽▽당 당원 983명이 A 후보자를 지지하기 위해 탈당한 것이 아니었음에도 'A 후보자를 지지하기 위해 ▽▽당을 탈당합니다. 동반탈당 당원 983명 일동'이라고 성명서를 발표하거나, 향우회 고문들이 후보자의 선거운동 참여방안을 논의한 사실이 없음에도 네이버 밴드에 '△△향우회 고문단 간담회'라는 제목으로 캠프 상황실에서 고문단과 지회장단 합동모임을 통해 선거압승을 위한 향우회 조직 참여방안을 논의했다는 글을 게시한 것을 특정인 또는 특정 단체로부터 지지를 받은 사실에 관하여 허위사실을 공표한 것으로 보았다.[26]

---

24) 대법원 2017. 6. 8. 선고 2017도4491 판결

25) 대법원 2017. 10. 12. 선고 2017도11385 판결

학력의 경우 특히 유의할 점은 최고경영자과정, 고위정책과정 등 정규학력이 아닌 경우 그 과정을 이수한 사실이 진실하더라도 이를 게재하는 행위 자체가 허위사실공표죄로 처벌된다는 점이다. 이에 관하여 자세한 내용은 제12장 제3절 '2. 선거홍보물에 학력을 게재하는 방법'을 참고하기 바란다.

26) 서울고등법원 2019. 4. 24. 선고 2018노3627 판결

제 3 절
낙선목적의 허위사실공표죄

1. 범죄 구성요건과 법정형 개요

공직선거법은 당선되지 못하게 할 목적으로 매체와 방법을 불문하고 후보자에게 불리하도록 후보자와 그의 가족에 관하여 허위의 사실을 공표한 사람은 7년 이하의 징역 또는 500만원 이상 3천만원 이하의 벌금에 처하도록 낙선목적의 허위사실공표죄를 규정하고 있다(§250②). 낙선목적의 허위사실공표죄는 주로 상대 후보자의 자질이나 공적적격성에 관하여 거짓 사실을 공표하는 방법으로 이루어진다. 당선목적의 허위사실공표죄와 달리 공표의 내용을 학력 · 경력 · 행위 · 재산 등으로 한정하지 않는다.

참고적으로 선거일 투표종료 후 당선인으로 결정된 후보자에 관하여 허위의 사실을 공표하더라도 이미 투표가 종료된 이상 그러한 행위가 선거인의 판단에 영향을 미치지 못하므로 본조의 허위사실공표죄로 처벌할 수는 없다.[27] 이 경우 형법상 명예훼손죄의 적용이 배제되는 것은 아니다. 선거가 종료되고 짧은 공소시효가 완성되어 공직선거법의 표현범죄가 떠나가면, 형법상 명예훼손죄와 정보통신망법의 사이버명예훼손죄는 비로소 기지개를 켜고 희생자를 탐색하기 시작한다.

27) 대법원 2007. 6. 29. 선고 2007도2817 판결

2. 후보자에 관한 허위사실의 의미

허위사실공표죄에서 '후보자에 관한 사실'의 의미는 후보자 본인과 직접적으로 관련된 사실이 아니더라도 그 사실의 공표가 해당 후보자의 당선을 방해할 성질을 지녔다면 후보자에 관한 사실에 포함된다. 또한 '허위의 사실'이란 진실에 부합하지 않는 사실로서 선거인으로 하여금 후보자에 대한 정확한 판단을 그르치게 할 수 있을 정도로 구체성을 가진 것이면 족하고, 그 사실이 시기·장소·수단 등에 걸쳐서 정밀하게 특정될 필요는 없다.[28)]

판례는 인터뷰에서 상대방 후보자의 변호인이 사임한 이유에 대하여 "변호사가 자료를 확인한 후 후보자가 기소될 수도 있는 위중한 사안으로 판단한 것 같다. 구속되는 상황까지 고려한 것 같다"고 발언한 사안에 대하여 간접적이고 우회적인 표현 방식을 통하여 후보자가 주가조작과 횡령의 범죄행위에 가담하였다는 사실의 존재를 암시하여 허위사실을 공표하였다고 판단하였다.[29)]

또한 판례는 후보자의 조카가 상대 후보자를 미행한 것처럼 허위사실을 공표한 경우 해당 후보자가 상대 후보를 미행하는 등 부적절한 행동을 하고 있다는 취지이므로 후보자에 관한 사실에 해당한다고 보았고,[30)] 후보자의 측근들을 금품살포의 당사자로 지목한 경우 이는 해당 후보자가 측근들을 통해 불법행위를 하고 있음을 간접적이고 우회적인 표현 방식으로 암시하고 있는 것이므로 이 또한 후보자에 관한 사실에 해당한다고 보았다.[31)]

---

28) 대법원 1998. 9. 22. 선고 98도1992 판결
29) 대법원 2011. 12. 22. 선고 2008도11847 판결
30) 인천지방법원 2015. 1. 30. 선고 2014고합776 판결
31) 대구고등법원 2017. 6. 15. 선고 2016노712 판결

3. 사실적시와 의견표현의 판단기준

어떤 표현이 낙선목적의 허위사실 공표에 해당하는지는 당선목적의 허위사실 공표와 마찬가지로 일반 선거인이 그 표현을 접하는 통상의 방법을 전제로 표현의 객관적 내용, 사용된 어휘의 통상적인 의미, 증명가능성, 문제된 말이 사용된 문맥과 표현의 전체적인 취지 등을 종합적으로 고려하여 그 표현이 선거인에게 주는 전체적인 인상을 기준으로 판단해야 한다.

따라서 공표된 사실의 전체 취지를 살펴볼 때 중요한 부분이 객관적 사실과 합치되는 경우에는 세부적 내용이 진실과 약간 차이가 있거나 다소 과장된 표현이 있더라도 이를 허위의 사실이라 볼 수 없다. 만일 사실적시와 의견이 혼재된 표현이라면 이를 전체적으로 평가하여 사실을 공표하였는지 판단해야 할 것이다.

여러 표현행위가 일시와 장소를 달리하여 이루어진 경우에는 특별한 사정이 없는 이상 개별 행위별로 허위사실 공표에 해당하는지를 살펴보아야 한다. 한편, 사실을 공표한 사람의 내심 의도나 개인적 이해관계 등 주관적 사정에 따라 그 표현의 객관적 의미가 달라지는 것은 아니므로, 이러한 주관적 사정은 겉으로 드러나지 않은 이상 허위사실 공표의 해석에 고려할 사항이 아니다.

특히 형사처벌 여부가 문제되는 표현이 사실을 드러낸 것인지 아니면 의견이나 추상적 판단을 표명한 것인지를 구별하는 경우, 어느 범주에 속한다고 단정하기 어려운 표현은 헌법상 표현의 자유의 우월적 지위와 형벌법규 해석의 원칙에 비추어 원칙적으로 의견이나 추상적 판단을 표명한 것으로 파악해야 한다.[32]

---

32) 대법원 2024. 10. 31. 선고 2023도16586 판결

4. 허위사실에 기초한 의견표현의 범죄성립 여부

앞서 살펴보았듯이 허위사실공표죄의 '사실의 공표'와 후보자 비방죄에서 말하는 '사실의 적시'란 모두 가치판단이나 평가를 내용으로 하는 의견표현에 대치되는 개념으로서 시간과 공간적으로 구체적인 과거 또는 현재의 사실관계에 관한 보고 내지 진술을 의미하며, 표현내용이 증거에 의한 입증이 가능한 것을 말한다.

이 경우 의견이나 평가라도 그것이 진실에 반하는 사실에 기초하여 행해지거나, 간접적이고 우회적인 표현방법으로 허위사실을 암시하는 경우에도 낙선목적의 허위사실공표죄가 성립된다.

판례는 간접적이고 우회적인 표현 방식을 통하여 후보자가 '주가조작 및 횡령범죄에 가담하였다'라는 사실의 존재를 암시한 행위에 대하여, 비록 단정적인 문구를 사용하지 않고 가치판단이나 의견표현으로 보이는 부분이 있지만, 그러한 가치판단이나 의견도 일정한 사실을 전제로 하고 있으므로, 전체적으로 볼 때 후보자에 대한 사회적 가치 내지 평가를 그르치게 할 가능성이 있을 정도의 구체성을 가진 사실을 공표한 것이라 보았다.[33]

반면에 "여수를 뇌물비리 도시로 만든 甲 후보자를 심판해 주십시오"라는 내용의 문자메시지를 전송한 행위에 대하여는 문구 자체가 시간과 공간적으로 구체적인 과거 또는 현재의 사실관계를 나열하였다기보다 발송자의 추상적인 판단이나 추측을 나타낸 것으로서 사실의 공표에 해당하지 않는다고 보았다.[34] 표현내용이 증거에 의한 입증이 불가능하기 때문이다.

---

33) 대법원 2011. 12. 22. 선고 2008도11847 판결

34) 대법원 2013. 4. 11. 선고 2013도1463 판결

5. 허위소문을 공표한 경우 범죄성립 여부

소문이나 다른 사람의 말을 전달하는 간접화법이나 의혹을 제기하는 형식을 빌려 어떤 사실을 공표한 경우에는 그러한 소문이나 의혹이 있었다는 것, 즉 소문이나 의혹이 실제 존재하는지가 아니라 그 소문이나 의혹의 내용이 허위인지를 기준으로 허위사실공표죄의 성립 여부를 판단한다.[35]

후보자의 비리 등에 관한 의혹의 제기는 그것이 비록 공직적격성 검증을 위한 것이라도 무제한 허용될 수는 없으므로, 그러한 의혹이 진실인 것으로 믿을 만한 상당한 이유가 있는 경우에 한하여 허용되어야 하기 때문이다.[36]

따라서 허위의 소문을 듣고 그 진실성을 의심할 사유가 있음에도 이를 확인하는 절차 없이 그 소문을 공표한 경우에는 허위사실공표죄가 성립한다.[37] 다시 말하면, 어떤 소문이 있다고 공표한 경우 그 소문의 내용이 허위이면 소문이 있다는 사실 자체는 진실하더라도 허위사실공표죄가 성립된다는 의미이다.[38]

판례는 “후보자 아들의 병역면제 비리 의혹에 관한 소문이 있는데 이 소문이 사실이라면 후보자가 어떻게 국가를 위해 일할 수 있겠느냐”라고 발언한 사안에 대하여 비록 가정적 표현을 사용하였지만 선거인들로 하여금 병역면제 처분에 어떠한 비리가 있다는 의혹을 갖게 하는 것이 명백하므로 이를 허위사실 공표에 해당한다고 보았다.[39]

35) 대법원 2016. 12. 27. 선고 2015도14375 판결
36) 대법원 2018. 9. 28. 선고 2018도10447 판결 등
37) 대전고등법원 2002. 11. 15. 선고 2002노581 판결
38) 대법원 2016. 12. 27. 선고 2015도14375 판결
39) 대법원 2003. 2. 20. 선고 2001도6138 판결

반면, 공직선거에서 후보자를 검증하는 것은 반드시 필요하고 또 중요한 일이므로, 후보자의 공직 적격성을 의심하게 하는 사정이 있는 경우 이에 대한 문제 제기가 쉽게 봉쇄되어서는 안 된다. 따라서 후보자에 관한 의혹 제기가 진실인 것으로 믿을 만한 상당한 근거에 기초하여 이루어진 경우에는 비록 해당 의혹이 진실이 아닌 것으로 밝혀지더라도 이를 벌하지 않는다.[40]

6. 존재하지 않는 사실 공표 시 입증책임

허위사실공표죄의 허위사실에 관해서는 그 사실이 진실하다는 증명이 없다는 것만으로는 부족하고 검사가 적극적으로 허위라는 점을 증명해야 한다. 어느 사실이 적극적으로 존재한다는 것의 증명은 물론이고 어느 사실이 존재하지 않는다는 증명이라도 특정 시간과 장소에서 특정 행위의 부존재에 관한 것이라면 그 입증책임은 검사가 부담하는 것이 원칙이다.

그러나 특정되지 않은 시간과 공간에서 구체화되지 않은 사실의 부존재를 증명한다는 것은 사회통념상 불가능하다. 따라서 의혹을 받을 사실이 존재한다고 적극적으로 주장하는 사람은 그러한 사실의 존재를 수긍할 만한 소명자료를 제시할 부담을 지고, 검사는 제시된 자료의 신빙성을 탄핵하는 방법으로 주장하는 내용의 허위성을 입증할 수 있다.[41] 만일 소명자료를 제시하지 못한다면 그 자체로 허위사실공표죄의 처벌을 면할 수 없다.[42]

---

40) 대법원 2016. 12. 27. 선고 2015도14375 판결
41) 대법원 2005. 7. 22. 선고 2005도2627 판결
42) 대법원 2003. 2. 20. 선고 2001도6138 전원합의체 판결

7. 사실 왜곡의 허위사실 해당 여부

객관적으로 보아 허위에 이르지 않은 어떤 사실에 관하여 그 일부를 감추거나, 허위의 사실을 부가하거나, 분식·과장 또는 윤색하여 선거인의 공정한 판단을 그르치게 할 정도로 사실을 왜곡하는 행위도 허위사실 공표에 해당할 수 있다.

판례는 상대방 후보자가 정당한 사유로 종합소득세를 납부하지 않았을 뿐 근로소득세는 납부한 사실을 알면서도 '소득세'를 납부하지 않았다는 취지의 연설을 하면서 그 세금이 '종합소득세'라고 특정하지 않은 것은 허위사실공표에 해당한다고 보았다.[43]

8. 벌금형 하한을 500만원 이상으로 정한 취지

공직선거법의 허위사실공표죄에서 자신의 실적이나 능력을 부풀리는 당선목적의 허위사실공표죄는 그 벌금형에 하한을 두지 않고 있지만, 상대방 후보자를 깎아내리는 낙선목적의 허위사실공표죄는 벌금형의 하한을 500만원 이상으로 규정하고 있다.

만일 자신의 당선을 목적으로 허위사실공표죄를 범한 경우 이론적으로는 형법이 정한 최소 금액인 5만원의 벌금형 선고도 가능할 것이다. 그러나 상대 후보자의 낙선을 목적으로 허위사실공표죄를 저지른 경우에는 사정이 전혀 다르다. 일단 유죄가 인정되면 선고유예 판결이 아닌 한 당선무효를 피할 수 없다.

왜냐하면, 낙선목적의 허위사실공표죄는 벌금형의 하한을 500만원으로 정하고 있기 때문에, 해당 죄를 범하고 자수한 피고인에게 개

43) 대법원 2002. 5. 24. 선고 2002도39 판결

전의 빛이 현저하고 피해자와 합의를 한 경우 재판부가 형법에 따른 법률상 감경과 정상참작감경의 은전을 모두 베풀어 각각 2분의 1씩 그 형을 감경하더라도 계산상 125만원 이상의 벌금형 선고가 불가피한 것으로 보이기 때문이다.

낙선목적의 허위사실공표죄는 매수죄, 선거의 자유 방해죄와 더불어 선거의 자유와 공정을 크게 해치는 대표적인 선거부정 행위로 평가할 수 있다. 따라서 낙선목적의 허위사실공표죄를 범한 경우에는 비록 당선되더라도 불법으로 취득한 지위를 인정하지 않겠다는 입법자의 결단에 따라 법관의 양형재량으로도 당선무효의 운명을 피할 수 없도록 법정형을 정한 것으로 보인다.

실제 낙선목적의 허위사실공표죄로 100만원 이하의 벌금형이 선고된 사례는 찾아보기 어렵다. 선거범죄로 100만원 이상의 벌금형이 확정되면 당선이 무효로 되고, 보전비용과 기탁금을 반환해야 하며, 향후 5년간 피선거권이 박탈되므로 다음 선거에도 출마할 수 없다. 사실상 정치권 퇴출을 의미한다.

참고적으로 뒤에서 설명하는 후보자비방죄의 경우 비방의 내용이 진실이든 거짓이든 가리지 않고 성립하는 대신, 그 벌금형에 하한이 없다. 따라서 허위의 사실을 적시하여 후보자를 비방하였음에도 공소유지의 편의를 위하여 허위사실공표죄 대신 후보자비방죄로 기소되었다면 피고석에서는 표정관리에 힘써야 한다. 이제 솟아날 구멍이 생긴 것이다.

제 4 절
당내경선 허위사실공표죄

1. 범죄 구성요건과 법정형 개요

공직선거법은 정당의 후보자 선출을 위한 당내경선에서 경선후보자와 그 가족에 관하여 당선목적으로 허위사실을 공표한 사람은 3년 이하의 징역 또는 6백만원 이하의 벌금에, 낙선목적으로 허위사실을 공표한 사람은 5년 이하의 징역 또는 1천만원 이하의 벌금에 처하도록 허위사실공표죄를 규정하고 있다(§250③).

다만, 본 선거와 달리 경선후보자가 유사학력을 게재한 경우에는 허위사실공표죄를 적용하지 않는다.

2. 당내경선 허위사실공표죄의 의의

본 조는 정당이 실시하는 후보자 선출을 위한 당내경선에서 허위의 사실을 공표하여 당내경선 선거인의 올바른 판단에 영향을 미치는 행위를 규제함으로써 당내경선의 공정을 보장하기 위한 규정이다. 당내경선 허위사실공표죄는 2004년 이후 당내경선에 비당원의 참여가 확대되면서 정당법에 신설된 후, 2005년 공직선거법을 개정하면서 해당 법률로 이관되었다.

당내경선이란 정당이 공직선거에 추천할 후보자를 선출하기 위하여 실시하는 선거를 말한다. 당내경선을 대체하여 경선후보자들을 대상으로 해당 정당의 당헌·당규 또는 경선후보자 간의 서면합의에 따라 실시한 여론조사도 당내경선에 포함된다.

다만, 본 조에서 규정하는 당내경선 허위사실공표죄의 객체에 '경선후보자'만 해당되고 '경선후보자가 되려는 사람'은 포함되지 않는다.[44]

3. 당내경선 허위사실공표죄 적용사례

당내경선 허위사실공표죄는 정당이 추천하는 공직선거의 후보자가 되거나 되지 못하게 할 목적을 필요로 하나, 본 죄의 목적이 인정되더라도 본 선거에서의 당선 또는 낙선의 목적이 있다고 추정할 수는 없다.[45] 당내경선에 임박하여 허위사실이 공표된 경우 당내경선 허위사실공표죄가 적용되는지 아니면 본 선거의 허위사실공표죄가 적용되는지에 관하여는 표현된 문구, 공표 시기, 공표의 주체와 상대방 등을 종합하여 판단해야 할 것이다.

예컨대, 군수선거의 후보자 선출을 위한 당내경선에서 경선일 30일 전에 상대방 경선후보자 'A가 전과 2범이다'라고 허위사실을 공표한 사안에 대하여, 판례는 당내경선에 선출될 목적을 넘어 군수선거의 본 선거에서 A를 당선되지 못하게 할 목적으로 허위사실을 공표한 것으로는 보기 어렵다고 판단하였다.[46]

44) 대구고등법원 2019. 4. 4. 선고 2019노57 판결
45) 대구지방법원 2007. 4. 18. 선고 2006고합785 판결
46) 대법원 2019. 11. 14. 선고 2019도12468 판결

반면, 예비후보자 등록 2개월 이후에 실시된 정당의 당내경선에서 예비후보자 등록일부터 선거사무실 현수막에 허위사실을 게재하고, 당내경선 운동방법으로 허용되지 않는 선거홍보물에 허위사실을 기재한 사안에 대하여, 판례는 이를 당내경선에만 관련된 행위로 볼 수 없으며 본 선거에서의 당선을 위한 행위에 해당한다고 본 사례[47] 도 있음에 유의할 필요가 있다.

당내경선에서 경선운동 방법의 합법적인 경계를 넘는 행위는 해당 당내경선의 제한·금지규정에 위반됨은 물론이고, 본 선거의 제한·금지 규정에도 저촉될 수 있다. 그러한 행위는 대부분 통상적인 정당활동의 범위를 벗어나 본 선거의 선거운동이 성립하기 때문이다(§58①). 이 사건 판결에서도 당내경선에서 경선운동방법으로 허용되지 않는 선거홍보물에 허위사실을 기재한 점이 판결에 영향을 미친 것으로 보인다.

47) 인천지방법원 2014. 10. 29. 선고 2014고합 528·676(병합) 판결

제 5 절
후보자비방죄

1. 범죄 구성요건과 법정형 개요

공직선거법은 당선되거나 되게 하거나 되지 못하게 할 목적으로 매체와 방법을 불문하고 공연히 사실을 적시하여 후보자와 그의 가족을 비방한 사람은 3년 이하의 징역 또는 500만원 이하의 벌금에 처하도록 후보자비방죄를 두면서, 진실한 사실로서 공공의 이익에 관한 때에는 처벌하지 않도록 위법성 조각사유도 함께 규정하고 있다(§251).

본 조는 후보자와 그 가족에 대하여 명예를 훼손하는 위법행위를 규제함으로써 그들의 명예를 보호함과 아울러 선거의 공정성을 확보하기 위한 규정이다.[48] 다만, 허위사실공표죄와 달리 후보자비방죄는 비방의 내용이 진실하든 거짓이든 그 내용을 묻지 않는다는 점에 차이가 있다.

특히 본 죄에서 보호하는 인적 범위는 허위사실공표죄와 달리 후보자와 그 가족으로 한정된다. 아울러 적용기간도 후보자등록 후부터 선거일까지로 축소되어 이제 예비후보자도 보호받지 못한다. 헌법재판소가 2024년 6월 본 조 중 '후보자가 되고자 하는 자'에 관한 부분

48) 헌법재판소 2010. 11. 25. 선고 2010헌바53 결정

이 헌법에 위반된다고 결정하였기 때문이다.[49)]

헌법재판소는 해당 결정에서 후보자가 되려는 사람은 자발적으로 공론의 장에 뛰어든 사람이므로 자신에 대한 부정적인 표현을 어느 정도 감수하여야 함을 밝히면서, 비방이 허위사실에 해당할 경우에는 허위사실공표죄로 처벌하면 족하다고 보았다. 반면에 후보자가 되려는 사람에 대하여 비방을 한 사람은 수사나 형사소추의 위험에 놓이게 되어 표현의 자유에 대한 위축효과가 발생하므로, 해당 조항이 정치적 표현의 자유를 과도하게 침해한다고 판단하였다.

2. 비방죄 구성요건의 의미

가. 공연히의 의미

'공연히'의 의미는 표현범죄의 공통요건인 공연성과 동일한 의미로서 불특정 또는 다수인이 알 수 있는 상태를 말한다. 허위사실공표죄의 구성요건인 공표의 개념과도 유사하다. 따라서 개별적으로 한 사람에게 사실을 유포하였더라도 그로부터 불특정 또는 다수인에게 전파될 가능성이 있다면 공연성의 요건은 충족된다.[50)]

나. 사실의 적시의 의미

후보자비방죄가 성립하기 위해서는 사실을 적시하여 후보자와 그의 가족을 비방해야 하므로, '사실의 적시'는 내용상 비방에 충분한 사실, 즉 후보자 등의 사회적 가치 내지 평가가 침해될 가능성이 있을

49) 헌법재판소 2024. 6. 27. 선고 2023헌바78 결정

50) 대법원 1996. 7. 12. 선고 96도1007 판결 등

정도로 구체성을 띠어야 한다. 만일 구체성이 없는 사실의 표현이나 가치판단 또는 평가와 같은 것은 후보자비방죄의 구성요건인 사실의 적시에 해당하지 않는다.

판례는 "조강지처 버리고 잘된 사내가 없다"는 표현만으로는 추상적인 의견의 표시에 불과하지만, 그 직전에 "어떻게 이혼을 했는지 그 소문을 이 자리에서 입이 부끄러워서 얘기하지 않겠습니다"라고 한 발언과 종합하여 보면 "입이 부끄러워 얘기하지 않겠다"는 표현만으로도 선거인으로 하여금 후보자가 이혼에 이른 과정을 그릇되게 추단하여 그의 평가를 저하시킬 수 있다고 보아 사실을 적시하여 후보자를 비방한 것으로 보았다.[51]

다. 비방의 의미

'비방'이란 정당한 이유 없이 상대방을 깎아 내리거나 헐뜯어 그 사회적 가치평가를 저하시키는 것을 말한다.[52] 따라서 비방은 주로 공직 수행능력과 합리적인 관련성이 없는 내용, 예컨대 극히 사적이거나 개인의 내밀한 영역에 속하는 사항을 폭로하거나 날조된 허구의 사실을 전파하는 등의 방법으로 행하여진다.

공적인 활동에 관한 진술이라도 그 표현방법이나 내용에 비추어 상대방의 정치역량을 객관적으로 언급한 것이 아니라 인격적으로 비하하는 취지일 경우에는 비방에 해당될 수 있다.[53] 다만, 정치활동 등 공적 생활에 관한 사실을 적시한 경우에는 사생활 비방에 필적할 정도로 상대방의 인격적 가치를 훼손시키는지에 따라 후보자비방죄의 성립 여부를 판단한다.

---

51) 대법원 2002. 6. 14. 선고 2000도4595 판결

52) 대법원 2009. 6. 25. 선고 2009도1936 판결 등

53) 대법원 1996. 11. 22. 선고 96도1741 판결

예컨대, "甲 의원이 박근혜 대표를 배신하고 이명박 당선자에게 줄서기를 하는 것은 여러분들이 너무나 잘 알 것이다, 그뿐만이 아니라 甲 의원은 나와 개인적으로 철석같이 맺었던 약속도 배신하였다" 라는 취지의 연설에 대하여, 판례는 이러한 표현이 비록 정치활동에 관한 것이지만 인격적 가치에 대한 사회적 평가를 저하시키는 것이어서 비방에 해당한다고 보았다.[54)]

3. 후보자비방죄의 위법성 조각사유

가. 위법성 조각사유를 둔 취지

공정하고 자유로운 선거를 구현하기 위해서는 후보자의 공직 적격성과 해당 후보자가 제시한 정책과 공약의 타당성을 검증하기 위하여 표현의 자유가 최대한 보장되어야 한다. 헌법재판소도 선거에서는 선거의 공정을 해치지 않는 한도에서는 정치적 표현의 자유가 한껏 보장되어야 한다고 판시한 바 있다.[55)]

특히 선거운동에서의 표현행위는 정치적인 의견투쟁이 최고도로 강화되는 상황에서 이루어지는 것이고, 후보자 상호간 격렬하게 비판 또는 비난하는 과정에서 단순화·과장·비유 등 여러 가지 표현기법을 구사하여 상대방을 신랄하게 공격하는 것이 예사이므로, 후보자들의 발언을 대하는 선거인 역시 그러한 사정을 이해하고 있는 것으로 보아야 할 것이다.[56)]

이와 같은 취지에서 공직선거법에 후보자비방죄를 규정하되, 비방

54) 부산지방법원 2009. 7. 17. 선고 2008고합649 판결

55) 헌법재판소 2003. 1. 30. 선고 2001헌가4 결정

56) 부산고등법원 1992. 6. 17. 선고 92노215 판결

의 내용이 진실한 사실인 경우에는 형법상 명예훼손죄와 정보통신망법에 따른 명예훼손죄에 비하여 위법성 조각사유를 폭넓게 인정함에 따라 선거에 관한 표현의 자유를 상대적으로 두텁게 보호하고 있다.

나. 위법성 조각의 요건

후보자비방죄에는 단서를 두어 사실을 적시한 비방행위가 있더라도 진실한 사실로서 공공의 이익에 관한 때에는 처벌하지 않도록 위법성 조각사유를 규정하고 있다(§251).

사실의 적시에 의한 비방행위가 본 조의 단서에 따라 위법성이 조각되기 위해서는, 첫째, 적시된 사실이 전체적으로 보아 진실에 부합할 것, 둘째, 그 내용이 객관적으로 공공의 이익에 관한 것일 것, 셋째, 행위자도 공공의 이익을 위한다는 동기를 가지고 있을 것이라는 요건을 모두 갖추어야 한다.[57)]

우선 '진실한 사실'이란, 세세한 부분에 있어서 약간의 차이가 있거나 다소 과장된 표현이 있어도 전체적으로 보아 객관적 진실에 부합되면 진실한 사실로 본다.[58)]

'공공의 이익'이란 국가·사회 또는 다수인 일반의 이익에 관한 것뿐만 아니라 특정한 사회집단이나 그 구성원 전체의 관심과 이익에 관한 것도 포함된다.[59)] 적시된 사실이 공공의 이익에 관한 것인지는 적시된 사실의 구체적 내용, 공표가 이루어진 상대방의 범위, 그 표현방법은 물론 그 표현에 의해 훼손되거나 훼손될 수 있는 명예의 침해도 함께 고려하여 결정해야 한다.

따라서 후보자의 사적인 신상에 관한 사실이라도 해당 후보자가

57) 대법원 2011. 3. 10. 선고 2011도168 판결
58) 대법원 2004. 10. 27. 선고 2004도3919 판결 등
59) 대법원 1999. 6. 8. 선고 99도1543 판결 등

관계하는 사회적 활동의 성질이나 이를 통하여 사회에 미치는 영향력의 정도에 따라서는 그 사회적 활동에 대한 비판 내지 평가의 한 자료가 될 수 있는 경우 이를 적시하는 것은 공공의 이익을 목적으로 하는 행위로 인정될 수 있다.[60)]

위법성 조각의 마지막 조건으로서 행위자도 공공의 이익을 위한 동기를 가지고 있어야 한다는 것은 행위자도 최소한 공공의 이익을 위하여 그 사실을 적시한다는 동기를 가지고 있어야 한다는 의미이다. 그 동기에는 반드시 공공의 이익이 사적 이익보다 우월하지는 않더라도 양자가 동시에 존재하고 거기에 상당성이 인정되어야 한다.[61)]

위법성 조각사유에 관하여 적시된 사실의 진실성과 공공의 이익에 대한 입증책임은 이를 주장하는 피고인에게 있다.[62)] 이러한 이유로 허위사실에 대한 입증이 곤란하여 허위사실공표죄로 공소유지가 어려운 경우 사실관계의 동일성을 유지하면서 적용법조만 후보자비방죄로 공소장을 변경하여 입증책임을 피고인에게 전환시킨 판례를 간혹 발견할 수 있다.

다만, 적시한 사실이 진실한 것이라는 증명이 없더라도 행위자가 진실한 것으로 믿었고, 또 그렇게 믿을 만한 상당한 이유가 있는 경우에는 위법성이 조각된다.[63)] 이러한 법리는 인격권으로서 개인의 명예보호와 표현의 자유 보장이라는 상충되는 법익 간 조화를 꾀한 것으로서 일반 명예훼손의 재판에도 적용된다.[64)]

---

60) 대법원 1996. 4. 12. 선고 94도3309 판결
61) 대법원 1998. 9. 22. 선고 98도1992 판결
62) 대검찰청 2020. 3. 앞의 책 428쪽
63) 대법원 1996. 4. 23. 선고 96도519 판결
64) 대법원 1993. 6. 22. 선고 92도3160 판결

4. 위법성 조각사유를 인정한 예

상대 후보자가 구의원 재직시 구속영장이 신청된 사실을 보도한 신문을 낭독한 사안에서, 판례는 후보자의 전과는 공직 후보자로서의 자질과 적격성을 판단하는 데 중요한 자료가 될 뿐만 아니라, 법원의 최종적 판단까지 받은 것이므로 공적 이익에 관한 사실이라며 위법성 조각사유를 인정하였다.[65]

한편, '후보 장인이 인민위원장 빨치산 출신인데 애국지사 11명을 죽이고 형무소에서 공산당 만세를 부르다 죽었다'는 연설로 기소된 사안에서, 판례는 일부 과장된 표현이 있더라도 전체적으로 객관적 진실에 부합하는 내용이고, 유권자들이 적절하게 선거권을 행사하도록 자료를 제공하려는 공공의 이익 또한 인정된다며 위법성이 조각된다고 판단하였다.[66]

아울러 상대방 후보자가 부시장 재직시절 운전기사를 통해 갈비세트를 받았다가 적발되었으나 운전기사만 처벌받았다는 내용을 기자들에게 이메일로 발송한 사안에서, 판례는 적시한 사실이 전체적으로 진실에 부합하고 공직 후보자로서의 역량과 자질을 판단하는 자료가 될 수 있다는 점에서 공공의 이익에 관한 것이므로 위법성이 조각된다고 보았다.[67]

선거에서 진실한 사실의 공표는 비록 후보자의 명예가 깎이고 헐뜯어지더라도 개인의 내밀한 영역이 아닌 한 허용되어야 하고 법적 책임을 묻지 않는 것을 원칙으로 한다.

---

65) 대법원 1996. 6. 28. 선고 96도977 판결

66) 대법원 2004. 10. 27. 선고 2004도3919 판결

67) 서울고등법원 2015. 4. 23. 선고 2015노815 판결

5. 위법성 조각사유를 인정하지 않은 예

상대 후보자의 재산증가가 소유 부동산의 공시지가 상승에 따른 것이고, 상대 후보자와 그의 장남이 질병으로 치료를 받았음에도 부정한 방법으로 재산증식과 병역면제가 이루어졌을 것이라는 취지의 의혹을 제기한 사안에서, 판례는 비록 단정적인 표현을 사용하지는 않았으나 상대 후보자에 대한 의혹을 간접적, 우회적으로 표현한 것으로 의혹이 진실이라는 증명이 없는 이상 위법성이 조각된다고 볼 수 없다고 보았다.[68)]

또한 뇌물수수죄로 기소되었으나 무죄가 확정된 후보자를 상대로 뇌물을 받았다는 취지로 발언한 사안에시, 판례는 이러한 표현은 비방에 해당하고, 그 내용도 진실에 부합된다고 할 수 없어 위법성도 조각되지 않는다고 판시하였다.[69)]

한편, 상대 후보자가 언론 인터뷰에서 정부의 자기부상열차 시범사업권 시행자 결정이 절차적 흠이 없는 객관적 결정이었다고 발언한 것을 두고 '자기부상열차 인천에 빼앗긴 결정 지지 발언'이란 문자메시지를 발송한 사안에서, 판례는 상대후보자의 정치적 견해를 왜곡되게 전달함으로써 그를 낙선시키고 자신이 당선되겠다는 사적 이익이 결정적으로 중요한 동기가 되었으므로 위법성이 조각되지 않는다고 판시하였다.[70)]

또한 후보자 일가의 비리를 언급한 인터넷 기사를 링크하면서 '도적놈들, 더러운 놈들' 등의 표현을 추가한 사안에서, 판례는 위법성이 조각되지 않는다고 판단하였다.[71)]

---

68) 대전고등법원 2011. 4. 2. 선고 2011노66 판결

69) 서울고등법원 2015. 5. 6. 선고 2015노44 판결

70) 대법원 2009. 6. 25. 선고 2009도1936 판결

71) 광주고등법원 2015. 2. 12. 선고 2014노551 판결

6. 입후보예정자 비방 위헌결정에 따른 문제점

헌법재판소는 2024년 6월 후보자비방죄의 객체 중 '후보자가 되고자 하는 자'에 관한 부분에 대하여 위헌결정을 내린 바 있다.[72] 그 이유로서 헌법재판소는 심판대상 조항의 단서에 비록 위법성 조각사유가 규정되어 있지만, 해당 조항이 표현의 자유에 대한 위축효과를 초래함으로서 헌법상 과잉금지원칙에 위배되어 정치적 표현의 자유를 침해한다고 보았다.

헌법재판소의 단순 위헌결정에 따라 공직선거법의 해당 조항은 즉시 효력을 상실하여 현재는 후보자로 등록하지 않은 사람에 대한 비방으로는 선거범죄가 성립하지 않는다. 물론, 허위사실로 비방한 경우에는 여전히 허위사실공표죄로 처벌할 수 있다.

여기에서 쟁점은 예비후보자 등 후보자가 되려는 사람을 진실한 사실로 비방한 경우에 형법상 명예훼손죄 또는 사이버명예훼손죄가 적용될 위험성에 관한 것이다. 이에 관한 검토를 위해 진실한 사실을 적시하여 타인의 인격권을 침해한 경우 여러 법률에 규정된 위법성 조각사유의 인정 여부와 그 범위를 살펴본다.

우선 형법상 일반 명예훼손에 관해서는 진실한 사실로서 '오로지' 공공의 이익에 관한 때에는 처벌하지 않도록 위법성 조각사유를 협소하게 정하고 있다(§307 · §310). 관련 판례는 '공공의 이익'에 관한 때의 의미를 행위자의 주된 동기나 목적이 공공의 이익을 위한 것이라면 부수적으로 다른 사익적 목적이나 동기가 내포되어 있더라도 위법성 조각사유를 인정하고 있다.[73]

---

72) 헌법재판소 2024. 6. 27. 선고 2023헌바78 결정. 해당 사안은 2018. 6월 실시된 제7회 전국동시지방선거에서 입후보예정자에 대한 허위사실공표와 후보자비방죄로 기소되어 벌금 600만 원을 선고받자 2023년 3월 헌법소원심판을 청구한 사건이다. 해당 청구인은 구청장선거에서 낙선하였다.

게다가 형법상 출판물에 의한 명예훼손죄와(§309) 정보통신망법에 따른 사이버명예훼손죄는(§70) 아예 위법성 조각사유에 관한 명시적 근거가 없다. 물론 위법성 조각사유를 명시적으로 두고 있지 않더라도 법원은 수많은 사법심사를 통하여 진실한 사실을 적시한 경우에는 비방의 목적을 부인하는 방법으로 표현의 자유를 보호하여 왔다.[74)]

예컨대, '비방할 목적'은 공공의 이익을 위한 것과는 행위자의 주관적 의도라는 방향에서 상반되므로, 적시한 사실이 공공의 이익에 관한 경우에는 특별한 사정이 없는 한 비방의 목적은 부정되는 것이다. 여기에서 '공공의 이익에 관한 경우'란 적시한 사실이 객관적으로 볼 때 공공의 이익에 관한 것으로서 행위자도 주관적으로 공공의 이익을 위하여 그 사실을 적시한 것이라야 한다. 이 경우 행위자의 주된 동기와 목적이 공공의 이익을 위한 것이라면 부수적으로 다른 사익적 목적이나 동기가 포함되어 있더라도 비방할 목적이 있다고 보기는 어렵다.[75)]

반면에 공직선거법의 후보자비방죄는 형법상 일반명예훼손죄와 달리 위법성 조각사유에 '오로지'라는 표현이 없다. 이에 따라 형성된 판례는 '공공의 이익'에 관한 의미를 행위자가 최소한 공공의 이익을 위하여 그 사실을 적시한다는 동기를 가지고 있어야 한다고 보면서, 그 동기에는 반드시 공공의 이익이 사적 이익보다 우월하지는 않더라도 양자가 동시에 존재하고 거기에 상당성이 있으면 위법성 조각사유를 폭넓게 인정하여 왔다.[76)]

여기에서 우리는 인간의 존엄과 가치에서 유래하는 인격권으로서 후보자의 명예와 표현의 자유에 터잡은 선거운동의 자유가 조화되는 모습을 발견할 수 있다. 그러나 해당 규정에 대한 위헌결정에 따라 예

---

73) 대법원 2023. 2. 2. 선고 2022도13425 판결 등
74) 대법원 2011. 7. 14. 선고 2010도17173 판결 등
75) 대법원 2018. 11. 29. 선고 2016도14678 판결 등
76) 대법원 1998. 9. 22. 선고 98도1992 판결 등

비후보자나 후보자가 되려는 사람에 대한 비방에는 이제 위법성 조각사유에 인색한 명예훼손죄 또는 사이버명예훼손죄가 적용되어 오히려 처벌범위가 확장될 위험성이 있다.

입법론적으로는 후보자비방죄의 객체에 예비후보자와 그 가족을 포함시켜 그들의 인격권을 보호하는 한편, 선거에서 표현의 자유를 최대한 보장하여 예비후보자의 공직적격성을 검증할 수 있도록 해당 규정을 보완하는 것이 타당해 보인다.

제 10 장

불공정보도와 허위사실 대응방법

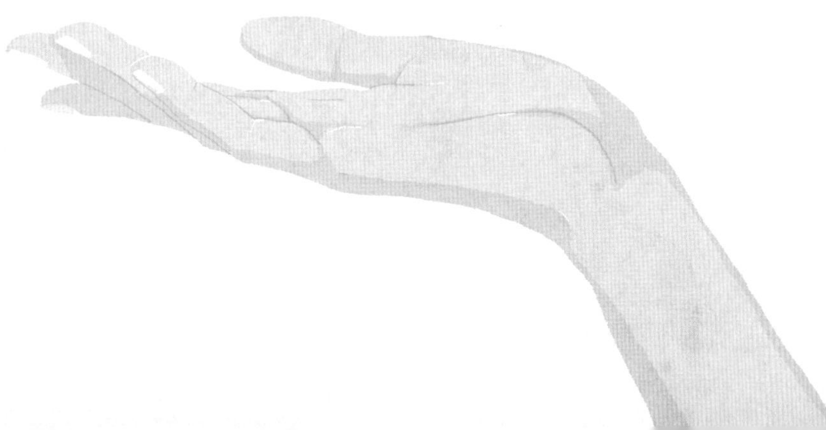

공직선거법은 선거보도의 공정성을 확보하기 위하여 선거방송 · 선거기사 및 인터넷 선거보도에 대한 심의기구를 설치 · 운영하여 후보자 또는 후보자가 되려는 사람의 권리를 신속하게 구제하고 유권자의 의사형성의 자유를 보호하고 있다.

한편, 후보자와 후보자가 되려는 사람은 정보통신망에 비방 또는 허위사실이 게시되거나 전송되는 것을 발견한 때에는 해당 정보에 대한 삭제를 요청할 수 있다. 아울러 누구든지 후보자 또는 예비후보자에 관한 허위사실이 공표된 경우에는 선거관리위원회에 이의를 제기할 수도 있다.

이 장에서는 후보자 또는 후보자가 되려는 사람에 대한 불공정보도와 허위사실 유포에 대한 대응방법을 살펴본다.

제 1 절

선거보도 심의제도 개요

1. 언론기관의 공정보도 의무

공직선거법은 방송사·신문사 및 인터넷언론사[1])가 정당의 정강·정책이나 후보자(후보자가 되려는 사람을 포함한다. 이하 이 절에서 같다)의 정견 등에 관하여 보도·논평을 하는 경우에는 공정하게 하도록 언론기관에 의무를 부과하고 있다(§8).

아울러 공직선거법은 언론인에게 선거운동 목적으로 선거에 관하여 허위의 사실을 보도하거나 사실을 왜곡하여 보도 또는 논평하는 것은 물론, 여론조사 같은 객관적 자료를 제시하지 않고 선거결과를 예측하는 보도를 금지하고(§96②), 이를 위반한 경우에는 7년 이하의 징역 또는 500만원 이상 3천만원 이하의 벌금에 처하도록 무거운 법정형을 규정하고 있다(§252①).

또한 언론인이 허위사실을 공표하거나 후보자를 비방한 경우에는 해당 범죄로 처벌될 수도 있다(§250·§251).

1) 인터넷언론사란 신문 등의 진흥에 관한 법률에 따라 등록된 인터넷신문사뿐만 아니라 NAVER·Daum 등 포털사이트를 경영·관리하는 사람을 말한다. 2025년 1월 1일 현재 4,382개의 인터넷 언론사가 등록되어 있다.

2. 선거보도 심의제도 도입의 의미

불공정 보도와 왜곡 보도는 후보자에 대한 유권자의 공정한 판단에 지장을 초래하여 선거의 공정을 훼손하지만, 개별적인 언론인에 대한 처벌만으로는 선거의 공정을 회복하기 어렵다. 더구나 허위사실이나 비방에 이르지 않는 한 처벌 대상도 아니다.

특히 선거가 임박한 시기에 불공정 보도가 이루어지면, 통상적인 언론중재위원회의 중재절차나 방송심의위원회의 심의절차로는 피해자의 신속한 권리구제가 어렵고, 해당 언론기관이 심의기구의 제재조치에 불응하는 경우 그 이행을 담보할 수 있는 실효성 있는 수단에도 한계가 있다.

이에 따라 신속하고 실효성 있는 권리구제를 위하여 1997년 11월 선거방송심의위원회 도입을 시작으로 2000년 2월에는 선거기사심의위원회가 설치된 후, 2004년 3월에는 인터넷선거보도심의위원회를 도입하여 현재에 이르고 있다. 이에 따라 모든 매체를 대상으로 불공정한 선거보도를 신속하게 바로잡아 선거의 공정을 확보할 수 있는 강력한 안전판을 확보하게 되었다.

인류에게 법학의 불을 가져다준 프로메테우스라는 평가를 받는 독일의 법철학자 예링은 자신의 권리침해에 저항하는 것은 도덕적인 자기 보존의 명령이자 공동체에 대한 의무로 파악하였다.

이러한 측면에서 불공정 선거보도와 왜곡보도에 대하여 후보자가 적극적으로 시정요구권을 행사하고 반론보도를 청구하는 것은 자신의 존엄성을 보호하기 위한 명령이자 민주공화국에 대한 의무가 될 것이다. 이를 통하여 자유선거의 원칙에 따른 유권자의 의사형성의 자유를 보호하고 선거에 공정을 기할 수 있다.

3. 선거보도 심의기구 설치 · 운영 방법

문명국가에서 언론에 대한 국가의 통제는 가당치도 않거니와 굳이 언론에 대한 통제의 필요성이 인정되더라도 그 방법은 언론인들에 의한 자율규제가 원칙이다. 공직선거법에 따라 설치된 선거보도 심의기구도 큰 틀 내에서는 이러한 원칙을 준수한다.

예컨대, 선거방송의 공정성을 심의하기 위해서 방송통신심의위원회가 선거방송심의위원회를 설치하고(§8의2), 신문이나 잡지 등 정기간행물 또는 뉴스통신[2)]에 게재된 선거기사의 공정성을 심의하기 위해서 언론중재위원회가 선거기사심의위원회를 설치하며(§8의3), 인터넷언론사에 게재된 선거보도의 공정성을 심의하기 위해서 중앙선거관리위원회가 인터넷선거보도심의위원회를 각각 설치 · 운영하는 것이다(§8의5).

심의기구를 구성하는 때에는 공통적으로 언론기관, 언론인 단체, 대한변호사협회가 추천한 사람이 심의위원으로 참여하고, 중앙선거관리위원회가 추천한 사람, 그리고 국회에 교섭단체를 구성한 정당이 추천한 인사도 심의기구의 위원으로 참여한다.

한편, 선거방송심의위원회와 선거기사심의위원회는 한시적 기구로서 임기만료에 따른 선거에서도 예비후보자등록신청개시일 전일부터 선거일 후 30일까지만 운영되지만, 인터넷선거보도심의위원회는 상설기관이므로 인터넷언론사의 선거보도에 관해서는 언제든지 피해자의 권리구제가 가능한 장점이 있다.

특히 모든 방송과 신문사가 인터넷 홈페이지를 운영하는 등 언론보도가 인터넷을 중심으로 융합하는 추세를 고려할 때, 언론사 홈페이

2) 뉴스통신이란 외국의 뉴스통신사와 뉴스통신계약을 체결하고 국내외의 정치 · 경제 · 사회 · 문화 · 시사 등에 관한 보도 · 논평 및 여론 등을 전파하는 것을 목적으로 하는 유무선을 포괄한 송수신 또는 이를 목적으로 발행하는 간행물을 말한다. 연합뉴스와 뉴시스가 대표적이다.

지의 선거보도에 대한 게이트 키핑(Gate Keeping) 즉, 문지기 역할은 선거의 공정성 확보에 유력한 수단이 될 수 있다.

경험칙상 인터넷선거보도심의위원회의 이의신청에 대한 처리는 통상 2주를 넘기지 않는다. 메이저 언론사의 선거보도를 대상으로 심의하는 경우에는 가끔 작아지기도 하지만, 인터넷선거보도심의위원회의 심의과정이나 그 결과에 대하여 공정성 논란이 제기되지 않은 것은 그들의 자랑이다.

제 2 절
불공정 선거보도 시정요구

1. 시정요구와 제재조치

후보자 등은 선거방송이 불공정하다고 생각되면 선거방송심의위원회에, 선거기사[3]가 불공정하다고 생각되면 선거기사심의위원회에, 인터넷언론사의 선거보도가 불공정하다고 생각되면 인터넷선거보도심의위원회에 각각 시정을 요구할 수 있고, 해당 심의위원회는 지체없이 이를 심의·의결해야 한다(§8의2·§8의3·§8의5).

선거방송이 불공정하다고 인정되면 선거방송심의위원회는 해당 방송프로그램이나 방송광고의 정정·수정 또는 중지, 방송편성 책임자나 해당 방송프로그램 또는 방송광고의 관계자에 대한 징계, 주의 또는 경고를 결정하여 방송통신위원회에 통보한다.

선거기사가 불공정하다고 인정되면 선거기사심의위원회는 해당 기사에 대하여 정정보도문 또는 반론보도문의 게재 등을 심의·의결하여 언론중재위원회에 통보한다. 인터넷언론사의 선거보도가 불공정하다고 인정될 경우 인터넷선거보도심의위원회는 직접 해당 언론사에 정정보도문의 게재 등 필요한 조치를 명한다.

---

3) 선거기사의 범위에 사설·논평이 포함된다. 공직선거법 제8조의3제1항 참조.

2. 제재조치 불이행 시 벌칙

방송사가 일반 방송의 공정성 및 공공성을 위반하여 내려진 방송통신위원회의 제재조치를 이행하지 않은 경우 3천만원 이하 벌금에 처하고,[4] 신문사가 일반적인 보도에 대한 언론중재위원회의 정정보도문 게재 조치 등에 불응한 경우 3천만원 이하의 과태료에 처한다.[5] 형벌로서 징역 또는 금고형은 없다.

그러나 선거방송심의위원회·선거기사심의위원회 및 인터넷선거보도심의위원회가 결정한 제재조치를 통보받고 지체없이 이를 이행하지 않은 사람에게는 형벌이 적용되어 2년 이하의 징역 또는 1,500만원 이하의 벌금으로 처벌된다(§256②).

여기에서 선거보도 심의기구로부터 제재조치를 통보받고 지체없이 이를 이행하지 않은 사람의 범위에는 해당 보도의 실질적 책임자를 포함한다. 형식적 책임자에게는 책임주의 원칙상 죄책을 물을 수 없고, 실질적 책임자를 처벌하지 않는다면 부당할 뿐만 아니라 제도의 실효성도 담보할 수 없기 때문이다.[6]

참고적으로 언론인에게 선거범죄로 100만원 이상의 벌금형이 확정되면 공직선거법의 공무담임 제한규정에 따라 그 직에서 퇴직되고 향후 5년간 언론계에 몸담을 수 없다(§266①). 언론사와 언론인의 취재보도의 자유 못지않게 선거의 공정과 자유선거의 원칙에 따른 유권자의 의사형성의 자유 또한 두텁게 보호해야 할 필요가 있기 때문이다.

---

4) 방송법 제106조제2항제2호 참조

5) 언론중재 및 피해구제 등에 관한 법률 제34조제1항제2호 참조

6) 대법원 2013. 8. 22. 선고 2013도6974 판결

제 3 절
인신공격 · 왜곡선전에 반론보도 청구

1. 반론보도 청구제도의 성격과 의미

반론보도 청구제도는 언론기관이 특정인의 인격권을 침해한 경우 피해를 받은 개인에게도 신속·적절하고 대등한 방어수단이 주어져야 한다는 점에 그 이론적 기초가 있다. 당초의 공격 내용과 동일한 효과를 갖도록 당초 보도된 매체를 통하여 반론기회를 보장하는 것이 적절하고 형평의 원칙에도 부합하기 때문이다.

시청자나 독자의 입장에서도 언론기관이 일방적으로 제공하는 정보에만 의존하기보다 상대방의 반대주장까지 들어야 비로소 올바른 판단을 내릴 수 있기 때문에 상대방에게 반대주장의 기회를 보장하는 것이 진실발견과 올바른 여론형성을 위하여 중요한 의미를 가진다.[7]

이와 같이 반론보도 청구제도는 인격권 침해시 신속하고 적절한 방어수단으로서 피해자의 권리구제라는 주관적 의미에 더하여 진실발견과 올바른 여론형성이라는 객관적 제도로서의 의미를 함께 보유한다. 공직선거법에 따른 선거보도의 반론보도 청구제도는 여기에 더하여 유권자의 의사형성의 자유와 선거의 공정을 보호하기 위한 것으로 그 인식의 지평이 확장된다.

7) 대법원 2006. 11. 23. 선고 2004다50747 판결

다만, 반론보도청구권은 피해자가 언론사의 보도에 대하여 반박하는 내용을 게재하여 줄 것을 요구하는 권리에 불과할 뿐, 언론사의 보도 내용을 진실에 부합하게 시정 보도하여 줄 것을 요구하는 권리가 아니다. 따라서 언론사의 보도 내용이 진실인지는 그 권리 행사의 요건이 아니므로 진실에 부합되는 보도에 대해서도 반론보도 청구가 인정될 수 있다.[8)]

참고적으로 정정보도 청구제도는 언론보도 등이 진실하지 아니함으로 인하여 피해를 입은 사람이 언론사에 이를 진실에 부합하게 고쳐서 보도될 수 있도록 청구하는 제도라는 점에서 반론보도 청구제도와 근본적인 차이가 있다.

2. 신문 · 방송 선거보도에 대한 반론보도 청구

방송 또는 신문 등 정기간행물에 공표된 인신공격, 정책의 왜곡선전 등으로 피해를 받은 후보자 또는 후보자가 되려는 사람은 해당 보도가 있음을 안 날부터 10일 이내에 서면으로 해당 언론사에 반론보도를 청구할 수 있다(§8의4①).

반론보도 청구를 받은 언론사는 지체없이 반론보도 청구자와 반론보도의 내용 · 크기 · 횟수 등에 관하여 협의한 후, 방송은 청구받은 때부터 48시간 이내에 무료로 반론보도의 방송을 해야 하고, 신문 등 정기간행물은 편집이 완료되지 않은 같은 정기간행물의 다음 발행호에 무료로 반론보도문을 게재해야 한다.

언론사와 청구인 간 협의가 이루어지지 않은 때에는 청구인 또는 해당 언론사는 지체없이 이를 선거방송심의위원회 또는 선거기사심의

8) 서울고등법원 97. 6. 10. 선고 96라265 판결

위원회에 회부하고, 각 심의위원회는 회부받은 때부터 48시간 이내에 심의하여 각하·기각 또는 인용결정을 한다. 반론보도의 인용결정을 하는 때에는 반론방송 또는 반론보도문의 내용·크기·횟수 기타 반론보도에 필요한 사항을 함께 결정한다.

신문·방송의 선거보도에 대한 반론보도청구는 일반적인 반론보도청구와 달리 청구기간과 결정기간을 대폭 단축하여 피해자에게 신속하고 적절한 방어수단을 보장하는 한편, 이를 통하여 유권자에게 올바른 판단을 내릴 수 있도록 한다.

3. 인터넷언론사 선거보도에 대한 반론보도 청구

인터넷언론사의 왜곡된 선거보도로 피해를 받은 정당 또는 후보자 등은 그 보도가 있음을 안 날부터 10일 이내에 해당 인터넷언론사에 반론보도를 청구할 수 있다(§8의6④). 반론보도 청구를 받은 인터넷언론사는 지체없이 청구인과 반론보도의 형식·내용·크기 및 횟수 등에 관하여 협의한 후 12시간 이내에 해당 인터넷언론사의 부담으로 반론보도를 해야 한다.

언론사와 청구인간 협의가 이루어지지 않으면 청구인은 인터넷선거보도심의위원회에 반론보도 청구를 할 수 있으며, 인터넷선거보도심의위원회는 이를 심의하여 각하·기각 또는 인용결정을 한다. 반론보도의 인용결정을 하는 때에는 그 형식·내용·크기·횟수 기타 필요한 사항을 함께 결정하여 통지하고, 통지를 받은 인터넷언론사는 지체없이 이를 이행해야 한다.

제 4 절

인터넷 · SNS 위법정보 삭제요청

1. 후보자 등의 위법정보 삭제요청

후보자 또는 후보자가 되려는 사람은 공직선거법에 위반되는 정보가 인터넷 홈페이지 또는 그 대화방 등에 게시되거나 정보통신망을 통하여 전송되는 사실을 발견한 때에는 해당 정보를 게시한 사람 또는 해당 정보가 게시된 인터넷 홈페이지를 관리·운영하는 사람에게 해당 정보의 삭제를 요청하거나, 전송되는 정보를 취급하는 인터넷 홈페이지의 관리·운영자 또는 정보통신서비스 제공자에게 그 취급의 거부·정지·제한을 요청할 수 있다(§82의4③).

여기에서 공직선거법에 위반되는 정보의 대표적인 사례가 바로 특정 후보자 등의 당선이나 낙선을 목적으로 하는 허위사실 공표와 비방이다. 선거운동을 위하여 후보자 또는 그 가족과 관련하여 특정 지역·지역인 또는 성별을 비하하거나 모욕하는 표현도 공직선거법에 위반되는 정보이고(§110②), 형식과 요건을 갖추지 못한 선거여론조사도 공직선거법에 위반되는 정보이다.

인터넷 홈페이지의 관리·운영자 또는 정보통신서비스 제공자가 후보자 등의 요청에 따르지 않으면, 해당 후보자 등은 관할 선거관리위원회에 서면으로 그 사실을 통보할 수 있다.

2. 위법정보에 대한 선거관리위원회의 조치

관할 선거관리위원회는 후보자 등이 삭제요청 또는 취급의 거부·정지·제한을 요청한 정보가 공직선거법에 위반된다고 인정되면 해당 인터넷 홈페이지 관리·운영자 또는 정보통신서비스 제공자에게 해당 정보에 대한 삭제요청 또는 취급의 거부·정지·제한을 요청할 수 있다.

아울러 구·시·군선거관리위원회와 그 상급 선거관리위원회는 후보자 등의 요청이 없더라도 직권으로 공직선거법에 위반되는 정보가 게시되거나 유통되는 인터넷 홈페이지 관리·운영자 또는 정보통신서비스 제공자에게 해당 정보의 삭제요청 또는 취급의 거부·정지·제한을 요청할 수 있다.

선거관리위원회로부터 요청을 받은 해당 정보의 게시자, 인터넷 홈페이지 관리·운영자 또는 정보통신서비스 제공자는 지체없이 이에 따라야 한다. 선거관리위원회로부터 처음으로 위법한 정보의 삭제요청 또는 취급의 거부·정지·제한을 요청받고 이행하지 않은 사람에게는 300만원 이하의 과태료가 부과되지만(§261⑥ 4.), 선거관리위원회로부터 2회 이상 요청을 받고 그 요청을 이행하지 않은 사람에게는 형벌이 적용되어 2년 이하의 징역 또는 400만원 이하의 벌금에 처해진다(§256③ 1.).

선거관리위원회로부터 게시정보의 삭제 등의 요청을 받은 인터넷 홈페이지 관리·운영자 또는 정보통신서비스 제공자는 그 요청을 받은 날부터, 해당 정보를 게시하거나 전송한 사람은 해당 정보가 삭제되거나 그 취급이 거부·정지 또는 제한된 날부터 각각 3일 이내에 해당 선거관리위원회에 이의신청을 할 수 있다.

3. 콘텐츠 게시자에 대한 통보

선거관리위원회로부터 요청을 받아 정보의 삭제 또는 그 취급의 거부·제한·정지를 한 인터넷 홈페이지의 관리·운영자 또는 정보통신서비스 제공자는 선거관리위원회로부터 삭제 등의 요청이 있었다는 사실과 관할 선거관리위원회에 이의신청을 할 수 있다는 사실을 해당 정보를 게시하거나 전송한 사람에게 알려야 한다.

이 경우 당사자에게 알리는 때에는 해당 인터넷 홈페이지 또는 그 게시판·대화방 등에 게시하는 방법 등으로 한다. 관할 선거관리위원회의 삭제 등의 요청에 따라 권리를 침해받은 당사자에게 적절한 구제절차를 밟을 수 있도록 하기 위함이다.

당사자에 대한 통보제도는 정보통신망에서 유통되는 정보의 신속하고 광범위한 확산이 유권자의 선택과 선거결과에 미치는 영향이 중대하므로, 허위사실의 유포나 후보자 비방 등 위법한 정보를 신속하게 차단한 경우 당사자에게 그 사실을 알려 권리침해를 최소화하기 위한 조치이다.

4. 게시자 등의 이의신청 처리

인터넷 홈페이지 관리·운영자 또는 정보통신서비스 제공자와 해당 정보를 게시하거나 전송한 사람으로부터 이의신청을 접수한 관할 선거관리위원회는 그 이의신청이 신청기한을 지난 때에는 해당 이의신청을 각하한다.

이의신청서가 적절한 형식을 갖추지 못하였거나, 기재사항이나 기명 또는 날인이 누락되었거나 명확하지 않은 경우에는 해당 이의신청인에게 기간을 정하여 보정을 요구할 수 있다.

이의신청에 이유가 있으면 관할 선거관리위원회는 해당 인터넷 홈페이지의 관리·운영자 또는 정보통신서비스 제공자에 대한 삭제 등의 요청을 철회하고 이의신청인에게 그 결과를 통지한다. 이의신청에 이유가 없으면 이를 기각하고 이의신청인과 관계 선거관리위원회에게 각각 통지해야 한다(규칙 §45의3④).

제 5 절

허위사실에 대한 이의제기

1. 허위사실 이의제기의 요건

공직선거법에서는 누구든지 후보자 또는 예비후보자의 출생지·가족관계·신분·직업·경력·학력·학위·상벌·재산·행위·소속단체, 특정인 또는 특정 단체로부터의 지지 여부 등에 관하여 공표된 사실이 거짓으로 판단되는 때에는 해당 선거구선거관리위원회를 거쳐 직근 상급선거관리위원회에 이의를 제기할 수 있도록 규정하고 있다(§110의2①).

누구든지 이의제기가 가능하다 하여 무턱대고 이의제기를 할 수 있는 것은 아니다. 공직선거법규에 정해진 서식[9]에 따라 이의제기자의 인적사항을 적고, 거짓의 의심이 있는 후보자 또는 예비후보자의 관련 정보를 특정해야 하며, 이의제기를 뒷받침할 수 있는 증명서류를 첨부해야 하기 때문이다.

후보자 또는 예비후보자에 관한 사항이 이의제기의 대상이므로 예비후보자 등록신청기간이 도래하였더라도 아직 예비후보자로 등록하지 않은 사람은 이의제기의 인적 범위에서 제외된다.

9) 공직선거관리규칙 제48조의6에 따른 별지 제17호서식의(마)를 말한다.

이 경우 허위의 사실이 공표되어 선거권자로부터 이의제기가 접수된 때에도 본 조에 따른 이의제기 절차는 속행되지 않는다.

여기에서 해당 선거구선거관리위원회란 특정 선거의 후보자 등록을 처리하고 당선인을 결정하는 선거관리위원회를 말한다. 지역구 국회의원선거 및 지방의원선거에서는 구·시·군선거관리위원회가 선거구선거관리위원회가 되고, 그 직근 상급선거관리위원회는 시·도선거관리위원회가 된다.

본 조는 선거과정에서 다양한 방법으로 제기되는 후보자 또는 예비후보자와 관련된 각종 허위사실 의혹에 대하여 모든 사람에게 이의제기를 할 수 있는 권한을 부여하고, 선거관리위원회가 공표된 사실이 거짓에 해당하는지를 확인하여 그 결과를 공개함으로써 유권자의 후보자 선택에 적정한 판단자료를 제공하기 위한 취지로 비교적 최근인 2015년도 말에 신설되었다.

이는 유권자의 후보자 선택에 지대한 영향을 미치는 정보가 거짓으로 의심되는 경우에는 누구든지 선거관리위원회에 이의를 제기할 수 있도록 함으로써, 여론의 자유시장과 선거정보의 유통시장에서 집단지성의 작동과 민중심사에 의한 방법으로 팩트체크 제도를 도입하였다는 점에 큰 의의가 있는 것으로 보인다.

2. 이의제기의 처리 및 허위사실 공고

이의제기를 접수한 직근 상급선거관리위원회는 후보자 또는 예비후보자, 소속 정당, 이의제기자, 이의제기의 내용과 관련된 국가기관·지방자치단체, 그 밖의 기관·단체에 공표된 사실에 관한 증명서류와 관련 자료의 제출을 요구할 수 있다. 이 경우 제출요구를 받은 사람과 기관·단체는 정당한 사유가 없는 한 지체 없이 이에 따라야 한다(§110의2②).

직근 상급선거관리위원회는 증명서류 등의 제출요구를 받은 사람과 기관·단체로부터 이의제기의 대상이 된 내용이 진실한 사실임을 뒷받침할 수 있는 증명서류 또는 자료가 제출되지 않거나, 제출된 자료를 통하여 후보자 또는 예비후보자에 관하여 공표된 사실이 거짓으로 판명된 때에는 지체 없이 이를 공고해야 한다.

이 경우 이의제기서와 제출받은 서류·자료를 개인정보 보호법에 위반되지 않는 범위에서 편집·수정 없이 해당 선거관리위원회의 홈페이지에 공개해야 한다.

제 11 장

정당추천 혹은 선거인 추천

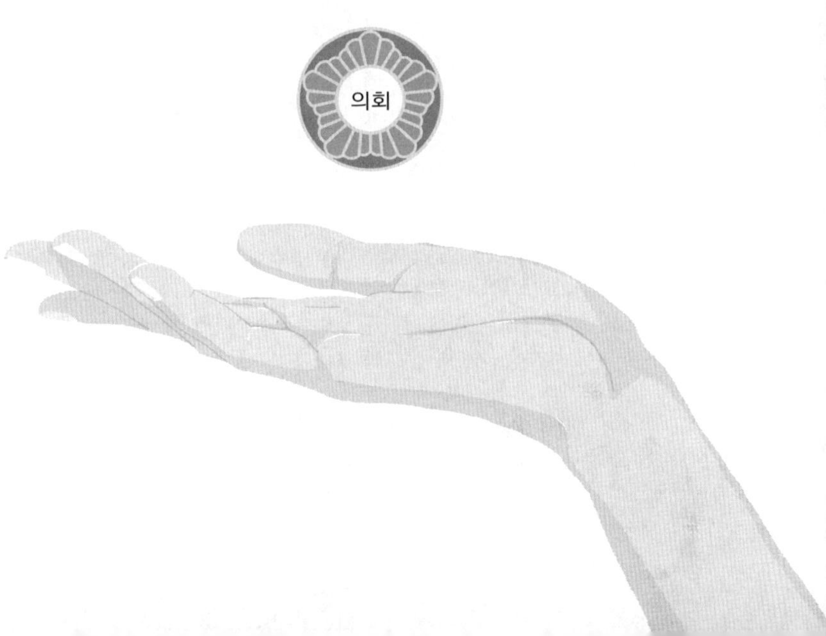

선거에서 후보자 난립을 방지하고 후보자 등록의 객관성을 확보하기 위하여 당원인 사람은 해당 정당의 추천을, 당원이 아닌 사람은 선거권자의 추천을 받아야 한다. 정당은 이미 국민의 정치적 의사형성에 필요한 조직을 갖추고 있으므로, 그 후보자에게는 선거권자의 추천을 요구하지 않는다.

우리 헌법과 공직선거법은 정당에 대하여 특별한 지위를 부여하고 그 활동을 보장하고 있다. 다만, 정당은 그 목적과 활동이 민주적이어야 하므로 정당이 후보자를 추천하는 경우에는 당내 민주주의가 관철되어야 하고, 이를 위반하여 후보자를 추천한 경우에는 그 효력을 인정받을 수 없다.

이 장에서는 정당의 후보자 추천과 당내경선, 그리고 무소속 후보자의 선거권자 추천에 관하여 살펴본다.

제 1 절

정당의 공직선거 후보자 추천

1. 현대정치에서 정당의 기능

정당은 이념과 가치를 공유하는 정치적 결사로서 국민의 이익을 위하여 책임 있는 정치적 주장이나 정책을 추진하고 공직선거에 후보자를 추천 또는 지지함으로써 국민의 정치적 의사형성에 참여함을 목적으로 하는 국민의 자발적 조직이다(정당법 §2).

현대정치에서 정당은 정치권력에 영향을 행사하려는 모든 세력, 이익, 시도 등을 인식하고 이를 취합·선별하여 조정한 후, 국민이 선택할 수 있도록 정책을 형성하는 기능을 수행한다. 이처럼 사회의 다양한 견해가 선택 가능한 소수의 대안으로 수렴되고 선별되는 과정을 거친 뒤에야 비로소 주권자에 의한 선거가 가능해진다. 바로 이러한 기능을 담당하는 것이 정당이므로 정당이 없이는 진정한 의미의 선거가 치러지기 어려울 것이다.

이와 같이 정당이 민주주의 정치체제에서 공적 기능을 수행하고 있기 때문에 우리 헌법은 정당설립의 자유를 보장하고 국가는 정당운영에 필요한 자금을 보조할 수 있도록 규정하고 있다(§8). 공직선거법도 정당의 정책이나 정치적 현안에 대한 입장을 홍보하는 행위는 통상적인 정당활동으로 보장한다(§90②·§93①).

2. 헌법이 정당정치를 보호하는 이유

우리나라의 헌법재판소는 자유민주적 기본질서를 부정하고 이를 적극적으로 제거하려는 조직도 국민의 정치적 의사형성에 참여하는 한 '정당의 자유'의 보호를 받는 정당에 해당하며, 오로지 헌법재판소가 그 위헌성을 확인한 경우에만 비로소 해당 정당은 정치활동의 영역에서 축출될 수 있다고 판시한 바 있다.[1)]

현대국가에서는 정당정치가 바로 민주정치라고 인정하게 되어 정당활동의 자유를 두텁게 보호하고 있고, 정당은 국민 각자의 자유와 기회균등을 보장하는 민주사회의 기반 위에서 존립하는 것이므로, 정당정치는 당내 민주주의가 확립되고 민의에 따라 정당이 운영되며 공직선거의 후보자가 선출되는 것을 전제로 한다.

이러한 민주적 정당이 육성되고 발전하는 것 또한 궁극적으로는 국민주권을 실질적으로 보장하기 위한 것으로 보아야 할 것이다. 우리 헌법이 정당정치를 보호하는 이유도 바로 여기에 있기 때문에 정당의 보호는 정치의 정당독점을 의미하는 것이 아니라 선거제도의 민주화와 함께 국민주권을 실질적으로 구현하는 데 그 궁극적 목적이 있는 것이다.[2)]

따라서 공직선거에서 정당의 후보자 추천이 민주주의 원칙에 관한 헌법, 정당법, 공직선거법에 위반되거나, 그 절차가 현저하게 불공정하거나, 당헌·당규 등 정당 스스로가 정한 내부규범에 위배된 경우에는 당연히 사법심사의 대상이 되고, 후보자 추천의 효력은 부인되어야 한다.[3)]

---

1) 헌법재판소 1999. 12. 23. 선고 99헌마135 결정

2) 헌법재판소 1989. 9. 8. 선고 88헌가6 결정

3) 서울남부지방법원 2006. 5. 1. 선고 2006카합941 결정

3. 정당의 공직후보자 추천제도

오늘날 민주정치를 표방하는 대부분의 국가는 선거에서 정당의 후보자 추천제도를 채택하고 있다. 정당의 후보자 추천제도를 통하여 후보자의 소속 정당과 정치적 성향이 공개되어 유권자들에게 중요한 판단자료를 제공하고 정당이 선거에서 효율적인 정치적 의사형성 기능을 수행할 수 있게 된다.[4)]

후보자를 추천할 수 있는 정당은 중앙선관위에 등록된 정당의 중앙당과 시·도당을 말한다(§3). 지구당이 부활되면 이 또한 후보자를 추천하는 정당이 될 수 있다. 이 경우 정당의 당헌에 시·도당 또는 지구당에 후보자 추천권이 위임되어 있어야 한다.

참고적으로 우리나라는 제헌의회의원선거부터 제2공화국에 이르기까지는 선거권자 추천제만을 채택하다가 제3공화국에서는 극도의 정당국가를 지향하여 정당추천제만을 허용 후 제5공화국부터는 두 제도를 병행하여[5)] 현재에 이르고 있다.

과거 2000년대 이전에는 정당법에서 공직선거의 후보자 추천에 관한 민주적 절차의 하나로 당내경선을 규정하였으나, 실제 대부분의 공천은 하향식 지명공천으로 이루어졌다. 2005년 정당의 후보자 추천과 당내경선에 관한 사항을 공직선거법에 이관하여 관련 법제를 일원화하였고, 2008년 4월 실시한 제18대 총선에서 정당별로 경합지역에 당내경선을 실시하면서 민주적 절차에 의한 후보자 추천제도가 정착되기 시작하였다. 그러나 아직도 전략공천이라는 그럴듯한 명분으로 종종 민주적 절차를 회피한다.

---

4) 헌법재판소 2007. 11. 29. 선고 2005헌마977 결정

5) 국회의원선거법(법률 제3359호, 1981. 1. 29. 시행) 제26조제2항 참조

4. 정당의 여성후보자 추천의무

정당이 비례대표선거에서 후보자를 추천하는 때에는 그 후보자의 50% 이상을 여성으로 추천하되, 후보자명부 순위의 매 홀수에는 여성을 올려야 한다(§47③). 해당 규정은 국회의원선거는 물론 지방의원선거에도 적용된다. 정당이 이를 위반하여 비례대표 후보자를 추천한 경우 후보자등록신청은 수리되지 않는다. 후보자등록 후에 그 사실이 발견되면 등록을 무효로 한다(§52①).

후보자명부의 매 홀수 순위에 여성을 추천하도록 한 것은 여성의 정치참여를 활성화하여 여성의 권익을 신장하려는 것이 근본 목적이므로, 비례대표 후보자를 1명만 추천하는 경우에도 반드시 여성을 추천해야 한다.

또한 공직선거법은 정당이 임기만료에 따른 국회의원선거와 지방의원선거에서 지역구 후보자를 추천하는 때에는 각각 전국 지역구 총수의 30% 이상을 여성으로 추천하도록 노력할 의무를 규정하고 있다. 해당 규정은 사실상 장식조항에 불과하다.

그러나 임기만료에 따른 지방의원선거에서 도시지역에 여성할당제를 적용하는 부분은 사정이 완전히 다르다. 정당은 지역구 시·도의원선거 또는 기초의원선거 중 어느 하나의 선거에 국회의원지역구마다 반드시 1명 이상 여성 후보자를 추천해야 한다. 이 경우 군(郡) 지역은 적용대상에서 제외하고, 자치구의 일부 지역이 다른 자치구 또는 군(郡) 지역과 합하여 하나의 국회의원지역구로 된 경우에는 그 자치구의 일부 지역도 제외한다(§47⑤).

본 조 위반시 정당이 해당 국회의원지역구 관할구역에서 추천한 모든 지역구 지방의원선거의 후보자등록을 무효로 한다. 다만, 정당이 공직선거법과 당헌·당규에서 정한 절차와 방법에 따라 적법하게 여성을 후보자로 추천하였으나, 해당 여성이 자발적 의사에 따라 후보자로 등록하지 않은 때에는 다른 후보자들의 등록을 무효로 하지 않는다.

이러한 여성할당제는 기초의원선거에 후보자를 추천하지 않고 광역의원선거에만 후보자를 추천하는 경우에도 적용된다.[6] 다만, 여성 후보자를 추천해야 하는 지역에서 해당 정당이 추천한 지역구 광역의원선거의 후보자 수와 지역구 기초의원선거의 후보자 수를 합한 수가 그 지역구 광역의원 정수와 지역구 기초의원 정수를 합한 수의 50%에 미달하는 경우에는 여성할당제를 적용하지 않는다(§52②).

5. 여성 · 청년 · 장애인 추천 보조금 지급

임기만료에 따른 지역구 국회의원선거 및 지방의원선거에서 일정 비율 이상의 여성·청년 또는 장애인을 후보자로 추천한 정당에는 정치자금법에 따라 중앙선거관리위원회가 보조금을 지급한다. 다만, 지방자치단체의 장선거에서는 적용하지 않는다.

여성추천 보조금은 2002년 3월 도입된 이래 2022년 4월 정치자금법의 개정으로 배분요건을 완화하고 배분방식을 변경한 바 있다. 2024년 1월에는 여성추천보조금의 지급기준을 전국 지역구 총수를 기준으로 10%에서 40% 이상까지 4단계로 더욱 세분화하여 배분·지급하도록 개선하였다(정치자금법 §26).

청년추천 보조금은 2022년 2월 정치자금법의 개정으로 도입되었다. 전국 지역구 총수를 기준으로 10%에서 20% 이상까지 총 3개 구간으로 나누어 보조금을 차등하여 지급한다.[7] 청년추천 보조금의 지급 대상이 되는 청년의 기준은 '39세' 이하를 말한다(§26의3).

---

6) 중앙선거관리위원회 2014. 3. 13. 회답

7) 2024년 4월 10일 실시한 제22대 총선에서 '39세 이하 청년 후보자 비율 10%'를 충족하는 정당이 없어 청년추천보조금은 지급되지 않았다.

장애인추천 보조금은 2010년 1월 정치자금법의 개정으로 도입되었다. 전국 지역구 총수를 기준으로 1%에서 5% 이상까지 총 3개 구간으로 나누어 장애인을 후보자로 추천한 비율에 따라 각각 보조금을 차등하여 지급한다(§26의2).

여성추천보조금과 청년추천보조금은 각각 선거권자 총수에 100원을 곱한 금액을, 장애인추천보조금은 선거권자 총수에 20원을 곱한 금액을 예산에 계상한다. 여성추천보조금과 청년추천보조금 예산은 각각 45억원 정도, 장애인추천 보조금 예산은 채 9억원에 미치지 못한다.

민주주의는 치자(治者)와 피치자(被治者)의 자동성(自動性)을 의미하기 때문에,[8] 모름지기 자기지배의 원리를 이상으로 추구하는 민주주의 정치체제에서는 주권자의 모습과 그가 선출한 대표자의 모습은 서로 닮아야 한다. 힘이 세고 덩치가 크다는 이유로 코끼리를 토끼나라의 대표로 선출해서는 안 되는 이치와 같다.

성별로서의 남성, 연령으로서 장년, 직업으로서 법조인과 언론인, 그리고 사회적 계급 또는 계층으로서 기업인과 중산층이 절대적 다수를 점하고 있는 대한민국 국회와 지방의회를 통하여 선거의 대표성 확보에 실패한 우리의 자화상을 본다.

8) 헌법재판소 1991. 3. 11. 선고 90헌마28 결정

제 2 절
후보자추천 관련 금품수수 금지

1. 공천 관련 금품수수 금지 개요

공직선거법은 누구든지 정당이 특정인을 후보자로 추천하는 일과 관련하여 금품이나 재산상의 이익 또는 공사의 직을 제공하거나 그 제공의 의사를 표시하거나 그 제공을 받을 수 없도록 금지하고 있다(§47의2①). 여기에서 '후보자로 추천하는 일과 관련하여'란 금품제공이 후보자 추천의 대가 또는 사례에 해당하거나, 후보자 추천에 금품의 제공이 어떠한 형태로든 영향을 미칠 수 있는 경우를 말한다.[9]

판례는 지방선거의 공천절차가 진행되는 과정에서 해당 지역의 국회의원 배우자에게 시장후보자 선출을 위한 경선을 실시해 줄 것을 요구하며 금품을 제공한 행위를 정당의 후보자 추천과 관련하여 금품을 제공한 것으로 보았다.[10]

한편, 정치자금법도 공직선거에서 특정인을 후보자로 추천하는 일과 관련한 정치자금의 수수를 금지하고 있다(§32 1.). 그러나 정치자금법에 따른 범죄가 성립되기 위해서는 그 전제로서 제공된 금품이 정치자금에 해당해야 한다.

---

9) 대법원 2009. 5. 14. 선고 2008도11040 판결
10) 대법원 2015. 2. 26. 선고 2014도17374 판결

따라서 특정인을 후보자로 추천하는 일과 관련하여 금품이 제공되었더라도 해당 금품이 정치자금, 즉 정치활동을 하는 사람에게 정치활동을 위하여 제공되는 금품이 아니라면 정치자금 범죄가 성립될 수 없다.

아울러 금품을 제공 받은 사람이 해당 후보자가 출마하려는 지역의 선거구민이 아니거나 해당 선거구민과 연고도 전혀 없는 사람이라면, 금품수수의 당사자를 공직선거법상 기부행위위반죄로도 처벌하기 어려운 문제가 있다.

다행히 2008년 2월 공직선거법에 본 조가 신설됨에 따라 정당의 공직선거 후보자 추천과 관련하여 금품을 수수한 경우, 해당 금품의 성격이 정치자금에 해당하는지, 또는 금품을 제공 받은 사람의 신분이 정치활동을 하는 사람이거나 선거구민에 해당하는지를 전혀 따져볼 필요가 없어졌다.

이제는 정당의 후보자 추천과 관련한 모든 형태의 금품수수에 대한 처벌이 가능하여 입법의 공백을 메우고 선거의 불가매수성을 확고하게 보호할 수 있게 되었다.

2. 정당에 특별당비 · 대여금 등 금지

공직선거법은 누구든지 정당이 특정인을 후보자로 추천하는 일과 관련하여 금품 등 재산상의 이익이나 공사의 직을 제공할 수 없도록 금지하고 있다(§47의2①). 본 조에서 정당이 특정인을 후보자로 추천하는 일과 관련하여 금품 또는 재산상의 이익을 제공받는 경우 그 정당이란 그 업무를 수행하는 정당의 기관인 자연인을 말한다.[11)]

11) 대법원 2018. 2. 8. 선고 2017도17838 판결

따라서 정당이 특정인을 후보자로 추천하는 일과 관련하여 정당 명의의 계좌로 금전이 수수된 경우, 금전수수에 실질적으로 관여하여 이를 직접 수수한 것과 동일하게 평가되는 사람이 본 조 위반으로 처벌되는 것이고, 정당의 대표자나 구성원이라는 이유만으로 해당 정당을 대신하여 형사처벌을 받는 것이 아니다.

해당 규정은 소위 '공천헌금'이 특별당비나 후원금 또는 대여금 등의 위장된 형태로 탈법적으로 수수되는 현실을 고려하여 정당의 후보자 추천과 관련이 있는 금품 등이 수수된 경우 그것이 어떠한 명목인지를 묻지 않고 처벌함으로써 공천의 투명성을 담보하고 당내민주주의를 확립하는 데 그 의의가 있다.[12] 정당의 후보자 추천과 관련하여 금전이 수수되면 해당 정당은 후보자 추천단계부터 금전의 영향력에 오염되어 내부 구성원들의 자유롭고 합리적인 의사결정을 저해함에 따라 정당의 정치적 의사형성이 왜곡될 위험성이 있어 이를 금지하는 것이다.

법원은 후보자 공천과 관련하여 거액의 금전을 정당의 공식계좌로 입금한 후 이를 특별당비를 납부한 것이라 주장하는 피고인의 주장을 배척하고 선거자금을 제공한다는 전제조건이 없었다면 국회의원 선거에서 비례대표 후보자명부의 상위순번 배정은 어려웠을 것이라 판단하여 본조 위반으로 처벌하였다.

공천과 관련된 특별당비가 정당의 공식계좌로 실명입금된 경우 이를 처벌대상에서 제외하면 공직선거에서 특정인을 후보자로 추천하는 일과 관련하여 정치자금 수수를 금지하는 정치자금법의 관련 규정도 유명무실해지기 때문이다.[13]

12) 헌법재판소 2009. 10. 29. 선고 2008헌바146 · 158 · 168(병합) 결정

13) 대검찰청 2020. 3.『공직선거법 벌칙해설』240쪽 참조

3. 국회의원 · 당협위원장과 금품거래 금지

후보자가 되려는 사람과 그 배우자, 그들의 직계존비속과 형제자매가 선거일 전 150일부터 선거일 후 60일까지 정치자금법에 따라 후원금을 기부하거나 당비를 납부하는 외에 정당, 국회의원, 당원협의회 대표자,[14] 그들의 가족과 형제자매에게 채무의 변제, 대여 등 명목 여하를 불문하고 금품이나 그 밖의 재산상의 이익을 제공한 때에는 정당이 특정인을 후보자로 추천하는 일과 관련하여 금품 등을 제공한 것으로 간주한다(§47의2① 후단).

간주규정이 적용되는 기간에는 정당, 국회의원, 당원협의회 대표자, 그리고 이들의 가족과 형제자매 등 정당의 후보자 추천에 관한 의사결정에 영향을 미칠 수 있는 사람에게 금품을 제공하는 행위는 물론이고, 그들에게 돈을 빌려주거나 종전의 빚을 갚는 등 그들과 일체의 금전거래를 하지 말하는 뜻이다.

4. 후보자추천 관련 금품수수 처벌사례

금품제공의 상대방이 정당의 간부, 국회의원, 당원협의회 대표자, 그들의 배우자와 직계존비속 및 형제자매가 아니라도 누구든지 특정인을 후보자로 추천하는 일과 관련하여 금품을 수수하면 본 죄가 성립된다는 점에 유의해야 한다.

특히 본 죄는 제공의 상대방이 정당의 후보자 추천과 관련하여 실질적인 권한이나 사실상의 영향력을 행사할 능력을 가지고 있는 사

14) 정당은 정당법 제37조제3항에 따라 국회의원지역구 또는 기초자치단체에 당원협의회를 둘 수 있다. 그 대표자를 흔히 당협위원장이라 한다. 당원협의회는 정당법상 사무실을 둘 수 없는 제약이 있다.

람인지를 따지지 않는다. 예컨대, 대통령 영부인을 사칭하는 사람에게 속아 정당의 공천과 관련한 도움을 받기 위하여 고액의 금품을 제공한 사람에게도 본 죄가 적용되었다.[15)]

아울러 국회의원선거에서 정당의 공천을 받게 할 능력이 없음에도 이를 해 줄 수 있는 것처럼 상대방을 속이고 공천과 관련하여 금전을 받은 경우, 정당의 후보자 추천과 관련하여 금전을 수수한 이상 그 과정에서 금전 제공을 유도하기 위하여 후보자 추천이 확실히 보장된 것처럼 자신의 영향력을 과장하는 등 상대방을 속이는 수단을 사용했더라도 후보자 추천과 관련한 금전 제공으로 인정되어 처벌된 사례도 있다.[16)]

정당의 후보자 추천과 관련하여 금품을 수수한 행위로 벌금형이 확정되면, 그 형이 확정된 후 10년간 공직선거법에 따라 피선거권이 제한된다(§19 5.). 벌금형으로 피선거권이 제한되는 가장 가혹한 규정으로 사면과 복권이 이루어지지 않는 한 사실상 정치권 퇴출을 의미하는 것으로 보인다.

15) 대법원 2020. 2. 27. 선고 2019도18764 판결

16) 대법원 2009. 4. 23. 선고 2009도834 판결

제 3 절
당내경선의 선거운동 방법

1. 당내경선의 방법

정당이 공직선거의 후보자 선출을 위하여 실시하는 당내경선에는 당원이 아닌 사람에게도 투표권을 부여하여 실시하는 당내경선, 소위 국민참여경선[17]과 당원에게만 투표권을 부여하여 실시하는 순수한 의미의 당내경선이 있다.

당원에게만 투표권을 부여하여 실시하는 당내경선에서는 해당 정당의 당원만을 대상으로 경선운동을 하므로 본 선거에 미치는 영향이 크지 않아 경선운동 방법에 제한을 두지 않는다. 따라서 당내경선이 내부적으로만 실시되는 한, 그 당내경선의 경선운동 방법은 오로지 내부규범인 당헌·당규가 정하는 바에 따른다. 그러나 당원이 아닌 사람도 참여하는 국민참여경선의 경우 그 경선운동 방법은 공직선거법에 따라 엄격하게 제한된다(§57의3①).

공직선거법에서 국민참여경선의 경선운동 방법을 제한하는 이유는 당내경선의 과열을 막아 질서 있는 경선을 도모함과 아울러, 당내경선 운동이 본 선거의 선거운동으로 변질되어 탈법적으로 사전선거

17) 대법원 2019. 10. 31. 선고 2019도8815 판결

운동 등 각종 제한·금지규정을 회피하는 수단으로 악용되는 것을 방지하기 위한 것이다.

따라서 당내경선의 실시 여부가 아직 확정되지 않았거나, 예비후보자로 등록하기 전이라도 당내경선에 참여하려는 사람이 당내경선에 대비하여 공직선거법이 허용하는 범위를 넘어 경선운동을 하는 때에는 당내경선운동 위반행위에 해당한다.[18)]

판례는 당내경선의 실시 여부가 아직 확정되지 않은 상황에서 장차 있을지 모를 당내경선에 대비하기 위하여 경선후보자가 되려는 사람을 지지할 사람을 대상으로 당원을 모집한 행위를 경선운동으로 보아 공직선거법에 위반된다고 판시한 바 있다.[19)]

2. 국민참여경선의 경선운동 방법

국민참여경선의 후보자는 경선사무소를 설치하거나, 그 사무소에 간판·현판·현수막을 설치하거나, 경선운동용 명함을 배부할 수 있다. 또한 경선후보자가 작성한 1종의 홍보물을 정당이 1회에 한하여 발송하거나, 옥내에서 합동연설회 또는 합동토론회의 방법으로 경선운동을 할 수 있다.

경선후보자뿐만 아니라 선거운동을 할 수 있는 사람은 누구든지 문자메시지를 발송하거나, SNS에 글을 게시하거나, 전자우편을 전송하는 방법으로 경선운동을 수 있다. 다만, 자동동보통신의 방법으로 문자메시지를 전송하거나, 전자우편 전송대행업체에 위탁하여 대량으로 전자우편을 전송하는 방법의 경선운동은 본 선거의 예비후보자로 등록한 사람만이 할 수 있다.

18) 대법원 2007. 3. 15. 선고 2006도8869 판결
19) 대법원 2013. 4. 11. 선고 2013도1836 판결

예비후보자인 경선후보자가 당내경선사무소와 예비후보자 선거사무소를 각각 다른 장소에 설치하거나 같은 장소에 공동으로 설치할 수도 있다. 참고적으로 경선선거사무소에 게시할 수 있는 간판·현판·현수막의 규격과 수량에는 제한이 없다.

국민참여경선을 포함한 모든 당내경선에서 가장 유의할 사항은 경선선거운동과 관련한 유급사무직원이나 선거운동원은 전혀 둘 수 없다는 점이다. 경선운동의 기획·전략수립·공약개발이나 전화홍보 등 경선운동과 관련된 사람에게 대가를 제공하면 공직선거법상 당내경선 매수죄로 처벌되기 때문이다(§230⑦).

실제 2014년 실시된 구청장선거의 당내경선에서 선거운동원이 사람을 모집하여 전화 홍보활동을 하게 하고 그 대기로 120만원을 제공한 사안을 당내경선 매수죄로 처벌한 사례가 있다.[20] 아울러 시장선거에 출마한 예비후보자의 선거사무장이 경선운동관계자를 모집하여 전화 홍보활동을 하게 하고 그 대가로 금품을 제공한 행위도 당내경선 매수죄로 처벌되었다.[21]

다만, 경선사무소에서 경선운동과 무관하게 청소·다과접대·차량운행·경선후보자 경호 등 단순 노무에 종사하는 사람에게 그 반대급부로 대가를 지급하는 것은 역무 제공에 대한 정당한 대가의 제공에 해당하므로 공직선거법에서 금지하지 않는다.[22]

국민참여경선에서 경선운동 방법을 위반한 경우 공직선거법에 따른 처벌은 물론이고(§255② 3.), 위법한 경선운동에 소요된 경비는 본선거의 선거비용에 산입되어 선거비용제한액으로 규제된다(§57의3③).

---

20) 서울동부지방법원 2014. 6. 11. 선고 2014고합123 판결
21) 대구고등법원 2014. 12. 1. 선고 2014노535 판결
22) 중앙선거관리위원회 2007. 1. 19. 회답

3. 당내경선운동과 사전선거운동과의 관계

당내경선에서 당선 또는 낙선을 위한 행위, 즉 경선 선거운동과 경선 준비행위는 시기적으로 언제나 본 선거에 앞서 이루어질 수밖에 없고, 당내경선에 관여하는 사람들의 목적의사는 종국적으로는 본 선거에서의 당선을 위한 것이라는 점에는 틀림이 없다.

그러나 개별적인 경선후보자에게 경선운동이 본 선거의 당선을 위한 목적의식적 행위라 해서 이를 모두 본 선거를 위한 선거운동으로 평가하게 되면, 경선운동이 사전선거운동을 금지하는 규제에 포획되어 당내경선이 예비선거로서의 순기능을 상실하고 정당활동의 자유도 함께 제약될 위험성이 있다.

따라서 당내경선에서의 당선 또는 낙선을 위한 행위에 부수적으로 본 선거에서의 당선 또는 낙선을 도모하고자 하는 목적의사가 포함되어 있다는 사정만으로 그와 같은 행위가 본 선거의 선거운동에 해당하는 것으로 쉽게 단정해서는 안 된다.[23] 특히 당내경선이 여론조사의 방법으로 실시되어 선거인단이 구성되지 않는 사정만으로 당내경선에서 당선되기 위한 행위에 당연히 본 선거에서의 당선을 도모하는 목적의사가 있다고 평가할 수도 없다.

따라서 특정한 경선운동이 본 선거의 선거운동에 해당하는지는 단순히 그 행위의 명목뿐만 아니라 그 행위의 태양, 즉 그 행위가 행해지는 시기·장소·방법 등을 종합적으로 관찰하여 그것이 특정 후보자의 당선 또는 낙선을 도모하는 목적의지를 수반하는 행위인지를 객관적으로 판단해야 한다.[24]

---

23) 대법원 2013. 5. 9. 선고 2012도12172 판결 등

24) 대법원 2008. 9. 25. 선고 2008도6232 판결 등

4. 경선선거인 등 매수행위 금지

공직선거법은 누구든지 당내경선에서 정당의 후보자로 선출되거나 되게 하거나 되지 못하게 할 목적으로 경선선거인과 그 가족에게 명목 여하를 불문하고 금품 그 밖의 재산상의 이익 또는 공사의 직을 제공하거나, 그 제공의 의사를 표시하거나, 그 제공을 약속하는 행위를 금지하고 있다(§57의5①). 벌칙에서는 매수죄의 객체를 경선운동관계자와 참관인까지 확장한다(§230⑦ 2.).

여기에서 경선운동관계자란 널리 당내경선운동에 관여하거나 기타 당내경선에 관한 사무를 담당하고 처리하는 사람을 포괄적으로 지칭하는 개념이다. 따라서 다른 경선후보자의 경선운동관계사는 물론, 경선후보자 자신의 경선운동관계자도 포함된다.[25]

거듭 강조하지만, 당내경선에서는 유급사무원이나 선거사무원을 둘 수 없으므로, 경선사무소 청소 등 단순 노무에 대한 대가를 제외하고는 당내경선이나 경선운동과 관련하여 누구에게든지 금품을 제공하는 행위는 당내경선 매수죄를 구성한다.

다만, 경선사무소를 방문한 사람에게 통상적인 범위에서 다과류의 음식물을 제공하거나, 경선후보자의 수행원과 경선관계자 등 한정된 인원에게 통상적인 식사류의 음식물을 제공하는 행위는 당내경선 매수죄에 해당하지 않는다(§57의5①).

예컨대, 대통령선거 30인, 시 · 도지사선거 15인, 국회의원선거 및 기초단체장선거 10인, 지방의원선거는 5인 이내의 범위에서 경선관계자 등에게 1만원 이하의 식사를 제공하는 행위는 기부행위 또는 매수행위로 보지 않는 것이다(규칙 §25의3①).

한편, 공직선거법은 당내경선에서 후보자 매수행위, 즉 당내경선

---

25) 대법원 2007. 6. 1. 선고 2006도8134 판결

의 후보자가 되지 않게 하거나 후보자가 된 것을 사퇴하게 할 목적으로 후보자 또는 후보자가 되려는 사람에 대한 이익제공 행위를 금지하고 있다(§57의5② · §230⑦).

해당 규정은 당내경선에서 후보자 또는 후보자가 되려는 사람에 대한 매수행위를 근절하여 당내경선의 공정을 기하기 위한 규정이다. 특히 지역별 유권자의 정당 지지도가 편중되어 있는 우리의 정치현실에서 일부 지역에서는 특정 정당의 후보자로 추천되는 것은 곧 당선이 보장되어 사실상 국민주권의 원리가 정당주권으로 변질되고 있으므로 당내경선에서 불가매수성의 확보가 절실하다.

법률의 연혁적 측면에서도 과거에는 당내경선을 정당 내부의 행위로 보아 정당의 자율에 맡겨 특별한 규제를 두지 않았으나, 당내경선에서 금품제공이 사회적 문제로 비화되면서 2002년 3월 정당법에 당내경선 매수금지 규정을 신설한 후, 2005년 8월 해당 규정을 공직선거법으로 이관한 바 있다.

이에 따라 정당이 자율적으로 실시하는 당내경선이라도 경선후보자나 경선후보자가 되려는 사람, 그리고 경선선거인과 그 가족 또는 경선관계자에 대한 매수행위는 선거범죄에 해당하여 100만원 이상의 벌금형이 확정될 경우 당선이 무효로 되고 5년간 피선거권이 제한된다.

제 4 절

당내경선 불복금지와 그 예외

1. 불복금지 당내경선의 범위

공직선거법은 정당이 공직선거에서 후보자를 추천하는 경우 민주적 절차에 따르도록 규정하고 있다(§47②). 이를 위해 정당의 당헌·당규에서 정한 바에 따라 정당이 복수의 후보자를 대상으로 공직선거의 후보자를 선출하는 과정이 바로 당내경선이다.

여성이나 장애인 등 사회적 약자에 대하여 당헌·당규에 따라 가산점 등을 부여하여 실시하는 경선도 당내경선에 포함되고, 정당의 당헌·당규나 경선후보자 간의 서면합의에 따라 당내경선을 대체하여 실시하는 여론조사도 넓은 범위에서는 당내경선에 포함된다(§57의2②).

다만, 경선후보자 간의 서면합의에 따른 여론조사는 경선후보자 모두가 동의하여 실시하는 경우에 한정하여 불복이 금지되는 당내경선으로 본다.[26] 한편, 1차 경선 실시 후 1·2위 후보자 간 결선경선 방식으로 후보자를 선출하는 때에는 1차 경선과 결선경선 모두 당내경선에 해당하므로,[27] 여기에 참여한 경선후보자들은 모두 경선결과에 승복해야 한다.

---

26) 중앙선거관리위원회 2006. 4. 4. 회답

27) 중앙선거관리위원회 2016. 3. 16. 회답

2. 불복금지가 적용되는 선거구역

당내경선의 후보자로 등재된 사람으로서 해당 정당의 후보자로 선출되지 않은 사람은 해당 선거의 같은 선거구에 후보자로 등록할 수 없다(§57의2②). 정당이 실시하는 당내경선의 절차와 방법이 개별 경선후보자의 의사와 다르더라도 해당 정당의 당헌·당규에 따라 당내경선을 실시한 경우 해당 경선에서 선출되지 못하였거나,[28] 경선후보자로 등재된 이후에 경선을 포기한 경우에도 모두 경선불복 금지가 적용된다.[29]

이 경우 해당 정당에서 탈당하여 다른 정당에 입당하거나 무소속으로 남더라도 해당 선거의 같은 선거구에는 후보자로 출마할 수 없다. 다만, 경선불복 금지의 내용이 해당 선거의 같은 선거구로 제한되므로, 해당 선거가 아니라면 출마에 제한이 없고, 같은 선거라도 다른 선거구에 출마하는 것은 금지되지 않는다.

예컨대, 공직선거법의 개정으로 국회의원지역선거구의 명칭과 구역이 일부 개정되어 해당 선거구가 변경된 경우에는 선거구의 동질성이 상실되어 같은 선거구에 해당하지 않으므로, 선거구 변경 전 종전의 선거구를 대상으로 실시한 당내경선은 입후보가 제한되는 당내경선에 해당하지 않는다.

아울러 신설합당 전에 실시된 당내경선의 효력은 합당으로 승계되는 것이 아니므로, 그 당내경선에서 후보자로 선출되지 않은 사람이 해당 선거의 같은 선거구에 후보자로 등록하는 것은 제한되지 않는다.[30]

28) 중앙선거관리위원회 2006. 3. 30. 회답
29) 중앙선거관리위원회 2010. 1. 14. 회답
30) 중앙선거관리위원회 2012. 1. 16. 회답

3. 불복이 가능한 당내경선

정당의 후보자로 선출된 사람이 사퇴 또는 사망하거나, 피선거권을 상실하거나, 당적의 이탈·변경으로 그 자격을 상실한 경우에는 당내경선에서 탈락한 사람도 해당 선거의 같은 선거구에 후보자로 등록할 수 있다(§57의2② 단서). 이미 실시한 당내경선의 효력이 상실되었기 때문이다.

아울러 당내경선의 후보자로 결정되었으나 본인 의사에 따라 실제 당내경선 후보자로 등록하지 않은 사람, 경선후보자로 등록하였으나 해당 정당의 당헌이 정하는 바에 따라 경선후보자의 등록이 무효로 되거나 취소된 사람, 경선에 참여하였으나 해당 경선이 무효로 된 경우 그 경선후보자 명부에 올라있었던 사람, 정당의 후보자 추천 심사에서 탈락한 사람은[31] 경선후보자로 등재된 사람이 아니므로 경선불복 금지규정이 적용되지 않는다.

정당이 당내경선의 결과를 스스로 부인하고 후순위 득표자를 전략공천한 경우 다른 경선후보자는 탈당하여 같은 선거구에 출마할 수 있고,[32] 당내경선에서 선출된 사람이 해당 정당의 공천심사위원회 결정에 따라 공천이 취소된 경우에도 탈당하여 같은 선거구에 후보자로 등록할 수 있다.[33]

참고적으로 당내경선이 무효로 되면 정당은 다시 경선을 실시하여 후보자를 추천할 수 있고, 당초 경선에 참여한 모든 후보자는 해당 정당이나 다른 정당의 추천 또는 무소속으로 해당 선거의 같은 선거구에 입후보할 수 있다.

31) 중앙선거관리위원회 2008. 2. 4. 회답
32) 중앙선거관리위원회 2006. 5. 2. 회답 등
33) 중앙선거관리위원회 2010. 5. 8. 회답

4. 당내경선과 후보자 추천의 적법성에 관한 판례

가. 후보자 추천에 대한 사법심사 기준

정당활동의 자유는 헌법에 따라 보호되고, 공직선거에서 정당의 후보자 추천은 정당이 공직선거를 통하여 국민의 정치적 의사형성에 참여하는 것이므로, 그 절차와 방법은 원칙적으로 정당의 자치규범에 따라 자율적으로 결정해야 할 사항이다.

따라서 정당의 후보자 공천에는 어느 정도의 정치적인 요소가 포함될 수밖에 없고, 특별한 사정이 있는 경우에는 정당의 자율성에 기초한 고도의 정치적 선택과 정략적 판단이 이루어질 수도 있다. 예컨대, 전략공천의 경우 정당은 전국적인 지명도가 있거나 해당 정당이 추구하는 가치와 정치적 입장을 표방하는 데 상징적인 의미를 가질 수 있는 인물을 경선절차를 거치지 않고 입당절차만으로 공천할 수도 있다. 아울러 정당은 정치공학적으로 상대 정당의 유력 정치인을 의도적으로 낙선시키기 위하여 경선절차 없이 상대 후보자와 비교우위에 있는 유력인사를 공천하기도 한다.

판례는 정당이 후보자를 추천하는 방법으로 반드시 경선을 실시해야 하는 것은 아니며, 전략공천을 통하여 후보자를 추천할 수도 있는데, 그 전략공천이 민주적 절차를 통하여 이루어지는 것이라면 정당의 적법한 후보자 추천이라 보았다.[34]

또한 정당이 현역의원 중 경쟁력이 부족한 하위 순위자를 공천에서 배제하는 컷오프(Cut off) 방식에 대하여, 판례는 관계 법령이나 당헌·당규에 이에 관한 직접적인 근거규정을 두고 있지 않더라도 민주적 절차 또는 적법절차에 반하는 것으로 볼만한 특별한 사정이 존재하지 않는 이상 해당 정당의 재량으로 후보자 추천에 도입할 수 있는

34) 청주지방법원 2006. 4. 28. 선고 2006카합305 결정

여러 방식 중 하나라고 보았다.[35)]

그러나 정당의 후보자 추천이 민주주의 원칙에 관한 헌법, 정당법, 공직선거법에 위반되거나, 그 절차가 현저하게 불공정하거나, 당헌·당규 등 정당 스스로가 정한 내부규범을 위반한 경우에는 사법심사의 대상이 되고 그 효력이 부인될 수 있다. 이 경우 다른 공천신청자나 당원의 민주적 절차에 관한 권리를 근본적으로 침해하였는지를 기준으로 공천의 효력 유무를 판단한다.[36)]

나. 위법한 후보자 추천으로 판단한 사례

다른 선거구에 출마할 예정인 타당의 입후보예정자와 해당 선거구에 출마할 사람으로서 여론조사에서 1위를 한 자당의 입후보예정자를 비교한 후 자당의 입후보예정자가 지지도에서 이기지 못한다고 판단하여 전략공천지역으로 지정하고, 그로부터 4일 만에 당헌이 요구하는 상당한 이유도 없이 전격적으로 제3자를 후보자로 추천결의를 한 사안에 대하여, 판례는 그 절차가 현저히 불공정하여 추천의 효력이 인정될 수 없다고 보았다.[37)]

한편, 정당의 재심특별위원회가 경선결과에 대한 이의신청을 받아들여 재경선을 실시하기로 하고, 이에 따라 공천심사특별위원회가 정식 재경선의 취지로 2차 여론조사를 실시하였음에도 그 결과를 토대로 하지 않고 특별한 이유 없이 1차 여론조사 결과에 따라 후보자를 추천한 사안에 대하여, 판례는 이를 민주주의 원칙에 위배된다고 판시하였다.[38)]

---

35) 서울남부지방법원 2012. 3. 20. 선고 2012카합177 결정

36) 서울남부지방법원 2006. 5. 15. 선고 2006카합1149 결정

37) 서울남부지방법원 2006. 5. 1. 선고 2006카합941 결정

38) 서울남부지방법원 2006. 5. 12. 선고 2006카합1197 결정

아울러 재심특별위원회가 공천신청자의 해당(害黨) 전력을 확인하고 만장일치로 후보를 교체한 후 전략공천을 하기로 의결하였음에도, 정당의 대표단 회의가 이에 대한 일체의 논의 없이 여론조사결과를 토대로 후보를 교체하지 않는다고 의결한 사안에 대하여, 판례는 이를 당규에 위배되어 당원의 민주적 절차에 관한 권리를 근본적으로 침해한 것으로 보았다.[39]

특히 정당이 복당절차나 공천심사절차를 거치지 않은 채 제3자를 특정 선거구의 후보자로 선정한 사안에 대하여도 법원은 이를 민주주의 원칙에 위배된다고 보았다.

다. 적법한 후보자 추천으로 판단한 사례

정당의 당헌에서 후보자 공모, 서류심사, 여론조사 등 절차 진행에도 불구하고 전략지역 지정이 가능한 것으로 규정한 이상, 전략지역 선정 자체가 고도의 정치적 행위의 성격이 강하고, 다른 지역에서도 전략지역이 선정된 점에 비추어, 판례는 전략공천이 민주주의 원칙에 반하는 것으로 볼 수 없다고 판단하였다.[40]

또한 정당의 당헌에 '모든 공직후보자는 상향식을 포함한 민주적 절차에 따라 선출함을 원칙으로 하되, 상당한 사유가 있으면 중앙위원회의 의결로 달리 할 수 있다'고 전략공천을 할 수 있는 근거를 두고 있는 상황에서, 해당 정당이 여론조사결과 근소한 차이로 2위를 한 사람을 후보자로 추천한 사안에 대하여, 판례는 공천신청자나 해당 당원의 민주적 절차에 관한 권리를 근본적으로 침해한 것으로 볼 수도 없다고 판단하였다.

39) 서울남부지방법원 2006. 5. 9. 선고 2006카합1019 결정
40) 서울남부지방법원 2006. 5. 15. 선고 2006카합1149 결정

아울러 정당이 국민참여 여론조사의 방식으로 당내경선을 실시하였으나, 1위로 선출된 사람이 출마를 포기하자 전략공천을 하기로 결의하고 외부인사 영입, 정치신인 발탁 등 통상적인 전략공천 방법과 다른 방법으로 여론조사에서 2위를 한 사람을 공천한 사안에 대하여, 판례는 이러한 조치가 정당의 자율성을 넘어 그 절차가 현저하게 불공정하거나, 정당의 내부 규정을 위반하여 민주주의 원칙에 관한 헌법이나 공직선거법의 규정에 명백히 위반된다고 단정하기 어렵다고 판시하였다.[41)]

한편, 판례는 경선에 참가한 경선후보자 등이 불법 경선운동을 하거나, 여론조사과정에서 정당의 내부 규정 또는 후보자들 상호간의 합의사항을 위반하는 등의 하자가 있고, 그로 말미암아 경선절차의 공정성이 침해되어 경선결과에 영향을 미친 경우에는 공천이 무효가 될 것이나, 불법 경선운동을 하였는지가 사법기관의 판단을 통해 밝혀지지 않은 이상, 경선결과에 영향을 미쳤다고 단정하기 어렵다고 보았다.[42)]

41) 서울남부지방법원 2006. 5. 15. 선고 2006카합1192 결정
42) 서울남부지방법원 2006. 5. 15. 선고 2006카합1192 결정

제 5 절
선거권자의 무소속 후보자 추천

1. 선거권자 추천의 의의

관할 선거구 안에 주민등록이 된 선거권자는 각 선거별로 정당에 소속되지 않은 사람, 즉 무소속 후보자를 해당 선거구의 후보자로 추천할 수 있다. 공직선거법에 따라 무소속 후보자가 되려는 사람은 관할 선거구선거관리위원회가 후보자 등록신청개시일 전 5일부터 검인하여 교부하는 추천장을 사용하여 선거별로 일정 수의 선거권자 추천을 받아야 한다(§48).

선거권자 추천제도는 무소속 후보자의 등록요건으로서 일정 수의 선거권자 추천을 요구하여 후보자 난립을 방지하는 한편, 후보자등록 단계부터 국민의 정치적 의사가 선거에 반영되도록 하기 위한 것으로 정당추천 제도의 보완방법으로 채택되고 있다.[43)]

선거권자는 복수의 무소속 후보자를 추천할 수 있으나 한번 추천하면 철회할 수 없다. 후보자 등록을 관할하는 선거관리위원회는 후보자 추천당시 추천자 본인의 진실한 의사가 있었는지에 대하여는 확인하지 않는다.[44)] 참고적으로 공무원도 후보자를 추천할 수 있다.[45)]

43) 헌법재판소 1996. 8. 29. 선고 96헌마99 결정

44) 중앙선거관리위원회. 1972. 12. 11. 회답

2. 선거별 선거권자 추천인 수

무소속 후보자가 되려는 사람은 관할 선거구선거관리위원회가 검인·교부하는 추천장을 사용하여 공직선거법에서 선거별로 정한 수의 선거권자 추천을 받아야 후보자로 등록할 수 있다. 선거별 무소속 후보자의 추천인 수는 다음과 같다(§48②).

① 대통령선거는 5 이상의 시·도에 나누어 하나의 시·도에 주민등록이 되어 있는 선거권자의 수를 700인 이상으로 한 3,500인 이상 6,000인 이하

② 시·도지사선거는 해당 시·도안의 3분의 1 이상의 자치구·시·군에 나누어 하나의 자치구·시·군에 주민등록이 되어 있는 선거권자의 수를 50인 이상으로 한 1,000인 이상 2,000인 이하

③ 지역구국회의원선거와 기초단체장선거에서는 300인 이상 500인 이하

④ 지역구 광역의원선거에서는 100인 이상 200인 이하

⑤ 지역구 기초의원선거에서는 50인 이상 100인 이하. 다만, 인구 1,000인 미만의 선거구는 30인 이상 50인 이하

선거별 추천인 수에 미달한 경우 해당 무소속후보자의 등록신청은 수리될 수 없다. 추천인 수에 하한을 둔 것은 후보자 난립을 방지하기 위해서고, 추천인 수에 상한을 둔 것은 후보자 추천을 빌미로 행해지는 탈법적인 선거운동을 방지하기 위함이다.

무소속 후보자에게 선거권자 추천인 수를 과다하게 요구할 경우 사실상 입후보를 제한하는 효과가 발생하여 정당추천 후보자와 형평성의 문제가 제기될 수 있고, 그 수를 너무 적게 할 경우에는 선거권자 추천제의 입법취지가 몰각될 우려가 있다.

45) 중앙선거관리위원회 2014. 5. 7. 회답

한편 대통령선거와 시 · 도지사선거는 선거 실시지역이 넓으므로, 무소속 후보자에 대한 추천인을 지역적으로 구분하여 추천받도록 지역할당 방식을 적용하고 있다. 이는 특정 지역에 국한되어 지지를 받는 인물보다는 모든 지역에 걸쳐 골고루 지지를 받는 인물이 해당 공직에 적합하다고 보기 때문이다.

3. 무소속 후보자 추천 시 유의사항

선거권자가 무소속 후보자를 추천하는 때에는 추천장에 성명, 주소 등을 기재하고 본인의 도장을 날인하거나 서명을 해야 한다. 무인(拇印), 즉 손도장은 허용되지 않는다. 이는 부정한 방법에 의한 추천장 작성을 방지하여 선거권자 추천의 진정성을 담보하고 궁극적으로는 선거의 신뢰와 공정을 확보하기 위한 것이다.[46]

한편 무소속 후보자 추천장은 후보자가 되려는 사람이 직접 받아야 한다는 제한규정이 없으므로, 자원봉사자 등 제3자가 선거권자의 추천을 받는 것도 가능하다. 특히 선거권자의 추천장을 받기 위하여 선거구민의 가정을 방문하는 경우 추천에 필요한 범위에서 입후보예정자의 경력 · 공적이나 입후보 이유 등을 단순히 소개하는 행위도 허용된다.[47] 단순한 소개 정도는 선거운동으로 보기 어려우므로 호별방문 금지규정도 적용되지 않는다.

다만, 무소속 후보자의 추천을 받기 위한 목적 범위를 벗어나 선거운동용 명함을 배부하는 등 지지를 권유하면서 추천을 받는 행위는 그 행위 양태에 따라 공직선거법의 호별방문 금지규정이나 사전선거운동 금지규정에 위반될 수 있다(§106① · §254②).

46) 헌법재판소 2009. 9. 24. 선고 2008헌마265 결정

47) 중앙선거관리위원회 2008. 3. 14. 회답

참고적으로 관할 선거구선거관리위원회가 검인하지 않은 추천장으로 선거권자의 추천을 받거나, 선거운동을 위하여 추천인 수의 상한을 넘어 선거권자의 추천을 받거나, 선거권자의 서명이나 도장을 위조·변조하는 등의 방법으로 허위의 추천을 받은 때에는 1년 이하의 징역 또는 200만원 이하의 벌금에 처해질 수 있다(§256⑤ 1.).

제 12 장

선거절차와 후보자의 참여방법

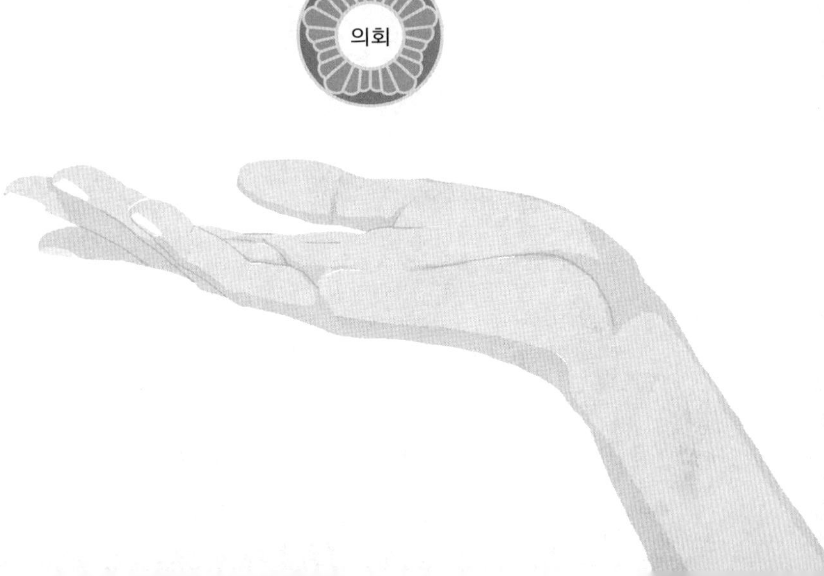

공직선거는 선출된 대표자의 임기만료, 임기 중 사퇴 또는 사망, 당선무효 또는 선거무효의 판결이나 결정에 따라 선거의 실시사유가 확정되고, 선거인명부 작성을 통하여 선거인을 결정하며, 후보자등록을 통하여 후보자를 특정한다.

이후 정해진 기간 동안 선거운동을 통하여 다양한 방법으로 유권자들에게 후보자의 정책과 공약, 능력과 자질을 홍보한다. 사전투표 기간과 선거일에는 투표를 실시하고, 그 결과는 개표로 확인하여 다수득표자를 당선인으로 결정한다.

이 장에서는 공직선거의 주요 절차를 살펴보고 그 절차와 과정별로 후보자의 참여방법을 설명하고자 한다.

제 1 절
선거인명부 작성

1. 선거인명부 작성방법

선거인명부는 선거권자의 신청 여부를 기준으로 직권작성 방식과 신청작성 방식이 있고, 작성된 선거인명부의 효력을 기준으로는 수시명부제와 영구명부제로 구분할 수 있다. 우리나라는 선거를 실시하는 때마다 직권으로 선거인명부를 작성하고, 작성된 명부의 효력은 해당 선거로 한정하는 수시명부제를 채택하고 있다.

다만, 외국에서 투표하는 국외부재자와 재외선거인, 공해상의 선박에서 투표하는 선상부재자투표, 그리고 국내에서 거동할 수 없는 사람 등을 위한 거소투표는 신청에 의하여 그 명부를 작성하고, 재외선거인명부는 유일하게 영구명부제를 적용하고 있다.

선거를 실시하는 때마다 구·시·군의 장은 대통령선거에서는 선거일 전 28일, 국회의원선거와 지방선거에서는 선거일 전 22일 현재 관할구역에 주민등록이 되어 있는 선거권자를 대상으로 선거인명부 작성기준일부터 5일 이내에 투표구별로 선거인명부를 작성해야 한다(§37).

이 경우 거소투표신고자, 국외부재자신고자 및 선상투표신고자는 선거인명부의 비고란에 그 사실을 표시하여 이중투표를 방지하도록 한다. 선거인명부 작성에 관하여는 관할 선거관리위원회가 감독하고, 작성된 선거인명부는 선거권자의 열람을 거친다.

선거인명부에 누락 또는 오기(誤記)가 있거나 자격이 없는 사람이 올라있으면, 선거권자는 누구든지 이의를 제기할 수 있도록 하여 민중심사의 방법으로 선거인명부를 검증한 후 확정한다.

선거인명부 작성과 관련하여 유의할 사항은 특정한 선거구에서 투표할 목적으로 주민등록에 관한 허위의 신고를 한 사람, 소위 위장전입자가 선거인명부에 등재된 경우 이는 사위(詐僞)의 방법에 해당하여 위법이고, 그의 투표권은 부정되어야 하며, 그가 한 투표는 무효라는 것이 대법원 판례의 확고한 입장이다.[1] 당사자가 공직선거법의 사위등재죄로 처벌됨은 물론이다(§247①).

2. 선거일 전 투표할 사람들의 신고

멀리 떨어진 영내(營內) 또는 함정에 근무하는 군인·경찰공무원, 병원·요양소·수용소·교도소 또는 구치소에 기거하는 사람, 신체에 중대한 장애가 있어 거동할 수 없는 사람, 외딴 섬[2]에 거주하는 사람은 선거인명부 작성기간 중 구·시·군의 장에게 거소투표신고를 하고 머무는 곳에서 투표할 수 있다(§38①).

거소투표의 경우 매수나 투표의 비밀침해 등 투표부정의 위험에 노출되어 있으므로, 그 신고를 하는 때에는 소속 기관이나 시설의 장의 확인을 받아 신고해야 한다. 특히 신체에 중대한 장애로 거동할 수 없어 자택에서 투표하려는 사람은 통·리·반장의 확인을 받아 신고를 해야 한다(§38③).

1) 대법원 1989. 5. 26. 선고 88수122 판결

2) 여기에서 외딴 섬의 기준은 1일 1회 이상 정기적으로 운항하는 선박이 없는 섬을 말한다. 공직선거관리규칙에서 독도 등 60여 개의 섬을 정하고 있다.

아울러 대통령선거와 임기만료에 따른 국회의원선거에서 국내에 주민등록이 되어 있는 사람으로서 사전투표개시일 전 출국하여 선거일 후에 귀국이 예정된 사람과 외국에 머물면서 선거일까지 귀국하지 않을 사람은 선거일 전 150일부터 선거일 전 60일까지 관할 구·시·군의 장에게 국외부재자신고를 하고 재외공관에 설치된 투표소에서 투표할 수 있다(§218의4).

한편, 대통령선거와 임기만료에 따른 국회의원선거에서 대한민국 국민이 선장을 맡고 있는 원양어선이나 외항상선에 승선 예정이거나 승선한 선원은 선거인명부 작성기간 중 구·시·군의 장에게 신고한 후 해당 선박의 선상(船上)에서 투표할 수 있다.

다만, 사전투표를 하려는 사람의 경우 따로 신고할 필요가 없다. 본인임을 확인할 수 있는 신분증을 소지하고 있다면 사전투표기간 중 전국 어디에서나 투표할 수 있다.

3. 후보자 등에게 선거인명부 사본 교부

후보자·선거사무장 또는 선거연락소장은 선거기간 개시일까지 해당 구·시·군의 장에게 선거인명부 사본 또는 전산자료 복사본 중 1종에 대한 교부신청을 할 수 있다. 물론 수익자 부담의 원칙에 따라 교부신청시 사본 작성비용을 납부해야 한다.

사본 교부신청을 접수한 구·시·군의 장은 24시간 이내에 선거인명부의 사본 또는 전산자료 복사본을 후보자별로 1통씩 교부해야 한다(§46①). 교부받은 선거인명부의 사본 또는 전산자료 복사본은 다른 사람에게 양도 또는 대여할 수 없으며, 재산상의 이익 기타 영리를 목적으로 사용할 수 없다(§46④·§256③ 2.).

다만, 후보자의 선거사무소에 선거인명부를 비치하여 선거운동에 활용하는 것까지 금지하는 것은 아니다. 해당 규정은 선거인명부에 포함된 선거권자들의 개인정보가 상업적으로 악용되는 사례가 빈번하게 발생함에 따라 개인정보를 보호하기 위하여 2000년 2월 공직선거법의 개정으로 신설되었다.

4. 통합선거인명부 작성과 이중투표 방지

전국적 범위에서 투표가 실시되는 선거뿐만 아니라 지역적 수준에서 투표가 실시되는 재·보궐선거에서도 구·시·군의 장은 선거를 실시하는 때마다 확정된 선거인명부의 전산자료 복사본을 관할 구·시·군선거관리위원회에 송부하고, 중앙선거관리위원회는 선거인명부 전산자료 복사본에 따라 통합선거인명부를 작성하여 사전투표소에서 활용할 수 있도록 한다(§44의2①).

중앙선거관리위원회가 통합선거인명부를 작성하는 때에는 같은 사람이 2회 이상 투표할 수 없도록 필요한 기술적 조치를 해야 한다(§44의2②). 실무적으로 사전투표소에서 선거인이 제시한 신분증을 스캔하여 통합선거인명부에 그 이미지를 저장함으로써 다른 사전투표소나 선거일 주소지에서 이중으로 투표할 수 없도록 한다.

사전투표기간이 종료된 후 중앙선거관리위원회는 읍·면·동선거관리위원회가 해당 읍·면·동의 투표구별로 사전투표소에서 투표한 사람의 투표사실이 기재되어 있는 선거인명부를 출력할 수 있도록 기술적 조치를 해야 한다. 실무적으로 해당 선거인명부에는 사전투표를 한 사람의 투표용지 수령인란에 사전투표한 날짜와 사전투표소의 명칭이 인쇄되도록 한다.

읍·면·동선거관리위원회는 중앙선거관리위원회가 제공하는 선거인명부를 관할구역의 투표구별로 출력한 다음, 정당에서 추천한 선거관리위원회 위원의 참여하에 읍·면·동선거관리위원회 위원장이 이를 봉함·봉인하여 보관한다. 해당 선거인명부는 선거일 투표개시 전 읍·면·동선거관리위원회 위원장이 투표용지와 투표함을 투표관리관에게 인계하는 때에 함께 인계한다(규칙 §16의2③).

사전투표소에서 투표한 사람은 투표소에서 활용하는 선거인명부에 그 사실이 표시되므로, 사전투표소에서 투표한 후 그 사실을 숨기고 선거일에 다시 자신의 주소지에서 투표를 시도할 경우 그 이유를 불문하고 사위투표죄(詐僞投票罪)로 처벌대상이 될 뿐이다(§248①). 사위투표죄에 관하여 자세한 내용은 제13장 제4절 '3. 사위투표죄'를 참고하기 바란다.

제 2 절

후보자 등록신청과 기호 결정

1. 등록신청 구비서류와 그 작성방법

가. 후보자 등록신청 개요

후보자 등록은 대통령선거에서는 선거일 전 24일부터, 국회의원선거와 지방선거에서는 선거일 전 20일부터 각각 2일간 관할 선거구선거관리위원회에 신청해야 한다. 국회의원선거이든 지방의원선거이든 모든 지역구 의원선거의 관할 선거구선거관리위원회는 구·시·군선거관리위원회이다.

후보자로 등록하려면 우선 후보자등록신청서에 공직선거법이 요구하는 서류를 첨부하고 기탁금을 납부해야 한다. 후보자 등록신청을 하는 때에 후보자등록신청서에 첨부해야 하는 서류는 아래와 같다(§49④). 다만, 예비후보자 등록신청시 이미 제출한 서류는 후보자 등록신청시 제출을 생략할 수 있다(§49⑤).

① 가족관계증명서

② 주민등록표 초본. 다만, 거주요건이 없는 국회의원선거에서는 제출하지 않는다.

③ 재산신고서

④ 병역사항 신고서
⑤ 최근 5년간 세금납부 · 체납 신고서
⑥ 벌금 100만원 이상의 형의 전과기록
⑦ 최종학력 증명서
⑧ 공직선거 출마경력 신고서
⑨ 정당의 추천서 또는 무소속후보자 추천장

위의 ③부터 ⑥까지 열거된 서류와 ⑨의 정당의 추천서 또는 무소속 후보자 추천장 중 어느 한 가지라도 제출하지 않으면 후보자등록 신청은 수리되지 않는다(§49⑧).

가족관계증명서는 국민의 출생부터 결혼, 사망에 이르기까지 가족관계의 발생 및 변동사항에 대한 신고를 의무화하여 국가가 국민을 계통적으로 관리하는 공부(公簿), 즉 가족관계등록부에 따라 발급한 서류이다. 따라서 선거에서 각종 신고 및 신청서에 기재하는 후보자의 성명, 주민등록번호, 가족관계, 등록기준지 등에 관한 정보는 모두 가족관계증명서의 기재내용과 일치해야 한다.

후보자등록신청 시 구비할 서류가 방대하고 신고서 작성에 실무적인 어려움이 많으므로, 관할 선거관리위원회가 후보자등록신청 전 개최하는 입후보안내설명회에 반드시 참석하여 교육을 받는 것이 필요하다.

아울러 후보자등록신청서류가 구비되면 사전에 관할 선거관리위원회를 방문하여 사전검토를 받는 것이 바람직하다. 선거관리위원회 직원이 사전에 검토한 후보자 등록신청 서류는 후보자 등록신청 시 쉽게 접수가 처리되고 등록신청을 수리하는 데 하자가 발행할 개연성이 현저하게 줄어든다.

선거관리위원회에 제출하는 서류는 선거인에게 공개를 전제로 하는 것이므로(§49⑫), 해당 서류에 거짓의 내용이 기재되어 있으면 허위사실공표죄로 처벌받을 수 있다. 표현범죄의 성립요건 중 하나인 공연성의 충족에도 부족함이 없다.

나. 재산신고서 작성방법

후보자등록신청 서류 중 준비가 가장 어렵고 복잡한 것이 바로 재산신고서다. 공직후보자의 재산신고에 관한 기본적 사항은 공직자윤리법에서 정하고 있다(§10의2①). 신고기준일은 선거일이 속하는 연도의 전년도 12월 31일 현재이고, 신고의 인적 범위는 후보자 본인, 후보자의 배우자, 후보자의 직계존·비속이다.

배우자에는 사실혼 관계에 있는 사람이 포함되지만, 혼인한 딸과 외조부모 및 외손자녀는 직계존·비속임에도 신고대상에서 제외된다. 며느리와 사위는 아예 신고대상도 아니다. 한편 후보자의 직계존·비속 중 독립된 생계를 유지하여 피부양자가 아닌 사람은 재산신고 사항의 고지를 거부할 수 있다(공직자윤리법 §12④).

다만, 재산신고의 범위에 혼인한 딸과 외손자녀를 제외한 부분은 상당히 문제가 있다. 호주제 폐지에 따른 관계 법률의 체계정당성 확보나 성인지적 관점만이 아니다. 공직자의 부정한 재산증식을 방지하기 위한 공직자윤리법의 입법목적이나, 후보자와 그 가족의 재산형성과정을 공개하여 유권자에게 적정한 판단자료를 제공하기 위한 공직선거법의 취지를 감안하더라도 재산신고 대상에 혼인한 딸과 외손자녀를 포함시키는 것이 바람직한 것으로 보인다. 이들이 은닉재산의 피난처로 악용되어서는 안 되고, 병역사항 신고의 인적 범위에는 이미 외손자를 포함하고 있기 때문이다.

등록대상 재산의 범위에는 그 명의와 소재지에 불구하고 사실상 소유하는 모든 재산이 포함된다. 따라서 차명계좌도 신고해야 하고,[3] 비영리법인에 출연한 재산과 외국에 소재한 재산도 신고해야 한다. 거듭 강조하지만, 당선될 목적으로 재산을 누락 또는 축소하여 신고하면 허위사실공표죄로 처벌될 수 있다(§250①).

---

3) 대법원 2009. 10. 29. 선고 2009도5945 판결

다. 병역사항 신고서 작성방법

후보자로 등록을 신청하는 사람은 공직자 등의 병역사항 신고 및 공개에 관한 법률에 따라 본인과 본인의 18세 이상인 직계비속의 병역사항을 신고해야 한다(§9①). 여기에서 18세 이상이란 선거를 실시하는 연도에 만 18세가 되는 사람을 포함한다. 직계비속에는 아들과 친손자는 물론 외손자가 포함되지만, 병역의무가 없는 여성은 18세 이상이라도 신고대상에서 제외된다.

병역사항 신고서에 18세의 직계비속은 병역준비역 편입사항을, 병역판정검사 또는 징집·소집 대상인 직계비속은 병역판정검사 연도와 병역처분 내용을, 복무를 마친 직계비속은 복무 분야와 복무부대 또는 복무기관, 계급, 병과와 군사특기 등을, 현역군인은 복무 분야와 복무부대 등을 적으면 된다.

후보자의 병역사항 신고에 대하여 누락 또는 허위의 의심이 있는 경우 선거인 등은 관할 선거관리위원회에 이의를 제기할 수 있고, 고의로 누락하거나 허위로 신고한 사실이 확인된 때에는 해당 선거관리위원회위원장이 그 내용을 공고해야 한다.

물론 당선될 목적으로 병역사항에 관한 신고서를 허위로 작성하여 제출한 경우에는 공직선거법에 따른 허위사실공표죄가 성립될 수 있고, 신고대상자를 고의로 빠트리거나 신고할 병역사항을 거짓으로 신고한 사람은 병역사항 신고 및 공개에 관한 법률에 따라서도 처벌될 수 있다(§17① 2.).

라. 세금납부·체납 신고서 작성방법

후보자 등록신청을 하는 사람은 공직선거법에 따라 자신과 가족의 세금납부 및 체납에 관한 사항을 신고해야 한다(§49④ 4.). 해당 제도는 후보자와 그 가족이 납세의무를 충실히 이행하였는지를 유권자에게 알려 올바른 선거권 행사를 도모하기 위한 목적으로 2000년 2월 도입되었다.

도입 초기에는 후보자 본인의 최근 3년간 소득세 및 재산세 납부실적만이 공개대상이었으나, 이후 신고대상 기간을 5년간으로 연장하고, 신고대상 인적 범위를 후보자의 배우자와 직계존·비속까지 확대하였으며, 신고대상 세금의 범위도 소득세와 재산세는 물론 종합부동산세의 납부 및 체납실적으로 확장되었다.

세금의 체납사항 신고대상에서 건당 10만원 이하의 소액 또는 3월 이내의 단기 체납은 제외된다. 그러나 문중재산처럼 실제 후보자의 재산이 아니더라도 자신의 명의로 소득세 또는 재산세가 부과·납부되는 경우에는 이를 신고해야 한다.[4] 참고적으로 후보자의 직계존속은 자신의 세금납부 및 체납에 관한 신고를 거부할 수 있고, 혼인한 딸과 외손자녀는 아예 신고대상도 아니다.

마. 최종학력 증명서 제출기준

최종학력 증명서는 예비후보자홍보물·선거벽보·선거공보 및 후보자의 인터넷 홈페이지에 게재하였거나 게재하려는 학력에 관한 증명서를 말한다. 수도권에서 대학교를 졸업하고 지방의 대학원에서 석사학위를 받은 경우 수도권에서 대학교를 졸업한 증명서를 제출하고 그 학력을 선거공보 등에 게재할 수도 있다.

학력은 초·중등교육법에 따른 초·중·고 학력과 고등교육법에서 인정하는 학사, 석사, 박사 등 정규학력을 말한다. 외국의 학력은 국내 정규학력에 준하는 외국의 교육기관에서 이수한 학력을 말한다. 외국의 교육기관에서 이수한 학력증명서를 제출하는 때에는 그 한글 번역문을 함께 제출해야 한다.

---

4) 중앙선거관리위원회 2000. 3. 27. 회답

2. 선거별 기탁금액과 반환요건

가. 기탁금 제도의 취지

후보자등록을 신청하는 사람은 그 신청을 하는 때에 기탁금을 납부해야 한다(§56). 기탁금 제도는 후보자 난립을 방지하여 선거의 과열·혼탁을 방지하고, 불법선거운동의 감시와 투·개표 등 선거관리를 용이하게 하며, 당선자가 다수표를 획득할 수 있도록 하여 선출된 대표자에게 민주적 정당성을 부여하기 위한 것이다.

그러나 과도한 기탁금은 경제력이 약한 후보자의 피선거권이 침해될 우려가 있고, 유권자의 후보자 선택의 자유가 제한될 우려도 있다. 따라서 기탁금은 포말후보의 난립을 방지하기 위해 필요한 정도에 그쳐야지 진지하게 입후보하려는 사람의 피선거권을 실질적으로 제한하는 정도에 이르러서는 안 될 것이다.[5)]

기탁금 제도에 관한 외국의 사례를 살펴보면, 미국·프랑스·독일·캐나다·스웨덴·스위스·오스트리아·핀란드의 경우 기탁금이 아예 없고, 기탁금을 요구하는 국가도 통상 200만원 이하의 소액으로서 상징적 금액에 그치고 있는 점은 시사하는 바가 적지 않다.[6)]

고액의 기탁금으로 두드러진 나라는 우리나라와 일본뿐이다. 예컨대, 일본 중의원선거의 후보자 기탁금은 우리나라의 2배에 해당하는 300만 엔이다. 선거규범의 명칭이 '공직선거법'이라는 공통점 외에 기탁금을 신진 정치세력의 진입장벽으로 악용하려 한다는 의심의 눈초리에서도 두 나라 모두 자유롭지 못하다. 해묵은 일본 법제 추수주의(追隨主義)도 이제 청산할 시기가 되었다.

---

5) 헌법재판소 2001. 7. 19. 선고 2000헌마91·112·134(병합) 결정

6) 중앙선거관리위원회 2022. 12.『각국의 선거제도 비교연구』325쪽

나. 선거별 후보자 기탁금

공직선거에서 후보자 등록을 신청하는 사람은 선거별로 정해진 기탁금을 납부하되, 장애인후보자와 청년후보자에게는 일정 비율을 할인한다. 예컨대, 후보자등록을 신청하는 사람이 장애인복지법에 따라 등록된 장애인이거나 선거일 현재 29세 이하인 경우에는 기탁금의 50%를, 30세 이상 39세 이하의 후보자인 경우에는 기탁금의 70%에 해당하는 기탁금을 납부한다(§56①).

선거별로 납부해야 하는 기탁금액은 다음과 같다.

① 대통령선거 3억원

② 시·도지사선거 5,000만원

③ 지역구국회의원선거 1,500만원

④ 기초단체장 선거 1,000만원

⑤ 광역의원선거 300만원

⑥ 기초의원선거는 200만원

참고적으로 비례대표 국회의원선거의 후보자 기탁금은 헌법재판소의 위헌결정[7]에 따라 지역구 기탁금액의 1/3에 해당하는 500만원이다. 그러나 지방의원선거에서는 지역구와 비례대표 후보자의 기탁금액에 차이를 두지 않는다.

다. 후보자 기탁금의 반환

비례대표선거가 아닌 선거에서 당선되거나 유효투표 총수의 15% 이상을 득표한 후보자에게는 기탁금 전액을, 10% 이상 15% 미만을 득표한 후보자에게는 기탁금의 50%에 해당하는 금액을 선거일 후 30일

7) 헌법재판소 2016. 12. 29. 선고 2015헌마509 결정

까지 반환한다. 후보자가 장애인복지법에 따라 등록된 장애인이거나 선거일 현재 39세 이하인 후보자에게는 유효투표총수의 10% 이상을 득표한 경우 기탁금 전액을, 유효투표 총수의 5% 이상 10% 미만을 득표한 때에는 기탁금의 50%에 해당하는 금액을 반환한다.

참고적으로 당내경선에서 탈락하여 해당 정당의 추천을 받지 못함에 따라 후보자로 등록하지 못한 예비후보자의 경우에는 예비후보자 등록신청 당시 납부한 기탁금 전액을 돌려받는다.

일정한 득표를 하지 못한 후보자에게 기탁금을 반환하지 않는 것은 기탁금 제도의 본질적 요소로 볼 수 있지만, 과도할 정도로 엄격하게 기탁금 반환요건을 정하는 것은 논란의 소지가 있다.[8] 실재 헌법재판소는 대통령선거에서 유효투표 총수의 7% 또는 5% 득표를 기탁금 반환요건으로 정한 규정은 합헌으로 판단한 반면, 유효투표 총수의 1/3 이상 득표 또는 20% 이상 득표 등 엄격한 반환요건을 정한 규정은 헌법에 위반된다고 보았다.

경제력에 여유가 있는 후보자에게는 기탁금의 액수나 엄격한 반환요건이 아무런 장애가 될 수 없다. 이것이 바로 기탁금제도에 내재된 불편한 진실이다. 따라서 공직선거에서 기탁금 제도의 필요성이 인정되더라도 선거공영제를 선언한 우리의 헌법정신, 기탁금에 관한 외국의 입법례, 기탁금제도의 내재적 한계 등을 고려하여 기탁금액을 현행보다 낮출 필요가 있다고 본다.

아울러 기탁금 반환요건도 현행보다 좀 더 완화된 기준을 적용하는 것이 바람직해 보인다. 헌법재판소는 공직선거에서 고액의 기탁금과 엄격한 반환요건은 헌법에 위반될 수 있다며 여러 차례에 걸쳐 그리고 단호하게 판시한 바 있다.[9]

8) 헌법재판소 2011. 6. 30. 선고 2010헌마542 결정

9) 헌법재판소 2004. 3. 25. 선고 2002헌마383 결정 등

3. 후보자의 기호 결정

후보자등록마감 후 관할 선거구선거관리위원회는 후보자들의 기호를 결정한다. 후보자 기호 결정의 기준은 후보자등록마감일 현재 국회에서 의석을 보유한 정당의 추천을 받은 후보자, 국회에 의석을 가지고 있지 않은 정당의 추천을 받은 후보자, 그리고 무소속 후보자의 순으로 한다.

이 경우 후보자등록마감일 현재 국회에 의석을 가지고 있는 정당이나 그 정당의 추천을 받은 후보자의 기호는 국회에서 다수의석 순으로 정한다. 만일 같은 의석을 가진 정당이 둘 이상인 때에는 최근에 실시된 비례대표 국회의원선거에서의 득표수 순으로 기호를 배정한다(§150⑤).

한편, 5명 이상의 지역구 국회의원이 소속된 정당에서 추천한 후보자와 직전 대통령선거, 비례대표국회의원선거 또는 비례대표지방의원선거에서 전국 유효투표 총수의 3% 이상을 득표한 정당이 추천한 후보자들에게는 전국적으로 통일된 기호를 부여한다.

후보자등록 마감일 현재 국회에서 의석을 가지고 있지 않은 정당의 추천을 받은 후보자들의 기호 배정순서는 정당 명칭의 가나다순으로 하고, 무소속 후보자들의 기호는 선거관리위원회에서 추첨하여 결정한다(§150⑤).

지역구 기초의원선거에서 정당이 같은 선거구에 2명 이상의 후보자를 추천한 경우 해당 정당이 추천한 후보자들의 기호는 '1－가, 1－나, 1－다', '2－가, 2－나, 2－다' 등으로 정한다. 같은 정당이 추천한 후보자별 '가, 나, 다'의 순위는 해당 정당이 정하여 정당의 후보자추천서에 그 순위를 적어야 한다. 해당 정당이 정해오지 않으면 선거관리위원회가 추첨하여 결정한다.

일반적으로 후보자의 기호를 결정하는 가장 공정한 방법은 추첨으로 알려져 있다. 외국의 입법례도 추첨이 일반적이다. 일부 국가의 경우 후보자 성명의 알파벳순으로 기호를 정하는 사례도 있고, 비례대표선거에서는 직전 선거의 득표율을 기준으로 기호를 결정하는 경우도 있다. 우리나라처럼 국회의 의석수를 기준으로 후보자의 기호를 정하는 외국의 입법례는 찾아보기 어렵다.

우리나라는 극도의 정당국가를 지향하던 제3공화국에서도 추첨으로 후보자의 기호를 결정하였으나, 1970년대 독재정권 시절부터 정당의 다수의석 순으로 기호를 부여하도록 변경한 이래 현재에 이르고 있다.

그다지 정의롭지 않은 방법으로 보이나, 세월의 흐름에 따라 소수정당도 당연한 것으로 받아들이는 듯하고, 헌법재판소도 공직선거법에서 정당의 의석수를 기준으로 한 기호 결정방법이 헌법에 위반되지 않는다고 그 합헌성을 확인한 바 있다.[10]

10) 헌법재판소 2004. 2. 26. 선고 2003헌마601 결정

제 3 절
후보자의 선거운동 방법

1. 후보자의 선거운동 개요

공직선거법에서 인쇄물·시설물, 자동동보통신 방법에 의한 문자메시지, TV·신문·인터넷 등 광고, 대담·토론회, 거리유세 등의 선거운동 방법은 후보자에게 제한적으로 허용하되, 유권자에 대한 선거정보의 적정한 제공과 알권리 보장의 필요성 등을 고려하여 선거의 성격에 따라 선거운동 방법에 합리적 차등을 두고 있다.

예컨대, 공직선거법은 모든 선거에서 선거공보를 매세대에 우송하고, 비례대표를 제외한 선거에서 선거벽보를 거리에 첩부하는 등 선거공영제를 적용하지만, 선거운동을 위한 신문광고와 방송광고는 대통령선거, 비례대표 국회의원선거, 그리고 시·도지사선거에만 허용된다. 선거운동을 위한 방송연설도 지역구 지방의원선거의 후보자에게는 허용되지 않는다(§69~§71).

아울러 독임제 집행기관을 선출하는 선거, 즉 대통령선거와 지방자치단체장 선거에서는 선거공약과 그 추진계획으로 각 사업의 목표·우선순위·재원조달방안 등을 게재한 선거공약서를 세대수의 10%에 해당하는 수로 제작하여 거리에서 배부할 수 있도록 허용한다. 다른 홍보물과 달리 선거공약서에는 후보자의 학력이나 경력 등 후보자의 홍보에 필요한 사항은 1면 이내에서만 게재할 수 있도록 하여 정책경쟁 본위의 선거를 지향한다(§66).

반면에 선거운동을 위한 인터넷 광고의 경우 이를 수용할 수 있는 사회적 자원이 충분하므로, 기초의원선거 등 모든 선거의 지역구와 비례대표 후보자에게도 허용된다(§82의7).

한편, 관할 선거관리위원회에 후보자로 등록되었다 하여 곧바로 거리유세 등 본격적인 선거운동을 할 수 있는 것은 아니다. 대통령선거를 제외한 선거에서 후보자의 선거운동은 원칙적으로 후보자 등록마감일 후 5일간 숙려기간을 거친 후 6일째부터 선거일 전일까지만 할 수 있기 때문이다(§59).

전국동시지방선거에서 후보자들의 홍보물 제작에 필요한 기간을 확보하고, 투표용지 인쇄 등 선거관리의 과중한 업무부담을 완화하기 위하여 2011년 7월 공직선거법의 개정에 따라 후보자 등록기간만 5일 앞당긴 효과이다. 이 경우 후보자 등록마감일 후 5일 동안 후보자는 예비후보자에게 허용된 방법으로 선거운동을 할 수 있다(§60의2⑦).

선거기간 중 후보자의 선거운동 방법에 관해서도 후보자등록신청서류 준비와 마찬가지로 반드시 관할 선거관리위원회가 개최하는 입후보설명회에 참석하여 교육을 받아야만 법을 몰라 공직선거법을 위반하는 사례를 방지할 수 있다.

선거별로 선거운동기간 중 후보자에게 특별하게 허용된 선거운동 방법에 관해서는 공직선거법 제62조부터 제82조의7까지 자세하게 규정되어 있다.

여기에서는 선거홍보물의 규격과 제작방법 또는 선거운동의 절차와 방법 등에 대한 구체적인 설명은 생략하고, 선거에서 실제 쟁점이 되어 온 주요 사례와 선거준비 및 선거운동 과정에서 특별히 유의해야 할 사항을 중심으로 후보자의 선거운동 방법에 관하여 살펴보고자 한다.

2. 선거홍보물에 학력을 게재하는 방법

후보자의 선거홍보물에 학력을 게재하는 때에는 정규학력과 이에 준하는 외국의 교육과정을 이수한 학력 중에서 학력증명서를 제출한 학력에 한정하여 게재할 수 있다(§49④ · §60의2②). 정규학력이란 초 · 중등교육법과 고등교육법에서 학교의 종류, 설립, 경영, 교원, 교과과정, 학력평가 및 능력인증 등에 관하여 엄격히 관리 · 통제되고 있는 학교 교육 제도상의 학력을 말한다.[11)]

정규학력을 게재하는 경우에도 졸업 또는 수료 당시의 학교명칭을 기재하고, 졸업 또는 수료하지 못하고 중퇴한 경우에는 수학기간을 함께 적어야 한다. 정규학력에 준하는 외국의 교육과정을 이수한 학력을 게재하는 때에는 그 교육과정명과 수학기간 및 학위를 취득한 때의 취득학위명을 적어야 한다(§64① 본문).

이것이 바로 선거벽보 · 선거공보 · 명함 등 후보자의 홍보물에 학력을 게재하는 경우 공직선거법이 요구하는 학력 표기방식의 기준이다. 이러한 표기방식을 위반한 경우 그 자체로 공직선거법의 허위사실공표죄로 처벌될 수 있다(§250①).

해당 규정은 학력을 중시하는 한국적인 풍토에서 선거운동의 자유에 대한 입법정책적 제한을 가하는 것으로 평가할 수 있다. 정규학력이 아니라면 수학한 이력이 진실하더라도 그 게재와 공표를 금지하기 때문이다. 이러한 규제를 회피하고자 서아프리카의 시에라 리온(Sierra Leone)에 있는 대학교를 국내에서 원격과정으로 졸업한 후보자가 선거공보에 '원격과정'이라는 교육과정명을 기재하지 않아 허위사실공표죄로 처벌받은 사례가 있다.[12)]

시에라 리온이라는 나라는 쿠데타와 내전으로 블러드 다이아몬드

11) 대법원 2006. 3. 10. 선고 2005도6316 판결

12) 대법원 2004. 5. 13. 선고 2003도7058 판결

(Blood diamond)의 참극에 휩싸여 있으나, 그 나라의 대학과정을 원격으로 졸업한 우리나라의 후보자들은 교육과정명의 기재를 생략하는 바람에 허위사실공표죄의 주홍글씨가 새겨졌다.

또한 판례는 후보자의 홍보물에 '하버드대 대학원 졸업'이라 기재하면서 그 수학기간을 적지 않은 사안을 허위사실공표죄에 해당한다고 보았다. 외국에서 이수한 교육과정은 국내와 학제가 달라 그 교육과정명이나 취득학위명 만으로는 유권자가 그 의미와 교육과정의 난이도를 명확하게 알기 어려운 점을 고려하여 공직선거법에서 수학기간의 기재를 강제한 것이기 때문이다.[13)]

한편, 후보자의 선거공보에 '서울대학교 경영대학 최고경영자과정 동문회 이사'라 기재한 사안에 대하여, 판례는 이러한 표현은 선거구민에게 후보자가 해당 과정을 수료한 사람으로 인식하게 하기에 충분하다고 보이므로, 비록 그것이 학력과는 별도로 경력란에 기재되어 있고 수료라는 문구가 없더라도 공직선거법에서 허위사실공표죄로 처벌하는 비정규학력의 기재라 보았다.[14)]

헌법재판소는 일찍이 선전벽보 등에 비정규학력을 게재할 경우 유권자들로 하여금 후보자의 학력을 과대평가하고 이로써 선거인의 투표에 관한 공정한 판단을 흐리게 할 수 있으므로, 공직선거법의 해당 규정이 헌법에 위반되지 않는다고 판시한 바 있다.[15)] 법원도 수많은 사법심사를 통하여 후보자들의 유사학력 게재행위를 엄중하게 처벌하여 왔다. 그 결정이나 판결을 내리는 사람들이 보유한 정규학력을 상상해 보면 이해가 쉬울 것이다.

---

13) 대법원 2009. 5. 14. 선고 2009도679 판결

14) 대법원 2001. 2. 9. 선고 2000수209 판결

15) 헌법재판소 2000. 11. 30. 선고 99헌바95 결정

3. 책자형 선거공보 제작 시 유의사항

후보자가 책자형 선거공보를 작성·제출하는 때에는 그 둘째 면에 후보자 정보공개자료를 게재해야 한다. 다만, 하나의 선거공보에 다수의 후보자가 게재되는 비례대표선거에서는 제외한다.

후보자가 자신의 정보공개를 회피하기 위하여 책자형 선거공보를 제작하지 않을 경우에는 후보자 정보공개자료를 별도로 작성하여 선거관리위원회에 제출해야 한다. 물론 제출받은 후보자 정보공개자료는 선거관리위원회가 다른 후보자의 책자형 선거공보와 함께 매 세대에 발송한다(§65⑨).

후보자 정보공개자료에 게재할 사항은 다음과 같다.

① 후보자와 배우자 및 직계존·비속의 재산상황

② 후보자 및 후보자의 직계비속의 군별·계급·복무기간·복무분야·병역처분사항 및 병역처분사유 등 병역사항

③ 후보자, 후보자의 배우자 및 직계존·비속의 최근 5년간 소득세·재산세·종합부동산세 납부 및 체납실적

④ 후보자 본인의 죄명과 그 형 및 확정일자 등 전과기록

⑤ 직업·학력·경력 등 인적사항

후보자 정보공개자료에 대하여 소명이 필요한 사항은 그 소명자료를 함께 게재할 수 있다. 이 경우 그 둘째 면에는 후보자 정보공개자료와 그 소명자료만을 게재해야 한다. 선거공보에 후보자 정보공개자료가 게재되지 않았거나, 정보공개자료를 게재하였더라도 둘째 면이 아닌 면에 게재되었거나, 둘째 면에 게재되었더라도 다른 내용이 추가된 경우에는 접수하지 않는다(§65⑫).

후보자가 정당한 사유 없이 후보자 정보공개자료를 제출하지 않은 경우에는 해당 후보자의 등록을 무효로 하므로(§52① 11.), 전과기록 등을 감추기 위하여 어설픈 꼼수를 고민해서는 안 된다.

오히려 선거인에게 부정적인 인식을 형성할 우려가 있는 자신의 정보에 관해서는 선거공보 둘째 면의 소명란을 활용하여 진정성 있게 소명하는 방법이 바람직할 것이다.

한편, 대통령선거, 지역구 국회의원선거 및 지방자치단체장선거에서는 후보자에게 시각장애 선거인을 위한 점자형 선거공보 제출이 의무화되었다(§65④ 단서). 다만, 점자 인쇄시설이 충분하지 못한 현실을 고려하여 점자형 선거공보의 제출에 갈음하여 책자형 선거공보에 그 내용이 음성·점자 등으로 출력되는 인쇄물 접근성 바코드를 표시하는 것으로 대체할 수 있다.

이에 따라 중앙선거관리위원회는 시각장애 선거인을 위한 음성변환용 2차원 바코드 제작프로그램, 일명 '보이스아이'을 제작하여 후보자들이 책자형 선거공보 제작시 활용할 수 있도록 홈페이지에 게시하고 있다.

점자형 선거공보의 전부 또는 일부를 제출하지 않은 후보자에 대해서는 그 등록을 무효로 하지는 않으나, 관할 선거관리위원회가 1천만원 이하의 과태료를 부과한다(§261③ 3.). 반면에 점자형 선거공보 작성비용, 그리고 책자형 선거공보의 내용을 전산 파일로 전환하여 저장한 USB 등 저장매체 작성비용은 후보자의 득표율에 무관하게 그 비용을 보전하는 인센티브 제도를 시행하고 있다(§122의2③).

사회적 약자에 대한 배려는 해당 국가사회와 문명의 도덕적·윤리적 수준을 드러낸다고 한다. 후보자의 선거정보에 접근이 어려운 시각장애 선거인들의 의미있는 참정권 행사를 보장하기 위하여 후보자들의 적극적인 관심과 참여를 기대한다.

4. 선거벽보 · 선거공보에 대한 이의제기

누구든지 선거벽보 또는 선거공보의 내용 중 경력 · 학력 · 학위 · 상벌이나 후보자 정보공개자료에 관하여 거짓 사실이 게재되었다고 판단되면 해당 선거구선거관리위원회를 거쳐 직근 상급선거관리위원회에 이의를 제기할 수 있다. 이의제기를 접수한 상급선거관리위원회는 후보자와 이의제기자에게 그 증명서류의 제출을 요구할 수 있으며, 그 증명서류의 제출이 없거나 거짓 사실임이 판명된 때에는 그 사실을 공고해야 한다(§64⑥ · §65⑬).

예컨대 2021년 4월 7일 실시한 서울시장보궐선거에서 유력 야당 추천 후보자의 실제 세금 납부액이 1억 1,997만원이었으나, 선거공보에 그보다 30만원이 적은 1억 1,967만원으로 게재함에 따라 선거인으로부터 이의가 제기되자, 중앙선거관리위원회가 해당 사안을 심의한 후 허위사실로 결정하여 서울시 전역의 투표구마다 5매씩 공고문을 첩부하고 선거 당일에는 투표소 입구에도 추가로 공고문을 첩부한 사례가 있다.

다만, 해당 사안은 허위사실공표죄의 법리를 원용하여 대체적인 내용이 사실과 부합하므로 허위사실로 볼 수 없다거나, 후보자에게 유리한 사실이므로 공고가 필요한 정도의 허위는 아니라고 판단할 여지도 있었다고 본다. 공고문을 높이 붙였지만, 선거관리위원회에 대한 신뢰는 허위사실보다 더 낮은 바닥으로 떨어졌다.

선거벽보와 선거공보의 게재내용에 대한 이의제기 제도는 후보자에 대한 유권자의 판단의 자유를 저해할 우려가 있는 거짓 정보를 선거인의 집단지성으로 걸러내기 위하여 도입된 것이다. 이러한 이의제기 제도는 공직선거법에 최초로 도입된 이래 위탁선거법에도 수용되었다(위탁선거법 §25⑥).

선거공보 등에 게재된 내용이 허위사실이라 판단되면, 관할 선거관리위원회는 허위사실의 공고 등 행정절차에 병행하여 허위사실공표죄의 혐의에 대한 선거법 위반행위 조사를 개시하고, 후보자에게 허위사실 공표의 고의와 당선의 목적이 인정될 경우 고발·수사의뢰 등 사법적 조치를 할 수도 있다.

한편, 선거관리위원회는 선거벽보 또는 선거공보에 다른 후보자, 그의 배우자 또는 직계존·비속이나 형제자매의 사생활에 대한 사실을 적시하여 비방하는 내용이 공직선거법에 위반된다고 인정되면 이를 고발하고 공고해야 한다(§64⑦·§65⑬).

선거관리위원회의 의무적 고발과 필요적 공고의 요건인 사생활에 대한 비방은 후보자의 공직적격성 판단에 필요한 정보라고 평가하기 어렵고, 그 내용이 진실하더라도 공공의 이익을 위한 것으로 볼 수 없을 것이므로 후보자비방죄의 위법성 조각사유를 인정받기도 어려울 것이다. 사생활이란 인간적 자유의 최종적이고 불가침적인 부분으로서 공적인 인물도 결코 포기할 수 없거나 절대적으로 보호를 받아야 할 내밀한 영역이기 때문이다.

해당 규정은 공직선거에서 선거공영제로 운영되는 선거벽보와 선거공보가 유권자의 의사형성에 미치는 영향력이 매우 큰 점을 고려하여 후보자와 그 가족의 사생활에 대한 비방이 있는 경우 선거관리위원회의 통상적인 선거법 위반행위 처리와 달리 고발과 공고를 의무화함으로써 후보자 등의 인격권을 보호하고 무분별한 인신공격에 따른 선거의 혼탁을 방지하기 위한 안전판이다.

결론적으로 선거벽보와 선거공보에는 후보자 자신의 경력·학력·학위·상벌이나 후보자 정보공개자료에 관하여 허위의 사실을 게재하는 행위가 허용되지 않고, 아무리 진실한 사실이라도 사생활을 적시하여 상대방 후보자와 그 가족을 비방해서도 안 된다.

5. 거리유세를 둘러싼 쟁점

후보자는 선거운동기간 중 소속 정당의 정강·정책이나 자신의 정견, 그 밖에 필요한 사항을 홍보하기 위하여 공개장소에서 연설·대담, 소위 거리유세를 할 수 있다. 이 경우 자동차와 이에 부착된 확성장치 및 휴대용 확성장치를 각각 사용할 수 있다(§79①·②). 물론 비례대표선거의 후보자는 제외한다.

4개의 선거를 함께 실시하는 동시지방선거의 경우 기초의원선거의 후보자는 자동차 1대와 휴대용 확성장치 1조를 사용할 수 있을 뿐, 차량부착용 확성장치는 사용할 수 없다(§216①). 소음공해를 최소화하기 위한 조치라지만, 이제는 기초의원선거에 중선거구제가 적용되어 사실상 광역의원선거와 선거구역에 큰 차이가 없는 만큼 이와 같은 차별의 정당성에 의문이 든다.

흔히 거리유세로 알려져 있는 공개장소에서의 연설·대담이란 후보자 등이 도로변·광장·공터·주민회관·시장 또는 점포 등 다수인이 왕래하는 공개장소를 방문하여 정당이나 후보자에 대한 지지를 호소하는 연설을 하거나 청중의 질문에 대답하는 방식으로 대담하는 것을 말한다.

2002년 대통령선거의 불법정치자금 문제가 뇌관이 되어 촉발된 고비용 정치구조 해소를 위한 정치개혁 입법 과정에서 청중동원과 세(勢) 과시의 부작용이 지적되었던 정당연설회와 합동연설회를 폐지함에 따라 이제는 거리유세만이 유일하게 집회를 이용한 선거운동으로 남게 되었다.

당시 여야 간 정치개혁 입법에 경쟁을 벌이면서 돈 먹는 하마라 지탄을 받았던 지구당과 정당후원회도 폐지한 바 있다.[16] 정당후원회

16) 당시 불법대선자금은 정당후원회를 통하지 않았기 때문에 정치자금법에 위반된 것이다. 불법대선자금과 인과관계가 없던 중앙당후원회를 폐지한 것은 포퓰리즘 입법의 대표적 사례로 평가할 수 있을 것이다.

는 2017년 6월에 슬며시 되살아났고, 이제 지구당의 부활에 관한 논의가 당당하게 공론의 장으로 걸어 나오고 있다. 사당화(私黨化)를 방지하는 안전판을 마련하고 정치자금 수입·지출의 투명성이 담보될 수 있다면, 풀뿌리 민주주의 활성화를 위하여 구·시·군당의 설치 또는 지구당의 부활이 필요하다고 본다.

한편, 거리유세 차량에는 정당 또는 후보자의 홍보에 필요한 사항을 표시하거나 연설·대담을 위하여 필요한 설비를 할 수 있으므로, 자동차관리법에 따른 자동차의 부착물·설비에 관한 제한규정의 적용을 받지 않는다. 해당 차량은 선거운동의 자유를 보장하기 위하여 한시적으로 허용되는 특별한 용도의 차량이기 때문에 자동차관리법의 관련 규정을 소극적으로 배제한 결과이다.

한편, 아파트 단지 주변이 다수인이 왕래하는 공개된 장소인 경우에는 해당 장소에서 연설·대담을 할 수 있으나, 그 소유·관리자의 의사에 반하여 권리를 침해하는 방법으로 선거운동을 하는 것까지 공직선거법이 보장하는 것은 아니다.

2019년 12월 헌법재판소는 소음·진동관리법이나 집시법과 달리 공직선거법은 주거지역과 같이 정온(靜穩)한 생활환경을 유지할 필요성이 높은 지역에 대한 소음규제를 마련하지 않아 선거 때마다 발생하는 확성장치 소음 문제를 더 이상 간과하기 어렵다며, 이러한 입법부작위가 건강하고 쾌적한 환경에서 생활할 권리를 침해하는 점을 이유로 들어 헌법불합치 결정을 내린 바 있다.[17)]

이에 따라 2022년 1월 개정입법을 통하여 거리유세에 활용하는 확성장치의 출력과 음압을 규제하는 조항을 신설하였으나(§79⑧), 그 규범력과 실효성을 확보하기 어려워 보인다. 소음규제가 차량용 확성장치에만 적용될 뿐만 아니라 확성장치를 사용할 때 허용되는 음압수

---

17) 헌법재판소 2019. 12. 27. 선고 2018헌마730 결정

준이 127dB(데시벨)로 터무니없이 높기 때문이다. 세계보건기구에서 사람이 견딜 수 있는 소음의 한계를 127dB로 정하고 있는데, 소음규제를 위한 국회의 논의과정에서 거리유세에도 이 기준을 적용하기로 합의한 것이다.[18)]

참고적으로 전투기 이착륙 시 발생하는 소음은 120dB 정도로 알려져 있다. 이보다 훨씬 높은 음압인 127dB는 청각장애까지 일으킬 수 있다고 한다. 비현실적으로 높은 수준의 소음기준을 정해놓은 덕분에 오히려 거리유세의 소음에 항의하는 주민들의 목소리는 묻혔고, 그 항의에 대처하는 후보자 측의 목은 더욱 뻣뻣해졌다. 당시의 입법자는 이미 사회적 난청을 겪고 있었는지도 모른다.

한편, 후보자 등은 다른 사람이 개최한 옥내모임에 일시적으로 참석하여 그 장소에 설치된 확성장치를 사용하거나 거리유세용으로 허용된 휴대용 확성장치를 사용하여 연설·대담을 할 수도 있다. 이 경우 해당 모임의 성격에 주목해야 한다.

공직선거법에서는 선거기간 중 선거에 영향을 미치게 하기 위하여 향우회·종친회·동창회의 개최를 금지하고 그 밖의 집회나 모임이라도 참가 인원이 25명을 초과하는 집회 또는 모임을 금지하고 있다(§103③). 아울러 누구든지 공직선거법에 따른 후보자 초청 토론회와 거리유세를 제외하고는 선거기간 중 선거운동을 위하여 명칭 여하를 불문하고 집회나 모임을 금지한다(§103①).

공직선거법에 위반되는 집회나 모임의 초청에 따라 후보자가 그러한 사정을 모르고 참석하여 연설이나 대담을 한 경우에는 특별한 문제가 없겠지만, 해당 집회나 모임의 개최자와 후보자 간 공모관계가 인정될 경우 선거범죄가 성립될 수 있다.

18) 제392회국회 정치개혁특별소위 제1차 회의록(2021. 12. 28.) 1쪽~18쪽

6. 후보자 초청 대담 · 토론

공직선거법에 따른 후보자 초청 대담·토론회는 해당 대담·토론회를 개최하는 기관이나 단체를 기준으로 총 3개 층위의 대담·토론회가 있다. 우선, 선거방송토론위원회가 선거기간 중 개최하는 대담·토론회가 있고, 언론기관이 주관하여 대통령선거에서는 1년 전부터, 국회의원선거와 지방자치단체장 선거에서는 선거일 전 60일부터 선거일 전일까지 개최하는 대담·토론회가 있으며, 각종 단체가 선거기간 중 개최하는 대담·토론회가 있다.

중앙선거관리위원회, 시·도선거관리위원회 및 구·시·군선거관리위원회의 산하기관인 각급 선거방송토론위원회가 선거기간 중 개최하는 후보자 초청 대담·토론회는 선거공영제가 적용되어 엄격한 초청기준과 공정한 진행이 특징이다(§82의2). 다만, 적용범위는 대통령선거, 국회의원선거 및 지방자치단체장선거로 한정된다.

반면에 언론기관 초청 후보자 대담·토론회의 경우 언론기관에 보장된 고도의 취재·보도의 자유에 따라 해당 언론기관의 지면 편집이나 방송 편성시간 또는 뉴스 가치 등을 고려하여 당선이 유력한 후보자만을 초청하여 대담·토론회를 진행하더라도 공정보도 의무에 위반되지 않는 것으로 본다.[19]

언론기관이 개최하는 후보자 초청 대담·토론회는 선거방송토론회가 주관하는 대담·토론회와 달리 초청 대상을 대통령선거, 국회의원선거, 지방자치단체장선거의 후보자로 제한하지 않지만(§82), 현실적으로 지역구 지방의원선거의 후보자를 초청하여 대담·토론회를 개최하는 것은 기대하기 어려울 것이다.

단체가 주관하는 후보자 초청 대담·토론회도 대상 선거를 제한하

19) 헌법재판소 1998. 8. 27. 선고 97헌마372·398·417 결정

지 않으므로, 지방선거에서는 지역의 시민단체가 지방의원선거의 후보자를 초청하여 대담·토론회를 개최할 수도 있을 것이다. 후보자 초청 대담·토론회를 개최할 수 있는 단체는 주로 선거운동을 할 수 있는 단체로 그 자격을 한정하지만, 해당 단체가 선거운동을 할 것을 표방하거나 선거운동을 하는 경우에는 자격을 상실하여 후보자 초청 대담·토론회를 개최할 수 없다.

후보자 초청 대담·토론회를 개최하는 단체는 그 진행을 공정하게 하도록 공직선거법이 엄격하게 절차와 방법을 규정하고 있다(§81⑤). 단체는 선거구 단위로 모든 후보자를 초청하여 대담·토론을 진행하거나, 일부 후보자를 먼저 초청하여 대담·토론을 실시한 후 나머지 후보자를 초청하는 방식으로도 진행할 수 있다.

대담·토론회의 개최비용은 이를 주최하는 단체가 부담하며, 후보자에게 개최비용을 전가해서는 안 된다(§81⑦). 후보자에게 부담시키는 행위 자체가 공직선거법의 부정선거운동죄를 구성하고(§255①), 부담한 후보자에게는 매수죄나 기부행위위반죄가 성립될 수 있기 때문이다.

7. 선거운동을 위한 인터넷 광고

방송광고, 신문광고 등 전통매체의 광고는 전파와 지면 등 매체의 자원이 한정되므로 대통령선거, 시·도지사선거 및 비례대표 국회의원선거에서만 허용된다. 다행히 2022년 1월 공직선거법의 개정을 통하여 JTBC·TV조선·채널A 등 종합편성채널이 선거방송의 매체로 수용되면서 자원의 압박이 풀리고 숨통이 트였다.

반면에 인터넷광고에는 기술구조상 처음부터 아예 이러한 제한이 없다. 물론 인터넷광고를 할 수 있는 대상이 인터넷언론사로 한정되지만, 2025년 1월 1일 현재 등록된 인터넷신문사가 13,000여 개에 달하고 중앙선거관리위원회의 산하기관인 인터넷선거보도심의위원회가 심의대상으로 삼고 있는 인터넷언론사의 숫자만도 4,382개에 달한다.

이에 따라 공직선거법은 모든 선거의 후보자와 비례대표선거에 참여한 정당에 선거운동을 위한 인터넷광고를 할 수 있도록 후한 인심을 쓰고 있다(§82의7①).

참고적으로 종이신문에 선거운동을 위한 광고를 위해서는 관할 선거관리위원회로부터 인증서를 교부받아 광고를 집행해야 하지만(§69⑤), 선거운동을 위한 인터넷광고에는 광고 근거와 광고주명을 표시하면 그만이다(§82의7②).

제 4 절
여섯 가지의 투표방식과 주요쟁점

1. 기표와 투표방식 개요

공직선거에서 투표는 선거인이 선호하는 후보자를 선택하는 의사표시를 말한다. 투표방식은 선거인이 후보자의 성명을 투표용지에 직접 적어 넣는 자서투표제(自書投票制)와 1장의 투표용지에 모든 후보자의 기호와 성명을 인쇄한 후 기표용구를 활용해 후보자에게 표시를 하는 기표투표제(記票投票制)로 구분할 수 있다.

공직선거법에서 선거는 기표방법에 의한 투표로 한다는 점을 명확히 밝히고 있다(§146①). 공직선거에서 자서투표제를 적용하는 국가는 일본이 거의 유일한 것으로 보인다. 우리나라도 1970년대 간접선거의 방식으로 체육관에서 대통령을 선출하던 시기에 자서식 투표를 적용한 사례가 있다.[20]

현재는 임기만료에 따른 국회의원선거의 재외선거에서 투표용지 발급기 등의 장애로 투표용지를 발급할 수 없는 예외적인 상황에 한정하여 재외투표소 책임위원이 간략한 양식의 투표용지를 인쇄·복사하고, 재외선거인은 그 투표용지에 후보자의 성명이나 기호 또는 정당의

20) 통일주체국민회의법(법률 제2353호, 1972. 12. 6. 제정) 제27조제1항

명칭을 한글이나 아라비아 숫자로 직접 적어 넣는 자서식 투표방법을 적용한다(§218의18④). 실제 적용된 사례는 없다.

참고적으로 우리나라의 국회 의장단선거에는 자서식 투표제를 적용하고 있는데, 따로 후보자 등록절차를 두지 않고 모든 구성원을 후보자로 간주하는 호선(互選)방식의 성격상 국회의원 300명의 성명을 1장의 투표용지에 모두 올릴 수 없기 때문이다.

후보자 선택의 수를 기준으로 하면 하나의 투표용지에서 한 명의 후보자만을 선택하는 단기투표제(單記投票制)와 복수의 후보자를 선택할 수 있는 연기투표제(連記投票制)로 구분할 수 있다. 공직선거법은 선거마다 1인 1표로 한다고 규정하여 공직선거에 단기투표제가 적용된다는 점을 분명하게 확인하고 있다(§146②). 단기투표제는 1명의 후보자에게만 기표해야 하므로, 복수의 후보자에게 기표하면 무효가 된다.

우리나라의 기초의원선거에는 중선거구제가 적용되어 선거구별로 2~4명의 대표자를 선출함에 따라 정당도 선거구마다 해당 정수의 후보자를 추천할 수 있지만, 단기투표제가 적용되므로 기표는 1명의 후보자에게만 해야 한다. 2명의 후보자에게 기표하면 무효가 된다. 기초의원선거에서 무효표가 많은 이유다.

공직선거법상 선거인이 투표하는 장소를 기준으로 하면, 사전투표소 투표, 기관·시설 기표소 투표, 재외투표소 투표, 선상투표소 투표, 거소투표, 선거일 투표소 투표 등 총 6가지의 투표방식이 있다. 대통령선거는 임기만료 선거와 궐위선거에, 국회의원선거에서는 임기만료에 따른 선거에 6가지 투표방식이 모두 적용된다.

지방선거와 국회의원 재·보궐선거에서는 재외투표와 선상투표를 제외한 4가지 투표방식만 적용된다. 해당 선거에서는 대한민국 영토 밖에서 투표를 실시하지 않기 때문이다.

모든 투표소에서 투표를 실시하는 때에는 정당이나 후보자 등이 추천하는 사람이 참관하거나 입회한다. 다만, 거동이 불편하여 자택에서 머무는 사람이 거소투표를 하는 경우는 예외로 한다.

주권자의 참정권 행사를 실질적으로 보장하기 위하여 이와 같이 다양한 투표방식을 적용함에 따라 개표소에서 참관인의 눈앞에는 후보자의 기호, 정당, 성명 등 내용은 같지만, 기표방법, 투표관리관 사인, 일련번호 인쇄와 절취 등이 서로 다른 다양한 형식의 투표지가 모습을 드러낸다. 개표소에 등장한 여러 종류의 투표지를 보고 이를 부정선거의 증거라 주장하는 사람도 있다.

2. 거주지에 제약이 없는 사전투표

사전투표는 중앙의 통합선거인명부 서버와 전국 3,500여 개의 읍·면·동마다 설치되는 사전투표소를 연결하는 전용통신망 구축이 선결문제이자 핵심적 관건이다. 2014년에 도입된 사전투표는 과거의 부재자투표나 현재의 거소투표와 달리 별도의 신고가 필요 없이 선거인이 선거일 전 5일부터 2일 간 전국에 설치된 어느 사전투표소에서나 자신의 신분증을 제시하면 투표할 수 있다.

예컨대, 전국동시지방선거에서 경기도 여주시 능서면 왕대리에 사는 선거인이 제주시 조천읍에 설치된 사전투표소를 방문하여 신분증만 제시하면 경기도지사선거, 경기도교육감선거, 여주시장선거와 비례대표 지방의원선거는 물론, 해당 지역구에 출마한 경기도의원선거와 여주시의원선거의 투표용지가 줄줄이 출력되어 선거인에게 제공된다. 투표에서 공간의 제약이 풀린 것이다.

전세계 유일하게 우리나라만 시행하는 투표방식으로 IT 강국의 유권자만이 누릴 수 있는 특권이다. 이러한 투표방식이 가능한 이유는 각 구·시·군별로 확정된 선거인명부의 전산자료를 중앙선거관리위원회가 하나의 통합된 선거인명부로 작성하여 서버에 탑재한 후 전국에 설치된 모든 사전투표소와 전용통신망으로 연결하여 정당한 선거인 여부와 이중투표 여부를 확인할 수 있도록 조회시스템을 구축하기 때문이다(§44의2 · §148).

통합선거인명부를 활용한 투표방식은 투표하려는 선거인에게 본인임을 확인할 수 있는 신분증명서를 제시하게 하여 이를 확인한 다음 전자적 방식으로 지장을 찍거나 서명하게 하고, 투표용지 발급기를 이용하여 투표용지를 출력한 후 선거인에게 교부한다(§158②). 이때 해당 선거인에게 투표용지가 교부된 사실을 확인할 수 있도록 선거인의 신분증명서 이미지 파일을 서버에 저장하므로, 이중투표, 대리투표 등 투표부정을 원천적으로 방지하면서도 유권자의 투표편의를 극대화할 수 있다. 신분증명서의 이미지 파일은 선거무효 또는 당선무효 소송을 제기할 수 있는 기한인 선거일 후 30일까지 보관한다(규칙 §86②).

투표를 마치면 관내투표, 즉 해당 선거관리위원회의 관할구역에 주민등록이 되어 있는 선거인의 투표는 그 구 · 시 · 군선거관리위원회로 옮기고, 관외투표, 즉 다른 선거관리위원회의 관할구역에 주민등록이 되어 있는 선거인의 투표는 우체국에 인계하여 해당 구 · 시 · 군선거관리위원회로 보낸다. 이 경우 후보자별로 참관인 각 1명씩을 지정하여 해당 우체국까지 동행하도록 한다(§158⑥ · §162①).

관내투표와 다른 선거관리위원회가 우편으로 해당 구 · 시 · 군선거관리위원회로 보낸 관외투표는 선거일 개표 전까지 CCTV가 설치된 장소에 보관한다(§176③).

사전투표관리관은 사전투표록을 비치하고 사전투표관리관의 인영(印影), 사전투표 사무원과 참관인의 성명, 관내 · 관외 사전투표자 수, 투표함 봉쇄 · 봉인상황, 투표함 송부시 동행상황 등 사전투표 관리에 관한 사항을 기록해야 한다. 사전투표록은 사전투표가 끝난 후 관할 구 · 시 · 군선거관리위원회에 인계한다(규칙 §86⑪ · ⑫).

3. 사전투표를 둘러싼 오해와 진실

사전투표를 둘러싼 대표적인 오해는 크게 두 가지가 있다. 첫째는 투표용지의 일련번호를 통상적인 막대 모양의 1차원 바코드가 아니라 4각 모양의 2차원 바코드, 소위 QR코드로 대체한 부분이 공직선거법에 위반되는지의 문제이고(§151⑥), 둘째는 공직선거관리규칙에서 사전투표관리관의 도장을 사람이 직접 날인하지 않고 인쇄하여 출력하도록 규정한 부분이 공직선거법의 적법한 위임에 따른 것인지에 관한 것이다(§158③).

QR코드는 1차원 바코드에 비하여 많은 정보를 담을 수 있고, 특히 바코드의 일부가 손상되더라도 담겨진 정보가 훼손되지 않으며, 스캐너의 접근 각도에 크게 의존하지 않고 인식이 용이한 장점이 있다. 기술적으로 QR코드도 바코드의 일종으로 볼 수 있고, 대법원의 판결도 QR코드를 공직선거법이 규정한 바코드의 일종이라고 여러 차례 판시하였지만,[21] 소모적인 부정선거 논란을 해소하기 위하여 2024년 4월 실시된 제22대 총선에서는 사전투표용지의 일련번호를 막대 모양의 1차원 바코드로 인쇄하였다.

인류사에서 방직기를 파괴하며 기술진보에 저항하였던 러다이트와 그 현대판 후손인 디지털 러다이트들은 생존을 위한 투쟁이라는 의미라도 있지만, 우리나라에서 선거부정을 주장하는 일부 인사들의 성취는 국제적인 조롱거리를 하나 더 만든 셈이다.

한편, 사전투표용지에 투표관리관의 도장을 인쇄하여 출력하는 부분에 관하여, 대법원은 공직선거법이 투표용지에 날인될 선거관리위원회의 청인을 인쇄날인으로 갈음할 수 있고, 투표용지의 날인·교부방

21) 대법원 2021. 11. 11. 선고 2018수20 판결. 해당 판결문에서 재판부는 법원의 판결문이나 헌법재판소 결정문 등에 인쇄되어 있는 2차원 바코드도 통상적으로는 바코드라 불리고 있는 점을 예시로 들었다.

법 및 기표절차 그 밖에 필요한 사항은 중앙선거관리위원회규칙으로 정하도록 위임하였으므로, 중앙선거관리위원회가 투표용지에서 가장 중요한 선거관리위원회의 청인을 인쇄날인할 수 있다는 공직선거법의 관련 규정을 참고하여 사전투표관리관의 날인도 인쇄할 수 있도록 규정한 것은 공직선거법의 위임범위를 일탈하였다고 볼 수 없다고 판시하였다.[22]

헌법재판소 또한 사전투표의 경우 전국 어느 투표소에서든 투표가 가능하고 각 사전투표소에서는 총 방문자 수나 대기시간을 예측하는 것이 현저히 곤란하므로, 해당 규정은 이러한 점을 고려하여 사전투표의 효율적 진행을 위해 마련되었다고 보았다.[23]

아울러 헌법재판소는 투표용지 발급기가 봉함·봉인된 상태에서 사전투표관리관에게 인계되고, 사전투표참관인이 사전투표 상황을 참관한 후 관할 우체국장에게 투표지를 인계하기까지 일련의 과정에 동행하며, 사전투표록에 투표용지 발급기에 의한 발급수와 교부수를 기록하고 있고, 사전투표용지의 발급·교부수와 실제 투표수를 비교하여 사후적으로 선거부정 여부를 검증하는 것도 가능한 점 등에 비추어 보면, 해당 조항으로 인하여 위조된 투표지의 유입가능성은 없다고 판시하였다.

사전투표에서 선거부정을 주장하며 대법원에는 선거소송을, 헌법재판소에는 헌법소원을 청구한 결과 모두 패소하거나 기각되고 말았으니, 이제 더 이상 인간이 세운 법정에서는 사전투표의 적법성에 관해서 다툴 일이 아니다. 차라리 성조기를 들고 신전으로 나아가 하나님께 고하는 방법이 더 적절할 듯하다.

---

22) 대법원 2021. 12. 10. 선고 2017수61 판결 등

23) 헌법재판소 2023. 10. 26. 선고 2022헌마232 · 239 · 266(병합) 결정

4. 기관 · 시설 거주자 기표소 투표

2014년 사전투표가 전면 도입됨에 따라 거소투표를 제외한 부재자투표는 기관·시설 거주자 기표소 투표로 대체되었다. 구·시·군선거관리위원회는 거소투표 신고인명부에 올라있는 선거인에게 선거일 전 10일까지 거소투표용지를 발송한다.

이에 따라 아래에 해당하는 기관·시설의 장은 선거인명부 작성기간 만료일 후 3일까지 그 명칭과 소재지 및 거소투표 신고인 수 등을 관할 구·시·군선거관리위원회에 신고해야 한다(§149①). 해당 기관·시설에는 기표소를 설치하고 선거관리위원회가 공고한다.

① 병원·요양소·수용소·교도소 및 구치소

② 장애인복지법에 따른 장애인 거주시설

③ 감염병의 예방 및 관리에 관한 법률에 따른 감염병관리시설 또는 감염병의심자 격리시설

위에 열거한 기관·시설이 아니더라도 10명 이상의 거소투표자를 수용하고 있는 기관·시설의 장은 일시와 장소를 정하여 거소투표를 위한 기표소를 설치해야 한다. 임기만료 선거에서는 전국적으로 1,000여개의 기관·시설에 기표소가 설치된다. 후보자는 10명 미만의 거소투표자를 수용하고 있는 기관·시설에도 거소투표를 위한 기표소 설치를 요청할 수 있고, 해당 기관·시설의 장은 정당한 사유가 없는 한 이에 따라야 한다(§149③·④).

이 경우 거소투표자를 수용하고 있는 기관·시설의 장은 관할 구·시·군선거관리위원회에 신고해야 하고, 그 신고를 받은 구·시·군선거관리위원회는 이를 공고해야 한다. 후보자는 선거인 중 1명을 선정하여 기관·시설의 장이 설치·운영하는 기표소의 투표상황을 참관하게 할 수 있다(§149⑥).

5. 거동불능자 · 낙도거주자 거소투표

공직선거법은 병원 · 요양소 · 수용소 · 교도소 또는 구치소에 기거하는 사람, 신체에 중대한 장애가 있어 거동할 수 없는 사람, 투표소에서 투표할 수 없을 정도로 멀리 떨어진 영내(營內) 또는 함정에 근무하는 군인 · 경찰, 투표소에 가기 어려운 외딴 섬에 거주하는 사람에게는 머무는 곳에서 투표할 수 있도록 허용한다(§38①).

이 중 병원 · 요양소 · 수용소 · 교도소 또는 구치소에 기거하거나, 10명 이상의 거소투표자를 수용하는 기관 · 시설에 머무는 사람은 해당 기관 · 시설에 설치한 기표소에서 투표하게 된다. 그 밖에 자택에서 요양하는 거동이 불가능한 사람, 투표소가 설치되지 않는 외딴 섬에 거주하는 사람, 그리고 멀리 떨어진 영내(營內) 또는 함정에 근무하는 군인과 경찰공무원은 머무는 곳에서 투표한다. 이를 거소투표라 하며, 전국적으로 10만명 정도가 그 대상이다.

거소투표자는 구 · 시 · 군선거관리위원회로부터 송부 받은 투표용지에 기표하여 회송용 봉투에 넣고 봉함한 후 등기우편으로 발송한다(§158의2). 기표는 연필로 하든 볼펜으로 하든 무방하다.

선거관리위원회의 감독권이 미치지 않고, 정당 또는 후보자의 참관도 보장되지 않는 방식의 투표는 매수, 투표간섭, 투표의 비밀침해 등 투표부정의 위험성을 감수해야 한다. 그러나 투표부정을 방지해야 할 책무는 어디까지나 국가기관이 감당해야 할 몫이므로, 주권자의 선거권 행사를 보장하기 위하여 거소투표를 수용하고 일정 부분 위험을 감수하는 것은 불가피한 조치로 보인다.

구 · 시 · 군선거관리위원회가 거소투표용지를 발송하거나 거소투표를 접수한 때에는 거소투표 발송 · 접수록을 비치하고, 거소투표용지의 발송과 거소투표 접수상황을 기록해야 한다(규칙 §81).

6. 해외국민 재외투표

일반적으로 재외선거란 자국의 영토 밖에 머물거나 거주하는 국민이 본국에서 실시하는 선거에 참여하는 것을 말한다. 재외선거는 각 나라의 역사·문화적 배경, 정치·경제·사회적 환경에 따라 대상 선거와 참여 범위, 그리고 구체적 실시방법을 정한다. 우리나라는 재외선거를 실시하지 않았던 구 공직선거법 관련 규정에 대한 헌법불합치결정[24)]을 계기로 2009년 2월에 OECD 국가 중 가장 늦게 재외선거를 도입하게 되었다.

이에 따라 대통령선거와 임기만료에 따른 국회의원선거를 실시하는 때에는 외국에 설치된 우리나라의 대사관, 영사관 등 재외공관마다 국회에 교섭단체를 구성한 정당이 추천하는 각 1명의 정당추천 위원이 참여하는 재외선거관리위원회를 설치한다.

대통령선거에서는 임기만료 선거는 물론이고 궐위선거와 재선거에서도 모두 재외선거를 실시한다. 일부 지역에서만 선거가 실시되는 국회의원 재선거와 보궐선거에서는 재외선거를 실시하지 않는다. 지방선거는 아예 재외선거의 대상도 아니다.

국내에 주민등록이 되어 있는 유학생, 기업 주재원 등 해외에 단기 체류하는 사람으로서 사전투표기간 개시일 전 출국하여 선거일 후에 귀국이 예정된 사람과 외국에 머물거나 거주하여 선거일까지 귀국하지 않을 사람은 국외부재자신고를 하고 재외투표소에서 투표할 수 있다(§218의4).

반면, 국내에 주민등록이 없이 현지 국가에 정착해 사는 재외국민, 소위 영주권자들은 재외선거인 등록신청을 하고 재외투표소에서 투표할 수 있다(§218의5). 이 경우 투표할 수 있는 선거는 대통령선거

---

24) 헌법재판소 2007. 6. 28. 선고 2004헌마644·2005헌마360(병합) 결정

와 비례대표 국회의원선거에 한정한다. 주민등록이 없으므로 지역구 국회의원선거에서는 투표할 선거구를 정할 수 없기 때문이다.

공관에 설치되는 재외투표소는 선거일 전 14일부터 선거일 전 9일까지 정당별 각 2명씩 신고한 사람의 참관하에 운영된다. 재외투표소의 투표용지는 국내의 사전투표와 동일하게 투표용지 발급기를 활용하여 출력한다. 재외선거인의 투표지는 외교행낭을 활용하여 중앙선거관리위원회로 보내고, 이를 인수한 중앙선거관리위원회는 관할 구·시·군선거관리위원회에 등기우편으로 보낸다.

구·시·군선거관리위원회는 선거일 전 10일부터 재외투표의 투입과 보관을 위하여 국외부재자 투표함과 재외선거인 투표함을 각각 갖추어 놓고 정당추천위원의 참여하에 접수한 재외투표를 재외투표함에 넣어 보관한 후 선거일 투표마감시각 후 개표소로 옮겨 개표한다(§218의23).[25)]

7. 외항선원 선상투표

대통령선거와 임기만료에 따른 국회의원선거에서 대한민국 국민이 선장을 맡고 있는 원양어선, 외항상선 등에 승선 예정이거나 승선한 선원으로서 선상투표 신고를 한 사람은 해당 선박의 선상(船上)에서 투표할 수 있다.[26)]

25) 2024년 4월 10일 실시한 제22대 총선에서 등록된 재외유권자 147,989명 중 92,923명이 투표하여 62.8%의 투표율을 기록했다. 참고적으로 2023년 기준 재외국민의 수는 247만명 정도로 추산하고 있다. 이 중 선거권을 가진 18세 이상은 대략 197만명 정도로 추정된다.

26) 2020년 제21대 총선에서는 선상투표 신고인 2,821명 중 2,586명이 투표에 참여하였고, 2024년 제22대 총선에서는 원양어선 등 308척의 선박에 승선 중인 선거인 2,050명이 신고하고 1,992명이 투표에 참여한 바 있다.

구·시·군선거관리위원회는 선상투표신고인명부에 올라 있는 선거인에게 선상투표용지를 작성하여 해당 선상투표자가 승선하고 있는 선박의 선장에게 선거일 전 9일까지 위성통신망과 팩시밀리를 이용하여 전송한다(§154의2①).

해당 선박의 선장은 선거일 전 8일부터 선거일 전 5일까지의 기간 중 투표대상자 수와 선박의 운항사정 등을 고려하여 선상투표소를 설치하고 선원 중 공정하고 중립적인 국민 1명 이상을 입회시켜야 한다. 선상투표소는 투표의 비밀이 보장된 상태에서 투표한 후 팩시밀리로 선상투표용지를 전송할 수 있도록 설비한다.

선상투표자는 선상투표 용지에 볼펜 등을 활용하여 기표한 후 선상투표소에 설치된 팩시밀리로 직접 해당 시·도선거관리위원회에 전송한다. 전송을 마친 선상투표자는 선상투표지를 직접 봉투에 넣어 봉함한 후 선장에게 제출해야 한다. 선장은 선상투표관리기록부를 작성하여 우선 팩시밀리로 시·도선거관리위원회에 전송하고, 국내 도착 즉시 관련 서류 원본을 제출해야 한다(§158의3⑧).

시·도선거관리위원회가 선상투표지를 수신할 팩시밀리에는 투표의 비밀이 보장될 수 있도록 기술적 장치를 한다. 이를 위해 쉴드 팩스(Shield Fax)라는 특수장비를 활용하여 기표 부분이 팩스에서 봉함되어 출력되도록 한다. 시·도선거관리위원회는 수신된 선상투표지를 관할 구·시·군선거관리위원회에 보내고, 선상투표지 관리록에 선상투표지 수신상황과 발송상황을 적어야 한다.

구·시·군선거관리위원회는 선거일 투표마감시각까지 시·도선거관리위원회로부터 송부된 선상투표지를 접수하여 우편투표함에 투입한 후 선거일 투표마감시각 후 개표소로 옮겨 개표한다.

8. 국제공역투표 도입 제안

제외선거와 선상투표 제도가 도입되면서 대한민국 국민은 전세계 5대양 6대주 어디에 거주하거나 머물더라도 대통령선거와 임기만료에 따른 국회의원선거에서는 주권행사의 가능성이 열렸다. 이제 마지막으로 남은 퍼즐은 심해와 우주에 머무는 국민을 대상으로 하는 국제공역[27]투표가 있다. 현행법상 심해는 선상투표 대상이 아니고, 우주는 관할 공관이 없어 재외투표 대상이 아니기 때문이다.

따라서 심해 연구기지에 근무하거나 심해에서 작전 중인 잠수함에 승선한 국민, 그리고 우주정거장이나 우주선에 탑승한 국민은 참정권 행사가 불가능하다. 국제공역투표가 도입되면 주권행사의 장소적 범위가 우주로 확장된다. 국가는 국민의 주권행사를 보장할 무한한 책무가 있으므로, 비록 시급하지 않더라도 국제공역투표의 도입을 제안해 본다. 투표는 위성통신망과 전자우편을 활용하되, 수신된 투표지 출력은 선상투표처럼 쉴드프린터를 적용할 수 있을 것이다.

참고적으로 남극은 국제공역이기 때문에 관할 재외공관이 없으므로 남극의 세종과학기지와 장보고과학기지에 근무하는 국민들은 재외투표에 참여할 수 없다. 다만, 보급선이나 쇄빙선이 해당 기지에 정박하고 있으면 선상투표의 방식으로 주권을 행사할 수 있다.

실제 2012년 제18대 대통령선거에서 남극 장보고과학기지 건설을 위해 해당 지역에 정박 중인 쇄빙선 아라온호에서 최초로 선상투표를 실시한 사례가 있다. 국제공역투표가 도입되면 정박 중인 대한민국 선박이 없더라도 남극의 과학기지에서 근무하는 연구원들이 투표에 참여할 수 있다.

27) 국제공역(國際空域)이란, 국제법상 어느 나라도 자신의 영토라고 주장하지 못하는 지역을 말한다. 대표적인 곳이 남극과 우주, 그리고 깊은 바다이다.

9. 선거일 투표를 둘러싼 쟁점

가. 본인확인용 신분증의 범위

선거일의 투표는 오전 6시에 투표관리관이 투표개시를 선언함으로써 시작된다. 투표개시를 선언하기 전에 투표관리관은 투표참관인이 참관하는 상황에서 투표함의 이상 여부 및 기표소 내외의 이상 유무에 관하여 검사해야 한다(§155③).

투표하려는 선거인은 투표소에서 투표참관인의 참관하에 주민등록증 등 관공서 또는 공공기관이 발행하는 증명서로서 사진이 첨부되어 있는 신분증명서를 제시한 후 선거인명부에 서명 또는 날인하고 투표용지를 교부받는다(§157①).

이 경우 신분증명서는 본인확인을 위한 용도이므로 그 유효성을 따지지 않는다. 이미 대학교를 졸업한 사람이 학생증으로 투표할 수 있고, 면허가 취소된 사람이라도 그 운전면허증으로 투표할 수 있다.

나. 투표보조를 받을 수 있는 요건

시각 또는 신체의 장애로 스스로 기표할 수 없는 선거인은 가족 중 1명 또는 선거인 2명의 보조를 받아 투표할 수 있다. 투표 보조를 받을 수 있는 장애의 요건은 엄격하다.

예컨대, 어느 후보자에게 투표할 것인지 의사결정을 할 수 있는 정신적 능력을 갖추었지만, 시력상실 등의 사유로 투표용지에 기표할 해당 후보자의 표시를 전혀 분간할 수 없어 스스로 기표행위를 할 수 없거나, 손 등 신체의 장애로 직접 자신의 신체를 이용하여 해당 후보자의 란에 기표행위를 할 수 없는 선거인만이 보조를 받아 투표할 수 있는 사람에 해당한다.

따라서 시력에 장애가 있더라도 스스로 투표용지의 후보자란을 분간할 수 있거나, 문맹으로 인하여 후보자의 성명 등을 해독할 수 없는 사람, 손 등 신체의 일부에 장애가 있다고 하여도 다른 신체 부위를 사용하여 스스로 기표행위를 할 수 있는 사람, 정신지체로 인하여 심신미약의 상태에 있더라도 신체상으로는 기표를 하는 데 아무런 장애가 없는 사람은 가족이나 다른 선거인의 투표보조를 받을 수 있는 사람이 아니다.[28)]

이와 같이 투표보조의 요건을 엄격하게 한정하는 이유는 선거인의 투표를 보조하는 과정에서 부득이하게 투표의 비밀이 공개될 수밖에 없기 때문이다. 선거인은 초등학생을 데리고 투표소에는 들어올 수 있지만, 기표소에는 함께 들어갈 수 없도록 금지하는 취지도 이와 같다. 어떤 경우에도 투표의 비밀은 지켜져야 한다.

다. 투표지 촬영을 금지하는 취지

공직선거법은 누구든지 기표소 안에서 투표지를 촬영할 수 없도록 금지하고 있다(§166의2). 이를 위반한 경우 형벌이 적용되어 선거범죄로 다스려진다(§256③).

촬영을 금지하는 대상이 기표하기 전의 '투표용지'가 아니라 이미 기표된 '투표지'를 의미한다고 해서 투표소 안에서 기표하기 전 투표용지에 대한 촬영이 자유롭게 허용되는 것은 아니다. 원활한 투표진행을 방해하는 행위도 선거범죄를 구성하기 때문이다.

한편, 자신이 기표한 투표지를 촬영하여 이를 공개하는 행위는 자연스러운 정치적 의사표현으로 볼 여지도 있다. 그러나 이러한 투표지 촬영행위가 선거인 매수와 결합될 경우 공정선거를 심각하게 위협하게 된다. 특정 후보자로부터 미리 금품을 받은 후 해당 후보자에게 기표

28) 대법원 1999. 7. 13. 선고 99우48 판결

한 투표지를 촬영한 영상을 보여주어 매수의 대가를 증명하거나, 특정 후보자에게 기표한 투표지 촬영 영상을 제시하고 금품을 요구할 수도 있기 때문이다.

이러한 이유로 선거인이 기표소에서 투표지를 촬영한 경우 투표관리관 또는 사전투표관리관은 해당 선거인의 휴대폰에서 촬영물을 삭제하고 투표록에 그 사유를 기록한다(§166의2②).

해당 규정에 대한 국회의 입법과정에서 중앙선거관리위원회는 투표지 촬영행위에 대하여 과태료 부과를 제안하였으나, 입법권자들은 매수의 위험성을 차단하겠다는 단호한 의지를 과시하며 형벌적용으로 벌칙을 강화한 바 있다.

라. 자신의 투표지를 공개한 경우

공직선거법에서 선거인은 자신이 기표한 투표지를 공개할 수 없으며, 공개된 투표지는 무효로 하도록 규정하고 있다(§167③). 유의할 사항은 선거인 자신이 기표한 투표지를 공개한 경우에도 투표의 비밀 침해죄로 처벌될 수 있다는 점이다(§241①).

본래 투표의 비밀을 보호하는 취지는 특정 정당이나 후보자에게 투표한 사실이 공개될 경우 정치적 박해나 경제적 불이익 등을 받을 우려가 있으므로 이를 방지하여 선거인의 자유로운 정치적 선택을 보호하기 위한 것이 근본 목적이다.

따라서 선거인 스스로가 자발적으로 자신의 기표내용을 공개한 행위가 과연 투표의 비밀침해죄로 처벌하는 것이 타당한 것인지 법리적으로 강한 의문이 들 수 있다. 보호의 객체가 처벌의 대상으로 바뀌기 때문이다.

따라서 투표소에서 선거인 자신이 기표한 투표지의 공개를 금지하는 것은 투표의 비밀을 보호하기 위한 본래의 목적보다는 금지된 행위가 투표의 원활한 진행에 지장을 초래할 위험성이 매우 크고, 다른 선거인의 투표에 부당한 영향을 미쳐 투표간섭죄가 성립될 수 있으며 (§242① 1.), 심지어는 매수행위와 결부될 가능성도 있기 때문에 이를 금지하는 것으로 보아야 할 것이다.

참고적으로 투표관리관은 선거인이 스스로 자신의 투표지를 공개한 것을 발견한 때에는 투표참관인의 참관하에 해당 선거인으로부터 그 투표지를 회수하고 앞면에 공개된 투표지라는 표시를 한 후 자신의 도장을 찍거나 서명한 다음 투표함에 투입한다. 해당 내용은 투표록에 기재되고 공개된 투표지는 개표소에서 무효로 처리한다(규칙 §92).

마. 자신의 투표지를 훼손한 경우

공직선거법은 투표용지 또는 투표지를 은닉·손괴·훼손 또는 탈취한 사람에게 1년 이상 10년 이하의 징역 또는 500만원 이상 3천만원 이하의 벌금을 부과하도록 무겁고도 엄중한 선거관리침해죄를 규정하고 있다(§244①).

이와 같이 공직선거법에서 선거관리 또는 단속사무와 관련한 서류의 은닉, 파손, 훼손 등의 행위를 일반 형법상 공용서류 등의 무효죄보다[29] 무겁게 처벌하는 이유는 선거의 공정을 확보하기 위하여 선거관리 업무를 일반적인 공무보다 더욱 엄중히 보호하려는 데 그 취지가 있다.[30]

본조에서 훼손을 금지하는 '투표지'는 다른 사람의 투표지로 한정되지 않으므로 자신이 교부받은 투표지도 이에 포함된다. 따라서 선거를 방해하려는 의사가 없이 단지 잘못 기표한 투표지를 무효화시키기 위하여 이를 훼손하거나, 공개되어 무효로 되는 투표지를 찢더라도 본

29) 형법 제141조(공용서류 등의 무효, 공용물의 파괴) ① 공무소에서 사용하는 서류 기타 물건 또는 전자기록등 특수매체기록을 손상 또는 은닉하거나 기타 방법으로 그 효용을 해한 자는 7년 이하의 징역 또는 1천만원 이하의 벌금에 처한다.

30) 춘천지방법원 2016. 8. 9. 선고 2016고합45 판결

죄가 성립한다.[31] 자신의 투표지라도 그것이 훼손될 경우 선거의 공정성에 시비가 발생할 위험성이 있으므로 고의로 이를 훼손하는 행위를 금지할 필요가 있기 때문이다.

비록 기표소 안에서 몰래 투표지를 훼손하는 경우에는 현실적으로 이를 적발하기 어려울 수 있겠지만, 훼손된 투표지가 개표과정에서 발견되면 그 경위를 둘러싸고 다툼이 발생할 수 있으므로, 선거의 공정성과 선거사무의 신뢰를 보호하기 위해서는 이유 여하를 막론하고 투표지 훼손 행위를 금지함이 마땅하다.

특히 선거인이 자유롭고 공정하게 투표하기 위해서는 투표소 내외의 평온한 질서를 유지하는 것이 필수적이다. 그런데 자신의 투표지를 스스로 훼손하는 경우 그러한 행위로 말미암아 소란이 발생하여 투표소의 평온을 해칠 위험성이 크므로, 투표소의 평온을 보호하기 위해서라도 이를 금지할 필요가 있다.[32]

2,500여년 전 아테네의 철학자 플라톤의 저서에 따르면, 법률 수호자를 선출하기 위한 선거는 국가가 가장 존중하는 신전에서 진행되어야 한다고 전하고 있다.[33] 현대 민주주의 국가에서는 투표소가 바로 주권자의 신탁을 전하는 민주공화국의 신전이다. 신전의 평온은 절대적으로 지켜져야 한다.

31) 춘천지방법원 2016. 8. 9. 선고 2016고합45 판결

32) 광주지방법원 2020. 7. 10. 선고 2020고합151 판결

33) 플라톤『법률』천병희 옮김 2016. 12. 도서출판 숲 256쪽

10. 전자투표에 길을 묻다

공직선거법은 교섭단체를 구성한 정당과 협의를 전제로 전자투표의 도입 가능성을 열어두고 있다(§278④). 투표에 관한 전자투표의 원칙은 투표의 비밀이 보장되고 투표가 용이해야 하며, 기표착오의 시정, 무효표의 방지 기타 투표의 정확성을 기할 수 있어야 한다(§278②). 개표에 관한 전자투표의 원칙은 득표수의 계산이 정확하고, 투표결과를 검증할 수 있어야 한다(§278③). 당연히 정당 또는 후보자의 참관이 보장되어야 한다.

전자투표는 투표소에서 투표기계만 사용하는 낮은 수준부터 모바일과 인터넷 투표를 활용하는 높은 수준까지 다양한 층위가 존재한다. 가장 낮은 수준의 전자투표 방식도 연기투표, 누적투표, 선호투표 등 다양한 투표방식을 적용할 수 있고, 비례대표선거에서 정당이 추천한 후보자의 순위를 선거인이 변경할 수 있어 정당제 민주주의 국가에서 실질적인 국민주권을 실현할 수 있다.

가장 높은 수준의 전자투표를 도입하게 되면 유비쿼터스(ubiquitous) 선거가 실현되어 투표 참여에 시간과 공간의 제약을 극복할 수 있고, 고대 그리스 도시국가에서나 가능하였던 직접 민주주의를 현대국가에서도 실현할 수 있는 기회가 열린다.

전자투표의 이러한 가능성에 주목한 여러 나라들은 1990년대부터 다양한 방식의 전자투표를 추진하였다. 일본의 경우 자서식(自署式) 투표에 따른 무효표를 방지하기 위한 목적으로 전자투표 도입을 추진하였고, 우리나라와 유럽의 경우 투표편의성 확대에 따른 참여제고를 주요 정책목표로 삼았다. 한편, 인도·브라질 같은 제3세계의 국가들은 투표부정 방지와 개표의 합리화를 위하여 전자투표를 도입한 것으로 알려졌다.

그러나 일본은 2002년 지방선거에서 시범적으로 전자투표를 도입한 이래 전자투표 시스템의 빈번한 고장과 작동오류로 2016년 이후 전자투표 실시를 중단한 바 있다.[34] 독일의 경우 2005년 연방의원선거의 일부 지역에 전자투표를 실시하였으나, 2009년 3월 3일 연방헌법재판소가 전자투표의 근거규범인 전자투표기규칙을 위헌으로 판결한 후 보완입법이 이루어지지 않아 전자투표가 중단된 상황이다. 연방헌법재판소는 위헌결정의 이유로 전자투표가 투표결과에 대한 사후검증이 어려워 선거의 공공성 원칙에 위배된다는 점을 지적하였다.[35]

우리나라는 중앙선거관리위원회가 2004년 전자선거 로드맵을 발표한 후 2006년 터치스크린 방식의 전자투표기를 개발하고 정당의 당내경선에 활용하여 왔다. 중앙선거관리위원회가 개발한 전자투표기는 프린터와 터치스크린을 일체형으로 통합한 시스템으로 투표결과가 실시간으로 인쇄되고 그 내용을 선거인이 직접 육안으로 확인할 수 있는 특장점이 있었다.

그러나 전자투표 사업추진에 필요한 예산이 삭감되고, 터치스크린 전자투표기도 내용연수를 경과하여 2018년에 전량 폐기되었다. 다만, 전자투표사업의 성과물인 통합선거인명부와 그 조회시스템이 사전투표에 활용되는 점은 큰 위안으로 삼을 수 있다.

중앙선거관리위원회는 2022년 대통령선거에서 소쿠리투표로 상징되는 사전투표 관리의 실패에 따라 자존심에 큰 상처를 입었고, 2024년 12월 부정선거의 증거를 확보하겠다며 계엄군을 동원하여 중앙선관위의 서버실을 침탈하는 대한민국의 현실에서 이제 전자투표는 계엄군과 함께 그 길을 잃은 것으로 보인다.

---

34) 중앙선거관리위원회 2022. 12.『각국의 선거제도 비교연구』658쪽

35) 독일 연방헌법재판소 2009. 3. 3. 선고 2 BvC 3/07, 2BvC 4/07 결정

제 5 절 개표절차와 당선인 결정

1. 개표방식 개요

개표는 투표로 표시된 선거인의 의사표시를 권한 있는 기관이 유·무효를 가리고 정당 또는 후보자별로 득표수를 집계하는 확인행위이다. 공직선거법에서는 모든 선거의 개표사무를 구·시·군선거관리위원회가 담당하도록 규정하고 있다(§172①).

투표 종료 후 투표소에서 투표관리관이 개표를 주관하는 개표방법도 고려할 수 있겠으나, 투표소 개표의 기본적 전제는 투표의 효력 판단 능력을 전제로 하므로, 투표관리관에게 이를 기대하기 어렵다. 특히 투표관리관은 공직선거법에 따른 한시적 신분이므로 선거는 선거관리위원회에 의하여 집행되어야 한다는 헌법에 위배될 소지도 있어 투표소 개표는 법리적으로나 현실적으로 상당한 무리가 있다.

이러한 문제를 해결하기 위하여 읍·면·동선거관리위원회에 개표를 맡기는 방법도 고려할 수 있으나, 전체 투표자의 50%에 달하는 사전투표, 재외투표, 거소투표의 개표를 위하여 어차피 구·시·군선거관리위원회마다 따로 개표소를 설치해야 하므로, 분산개표의 실익이 없다. 투표 마감 후 투표함 이송의 불편도 여전하다.

2. 개표 진행절차

구 · 시 · 군선거관리위원회는 사전투표 · 거소투표 · 선상투표가 투입된 우편투표함과 사전투표함을 투표마감시각 후 개표참관인의 참관하에 개표소로 옮겨서 일반투표함의 투표지와 별도로 먼저 개표할 수 있다(§176④).

투표함을 개함하는 때에는 구 · 시 · 군선거관리위원회위원장이 개표참관인의 참관하에 투표함의 봉쇄와 봉인을 검사한 후 이를 열어야 한다. 과거에는 후보자와 그 배우자에게 투표참관은 물론 개표참관도 금지하였으나, 2015년 8월 공직선거법의 개정에 따라 이러한 제한이 사라졌다(§181⑪).

투표함을 개함한 후에는 투표지분류기를 활용하여 후보자별로 투표지를 분류한다. 투표지분류기는 이미지센서로 투표지를 스캔하여 1명의 후보자에게 명확하게 기표된 투표지는 해당 후보자의 득표로 판단하여 그 후보자에게 배정된 분류함으로 보낸다. 2 이상의 후보자란에 기표가 되어 있거나, 기표 모양이 선명하지 않거나, 정상적으로 기표되지 않은 투표지는 스스로 판단하지 않고 재확인 대상 투표지로 분류하여 개표사무원이 판단하도록 한다.

모든 투표지에 대한 분류가 끝나면 투표지분류기에서 개표상황표를 출력한다. 투표지분류기 운영부를 거친 투표지는 심사집계부로 넘겨지고 개표사무원이 재확인 대상 투표지를 유효표와 무효표로 구분한 후, 유효표는 해당 후보자의 득표에 가산한다. 투표지분류기가 후보자별 유효표로 분류한 투표지도 다시 심사한다.

심사집계부를 거친 투표지는 위원석으로 옮겨져 위원 전원이 개표결과를 검열한다. 그 결과 후보자별 득표수를 최종 확정한 개표상황표를 선거관리위원회위원장이 공표하게 된다.

공표가 끝나면 투표함별로 투표지를 유효 · 무효로 구분하고, 유효투표지는 다시 후보자별로 구분하여 각각 포장한 후 선거관리위원회 위원장이 봉인한다. 봉인된 투표지는 법원이나 상급위원회가 선거쟁송의 심리를 위하여 검증하는 경우를 제외하고는 누구도 열지 못한다. 선거관리위원회의 위원이나 직원도 마찬가지다. 봉인된 투표지를 열 수 있는 적법한 기회는 오로지 법관의 영장에 따라 압수·수색·검증하는 경우뿐이다.[36)]

선거결과에 이의가 있어 당선무효 소송이나 선거무효 소송을 제기할 경우 법원에 증거보전 신청을 하려는 때에 가장 중요한 목적물이 바로 이 투표지다. 증거보전이 집행되면 투표지는 이제 선거쟁송이 종결될 때까지 법원의 관리하에 놓이게 된다.

투표지는 당선자의 임기 중 보관하는 것이 원칙이지만, 선거쟁송이 제기되지 않거나, 제기된 쟁송이 종결된 경우에는 그 보존기간을 단축할 수 있다(§186). 보존의 실익이 없기 때문이다.

3. 전산조직과 기계장치의 활용

공직선거법은 개표사무를 보조하기 위하여 투표지를 유효·무효 또는 후보자별로 구분하거나 계산하는 데 필요한 기계장치 또는 전산조직을 이용할 수 있도록 규정하고 있다(§178②). 이를 근거로 개표소에서 투표지분류기와 계수기를 활용하고 있다.

중앙선거관리위원회는 개표사무의 합리화를 위하여 2002년 실시한 제3회 전국동시지방선거부터 개표관리에 투표지분류기를 활용하여 왔다. 2002년 개표관리에 투표지분류기가 도입된 이후 수많은 선거쟁송에서 개표결과를 검증한 결과 투표지분류기가 분류한 표에서는 오차가 거의 발생하지 않았다. 다만, 개표사무원이 재확인 대상 투표지를

36) 대검찰청 2020. 3. 『공직선거법 벌칙해설』 제10개정판 330쪽

판정한 투표에서 일부 의미 없는 오차가 확인되었을 뿐이다. 당연히 소송은 기각되었고 선거의 효력이나 당선인의 지위는 맷돌의 아래짝만큼이나 요지부동이었다.

투표지분류기는 통신망과 연결되지 않고 연결할 필요도 없다. 최근 일부 단체에서 투표지분류기의 해킹이나 조작가능성을 제기함에 따라 투표지분류기를 제어하는 범용 노트북에 기본적으로 내장된 랜카드조차 인위적으로 제거하였다. 물론 그 비용부담은 당연히 국민의 몫이다. 가짜뉴스가 돈이 되는 음모론이 지배하는 세상에서는 확증편향이 진실을 압도하는 힘이 있다.

일부 시민단체는 선거 때마다 투표지분류기 활용이 법적 근거가 없다거나 공직선거법에 위반된다거나 해킹의 우려가 있다는 등의 이유로 지속적으로 투표지분류기 사용중지 소송을 제기하여 왔고, 선거 후에는 낙선한 후보자와 함께 선거무효소송을 제기하면서 투표지분류기를 선거불복의 근거로 삼아 왔다.

일부 시민단체는 이 사안을 헌법재판소까지 끌고 갔으나 결과는 항시 기각되었다. 최근에는 법원도 합리적 근거 없이 반복적으로 투표지분류기 사용중지 소송을 제기하거나 선거무효의 사유로 주장하는 것은 소권남용에 해당한다며 각하판결을 하고 있다.[37)]

낙선자 중 부정선거를 주장하는 일부 사람들은 유튜브에서 자극적인 발언을 통하여 상당한 수입을 올리는 것으로 알려졌으나, 정치적으로 재기에 성공한 사례는 찾아보기 어렵다. 집회 현장에 자주 등장하는 십자가와 성조기도 큰 도움은 되지 못한 듯하다.

이러한 측면에서 2020년 실시된 미국의 대선에서 낙선한 후 부정선거를 주장하며 선거불복을 선언했던 트럼프 후보자가 2024년 대선에서 당선된 점은 다소 씁쓸한 여운을 남긴다.

---

37) 대법원 2016. 11. 24. 선고 2016수64 판결 등

트럼프는 2024년 정치적 재기에 성공했지만, 2020년 실시한 대선에서 트럼프 캠프에서 활동하였던 줄리아니 전 뉴욕시장은 부정선거를 주장하며 선거공무원의 명예를 훼손함에 따라 2023년 법원에서 징벌적 손해배상금[38]으로 2명의 원고에게 2,000억원을 배상하라는 판결을 받고 파산을 신청했다고 한다. 외신이 전하는 바에 따르면 트럼프 당선 시 줄리아니는 법무부장관이 유력했다 한다. 부정선거 주장으로 미국의 법무부장관 내정자는 경제적으로 파산했고, 한국의 법무부장관은 정치적으로 파산한 것으로 보인다.

한편, 폭스뉴스는 2020년 대선에서 트럼프 후보자가 패배하자 28개 주에 투·개표기를 공급한 회사가 바이든 후보자의 당선을 위해 투표결과를 조작했다는 음모론을 지속적으로 제기함에 따라 해당 투·개표기 제조업체인 도미니언으로부터 소송을 당해 1조원이 넘는 거액의 배상금을 물어주기로 합의했다고 한다.

거짓을 사랑하는 자들에게 진실은 증오를 부르겠지만(Veritas Odium Parit), 거짓에는 항시 대가가 따르기 마련이다.

프랑스의 촉망받던 젊은 학자 알렉시스 토크빌은 1831년 국가의 명령에 따라 미국의 형사정책 연구를 목적으로 2년간 미국으로 파견되었으나, 본래의 임무보다 미국의 민주주의 운용에 매료되어 『미국의 민주주의』라는 저서와 '국민들은 각자의 수준에 맞는 정부를 가진다'는 경구를 남겼다. 그가 만일 개정판을 출간한다면 현재의 미국정치를 어떤 문법으로 설명할지 의문이 든다.

---

38) 징벌적 손해배상은 민사재판에서 가해자의 행위가 악의적이고 반사회적인 경우 실제 손해액보다 훨씬 많은 금액을 배상하도록 하는 제도이다. 주로 영미법계에서 인정되는 것으로 알려졌다.

4. 투표의 효력판단

가. 투표의 효력판단 원칙

개표과정에서 투표의 효력에 이의가 있는 때에는 선거관리위원회가 재적위원 과반수 출석과 출석위원 과반수의 의결로 결정한다. 투표의 효력판단에 관하여 가장 중요한 원칙은 선거인의 의사가 존중되어야 한다는 점이다(§180).

선거인에게 교부하기 전 투표용지는 종이와 잉크에 불과할 수 있다. 그러나 투표용지가 정당한 선거인에게 교부되고 기표가 이루어진 순간 그 투표지는 주권자의 준엄한 명령이자 진술서가 된다.

다만, 선거인이 투표용지에 기록한 의사표시가 유효한 것으로 인정받으려면, 우선 정규의 투표용지[39]를 사용해야 하고, 선거관리위원회가 제공하는 기표용구를 활용하여 투표해야 하며, 투표지에는 기표 외에 어떠한 내용도 추가되어서는 안 된다.

나. 유효로 하는 투표

다음에 해당하는 투표는 지극히 정상적인 기표로 보기에는 다소 흠이 있어 보이지만 무효로 하지 않는다(§179④).

① (卜) 표가 일부분 표시되거나 (卜) 표 안이 메워진 것으로서 선거관리위원회의 기표용구를 사용하여 기표를 한 것이 명확한 것

② 한 후보자란에만 2 이상 기표된 것

③ 후보자란 외에 추가 기표되었으나 추가 기표된 것이 어느 후보자에게도 기표한 것으로 볼 수 없는 것

---

39) 정규의 투표용지란 관할 선거관리위원회가 작성하고 청인을 찍은 후 투표소에 송부하여 투표관리관이 자신의 도장을 찍어 정당한 선거인에게 교부한 투표용지를 말한다. 공직선거관리규칙 제100조제1항제1호 참조.

④ 기표한 것이 전사된 것으로서 어느 후보자에게 기표한 것인지가 명확한 것

⑤ 인육으로 오손되거나 훼손되었으나 정규의 투표용지임이 명백하고 어느 후보자에게 기표한 것인지가 명확한 것

⑥ 거소투표와 선상투표의 경우 볼펜 등을 사용하여 기표했으나 어느 후보자에게 기표한 것인지 명확한 것

다. 유효투표 사례 예시

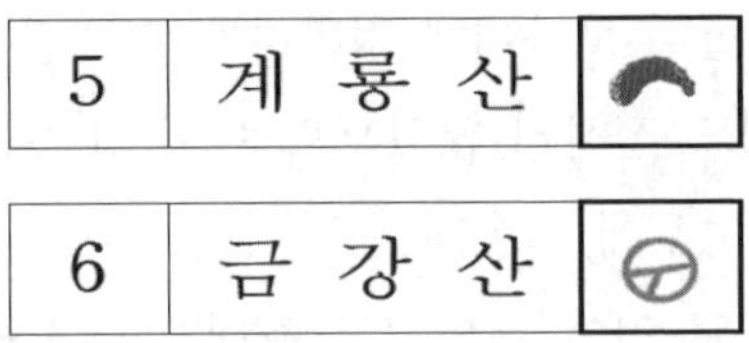

위 투표지는 개표소에서 논란이 제기되는 가장 대표적인 유형의 기표이다. 2 이상의 란에 기표한 것으로 볼 여지가 있기 때문이다. 실제 2018년 실시한 청양군의회의원선거에서 1표 차이로 당락이 엇갈렸을 때, 위와 같은 사례의 표를 유효로 볼 것인지가 가장 큰 쟁점이 되었다.

위의 투표지에 대한 대법원의 효력판단 기준을 적용하면 해당 투표지는 6번 후보에게 유효한 투표이다.[40] 비록 5번 후보의 기표란에 원형에 가까운 자국이 있지만, 6번 후보자란에 선명하게 기표한 것과 대비하여 볼 때 5번 후보자에게도 기표한 의사로 볼 수는 없기 때문이다. 여기에 적용되는 법리가 '인육으로 오손되거나 훼손되었으나 정규의 투표용지임이 명백하고 어느 후보자에게 기표한 것인지가 명확한 것'이다(§179④ 6.).

---

40) 대법원 2019. 4. 5. 선고 2019우5010 판결

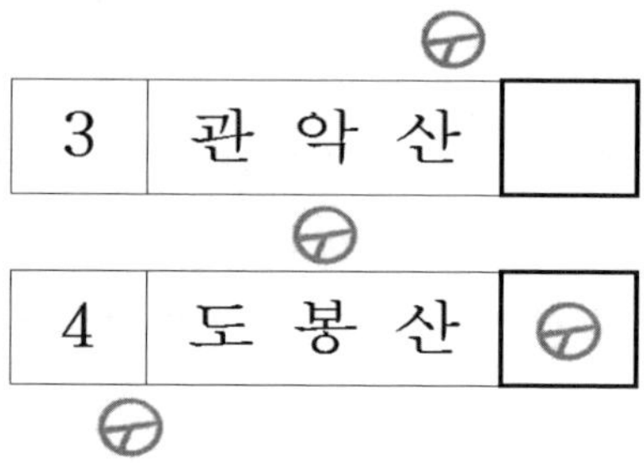

위 투표지를 얼핏 보면 어지럽게 기표가 되어 있어 일단 무효로 보인다. 그러나 4번 후보자에게 정확하게 기표된 외의 다른 기표는 어느 후보자의 란에도 접하지 않았으므로 이 표는 4번 후보자에게 유효한 투표이다. 이 경우에 적용되는 법리는 '후보자란 외에 추가 기표되었으나 추가 기표된 것이 어느 후보자에게도 기표한 것으로 볼 수 없는 것'이다(§179④ 3.).

과거에는 특정 후보자에게 정상적으로 기표한 후 투표지의 뒷면이나 앞면의 여백에 추가적으로 기표가 되어 있으면 무효로 보았다. 그러나 2005년 8월 공직선거법 개정에 따라 특정 후보자에게 기표한 후 추가된 기표가 다른 후보자의 기호, 성명 또는 기표란에 접하지 않으면 해당 후보자에게 유효한 투표로 본다.

이는 투표지의 오염을 방지하기 위해 기표소에서 인주내장형 기표용구를 도입하면서 선거인들이 기표가 제대로 되는지 확인하기 위해 투표용지의 여백에 시험삼아 기표하는 사례가 많은 점을 고려하여 그러한 표를 유효로 인정하기 위한 것이다.

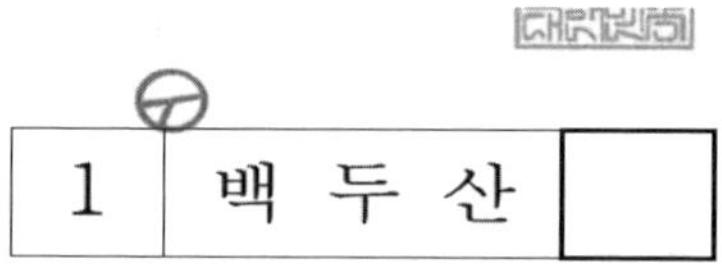

위 투표지도 다른 후보자란에 기표된 흔적이 없다면 1번 후보자에게 유효한 투표이다. 판례는 기표 문양이 특정 후보자란에 접선만 되어도 해당 후보자의 유효표로 보았다. 다만, 이렇게 해석할 경우 첫 번째 기호의 후보자와 마지막 기호의 후보자가 유효로 판정받을 수 있는 기표의 범위가 넓어지는 결과를 초래하지만, 판례는 투표행위의 성질상 이로 인하여 각 후보자의 득표율이 영향을 받는다고 단정할 수는 없다고 판시하였다.[41]

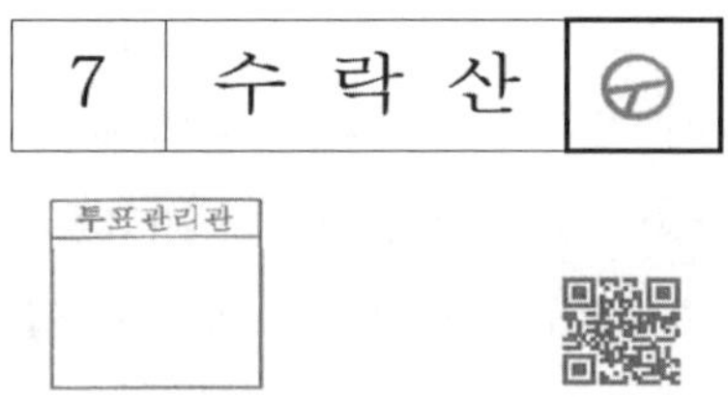

위 투표지는 7번 후보자에게 명확하게 기표가 되어 있으나, 투표관리관의 도장이 누락된 경우 과연 이러한 투표지가 정규의 투표용지에 해당하는지, 그리고 그 투표가 유효한지의 문제이다.

투표지에 투표관리관의 도장이 누락되었더라도 투표록에 그 사유가 기록되어 있거나, 투표록에 적혀 있지 않더라도 투표록의 투표용지 교부매수와 투표수를 비교하고 잔여투표용지와 절취된 일련번호지의 매수를 확인하여 투표관리관이 선거인에게 교부한 투표용지로 확인되는 경우 정규의 투표용지로 보아 유효한 투표로 판단한다(규칙 §100②).

투표소가 혼잡한 시간대에 종종 투표관리관이 도장 날인을 누락하는 사례가 있다. 투표관리관의 부주의로 인한 문제를 선량한 주권자에게 책임을 물어 그 표를 무효로 할 수는 없다.

41) 대법원 1996. 9. 6. 선고 96우54 판결

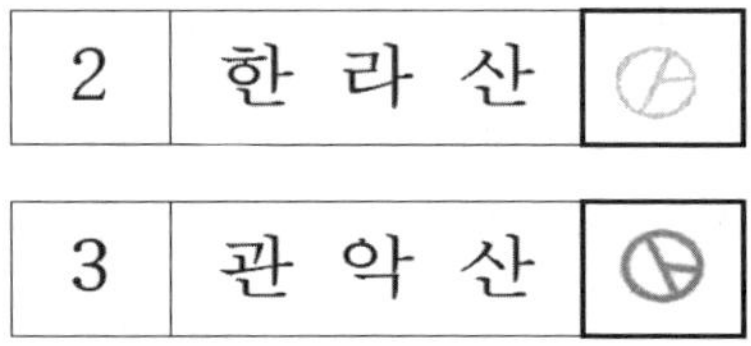

위 투표지는 3번 후보의 기표가 2번 후보자란에 전사(轉寫)된 것으로서 어느 후보자에게 기표한 것인지가 명확한 것이므로 3번 후보자에게 유효한 투표이다. 선거인이 기표한 직후 잉크가 채 증발되기 전에 강한 압력으로 투표지를 접는 경우 전사가 생긴다.

위 사례는 원래 기표와 전사된 부분의 농도가 달라 3번의 유효표라는 점이 명확하지만, 간혹 인주내장형 기표용구가 말썽을 부려 전사된 모양까지도 아주 진하게 표시되는 경우도 있다. 이때 2 이상의 란에 기표를 한 것인지 아니면 전사된 것인지를 판단하기 위하여 기표용구의 원안에 갈라진 나뭇가지 모양을 만들어 놓았다. 선거관리위원회 위원과 직원들은 이러한 투표가 전사인지 아니면 2 이상의 란에 기표한 것인지 보면 알 수 있다.

라. 무효로 하는 투표

다음 중 어느 하나에 해당하는 투표는 무효로 한다(§179①).

① 정규의 투표용지를 사용하지 아니한 것

② 어느 란에도 표를 하지 아니한 것

③ 2란에 걸쳐서 표를 하거나 2 이상의 란에 표를 한 것

④ 어느 란에 표를 한 것인지 식별할 수 없는 것

⑤ (卜) 표를 하지 아니하고 문자 또는 물형을 기입한 것

⑥ (卜) 표 외에 다른 사항을 기입한 것

⑦ 선거관리위원회의 기표용구가 아닌 용구로 표를 한 것

마. 무효투표 사례 예시

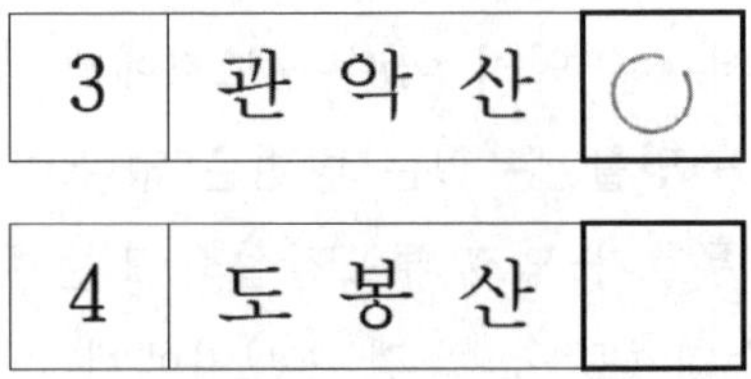

위 투표지는 둥근 모양이 드러나기는 하였지만, 선거관리위원회의 기표용구가 아닌 것으로 기표하였음이 명확하여 무효이다.

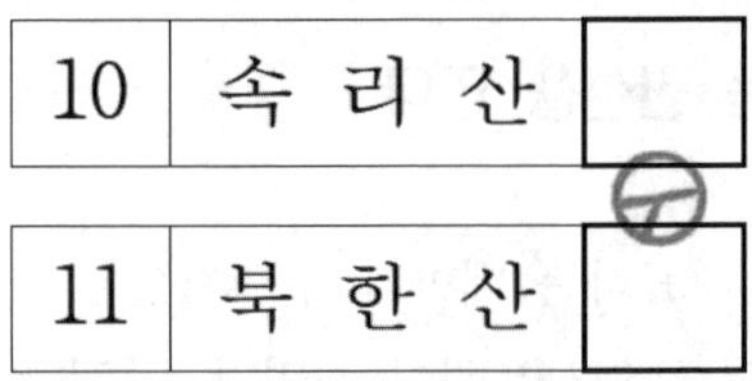

위 투표지는 2란에 걸쳐서 표를 한 것에 해당하여 무효이다. 등록된 정당이나 후보자 수가 10명 이상인 경우 상하 여백을 줄일 수밖에 없어 발생하는 무효표의 대표적 사례이다.

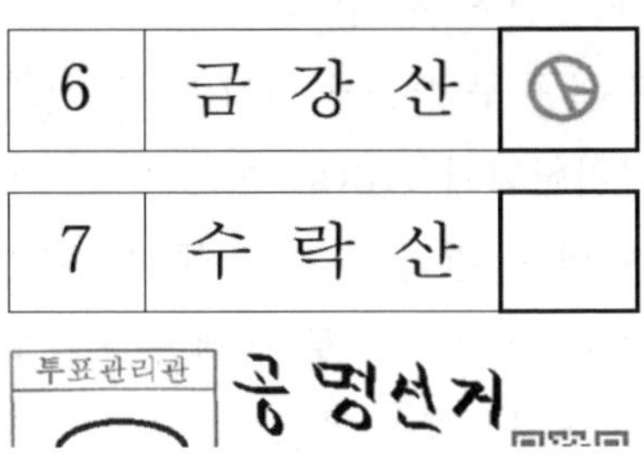

위 투표지는 정상적인 기표를 한 후 '공명선거'라는 말을 써넣어서 무효가 된 경우이다. 투표지에는 아무리 신성한 언어를 기록하더라

도 무효표의 운명으로부터 구원받지 못한다. 투표의 비밀이 침해되고 매수의 위험성이 있기 때문이다.

결국 선거에서 선거인이 어떤 후보자에게 투표를 하였는지를 적법하고 유효하게 증명할 수 있는 방법은 없다. 투표소에서 기표한 투표지를 공개하면 무효가 되고 투표간섭죄 또는 투표소 교란죄의 처벌이 기다린다. 매수의 대가로 특정 후보자에게 기표하고 그 사실을 은밀하게 알리기 위해 자신의 투표지에 글씨나 물형을 적어 넣은 경우 위의 사례처럼 무효가 된다.

5. 개표상황표는 진실을 안다

각 투표함을 개표하는 때마다 투표지분류기가 출력한 개표상황표에는 심사집계부의 책임사무원이 서명하고, 해당 투표함의 투표지, 유효·무효투표 집계전과 함께 한 바구니에 담겨 위원석으로 옮겨진다. 선거관리위원회의 위원 전원은 개표결과를 검열하고 서명 또는 날인하여 후보자별 득표수를 집계한 개표상황표의 기재내용을 확정한 후 위원장이 그 내용을 공표한다. 이 개표상황표가 바로 당선인을 결정하고 선거결과를 확정하는 근거 문서이다.

대통령선거에서는 구·시·군선거관리위원회가 모든 개표상황표를 시·도선거관리위원회에 FAX로 보고한 후 개표록을 작성하고, 각 시·도선거관리위원회는 관하 구·시·군선거관리위원회가 보고한 개표상황표를 검증한 후 이를 기초로 집계록을 작성하여 중앙선거관리위원회에 FAX로 보고한다. 개표 마감 즉시 구·시·군선거관리위원회가 작성한 개표록과 시·도선거관리위원회가 작성한 집계록은 각각 인편으로 상급위원회에 보고된다.

개표가 진행되는 과정에서 전국민적 관심사안에 대한 알권리를 보장하기 위하여 각 구 · 시 · 군선거관리위원회의 개표소와 중앙선거관리위원회 서버 간 전용통신망을 설치한 후 개표상황표를 입력하고 후보자별 득표상황을 실시간으로 언론사와 인터넷에 공개하고 있다. 이 경우 각 시 · 도선거관리위원회는 관할지역의 구 · 시 · 군선거관리위원회가 FAX로 보고한 개표상황표의 내용과 서버에 입력된 내용이 일치하는지를 검증한다.

일각에서는 중앙선관위 서버에 대한 해킹 우려를 제기하는 사례도 있는데 참으로 무의미한 우려다. 이미 해당 서버는 침입탐지시스템, 침입차단시스템, 방화벽 등으로 겹겹이 보호되고 있거니와 인터넷에 공개되는 내용이 법적 효력을 가지는 것도 아니다. 보안이 완벽할 수는 없겠지만, 개표가 진행되는 짧은 시간에 이루어지는 불법 침입시도는 충분히 감당할 수 있으리라 본다.

중앙선관위는 2011년 디도스(DDos) 공격에서 이미 혹독한 교훈을 얻었다. 해킹으로는 아날로그 방식으로 생산되고 보고되는 개표상황표의 내용이나 선거기록은 글자 한 획도 바꿀 수 없다.

그러나 일부 극단적 유튜버들의 부정선거 음모론에 포획된 권력자는 2024년 12월 3일 밤 국회를 침탈한 병력보다 더 많은 계엄군을 중앙선관위에 보내 직원들을 감금하고 전산실 서버를 수색하였다. 이에 더하여 '더 플랜'이라는 영화까지 제작하며 부정선거 음모론의 선구자적 반열에 오른 유튜버에게도 계엄군을 보내는 치밀함을 보였다. 반면에 계엄군의 국회 진입을 막아선 시민들은 1980년 5월 광주의 시민들처럼 주권자로서 단호한 헌법수호 의지를 드러냈다.

노벨문학상 작가의 말처럼 과거가 현재를 도운 것이다. 섬뜩하지만 불가사의할 정도로 어리석은 쿠데타는 그렇게 막을 내렸다. 이제 반역을 꿈꾸는 자들에게 주요 통신시설이나 방송국을 장악하는 것보다 부정선거의 증거를 수집하고 좌파 유튜버를 추적하는 일이 더 중대하고 시급한 임무가 되었다.

6. 당선인 결정

우리 헌법은 대통령선거에서 최고 득표자가 2인 이상인 때에는 국회의 재적의원 과반수가 출석한 공개회의에서 다수표를 얻은 사람을 당선자로 하도록 규정하고 있다(§67②). 대통령선거 외의 모든 공직선거에서는 최고 득표자가 2인 이상인 경우 연장자 순으로 당선인을 결정한다. 동방예의지국다운 미덕이다.

한편, 우리 헌법은 대통령선거의 경우 후보자가 1명인 경우에도 다른 선거와 달리 투표를 실시하여 선거권자 총수의 3분의 1 이상의 득표를 한 사람을 당선자로 한다(§67③). 해당 규정은 대통령선거의 성격에 어울리도록 선출된 대통령에게 민주적 정당성과 대표성을 부여하기 위하여 신임투표 성격의 선거를 규정한 취지로 보인다.

대통령선거에서 중앙선거관리위원회가 유효투표의 다수를 얻은 사람을 당선인으로 결정하고 국회의장에게 통지한다(§187①).

모든 공직선거에서 천재 · 지변 기타 부득이한 사유로 개표를 모두 마치지 못하였더라도 개표를 마치지 못한 지역의 투표가 선거결과에 영향을 미칠 가능성이 없는 때에는 우선 당선인을 결정할 수 있다. 개표를 마치지 못한 지역의 투표가 선거결과에 영향을 미칠 가능성이 없는 때란, 최다득표자와 차순위의 표차가 개표를 마치지 못한 지역의 선거인 수보다 더 많은 경우를 말한다.

지역구 국회의원선거에서는 유효투표의 다수를 얻은 사람을 당선인으로 결정한다. 후보자등록마감시각에 후보자가 1인이거나, 후보자등록마감 후 선거일 투표개시시각 전까지 후보자가 사퇴 · 사망하거나 등록이 무효로 되어 후보자가 1인이 된 때에는 투표를 실시하지 않고 선거일에 그 후보자를 당선인으로 결정한다.

지방자치단체의 장선거에서는 선거구위원회가 유효투표의 다수를 얻은 사람을 당선인으로 결정한다. 과거 공직선거법에서 지방자치단체의 장선거에서는 후보자가 1명인 경우에도 투표를 실시하도록 하였으나, 2010년 공직선거법을 개정하여 다른 선거와 마찬가지로 무투표 당선제도를 적용하고 있다.

지역구 지방의원선거에서는 유효투표의 다수를 얻은 순으로 의원정수에 이르는 사람을 당선인으로 결정한다. 후보자등록 마감시각에 후보자가 해당 선거구에서 선출할 의원정수를 넘지 않거나, 후보자등록마감 후 선거일 투표개시시각까지 사퇴·사망·등록무효 등으로 남은 후보자 수가 선출할 의원정수를 넘지 않은 때에도 투표를 실시하지 않고 선거일에 등록된 후보자들을 당선인으로 결정한다.

당선자에게는 관할 선거관리위원회가 당선증을 수여한다. 국회의원선거와 지방의원선거에서 당선증은 해당 의회의 입주권이 된다. 당선된 사람은 국회사무처 또는 지방의회 사무국에 당선증을 제시하여 의원 뱃지를 받고 등원 날짜를 기다리게 된다.

한편, 선거일 후에는 지지자들에 대한 감사의 뜻으로 거리에서 인사하거나, 인사장·문자메시지 등을 보내거나, 선거일 다음 날부터 13일 동안 해당 선거구 안의 읍·면·동마다 1매의 현수막을 게시할 수 있다. 다만, 선거구민에게 금품 또는 향응을 제공하거나, 선거구민을 모이게 하여 당선 축하회 또는 낙선 위로회를 개최하는 행위는 모두 공직선거법에 위반된다(§118).

제 13 장

공직선거법의 주요 선거범죄

선거부정을 방지하여 자유롭고 정의로운 선거를 실현하는 것은 참된 국민주권의 실현이자 민주정치 발전의 핵심적 기초가 된다. 이에 따라 공직선거법은 매수, 선거의 자유 방해, 선거관리 침해 등의 행위를 선거범죄로 규정하고 있다.

선거범죄로 벌금 100만원 이상의 형이 확정되면 5년간 선거권이 박탈되어 참정권이 제한되고, 선거운동이 금지되어 표현의 자유를 누릴 수 없으며, 선거에 출마하거나 공직에 취임할 수 없어 공무담임권이 제한되는 한편, 정당 가입이 금지되어 정치활동의 자유도 제약된다.

이 장에서는 주요 선거범죄를 중심으로 설명하고자 한다. 다만, 앞에서 별도로 설명한 기부행위위반죄, 허위사실 공표죄 등은 제외한다.

제 1 절
매수 및 이해유도죄

1. 매수 및 이해유도죄 개요

매수 및 이해유도죄는 기부행위위반죄와 더불어 주권자의 자유로운 의사에 따라 시행되어야 할 선거에서 경제적 이익이나 공사(公私)의 직을 제공하는 등 부정하고 타락한 방법으로 선거인의 자유의사를 왜곡하는 행위를 처벌함으로써 선거의 공정을 확보하기 위한 규정이다.[1)]

이제는 많이 자취를 감추었지만, 과거 각종 선거에서 온갖 유형의 금품수수 행위가 자행됨에 따라 혼탁한 선거분위기가 조성되고 유권자의 주권행사가 오염되자 이에 대한 반성에서 부정한 금품수수 등 선거부패를 근절하여 공정하고 깨끗한 선거를 실현하기 위한 것이 해당 법률규정의 입법취지이다.

공직선거법에서는 매수 관련 범죄로 선거인에 대한 매수죄, 기관·단체·시설에 대한 이해유도죄, 선거운동 관련 매수죄, 다수인 배부목적의 금품운반죄, 댓글·투표참여 홍보 매수죄, 정당의 후보자 추천과 관련한 매수죄, 당내경선 매수죄, 재산상의 이익 목적의 매수 및 이해

1) 대검찰청 2020. 3.『공직선거법 벌칙해설』제10개정판 179쪽

유도죄, 후보자에 대한 매수죄, 방송 · 신문의 불법이용을 위한 매수죄 등 다양한 유형의 선거범죄를 규정하고 있다.

매수행위가 후보자 또는 그 가족, 선거사무원 등 선거운동 관계자, 후보자 또는 그 가족과 관계있는 회사 등의 주도로 이루어진 때에는 일반인에 의한 매수보다 무겁게 처벌된다(§230②). 아울러 매수를 지시하거나 권유하거나 요구하거나 알선하여 후보자 등으로 하여금 매수행위로 나아가게 한 사람도 실제 매수행위를 한 사람보다 더 무겁게 처벌하여 선거의 타락을 방지하고 불가매수성을 보호하고 있다(§230③).

일반적으로 선거와 정치영역뿐만 아니라 모든 사회 · 경제적 영역에서 금품이나 그 밖의 수단으로 남의 마음을 사서 자기편으로 만드는 행위, 즉 매수행위가 우선 부정(不正)하고 위법한 행위라는 점은 굳이 법전을 찾아보지 않더라도 누구든지 잘 알 수 있을 것이다. 따라서 이 장에서는 흔히 발생하는 매수죄의 대표적인 유형과 사례, 그리고 후보자 또는 후보자가 되려는 사람이 특별히 유념해야 할 사항을 중심으로 설명하고자 한다.

다만, 정당의 후보자 추천과 관련한 매수죄와 정당의 당내경선에서 경선선거인 매수죄에 관한 부분은 제11장 '정당추천 혹은 선거인 추천' 제2절과 제3절을 참고하기 바란다.

2. 선거인 매수죄

가. 범죄 구성요건과 법정형 개요

공직선거법은 투표를 하게 하거나 하지 않게 하거나 선거운동 목적으로 선거인(선거인명부에 오를 사람을 포함한다) 또는 다른 정당이나 후보자(예비후보자를 포함한다)의 선거사무장 · 선거사무원 · 회계책임자 ·

참관인 등에게 금품·차마·향응 그 밖에 재산상의 이익이나 공사의 직을 제공하거나 그 제공의 의사를 표시하거나 그 제공을 약속한 사람은 5년 이하의 징역 또는 3천만원 이하의 벌금에 처하도록 규정하고 있다(§230① 1.).

나. 매수행위의 주체

매수행위 주체의 범위에는 아무런 제한이 없다. 후보자나 후보자가 되려는 사람에 한정되지 않고, 선거인이든 선거권이 없는 사람이든 누구든지 매수죄의 주체가 될 수 있다.

특히 후보자와 공모하여 범죄에 가담하는 공범관계의 경우, 공모는 법률상 어떤 정형을 요구하는 것이 아니므로, 공범자 상호간에 직접 또는 간접으로 범죄의 공동실행에 관한 암묵적인 의사연락이 있으면 족하고, 이에 대한 직접증거가 없더라도 정황사실과 경험법칙에 의하여 이를 인정할 수 있다.[2)]

판례는 후보자가 선거대책본부 간부들로부터 자원봉사자들에게 정책개발비 명목의 선거활동비가 지급되리라는 것을 사전에 알았을 것으로 판단하고, 그 선거활동비가 지급된 후에도 그들 명의로 된 정책개발비 영수증을 확인하고 출금전표에 결재한 점 등에 비추어 해당 후보자가 선거대책본부 간부들과 매수행위를 공모한 것으로 보았다.[3)]

다. 향응의 의미

'향응'은 음식물로 다른 사람을 접대하는 것뿐만 아니라 사람에게 위안이나 쾌락을 주는 것은 모두 포함된다. 예컨대 술자리에서 이성으

2) 대법원 2005. 9. 9. 선고 2005도2014 판결
3) 대법원 2002. 6. 28. 선고 2002도868 판결

로 하여금 시중을 들게 하거나, 영화·연극을 감상시키는 것이나, 온천 등 휴양시설에 초대하는 것도 향응에 해당한다.

또한 매수의 상대방이 향응의 장소인 사정을 알면서도 참석하여 즐거운 분위기를 즐겼다면, 비록 음식물을 먹지 않았더라도 향응 수수가 인정될 수 있다.[4)]

라. 그 밖에 재산상의 이익의 의미

공직선거법의 매수죄에서 '그 밖의 재산상의 이익'은 금전·물품·향응 외에 선거인의 수요나 욕망을 충족시켜 주는 일체의 것으로서, 공여되는 이익이 일반의 상식으로 사교상 의례라고 인정되는 정도를 초과한 것이거나, 선거인의 마음을 움직일 수 있다고 인정되는 정도의 것을 말한다.

이에 해당하는지는 이익을 제공하는 사람과 제공받는 사람의 관계, 제공되는 이익의 성격과 규모, 제공받는 사람의 사회적 지위 또는 지역적인 관습 등에 따라 달라질 수 있다.

마. 공사(公私)의 직의 의미

'공사의 직'은 상근·비상근을 불문하고 노동의 제공으로 일정한 반대급부를 받을 수 있는 직장에서의 일정한 자리를 말한다. 그 직무는 반드시 계속적일 필요는 없으므로 일시적이어도 무방하고, 사회윤리적으로 그 존재를 시인할 수 없는 직업도 포함된다.

실제 직무의 제공 단계에서는 구체적으로 그 직이 특정되어야 하지만, 제공의 의사표시 단계에서는 특정할 필요가 없다. 예컨대, 상당한 취직 자리를 알선하여 주겠다고 하는 제안으로 족하다.[5)]

---

4) 대검찰청 2020. 3. 앞의 책 189쪽

아울러 매수를 하는 사람에게 직접 직원으로 채용할 수 있는 권한이 있는 경우는 물론이고, 그 권한이 없는 경우라도 사회통념상 상대방으로 하여금 해당 직무에 채용되는 것을 기대할 수 있는 때에도 본죄가 성립한다.

판례는 정당의 여성부장, 재개발조합장은 물론, 동 방위협의회 회장도 공사의 직에 해당한다고 판시하였고, 경쟁 후보자에게 사퇴의 대가로 구청이 설립하여 운영을 위탁하는 복지관의 수탁자도 '공사의 직'으로 보아 수탁자로 선정될 수 있도록 도와 달라고 요구한 사안을 공사의 직 제공요구에 해당한다고 보았다.

바. 제공의 의미

공직선거법의 매수죄에서 제공의 의사표시 또는 약속행위를 별도로 규정하고 있는 점에 비추어 '제공'은 현실적인 제공을 의미한다. 즉, 제공자가 제공의 의사를 표시하고 상대방이 그 취지를 인식하고 실제 수령함을 필요로 한다.

따라서 상대방이 제공의 취지를 인식하지 못하거나, 인식은 하더라도 수령의 의사가 없는 경우에는 제공의 의사표시죄만 성립될 뿐이다.[6] 일단 재산상의 이익을 제공하고 사후에 반환받더라도 매수죄의 성립에는 지장이 없다.

판례는 식사대금을 신용카드로 결제함으로써 매수행위를 완료한 것으로 판단하여 추후 식사대금을 돌려받았더라도 이는 범행 후의 정황으로서 양형에 참작할 사유일 뿐 매수죄의 성립에는 지장이 없다고 보았다.[7]

---

5) 황정근 2005. 2. 10.『선거부정방지법』제2판 법영사 167쪽

6) 대검찰청 2020. 3. 앞의 책 193 · 194쪽

7) 대법원 2005. 9. 9. 선고 2005도2014 판결

사. 제공의 의사표시의 의미

'제공의 의사표시'는 금품이나 향응을 제공하겠다는 의사를 표시하고 그 의사가 상대방에게 도달함으로써 성립된다. 의사표시는 명시적이든 묵시적이든 그 방법을 불문한다.[8] 이는 상대방의 의사여하에 관계가 없으므로 상대방이 수령을 거절해도 본 죄의 성립에는 영향이 없다. 상대방이 직접 의사표시를 받은 때는 물론이고 그의 가족이나 고용인이 그 의사표시를 받는 등 사회통념상 상대방이 알 수 있는 객관적 상태에 놓인 경우도 포함된다.[9]

다만, 그 의사표시가 사회통념상 쉽게 철회하기 어려울 정도로 당사자의 진정한 의지가 담긴 것으로서 외부적·객관적으로 나타나는 정도에 이르러야만 '제공의 의사표시'에 해당될 수 있다.[10] 따라서 의례적·사교적인 덕담이나 정담, 또는 상대방을 격려하기 위한 인사치레까지 모두 매수죄의 구성요건인 '제공의 의사표시'에 해당한다고 볼 수는 없다.[11]

예컨대, 평소 시민단체 활동을 하면서 알게 된 사람들이 국회의원 선거에서 도와주겠다고 하자 "함께 열심히 일하고 선거에서 좋은 결과가 있으면 향후에도 계속 국회의원 비서 또는 보좌관으로 같이 일해보자"라는 취지의 대화를 나누어 제공의 의사표시죄로 기소된 사안에서, 판례는 그러한 대화가 오가게 된 경위, 해당 대화가 1회에 그친 점, 그 대화의 내용이 구체적이지 않은 점 등을 들어 제공의 의사표시에 해당하지 않는 것으로 보았다.[12]

---

8) 헌법재판소 2002. 4. 25. 선고 2001헌바26 결정
9) 대검찰청 2020. 3. 앞의 책 193쪽
10) 대법원 2007. 1. 12. 선고 2006도7906 판결
11) 대법원 2006. 4. 27. 선고 2004도4987 판결
12) 대법원 2004. 7. 16. 선고 2004노178 판결

아. 제공의 약속의 의미

'제공의 약속'이란 현실적으로 금품 등이 아직 제공되지는 않았으나 장차 금품 등을 제공하고 이를 수령하는 것에 관하여 제공자와 수령자 사이의 의사가 합치된 것을 말한다.

제공의 약속은 후보자의 제공의사표시를 상대방이 승낙하는 경우와 상대방의 제공요구를 후보자가 승낙하는 경우에 성립한다.[13] 일단 약속이 이루어진 이상 사후에 약속을 취소하여도 약속죄의 성립에는 영향이 없고, 실제 제공을 한 때에는 약속이 제공에 흡수되어 제공죄만 성립한다.[14]

3. 기관 · 단체 · 시설에 대한 이해유도죄

공직선거법은 선거운동에 이용할 목적으로 공공기관·사회단체·종교단체·노인단체·씨족단체 등 기관·단체·시설에 금품 등 재산상의 이익을 제공하거나 그 제공의 의사를 표시하거나 그 제공을 약속한 사람은 5년 이하의 징역 또는 3천만원 이하의 벌금에 처하도록 규정하고 있다(§230① 2.).

아울러 선거운동에 이용할 목적으로 야유회·동창회·친목회·향우회·계모임 등 선거구민의 모임이나 행사에 금품·음식물 기타 재산상의 이익을 제공하거나 그 제공의 의사를 표시하거나 그 제공을 약속한 사람은 5년 이하의 징역 또는 3천만원 이하의 벌금에 처하도록 규정하고 있다(§230① 3.).

여기에서 선거운동에 이용할 목적이란, 재산상 이익을 제공받는

13) 헌법재판소 2002. 4. 25. 선고 2001헌바26 결정

14) 대검찰청 2020. 3. 앞의 책 187쪽

단체나 모임의 조직력을 선거운동에 활용할 목적으로 이익제공이 이루어지는 것을 말한다.[15] 이는 단체나 모임으로 하여금 특정 후보자의 선거운동에 직접 나서도록 한다는 의미는 아니지만, 단체나 모임에 재산상의 이익을 제공하는 행위 자체가 득표상 이익이 있거나 선거운동이 되는 경우를 포함한다.[16]

특히 본 조에서 제공의 상대방이 자연인인 선거인이 아니라 기관·단체·시설이라는 점을 감안하면, 해당 기관·단체·시설에 직접적으로 금품을 기부하거나, 시설의 개선, 사무실 제공, 행정기관의 지원을 받는 단체로 격상시켜 주는 것은 물론, 예산을 지원하는 행위도 포함되는 것으로 보아야 한다.

실제 여성단체협의회에 앞치마 제공을 약속한 행위는 물론이고,[17] 2016년 4월 실시된 제20대 총선에서 도의회 의원이 체육회 간부들에게 특정 국회의원 후보자가 당선될 수 있도록 도와주면 체육회에 예산 등을 지원해줄 것처럼 이익제공의 의사를 표시함과 따라[18] 본 조 위반으로 처벌된 사례가 있다.

본 죄는 선거운동에 이용할 목적으로 공공기관이나 각종 단체에 금품을 제공하는 등의 방법으로 그 이해를 유도하거나, 선거구민의 모임이나 행사에 금품을 찬조하는 행위를 처벌하여 공정선거를 담보하기 위한 목적으로 규정된 것이다. 위와 같은 기관·단체 또는 조직이나 모임은 다수의 구성원과 목적의 동질성으로 인하여 선거에 미치는 영향이 매우 크기 때문이다.

15) 헌법재판소 2020. 3. 26. 선고 2018헌바3 결정
16) 대법원 2015. 10. 29. 선고 2015도7174 판결
17) 대법원 2015. 10. 29. 선고 2015도7174 판결
18) 대법원 2017. 12. 22. 선고 2017도17136 판결

4. 선거운동 관련 매수죄

가. 범죄 구성요건과 법정형 개요

공직선거법은 선거관리위원회에 신고된 선거사무장·선거연락소장·선거사무원·활동보조인 및 회계책임자에게 법령에서 정해진 금액의 수당과 실비제공을 제외하고는 수당·실비 기타 자원봉사에 대한 보상 등 명목여하를 불문하고 선거운동과 관련하여 금품 기타 이익의 제공 또는 그 제공의 의사를 표시하거나 그 제공을 약속한 사람은 5년 이하의 징역 또는 3천만원 이하의 벌금에 처하도록 규정하고 있다(§230① 4.).

선거권이 있는 사람이라면 특별한 제한이 없는 한 누구든지 선거운동을 할 수 있으나, 선거운동과 관련한 금품의 제공은 오로지 공직선거법에서 열거한 신분에게 정해진 금액만큼만 허용된다. 이를 위반한 경우 본 죄로 처벌되는 것이다.

본 죄의 가혹함은 법원의 수많은 유죄판결과 당선무효가 방증하고 있다. 헌법재판소는 본 조에 관하여 선거운동의 자유와 공정을 보장하기 위한 제도적 장치로서의 의미를 가질뿐만 아니라, 그 제한이 선거운동과 관련하여 금품 등 재산상 이익을 제공하는 경우에만 국한되는 부분적인 제한에 불과하므로 헌법에 위반되지 않는다고 판시한 바 있다.[19]

프랑스의 철학자이자 문학가인 알베르 카뮈의 말처럼 민주공화국은 관용만으로 유지되는 것이 아니다. 오늘의 관용은 내일의 범죄에게 용기를 주기 때문이다. 파시스트를 단호하게 응징하였던 뉘른베르크 전범재판이 인류역사상 가장 위대한 재판으로 평가받는 이유다.

---

19) 헌법재판소 2002. 4. 25. 선고 2001헌바26 결정

나. 선거운동과 관련하여의 의미

'선거운동과 관련하여'란 선거운동에 즈음하여 또는 선거운동에 관한 사항을 동기로 한다는 의미로서, '선거운동을 위하여'라는 개념보다 광범위하다. 이는 선거운동의 목적이나 선거에 영향을 미치게 할 목적이 없더라도 그 행위 자체가 선거의 자유와 공정을 해칠 우려가 높은 행위를 규제할 필요성에서 설정된 것이다.

그러므로 금품제공이 반드시 선거운동의 대가일 필요가 없고, 선거운동 관련 정보제공의 대가, 선거사무관계자 스카우트비용과 같이 선거운동과 관련된 것이면 무엇이든 이에 포함된다.[20] 당연히 여기에서 선거운동의 범위에는 적법한 선거운동뿐만 아니라 위법한 선거운동도 포함된다.

다. 선거운동과 관련한 금품제공 사례

판례는 국회의원의 의정활동 보조를 명목으로 채용된 사람이 해당 의원의 사조직을 설립·운영하는 업무를 수행한 경우,[21] 후보자를 위하여 연예인을 동원하여 선거운동을 하고 연예인에게 금전을 지급한 경우[22]를 선거운동과 관련한 금품제공으로 보았다.

아울러 선거운동의 대가로 변호사 선임비용 제공을 약속한 경우,[23] 후보자에게 불리한 사항을 폭로하지 않도록 금품을 제공한 경우,[24] 당선인의 배우자가 선거사무원에게 수고비 명목으로 현금을 제공한 경우[25]를 모두 선거운동과 관련한 것으로 보았다.

---

20) 대법원 2010. 12. 23. 선고 2010도9110 판결 등
21) 대법원 2005. 3. 25. 선고 2004도7650 판결
22) 대법원 2008. 1. 18. 선고 2007도8996 판결
23) 대법원 2017. 9. 12. 선고 2017도9966 판결
24) 대구지방법원 상주지원 2019. 5. 10. 선고 2018고합50 판결

반면, 판례는 선거사무소에서 손님 안내, 차 심부름, 전화응대, 청소 등 단순 노무에 대한 대가를 지급한 행위는 선거운동과 관련성이 없다고 보았고,[26] 후보자의 회계책임자가 선거컨설팅 용역계약을 체결한 후 선거운동기간 전 선거전략, 콘셉트, 기본공약에 관한 프레젠테이션을 실시하고, 선거사무소 개소식을 준비하며 사회를 보는 등 장래의 선거운동을 위한 준비에 용역대금을 지급한 행위는 공직선거법에 위반되지 않는다고 보았다.[27] 다만, 선거운동과 그 준비행위가 혼재된 경우 선거운동 준비행위가 선거운동에 부수적인 것으로 평가될 수 있다면 그 전부가 불가분적으로 선거운동과 관련된 것으로 볼 수 있을 것이다.[28]

한편, 본 조의 선거운동은 본 선거에서 당선 또는 낙선을 위한 행위를 의미하므로, 당내경선은 원칙적으로 본 조의 적용대상이 아니다. 그러나 당내경선을 핑계로 실질적으로는 본 선거에서의 당선 또는 낙선을 위한 행위를 하는 것으로 평가할 수 있는 예외적인 경우에는 본 죄가 성립될 수 있을 것이다.[29]

거듭 강조하거니와 선거관리위원회에 신고된 선거사무장, 선거연락소장, 선거사무원, 회계책임자, 활동보조인을 제외하고는 선거운동과 관련하여 누구에게든지 또한 어떤 경우에도 수당이나 실비를 제공할 수 없다. 선거관리위원회에 신고된 사람이라도 법규에서 정한 금액을 넘는 금품을 제공할 수 없다.

25) 대법원 2015. 5. 14. 선고 2015도2431 판결
26) 대법원 2007. 7. 26. 선고 2007도3692 판결
27) 대법원 2014. 1. 23. 선고 2013도4146 판결
28) 대구지방법원 2019. 7. 5. 선고 2018고합523 판결
29) 대법원 2003. 7. 8. 선고 2003도305 판결

5. 댓글게시 · 투표참여 홍보 매수죄

가. 댓글게시 매수죄

공직선거법은 해당 법률에 따른 경우를 제외하고 선거에 영향을 미치게 하기 위하여 문자 · 음성 · 화상 · 동영상 등을 인터넷 홈페이지의 게시판 · 대화방 등에 게시하거나 전자우편 · 문자메시지로 전송하게 하고 그 대가로 금품 등을 제공하거나 그 제공의 의사표시를 하거나 그 제공을 약속한 사람은 5년 이하의 징역 또는 3천만원 이하의 벌금에 처하도록 규정하고 있다(§230① 5.).

여기에서 해당 법률에 따른 경우란, 전자우편 전송대행업체에 위탁하여 전자우편을 전송하고 대가를 지급하는 것처럼 선거운동에 대한 대가 제공이 공직선거법에서 허용된 경우를 말한다.

대가성이 있는 온라인 활동이라면 선거운동에 이르지 않더라도 본 죄가 성립된다는 점에도 유의할 필요가 있다. 물론 선거운동과 관련된 대가의 제공행위라면 선거운동 관련 매수죄도 함께 성립된다.[30] 예컨대, 인터넷 홍보 대행업체에 블로그 포스팅을 의뢰하고 그 대가를 제공한 사례가 이에 해당될 것이다.[31]

본조는 2012년 2월 인터넷 선거운동을 상시 허용하면서 그 부작용을 차단하기 위하여 도입되었다. 온라인에 게시되는 글이나 전송되는 메시지가 검은 손이 건네는 금품에 오염되어 있을 경우, 소위 댓글 알바가 자신의 양심에 반하여 작성한 것이라면 선거에 관한 유권자의 정확한 판단을 그르칠 위험성이 있기 때문에 공직선거법은 이를 매수죄로 규정하여 처벌하는 것이다.

30) 대검찰청 2020. 3. 앞의 책 216쪽

31) 대법원 2020. 5. 14. 선고 2020도3379 판결

나. 투표참여 홍보 매수죄

공직선거법은 정당의 명칭 또는 후보자의 성명을 나타내거나 그 명칭·성명을 유추할 수 있는 내용으로 투표참여를 권유하는 행위를 하게 하고 그 대가로 금품 등을 제공하거나 그 제공의 의사표시를 하거나 그 제공을 약속한 사람은 5년 이하의 징역 또는 3천만원 이하의 벌금에 처하도록 규정하고 있다(§230① 6.). 후보자의 범위에는 당연히 후보자가 되려는 사람이 포함된다.

본래 공직선거법에서 일정한 요건을 갖춘 투표참여 권유활동은 언제든지 그리고 누구든지 가능하므로(§58의2), 이를 선거운동으로 보기 어렵다. 따라서 투표참여 권유활동과 관련하여 금품이 수수되더라도 선거운동 관련 매수죄를 적용하기에 어려움이 있었으나, 2014년 5월 공직선거법의 개정에 따라 본조가 신설됨으로써 이러한 입법의 공백이 메워졌다.

온라인에서는 공무원, 주민자치위원회 위원, 관변단체의 상근 임직원 또는 통·리·반장 등 선거운동이 금지된 사람이 아니라면 선거권이 있는 사람은 누구든지 그리고 언제든지 선거운동을 할 수 있다. 따라서 투표참여 홍보활동 과정에서 후보자 또는 후보자가 되려는 사람의 성명이나 정당의 명칭을 드러내더라도 그 대가관계가 없다면 투표참여 권유활동이나 특정 후보자를 위한 선거운동은 지극히 자연스럽고 적법한 선거참여의 한 방법이다.

다만, 오프라인에서 시설물·광고물 등 선전물이나 인쇄물을 활용하거나, 확성장치를 활용하여 정당의 명칭이나 후보자의 성명을 드러내 투표참여 권유활동을 하는 경우 행위자는 매수 여부와 무관하게 공직선거법의 관련 규정에 위반될 수 있다(§58의2·§90①·§91·§93①).

6. 매수를 받는 죄

공직선거법은 각 매수죄에 규정된 이익이나 직의 제공을 받거나 그 제공의 의사표시를 승낙한 사람은 5년 이하의 징역 또는 3천만원 이하의 벌금에 처하도록 규정하고 있다(§230① 7.). 이 경우 매수죄를 범한 사람이 받은 이익은 몰수한다. 다만, 그 전부 또는 일부를 몰수할 수 없는 때에는 그 가액을 추징한다(§236).

후보자 등으로부터 선거운동과 무관하게 단순히 100만원 이하의 금품을 제공받은 경우 기부행위 위반에 따른 50배 과태료가 부과되지만, 적은 금액이라도 선거운동 목적이 있거나 선거운동과 관련된 금품을 제공받는다면, 이는 매수를 받는 죄에 해당하여 형벌이 적용된다는 점에 유의할 필요가 있다.

여기에서 '제공을 받는다'는 의미는 상대방이 제공하는 이익 또는 공사의 직을 그 정을 알면서 취득하는 행위를 의미하는 것으로, 그 이익 또는 직을 현실적으로 지배하는 상태에 도달하면 성립한다.[32] 한편, '승낙'의 의미는 상대방의 제공의 의사표시에 대하여 수동적으로 이를 받아들이는 것을 말하며, 승낙의 유무는 승낙하는 사람의 태도 등을 종합적으로 고려하여 판단한다.[33]

다만, 매수를 받은 행위 중 선거에 영향을 미칠 목적으로 문자·화상·동영상 등을 인터넷 홈페이지의 게시판·대화방에 게시하거나 전자우편 또는 문자메시지로 전송한 대가, 소위 댓글 알바로 100만원 이하의 금품이나 이익을 제공받은 사람에게는 형벌 대신 행정질서벌인 50배 과태료가 부과된다(§230① 7.·§261⑨ 2.).

32) 대검찰청 2020. 3. 앞의 책 224쪽

33) 대검찰청 2020. 3. 앞의 책 225쪽

7. 매수의 지시 · 권유 · 알선 · 요구죄

공직선거법은 매수를 지시 · 권유 · 요구하거나 알선한 사람은 7년 이하의 징역 또는 5천만원 이하의 벌금에 처하도록 규정하고 있다(§230③). 매수의 지시 · 권유 · 알선 · 요구죄는 매수 및 이해유도의 당사자 사이에 개입하여 범행을 중개하거나 지시 · 권유하는 행위 또는 능동적으로 매수 및 이해유도를 요구하는 행위를 처벌하여 타락선거를 근절하기 위한 것이다.

본 죄는 성질상 매수 및 이해유도죄의 방조 또는 교사와 유사한 행위를 독립된 범죄로 규정하였다는 점에 그 의의가 있다.

본 죄의 주체와 상대방에 아무런 제한이 없으므로 상대방이 지시 · 권유 등을 수락할 수 있는 지위에 있음을 요하지 않고 특정 후보자의 당선을 도모하려는 의도가 있는 사람이면 누구든지 성립할 수 있다. 지시 · 권유 · 요구 · 알선의 결과 의도한 매수행위가 현실로 있었는지는 본 죄의 성립여부에 영향을 미치지 않는다.[34] 예컨대, 실패한 교사도 처벌한다.

'지시'는 매수 및 이해유도 행위 또는 매수를 받는 행위를 하도록 일방적으로 일러서 시키는 것이다. 따라서 지시하는 사람과 지시를 받는 사람 사이에는 어느 정도의 지휘 · 감독관계가 있어야 한다. '권유'는 매수를 하게 하거나 매수를 받도록 권하여 결의를 촉구하는 것이다. 그 방법은 직접적이든 간접적이든 불문한다.

'요구'는 상대방에게 능동적으로 매수행위를 요구하는 것이다. 요구한 사실이 있으면 성립되는 것이므로, 요구를 거절당하거나 나중에 스스로 요구를 취소해도 본 죄의 성립에는 영향이 없다.

판례는 대통령선거를 앞두고 특정 후보자의 지지에 타격을 줄 수

---

34) 대검찰청 2020. 3. 앞의 책 229 · 230쪽

있는 내용이 담긴 CD를 폭로하는 대가로 상대방 후보자 측에, 폭로하지 않는 대가로 해당 후보자 측에 각각 돈을 요구한 사안에 대하여 매수요구죄가 성립된다고 판시한 바 있다.[35)]

한편, '알선'은 양자의 의사가 서로 합치되도록 조정·유도하는 행위이다. 후보자가 선거인에게 금전을 제공할 의사가 이미 있었더라도 해당 후보자가 금전 제공을 쉽게 할 수 있도록 선거인을 후보자의 사무실로 데리고 가는 행위도 알선에 포함된다.[36)]

8. 매수죄 적용과 관련된 주요쟁점

가. 선거세일의 매수죄 해당여부

선거인 매수죄에서 유의해야 할 사항은 선거운동 목적, 즉 당선되거나 되게 하거나 되지 못하게 할 목적이 없더라도 단순히 선거인에게 투표를 하게 하거나 하지 않게 하기 위하여 금품을 제공하는 경우에도 매수죄가 성립된다는 점이다.

다만, 기업 등이 정당 또는 후보자와 무관하게 순수한 영업활동과 판매촉진을 위하여 투표를 한 사람에게 상품을 무료로 제공하거나 할인 등 재산상 이익을 제공하는 행위는 투표목적의 매수죄에 해당하지 않는다.[37)] 예컨대, 가장 일반적으로 이루어지는 선거세일의 방법으로

35) 대법원 2008. 10. 9. 선고 2008도6233 판결. 해당 판결은 이명박 후보자가 광운대학교 최고경영자 특강에서 "내가 BBK를 설립하였다"는 취지로 강의하는 내용의 영상이 담긴 CD와 관련된 사안이다. 피고인들은 해당 CD를 "30억원에 구매하라"며 정동영후보의 법률지원단장에게 금품 제공을 요구하는 한편, 해당 CD를 폭로하지 않는 대가로 이명박 후보자의 특보에게 30억원을 요구하였다.

36) 대전고등법원 2006. 8. 18. 선고 2006노225 판결

37) 중앙선거관리위원회 2011. 10. 5. 투표참여 홍보활동에 관한 운용기준

투표참여를 인증한 사람에게 생맥주 1잔 공짜, 커피값 할인 등의 행사를 할 수 있다.

그러나 특정 정당·후보자와 연계하거나, 특정 후보자의 거주·출신지역 등 특정 선거구민만을 대상으로 하거나, 특정 연령층이나 특정 집단·계층만을 대상으로 하는 투표참여 이익제공 행위라면 투표목적의 매수죄에 해당될 수 있다.

실제 대학교 교수가 해당 대학교 안의 부재자투표소 근처에서 투표를 하러 가거나 하고 나오는 학생 등에게 피자를 제공한 행위와,[38] SNS 인플루언서가 팔로워 17,000여 명에게 '특정 후보자가 대통령이 되면 커피 무료로 쏩니다'라는 내용을 게재한 행위 등은 모두 투표참여 매수죄로 처벌을 받았다.

나. 중간자에게 교부한 경우 매수죄 성립 여부

선거인에게 배부하기 위하여 중간자에게 금품을 교부한 경우 그 중간자가 단순한 보관자이거나 특정인에게 금품을 전달하기 위하여 단순 심부름을 하는 사람, 즉 중간자에 불과한 경우 그에게 금품을 주는 것은 '제공'에 해당된다고 볼 수 없다.

그러나 금품 등을 지급받는 상대방이 중간자라 하더라도 그 중간자에게 금품 등의 배분대상이나 방법, 배분액수 등에 관하여 어느 정도의 판단과 재량의 여지가 있다면 비록 중간자에게 귀속될 부분이 구체적으로 정해져 있지 않은 경우라도 그에게 금품 등을 주는 것도 '제공'에 해당된다.[39]

따라서 후보자가 중간자에게 금품을 주는 것이 '제공'이 되기 위해서는 그 중간자가 재량이 있는 사람이기만 하면 족한 것이고, 그가

---

38) 대전고등법원 2013. 11. 27. 선고 2013노442 판결

39) 대법원 2004. 11. 12. 선고 2004도5600 판결

금품을 받은 후 이를 모두 하부단계의 사람들에게 배분하였는지, 그 전부 또는 일부를 그가 유용하였는지, 그 사용처가 모두 밝혀졌는지 등은 이미 성립된 범죄에 아무런 영향이 없다.

후보자로부터 금품을 받을 당시 중간자에게 재량이 있었는지를 판단하기 위해서는 후보자와 그와의 관계, 금품을 수수한 동기와 경위, 그 당시 언급된 금품의 사용 용도와 사용방법, 당시의 선거상황 등 제반 사정을 종합하여 판단해야 한다.[40]

다. 물적증거가 없는 경우 진술의 증거능력

금품수수가 쟁점이 된 사건에서 금품을 제공한 사람이 그 사실을 부인하고 있고, 이를 뒷받침할 금융자료 등 객관적 물증이 없는 경우, 금품을 제공받은 사람의 진술만으로 유죄를 인정하기 위해서는 그 사람의 진술에 증거능력이 있어야 함은 물론 합리적인 의심을 배제할 만한 신빙성이 있어야 한다.[41]

진술에 신빙성이 있는지를 판단할 때에는 그 진술내용 자체의 합리성, 객관적 상당성, 전후의 일관성뿐만 아니라 진술자의 인간됨과 그 진술로 얻게 되는 이해관계의 유무를 고려해야 한다.

특히 진술자에게 어떤 범죄의 혐의가 있고 그 혐의에 대하여 수사가 개시될 가능성이 있거나 수사가 진행 중인 경우에는 이를 이용한 협박이나 회유 등의 의심이 있어 그로 인한 궁박한 처지에서 벗어나려는 노력이 해당 사건의 진술에 영향을 미칠 수 있는지도 함께 깊이 살펴보아야 한다.[42]

참고적으로 2019년 실시한 제2회 전국동시조합장선거에서 후보자

40) 대법원 2002. 2. 21. 선고 2001도2819 전원합의체 판결

41) 대법원 2002. 6. 11. 선고 2000도5701 판결

42) 대법원 2009. 1. 15. 선고 2008도8137 판결 등

가 되려는 사람이 조합원에게 금전을 제공하고, 해당 조합원의 아들이 이를 관할 선거관리위원회에 신고함에 따라 조사와 수사가 진행되어 기소된 사안에서, 금전을 제공한 사람은 법정에서 그 사실을 전면 부인한 바 있다.

그러나, 금전을 받은 조합원이 돈을 주고받을 당시 상황을 직접 경험하지 않고서는 진술하기 어려울 정도로 세부적이고 구체적으로 일관되게 진술함에 따라 금전 제공자를 매수죄로 처벌한 사례가 있다.[43)]

---

43) 대구지방법원 2020. 1. 22. 선고 2019고합379 판결

제 2 절
선거의 자유방해죄

1. 선거의 자유방해죄 개요

우리 헌법은 공직선거에 관하여 직접·보통·평등·비밀선거의 원칙을 명시적으로 규정하고 있고, 헌법재판소는 헌법의 국민주권의 원리, 의회민주주의의 원리 및 참정권에 관한 규정에 대한 해석을 통하여 자유선거의 원칙 또한 헌법상 선거의 원칙에 포함된다는 점을 지속적으로 그리고 분명하게 밝혀 왔다.

자유선거의 원칙이란, 유권자의 투표행위가 국가나 사회로부터의 강제나 부당한 압력의 행사 없이 이루어져야 한다는 것뿐만 아니라, 유권자가 자유롭고 공개적인 의사 형성과정에서 자신의 판단과 결정을 내릴 수 있어야 한다는 것을 의미한다. 이러한 자유선거 원칙의 내용은 선거권자의 의사형성의 자유와 의사실현의 자유를 말하고, 구체적으로는 투표의 자유, 입후보의 자유, 선거운동의 자유를 뜻한다.[44]

공직선거법에서는 자유선거의 원칙을 침해하는 행위는 모두 무겁게 처벌하고 있다. 예비선거로 볼 수 있는 정당의 당내경선에서도 따로 당내경선의 자유방해죄를 두고 있다.

44) 헌법재판소 1999. 6. 24. 선고 98헌마153 결정

다만, 선거의 자유방해죄는 자유선거의 원칙 중 의사실현의 자유를 침해하는 행위, 즉 투표의 자유, 입후보의 자유 및 선거운동의 자유를 직접적으로 침해하는 행위를 규율하고, 의사형성의 자유, 즉 선거인의 후보자 판단의 자유와 후보자 선택의 자유는 허위사실공표죄와 후보자비방죄의 영역에 맡기고 있다.[45]

이에 따라 공직선거법의 선거의 자유방해죄는 후보자 또는 후보자가 되려는 사람이나 선거인 또는 선거운동 관계자를 폭행 · 협박하거나, 적법한 선거운동용 물품을 탈취하거나, 집회 또는 연설을 방해하거나, 본 선거와 당내경선에서 가짜뉴스 유포 등 위계 · 사술 기타 부정한 방법으로 선거의 자유를 방해하는 행위에 대한 처벌을 규정하고 있는 것이다(§237).

그 밖에도 공직선거법은 군인에 의한 선거의 자유방해죄와 선거관리위원회 위원 · 직원의 직권남용에 의한 선거의 자유방해죄 등을 함께 규정하고 있다(§238～§239의2).

2. 후보자 · 선거인 · 선거관계자 폭행 · 협박죄

공직선거법은 선거에 관하여 선거인 · 후보자 · 후보자가 되려는 사람, 선거사무장 · 선거사무원 · 연설원 등 선거운동 관계자나 당선인을 폭행 · 협박 또는 유인하거나, 불법으로 체포 · 감금하거나, 해당 법률에서 적법한 방법으로 허용된 선거운동용 물품을 탈취한 사람은 10년 이하의 징역 또는 500만원 이상 3천만원 이하의 벌금에 처하도록 규정하고 있다(§237① 1.).

여기에서 '선거에 관하여'란 특정 선거에서 투표 또는 선거운동

45) 서울고등법원 1998. 12. 31. 선고 98초298 판결

등 선거에 관한 사항을 동기로 하는 의미로서 반드시 특정 후보자를 당선 또는 낙선시키기 위한 목적의 행위일 필요가 없다. 적용시기도 선거기간으로 한정되지 않는다.46) 폭행·협박의 대상에 후보자가 되려는 사람과 당선인이 포함되기 때문이다.

실제 적용된 판례를 살펴보면, 선거가 임박한 시점에 후보자에게 '지난 선거에서 후보자를 위해 사용한 선거자금 3,000만원을 반환해 주지 않으면 그 사실을 언론사나 상대 후보자측에 알리겠다'고 협박하여 처벌된 사례가 있다.47)

또한 시의원선거의 예비후보자가 시장선거의 예비후보자에게 자신이 경선에서 배제되지 않도록 영향력을 행사해 달라고 요구하면서, 해당 시장선거 예비후보자와 그 아버지를 비방하는 내용이 담긴 기자회견문을 그 시장선거 예비후보자의 사무실에 놓고 나온 사안이 후보자에 대한 협박에 해당한다는 판결도 있다.48)

반면에 상대방 후보자의 자원봉사자가 술을 마신 상태에서 불법선거운동을 감시한다는 핑계로 후보자인 자신을 따라다니며 욕설을 하는 등 선거운동을 방해하자, 해당 후보자가 우산으로 그 자원봉사자의 복부를 찌르고 어깨를 내리친 사안에 대하여, 법원은 해당 자원봉사자의 불법선거운동 감시활동을 방해한다는 인식이 없었다며 선거에 관하여 선거인을 폭행한 경우에는 해당하지 않는다고 보았다. 선거의 자유방해죄는 무죄가 된 것이다.

다만, 해당 후보자에게 상대방 자원봉사자 폭행에 따른 형법상 상해죄의 성립은 인정하였다.49)

특정인이 자신의 선거운동을 방해하는 경우 직접 사람을 폭행한

46) 대법원 2006. 11. 23. 선고 2006도5019 판결

47) 대전고등법원 2016. 12. 12. 선고 2016노347 판결

48) 수원지방법원 안산지원 2015. 1. 16. 선고 2014고합340 판결

49) 대법원 1999. 9. 17. 선고 99도2017 판결

행위는 정당행위로 용인된다거나 자구행위에도 해당되지 않는다. 오히려 상대방에 대한 선거의 자유방해죄가 성립될 수 있으므로[50] 유의해야 한다. 형사사건에서는 감정을 다스리지 못하면 피해자임에도 불구하고 쌍방폭행의 가해자로 둔갑된다. 더구나 선거 폭행은 반의사불벌죄가 아니므로 합의해도 처벌될 수 있다.

3. 집회 · 연설에 관한 선거의 자유방해죄

공직선거법은 집회 · 연설 또는 교통을 방해한 사람은 10년 이하의 징역 또는 500만원 이상 3천만원 이하의 벌금에 처하도록 규정하고 있다(§237① 2.). 특히 연설 · 대담장소 또는 대담 · 토론회장에서 위험한 물건을 던지거나 후보자 또는 연설원을 폭행한 경우 주모자는 5년 이상의 징역에 처하고 부화뇌동자도 7년 이하의 징역으로 무겁게 처벌한다(§237③).

실제 특정 정당에 반감을 품고 있는 사람이 해당 정당의 서울시장 선거 후보자 연설회장에서 연단이 마련된 선거유세 차량에 오르려는 당대표의 얼굴을 흉기로 공격한 사안에서, 판례는 집회 · 연설 방해에 따른 선거의 자유방해죄를 인정하였다.[51]

검찰은 연설회 당일 그 부근에서 대중가요 등의 흥행을 개최함으로써 청중을 견제하여 연설회장에 못가게 하는 행위도 집회방해에 따른 선거의 자유방해죄가 성립될 수 있다고 본다.[52]

---

50) 대법원 1996. 6. 28. 선고 96도886 판결

51) 서울고등법원 2007. 1. 18. 선고 2006노1675 판결

52) 대검찰청 2020. 3. 앞의 책 287쪽

4. 가짜뉴스를 통한 선거의 자유방해죄

공직선거법은 위계·사술 기타 부정한 방법으로 선거의 자유를 방해한 사람은 10년 이하의 징역 또는 500만원 이상 3천만원 이하의 벌금에 처하도록 규정하고 있다(§237① 2.).

여기에서 '위계'란 행위자가 달성하려는 목적과 수단을 상대방에게 명료하게 알리지 않고 자기의 목적을 달성하도록 이끌어가는 것을 말하고, '사술'이란 상대방을 속여 착각을 일으키게 하는 술책을 말한다. '기타 부정한 방법'이란 위계나 사술에 준하여 선량한 사회질서에 반하는 방법을 널리 포함하는 개념이다.

위계·사술 기타 부정한 방법으로 선거의 자유를 방해한 전형적인 사례로는 상대방 후보자측의 선거운동원으로 가장하여 허위로 식당 주인에게 40명분 식사예약을 하여 상대 후보자에게 불리한 여론을 조성한 사안을 들 수 있다.[53)]

한편, 2011년 10월 실시된 서울시장 보궐선거에서 당시 여당 소속 국회의원 비서의 주도로 중앙선거관리위원회의 홈페이지에 대한 DDOS 공격이 자행되어 투표소 검색 기능이 마비된 사례가 있었다. 해당 사건에서 피고인은 DDOS 공격으로 인하여 유권자들의 투표에 다소 불편을 준 점은 인정하지만, 선거의 자유를 방해한 행위에는 해당하지 않는다고 항변한 바 있다.

이에 대하여 법원은 피고인의 DDOS 공격에 따라 중앙선거관리위원회의 투표소 검색 서비스를 활용하여 투표소를 찾아 투표하려 했던 불특정 다수 유권자들의 투표행위 자체를 직접적으로 방해하는 결과를 초래하였거나 구체적인 위험을 발생시킨 것으로서 선거의 자유를 방해한 행위에 해당한다고 판결하였다.[54)]

53) 서울지방법원 동부지원 1997. 1. 24. 선고 96고합230 판결

54) 대법원 2013. 3. 28. 선고 2012도16086 판결

최근에는 사전투표가 조작될 수 있다는 가짜뉴스를 퍼트려 위계·사술 기타 부정한 방법으로 선거의 자유를 방해한 사례가 사회적 쟁점으로 부각된 바 있다. 2018년 6월 실시된 전국동시지방선거를 앞두고 '지난 대선에서 사전투표를 한 사람들은 여백이 없는 가짜 투표용지에 투표를 했습니다. 선거 당일에 투표하셔야 투표용지 갈아치울 시간이 없어요. 사전투표 하지 맙시다'라는 내용을 네이버 밴드 5곳에 게시한 사례가 있었다.

법원은 해당 사안이 사전투표를 하려는 불특정 다수의 선거인들에게 사전투표가 조작 가능한 것처럼 허위의 사실을 유포하여 해당 게시글을 읽은 선거인들로 하여금 사전투표에 참여하지 않도록 선동함에 따라 선거의 자유를 방해한 행위에 해당한다고 보아 유죄를 선고하였다.[55)]

또한 2017년 4월 대통령선거를 앞두고 자신의 페이스북에 '이번 선거에서도 특정 후보가 당선되도록 개표부정을 할 것이므로 선거시스템을 마비시키기 위해서 투표 자체를 하지 않아야 한다'는 취지의 내용을 수차례 게시한 사례도 있었다.

이에 대하여 법원은 아무런 근거 없이 마치 개표가 조작되는 것처럼 허위의 사실을 유포하여 선거의 공정성과 투명성을 훼손하고 유권자의 올바른 의사결정에 혼란을 초래함에 따라 위계·사술 기타 부정한 방법으로 선거에 참여할 자유를 방해한 것으로 판단하여 벌금 500만원을 확정하였다.[56)]

민주주의 국가에서 합리적 의심에 기초한 의혹의 제기는 표현의 자유로 보장되어야 하지만, 날조된 가짜뉴스로 주권자의 선거참여를 방해해서는 안 된다.

---

55) 창원지방법원 2018. 12. 20. 선고 2018고합215 판결

56) 대법원 2018. 4. 13. 선고 2018도1420 판결

5. 강요에 의한 선거의 자유방해죄

공직선거법은 업무·고용 기타의 관계로 자기의 보호·지휘·감독 하에 있는 사람에게 특정 정당이나 후보자를 지지·추천하거나 반대하도록 강요한 사람은 10년 이하의 징역 또는 500만원 이상 3천만원 이하의 벌금에 처하도록 규정하고 있다(§237① 3.).

여기에서 강요의 의미는 폭행·협박 등 유형력을 사용하는 경우는 물론이고 '특정 후보자를 지지하지 않으면 해고하겠다'는 등 무형적 압력을 가하는 경우도 포함한다. 선거에서 상대방의 자유로운 의사결정과 활동에 영향을 미칠 정도의 폭행이나 협박이면 충분하고, 현실적으로 선거의 자유가 방해되는 결과가 발생할 필요가 있는 것은 아니다.[57)]

판례는 노동조합이 소속 조합원에게 특정 정당이나 후보자를 지지·반대할 것을 권유하거나 설득하는 정도를 넘어 노동조합 총회의 결의에 따르지 않는 조합원에 대하여는 노동조합의 내부적인 통제권에 기초하여 여러 가지 불이익을 가하는 등 강력하게 대처하겠다는 내용의 속보를 제작·배포한 행위가 공직선거에 관하여 조합원의 자유로운 의사결정을 방해하는 정도의 강요행위에 해당한다고 보았다.[58)]

직장이나 조직내에서 우월한 지위를 악용하여 부하직원이나 하급기관 소속 직원을 대상으로 선거운동을 강요하는 것은 자유선거의 원칙상 절대로 용납될 수 없는 행위이다. 강요에 이르지 않은 경우에도 지위를 이용한 선거운동으로 처벌된다(§255① 9.).

57) 대검찰청 2020. 3. 앞의 책 291쪽

58) 대법원 2005. 1. 28. 선고 2004도227 판결

6. 당내경선의 자유방해죄

공직선거법은 당내경선과 관련하여 경선후보자 또는 경선후보자가 되려는 사람을 폭행·협박 또는 유인하거나 체포·감금한 사람, 경선운동 또는 교통을 방해하거나 위계·사술 그 밖의 부정한 방법으로 당내경선의 자유를 방해한 사람, 자기의 보호·지휘·감독을 받는 사람에게 특정 경선후보자를 지지·추천하거나 반대하도록 강요한 사람은 5년 이하의 징역 또는 1천만원 이하의 벌금에 처하도록 규정하고 있다(§237⑤).

아울러 공직선거법은 당내경선과 관련하여 다수인이 경선운동을 위한 시설·장소 등에서 위험한 물건을 던지거나 경선후보자를 폭행한 경우 주모자는 3년 이상의 징역, 부화뇌동자는 2년 이하의 징역에 처하도록 규정하고 있다(§237⑥).

본 조에서 당내경선의 자유는 정당의 공직선거 후보자 선출을 위한 당내경선에서 투표의 자유와 입후보의 자유 그리고 경선운동의 자유를 말한다. 당내경선의 자유 중 투표의 자유는 선거인이 자신의 의사에 따라 경선후보자에게 투표를 하거나 하지 않을 자유를 뜻한다.[59]

판례는 특정 경선후보자를 지지하는 사람이 상대방 경선후보자에게 불리한 녹취록을 공개할 것처럼 태도를 보이며 "나는 어떤 식으로든 우리 후보가 이기게 하겠다"고 말한 사안에 대하여 당내경선에 관하여 경선후보자를 협박한 것일 뿐, 이를 본 선거에 관한 협박으로는 볼 수 없다고 판시한 바 있다.[60]

또한 판례는 당내경선에서 투표할 의사가 없는 사람들의 동의나 승낙 없이 그들을 특정 정당의 경선선거인으로 등록한 행위는 단지 경선선거인단에 등록되지 않을 자유를 방해한 것일 뿐, 경선운동이나 투표에

59) 대법원 2017. 8. 23. 선고 2015도15713 판결

60) 부산고등법원 2017. 5. 1. 선고 (창원)2017노15 판결

관한 행위를 직접적으로 방해하는 행위가 아니므로 본 조에 따른 당내경선의 자유를 방해하는 행위에 해당하지 않는다고 판시하였다.[61]

아울러 판례는 당내경선에서 투표권이 없는 사람의 명의를 도용하여 특정 정당의 비례대표 온라인경선에서 투표한 사안에 대하여, 당내경선에서 투표에 참여하지 않을 자유는 선거권이 있음을 전제로 하는 것이므로, 이와 같은 행위로 투표에 참여하지 않을 자유가 침해된 것으로 볼 수 없다고 판시한 사례도 있다.[62]

61) 대법원 2008. 7. 10. 선고 2008도2737 판결

62) 대법원 2017. 8. 23. 선고 2015도15713 판결

제 3 절
선거관리 침해죄

1. 선거관리 관계자 폭행죄

가. 범죄 구성요건과 법정형 개요

공직선거법은 선거관리위원회의 위원·직원, 공정선거지원단원·투표사무원·개표사무원, 참관인 기타 선거사무에 종사하는 사람을 폭행·협박·유인 또는 불법으로 체포·감금한 사람은 1년 이상 10년 이하의 징역 또는 500만원 이상 3,000만원 이하의 벌금에 처하도록 규정하고 있다(§244①).

본 조는 선거사무 관리·집행의 원활한 수행을 위하여 선거관리 관계자를 보호하기 위한 규정이다. 일반 형법상 공무집행방해죄의 법정형이 5년 이하의 징역 또는 1천만원 이하의 벌금인 것에 비하면(형법 §136①) 본 조의 법정형은 아주 무겁다.

여기에서 '선거사무에 종사하는 사람'이란 공직선거법에서 규정하고 있는 투표사무원 등을 포함하여 관할 선거관리위원회가 내부규정에 따라 위촉한 사람으로서 해당 선거관리위원회의 지휘·감독하에 선거사무에 종사하는 사람도 포함된다.[63]

63) 대법원 2002. 4. 26. 선고 2001도4516 판결

본 죄는 선거관리위원회 위원·직원, 공정선거지원단 그 밖에 선거사무에 종사하는 사람을 폭행하는 경우에 성립되는 범죄이므로, 폭행 상대방의 직위나 직책까지 정확하게 인식할 필요는 없고 선거사무에 종사하는 사람이라는 사실만 인식하면 성립된다.[64]

다만, 본 죄가 일종의 공무집행을 방해하는 범죄이므로 행위의 상대방이 선거관리위원회 위원 등의 지위에 있다는 사실만으로는 부족하고, 그 지위와 관련된 직무를 수행할 때 범해야만 비로소 본 죄가 성립한다는 견해도 있다.[65]

그러나 대법원 판례는 상대방이 선거사무에 종사하는 사람이라는 점만 인식하면 족하고, 상대방이 선거사무를 수행 중인 상태에 있거나 상대방을 폭행하는 사람에게 선거사무를 방해할 의사가 있어야 본 죄가 성립하는 것은 아니라고 보았다.[66]

나. 폭행·협박·유인·체포·감금의 의미

'폭행'은 사람의 신체에 대한 유형력의 행사를 말하는바, 형법상 폭행죄의 폭행과 같은 개념이다(§260). '협박'이란 상대방에게 공포심을 불러일으킬 목적으로 해악을 고지하는 일체의 행위를 의미하며 형법상 협박죄의 협박과 같은 개념이다(§283).

따라서 협박은 해악을 고지하는 경위, 해악을 고지하는 당시의 주위 상황, 해악을 고지하는 사람의 성향, 해악을 고지하는 사람과 상대방과의 친숙 정도와 상호관계 등 여러 사정을 종합하여 객관적으로 상대방으로 하여금 공포심을 느끼게 하면 족하고, 상대방이 현실로 공포심을 일으킬 것까지 요구되는 것은 아니다.

64) 대법원 2008. 11. 13. 선고 2008도8302 판결
65) 대검찰청 2020. 3. 앞의 책 335쪽
66) 대법원 2010. 12. 9. 선고 2010도13601 판결

다만 고지하는 해악의 내용이 경미하여 상대방이 전혀 개의치 않을 정도인 경우에는 협박에 해당하지 않는다.[67]

'유인'이란 기망이나 유혹의 수단으로 자기 또는 제3자의 실력적 지배하에 두는 것을 의미하며, 형법상 약취유인죄의 유인과 같은 개념이다(§287).

'체포'는 사람의 신체에 대하여 직접적인 구속을 가함으로써 행동의 자유를 박탈하는 것이고, '감금'은 일정한 구획을 가진 장소 안에서 행동의 자유를 속박하는 것으로서 형법상 감금죄에서의 감금, 체포죄에서의 체포와 같은 개념이다(§276).

2. 투표소 · 개표소 등 소요 · 교란죄

가. 범죄 구성요건과 법정형 개요

공직선거법은 폭행이나 협박을 가하여 투표소·개표소 또는 선거관리위원회의 사무소를 소요·교란한 사람은 1년 이상 10년 이하의 징역 또는 500만원 이상 3천만원 이하의 벌금에 처하도록 규정하고 있다(§244①). 본 조는 선거관리위원회가 담당하는 선거사무의 관리와 집행의 원활한 수행을 위하여 선거 관련 시설의 질서를 평온하게 유지하기 위한 규정이다.

나. 소요·교란의 의미

'소요'란 일정 장소에서 폭력적인 질서문란 행위를, '교란'이란 특정 구역 내의 평온을 해치는 위계와 위력을 말하는 것으로서 상호 유

67) 대법원 2005. 3. 25. 선고 2004도8984 판결

사한 개념이다. 소요·교란의 방법에는 제한이 없으나, 투표소 또는 개표소 등에서 평온한 선거사무 집행을 불가능하게 하거나 현저히 곤란하게 할 정도를 요구하므로,[68] 선거관리위원회 직원이나 투표관리관 등이 용이하게 제지할 수 있을 정도의 소란한 언동은 이에 해당하지 않는다.

판례는 개표진행 과정에서 선거관리위원회가 후보자측의 이의를 받아들여 개표를 진행하였음에도 불구하고 후보자가 이의서를 개표록에 첨부하여 주지 않는다는 이유로 개표장 마루바닥에 누워 농성한 행위를 소요·교란으로 보았다.[69]

3. 선거관리 용구·장비·서류 등 은닉·파손·탈취죄

가. 범죄 구성요건과 법정형 개요

공직선거법은 투표용지·투표지·투표보조용구·전산조직 등 선거관리 및 단속사무와 관련한 시설·설비·장비·서류·인장 또는 선거인명부를 은닉·손괴·훼손 또는 탈취한 사람은 1년 이상 10년 이하의 징역 또는 500만원 이상 3,000만원 이하의 벌금에 처하도록 규정하고 있다(§244①).

나. 투표지·투표용지·투표보조용구의 의미

공직선거법에서 선거관리 및 단속사무와 관련한 서류의 은닉, 파손, 훼손 등 행위를 형법에서 규정하는 공무소에서 사용하는 서류의

68) 대법원 1961. 3. 31. 선고 4294형상18 판결
69) 대법원 1983. 5. 24. 선고 82도1572 판결

손상, 은닉 등 공용서류 무효죄보다 더욱 무겁게 처벌하는 취지는 선거의 공정을 확보하기 위하여 선거관리 업무를 일반적인 공무보다 더욱 엄중히 보호하려는 데 그 목적이 있다.

선거관리 업무와 관련한 서류의 은닉, 파손, 훼손에 따른 범죄의 고의는 해당 서류가 선거관리와 관련한 서류라는 사실과 그 효용을 해하는 사실에 대한 인식이 있음으로써 족할 뿐, 훼손자에게 적극적으로 선거관리를 방해할 의사가 필요한 것은 아니다.

본 조에서 훼손을 금지하는 '투표지'는 다른 사람의 투표지로 한정하고 있지 않으므로 자신이 교부받은 투표지도 이에 포함된다. 따라서 선거를 방해하려는 의사가 없이 선거인 스스로 단지 잘못 기표한 투표지를 무효화시키기 위하여 이를 훼손하거나, 공개되어 무효로 된 투표지를 임의로 찢어도 본 죄가 성립한다.[70)]

'투표용지'란 관할 선거관리위원회가 법정 규격에 따라 작성·제작한 진정한 투표용지를 말하고, '투표지'는 관할 선거관리위원회가 작성·제작한 정규의 투표용지에 선거인이 기표절차를 마친 것을 말한다. 당연히 투표의 유·무효 등 효력을 묻지 않는다.

'투표보조용구'란 선거인이 사용하는 기표용구와 시각장애인을 위한 투표보조용구 등을 말하고, '선거관리 및 단속사무에 관한 서류'란 선거인명부, 투·개표록, 선거법 위반행위 피조사자 문답서 등 선거 및 단속사무의 수행에 필요한 제반서류를 말한다.

다. 단속사무와 관련한 장비

공직선거법의 벌칙에서 '단속사무와 관련한 장비'란 선거관리위원회 직원이나 공정선거지원단이 불법 선거운동의 단속사무에 사용하기 위하여 소지하고 있는 장비를 의미하고, 그 장비를 '탈취'한다는 것은

70) 춘천지방법원 2016. 8. 9. 선고 2016고합45 판결

유형력을 행사하여 그 소지자의 의사에 반하여 그 장비를 자신의 지배 아래로 옮기는 행위를 뜻하므로, 단속사무와 관련한 장비임을 알면서 이를 탈취하면 본 조의 죄가 성립한다.

따라서 단속사무와 관련한 장비의 탈취 당시 그 소지자가 단속업무를 수행 중인 상태에 있거나 탈취자에게 단속사무를 방해할 의사가 있어야만 본 조의 죄가 성립하는 것은 아니다.[71] 판례는 선거관리위원회의 단속활동에 항의하는 모습을 촬영하고 있는 공정선거지원단원의 휴대전화를 낚아챔으로써 자신의 지배하로 이전시킨 사실이 있는 이상, 설사 휴대전화를 나중에 돌려주었더라도 이는 '탈취'에 해당한다고 보았다.[72]

라. 단속사무와 관련한 서류의 의미

공직선거법의 벌칙에서 '단속사무와 관련한 서류'는 관인이 날인되어 있는지, 정당한 결재를 거친 서류인지, 법규에서 규정하는 서류인지, 서류의 명칭이나 작성자 명의가 있는지, 조사기록에 편철되어 있는지를 가리지 않는다. 따라서 선거관리위원회 직원이 선거법 위반행위를 조사하는 과정에서 작성한 것으로서 금품을 교부 받은 사람들에게 질문할 항목과 조사 대상자의 전화번호 등을 적은 문건도 단속사무와 관련한 서류에 해당한다.[73]

또한 후보자가 되려는 사람으로부터 식사를 제공받은 혐의로 선거관리위원회 직원의 조사를 받고 그 조사내용이 기재된 문답서를 건네받은 다음 그 문답서를 찢어버린 행위도 단속사무와 관련한 서류를 훼손한 행위에 해당한다.[74]

71) 대법원 2007. 1. 25. 선고 2006도8588 판결

72) 수원고등법원 2019. 7. 25. 선고 2019노125 판결

73) 대법원 2007. 1. 25. 선고 2006도7242 판결

마. 은닉 · 파손 · 훼손 · 탈취의 의미

공직선거법의 해당 벌칙 중 '은닉'이란 투표함이나 투표지의 소재 발견을 불능 또는 현저히 곤란한 상태에 두는 것을 말하고, '파손'은 투표함을 부수어 버리거나 투표지의 효능을 상실시키는 것을 말한다. '훼손'은 투표지 등을 손상하여 물질적으로 효용가치가 없도록 만드는 것이고, '탈취'는 유형력을 행사하여 투표함이나 투표지를 빼앗아 자기의 지배하에 두는 것을 말한다.

74) 서울서부지방법원 2006. 4. 27. 선고 2006고합43 판결

제 4 절 기타 주요 선거범죄

1. 투표의 간섭 · 방해죄

공직선거법은 투표소나 개표소에서 정당한 사유 없이 투표 또는 개표에 간섭한 사람, 투표소에서 특정 정당이나 후보자에게 투표를 권유하거나 투표를 공개하는 등 투표 또는 개표에 영향을 미치는 행위를 한 사람, 정당한 사유 없이 거소투표자의 투표를 간섭하거나 방해한 사람은 모두 3년 이하의 징역에 처하도록 규정하고 있다(§242①).

본 조는 선거인의 자유로운 의사결정에 따른 투표권 행사를 보장하고 투표소와 개표소의 평온을 유지하여 투표와 개표의 공정을 담보하기 위한 규정이다. 처단형으로 벌금형 선택이 없는 점이 무섭다. 한편, 본 조에서 정당한 사유란 선거관리위원회 위원 · 직원, 투표관리관, 책임사무원 등이 그의 권한 범위에서 투 · 개표의 지도에 관한 업무를 행하거나 시각 또는 신체의 장애로 인하여 스스로 기표할 수 없는 선거인의 투표를 보조하는 경우를 말한다.

투 · 개표의 간섭이란, 타인의 투 · 개표에 관한 의사결정에 개입하여 부당한 영향을 주는 것을 말하며, 그 방법과 간섭의 내용도 묻지 않는다. 따라서 반드시 특정 후보자에게 기표할 것을 명시적 또는 묵시적으로 표시할 것을 요하지 않는다.

투표간섭죄가 적용된 판례를 살펴보면, 선거인으로부터 도움 요청을 받은 사실이 없음에도 고령의 선거인을 부축하는 것처럼 꾸며서 함께 기표소에 들어가 해당 선거인의 의사에 반하여 기표하게 하거나,[75] 투표하기 위하여 장시간 기다린 점에 불만을 품고 자신이 기표한 투표지를 여러 사람이 보는 앞에서 펴 보임에 따라 기표내용을 공개한 행위에 투표간섭죄를 적용하였다.[76]

한편, 거소투표자의 투표를 간섭·방해하거나 거소투표에 영향을 미치는 행위로는, 선거관리위원회가 발송한 거소투표용지를 몰래 가져가 임의로 자신이 지지하는 후보자에게 기표하거나, 거소투표용지를 배달하는 집배원에게 자신이 해당 우편물의 수령 자격이 있는 것처럼 속이고 이를 수령한 후 자신이 선택한 후보자에게 기표하여 처벌받은 사례가 있다.[77]

2. 사위등재 · 허위날인죄

공직선거법은 사위(詐僞)의 방법으로 선거인명부에 오르게 한 사람, 거짓으로 거소투표신고·선상투표신고 또는 국외부재자신고를 하거나 재외선거인 등록신청 또는 변경등록신청을 한 사람, 특정한 선거구에서 투표할 목적으로 선거인명부 작성기준일 전 180일부터 선거인명부 작성만료일까지 주민등록에 관한 허위의 신고를 한 사람, 투표소에서 본인확인을 하는 때에 허위의 서명이나 날인 또는 무인을 한 사람은 모두 3년 이하의 징역 또는 500만원 이하의 벌금에 처하도록 규정하고 있다(§247①).

75) 광주고등법원 1998. 11. 18. 선고 98노567 판결

76) 부산지방법원 1971. 7. 20. 선고 71고합44 판결

77) 광주지방법원 해남지원 2015. 2. 5. 선고 2014고합38 판결

본 조는 투표의 전제가 되는 선거인명부의 진정한 작성과 투표소에서 투표용지의 정확한 교부를 통하여 공정한 선거의 실시를 보장하기 위한 규정이다.

여기에서 '사위의 방법'이란 거짓으로 타인을 속이는 모든 행위를 말하며 그 방법에 특별한 제한은 없다. 하급심 판례는 85세의 고령으로 인지능력이 미약한 선거인의 동의 없이 그의 아내에게 "고령으로 거동이 불편하므로 거소투표를 할 수 있도록 해줄 테니 도장을 달라" 하여 거소투표신고서를 작성하고 해당 선거인의 도장을 찍어 제출한 사안을 사위등재에 해당한다고 보았다.[78]

또한 중증치매로 정상적인 의사 판단을 할 수 없는 선거인의 거소투표신고서에 제3자가 자신의 지장을 찍고 거소투표의 요건인 '신체에 중대한 장애가 있어 거동할 수 없는 사람'으로 이장의 확인 서명을 받아 제출한 사람도 사위등재죄로 처벌되었다.[79]

3. 사위투표죄

공직선거법은 성명을 사칭하거나 신분증명서를 위조·변조하여 사용하거나 기타 사위의 방법으로 투표하거나 하게 하거나 또는 투표를 하려고 한 사람은 5년 이하의 징역 또는 1천만원 이하의 벌금에 처하도록 규정하고 있다(§248①).

여기에서 '기타 사위의 방법'이란 거짓으로 꾸며서 타인을 속이는 모든 행위를 말하므로, 성명을 사칭하거나 신분증명서를 위조·변조하여 사용하는 것은 하나의 예시에 지나지 않는다. 하급심 판례는 사전투표를 한 후 선거일에 그 사실을 숨기고 다시 투표를 시도한 경우 사

78) 전주지방법원 2014. 12. 18. 선고 2014고합261 판결

79) 춘천지방법원 강릉지원 2014. 11. 13. 선고 2014고합106 판결

위투표죄가 성립되는 것으로 보았다.

사전투표 종료 후 선거일의 투표에 활용하기 위하여 각 투표소의 투표관리관에게 보내는 선거인명부는 통합선거인명부를 활용하여 출력하므로, 그 선거인명부의 투표용지 수령인 란에는 아래처럼 사전투표를 한 사람의 사전투표 날짜와 방문한 사전투표소의 명칭이 기재된다.

등재 번호	주소	세대주	성별	생년월일	성명	투표용지 수령인		비고
						(가)	(나)	
1	중앙동.._	세	남	67.04.05.	김OO			
2	중앙동.._	세	남	75.11.10.	김OO	사전투표자 2020.4.10 명륜동		

이유야 어찌 되었든 이미 사전투표에 참여한 사람이 선거일에 다시 투표를 하려고 시도하는 것은 절대로 꿈도 꾸어서는 안 된다. 그 꿈이 깰 즈음 법정의 피고인석에 앉아 있는 자신의 모습을 발견하게 될 것이다.

한편, 판례는 마을이장이 거소투표자를 대신하여 기표하면서 특정 후보자에게 기표할 것을 권유한 후 해당 거소투표자가 명시적인 반대 의사를 표하지 않자 그 후보자에게 기표한 사안에 대하여 사위투표죄가 성립된다고 보았다.[80)]

80) 대구지방법원 2006. 11. 22. 선고 2006고합721 판결

제 14 장

선거범죄 조사와 피조사자의 권리

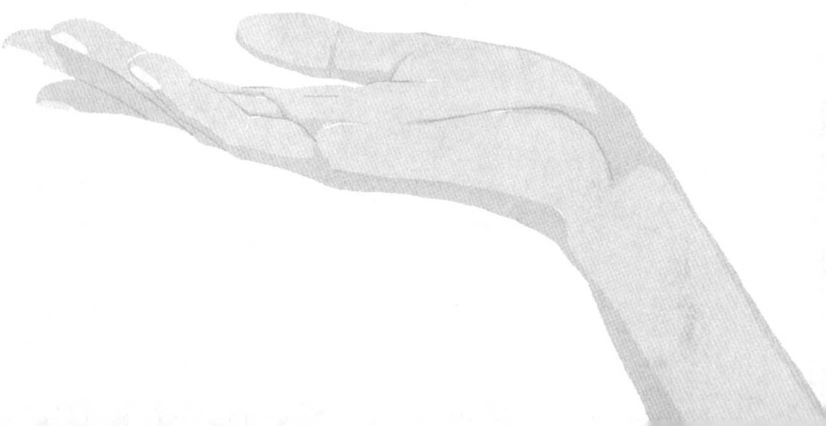

공직선거법은 선거범죄에 대한 예방활동을 통하여 위법행위를 방지하고, 위법상태를 신속하게 제거하여 선거의 공정을 회복하기 위한 제도적 안전판으로 선거관리위원회 위원과 직원에게 선거법 위반행위에 대한 조사권을 부여하고 있다.

반면, 최근 형사소송법은 실체적 진실발견을 통한 사법정의의 실현보다 피의자의 인권을 우선적으로 보호하겠다는 뜻을 분명히 밝히고 있고, 공직선거법도 피조사자에게 진술거부권과 변호인의 조력을 받을 권리를 명시적으로 보장하고 있다.

이 장에서는 선거관리위원회의 선거범죄 조사와 그 조사를 받는 피조사자의 방어권에 관하여 살펴보고자 한다.

제 1 절
선거범죄 조사권 개요

1. 선거관리위원회에 조사권을 부여한 취지

대의민주정치의 기능적인 출발은 주권자의 의사가 굴절 없이 대의기관의 구성에 반영됨으로써 대의기관의 정책결정이 국민의 뜻에 따라 이루어지는 데 있으므로, 공정한 선거의 정착을 통한 대의민주주의의 실현이라는 헌법적 과제는 우리 헌법질서의 가장 중추적인 부분의 하나이다.1)

선거관리위원회의 본질적 기능은 선거의 공정한 관리 등 행정기능임에도 불구하고, 공직선거법은 그 효과적인 기능수행과 집행의 실효성을 담보하기 위한 수단으로써 선거관리위원회의 위원과 직원에게 선거법 위반행위에 대한 조사권을 부여하고 있다.

일단 선거범죄가 발생하면 사후적 처벌만으로는 이미 침해된 선거의 공정을 회복하기 어렵다. 따라서 선거현장에서 위법상태를 신속하게 제거하고, 위법행위의 확산을 방지하며, 불법행위로 인한 득표상의 이익을 박탈하여 선거의 공정을 회복할 필요가 절실하다.

---

1) 헌법재판소 2019. 9. 26. 선고 2016헌바381 결정

아울러 선거법 위반행위에 대한 실체적 진실발견을 통하여 사법정의를 실현하고 정치공동체에 위해를 가한 사람을 정치활동의 영역에서 축출함으로써 공동체의 안전을 기할 필요도 있다.

이처럼 민주정치의 건전한 발전을 도모하기 위한 제도적 안전판으로서 공직선거법은 선거관리위원회의 위원과 직원에게 선거법 위반행위에 대한 조사권을 부여한 것이다.

우리나라의 형사사법 체계상 경찰 등 수사기관에서 선거범죄를 단속할 수 있음에도 불구하고 선거관리위원회 위원과 직원에게 따로 조사권을 부여한 취지는 기관의 독립성과 정치적 중립성이 고도로 보장되는 것을 기초로 그 조사·단속활동에 공정성을 담보할 수 있기 때문이다. 이처럼 선거관리위원회가 자유선거의 영혼이자 공정선거의 심장이 되어야 한다는 것은 주권자가 우리 헌법에 깊이 새겨놓은 문장이다.

2. 선거범죄 조사권 행사의 주체

선거법 위반행위를 조사할 수 있는 권한을 가진 신분은 선거관리위원회의 위원과 직원이다. 선거관리위원회 위원이 비상근 명예직이라는 점을 고려한다면, 실질적으로 조사권을 행사하는 주체는 대체로 선거관리위원회 소속 전임 공무원들이다.

한편, 공직선거법은 선거관리위원회가 선거부정을 감시하고 공정선거를 지원하기 위하여 정당의 당원이 아닌 중립적이고 공정한 사람으로 구성된 공정선거지원단을 둘 수 있도록 규정하고 있다. 공정선거지원단은 관할 선거관리위원회의 지휘를 받아 선거법위반행위에 대하여 증거자료를 수집하거나 조사활동을 할 수 있지만(§10의2), 독자적인 판단이나 독립적인 의사로 선거법 위반행위에 대한 조사권을 행사할 수는 없다.

3. 선거범죄 조사권 행사의 요건

가. 선거범죄의 혐의가 있는 경우

공직선거법은 선거범죄에 대한 조사권을 규정하면서 선거범죄의 혐의가 있다고 인정되는 경우 선거관리위원회의 위원·직원에게 조사권을 행사할 수 있도록 규정하고 있다(§272의2①). 여기에서 선거범죄란 공직선거법의 벌칙에 규정된 형벌뿐만 아니라 과태료에 해당하는 위법행위를 포함한다(§262의2①).

여기에서 선거범죄의 혐의가 있다고 인정되는 경우란 조사자의 주관적 판단으로 족할 뿐 객관적 혐의까지 요구하는 것은 아니다. 따라서 조사 착수시점에서 선거범죄의 의심을 갖기에 상당한 이유가 있는 것으로 인정되는 이상, 나중에 선거범죄에 해당하지 않는 것으로 밝혀지더라도 선거관리위원회의 조사권 행사는 정당하다.

판례는 후보자가 되려는 사람의 이례적인 연하장 발송에 대하여 선거관리위원회 직원이 사전선거운동에 해당한다는 혐의를 갖기에 상당한 이유가 있는 것으로 인정하고, 그와 같은 이유가 있는 이상 추후 선거범죄에 해당하지 않더라도 당사자에게는 선거관리위원회의 조사에 응할 의무가 있다고 보았다.[2)]

나. 후보자 등의 소명이 이유 있는 경우

공직선거법은 후보자(당내경선 후보자를 포함한다)·예비후보자·선거사무장·선거연락소장 또는 선거사무원이 제기한 선거범죄의 혐의가 있다는 소명이 이유있다고 인정되는 경우에도 조사권을 행사할 수 있도록 규정하고 있다(§272의2①). 이 경우 후보자 등이 선거관리위원회

---

2) 대법원 2003. 1. 10. 선고 2002도5981 판결

에 범죄의 혐의를 제기하는 때에는 그 소명자료를 첨부하여 서면으로 해야 한다(규칙 §146의2①).

다. 현행범의 신고를 받은 경우

공직선거법은 현행범의 신고를 받은 경우 선거관리위원회의 위원·직원이 조사권을 행사할 수 있도록 규정하고 있다(§272의2①). 현행범의 신고는 신고내용의 진실여부를 가리지 않는다. 다만, 현행범의 신고를 받은 경우라도 선거에 관한 범죄가 아니거나, 선거범죄라도 범죄의 혐의가 전혀 인정되지 않으면 조사권 행사가 인정될 수 있는 현행범의 신고라 볼 수 없다.

현행범이란 범죄를 실행 중이거나 실행 직후인 사람, 범인으로 호창(呼唱)되어 추적되고 있는 사람, 장물이나 범죄에 사용된 것으로 인정할 만한 흉기 등을 소지하고 있는 사람, 신체 또는 의복류에 현저한 증적(證迹)이 있는 사람을 말한다(형사소송법 §211).

판례는 '범죄의 실행행위를 종료한 직후'를 범죄행위를 실행하여 끝마친 순간 또는 이에 아주 접착된 시간적 단계를 의미하는 것으로 해석하여, 이에 해당하는 사람은 시간적으로나 장소적으로 보았을 때 방금 범죄를 실행한 범인이라는 점에 관한 죄증이 명백한 경우에만 현행범으로 볼 수 있다고 판시한 바 있다.[3)]

선거범죄의 혐의가 인정되는 경우 신고 당시 현행범이면 족하고, 선거관리위원회의 위원이나 직원이 현장에 도착한 때까지 범죄의 실행 중이거나 실행 직후일 것을 요하지 않으므로, 일단 현행범의 신고가 있었다면 범인이 현장을 이탈하였더라도 해당 위원회의 위원과 직원은 그 장소에 출입하여 조사권을 행사할 수 있다.

---

3) 대법원 1991. 9. 24. 선고 91도1314 판결

4. 조사권 행사 시 미란다원칙 준수

공직선거법은 선거관리위원회의 위원이나 직원이 범죄의 혐의가 있는 장소에 출입하거나 질문·조사 또는 자료제출을 요구하는 때에는 관계인에게 신분을 표시하는 증표를 제시하며 소속과 성명을 밝히고 그 목적과 이유를 설명하도록 선거관리위원회 위원과 직원에게 미란다 원칙의 준수의무를 규정하고 있다(§272의2⑥). 이 경우 위원·직원의 신분을 표시하는 증표는 위원신분증이나 공무원증으로 갈음할 수 있다(규칙 §146의3⑧).

선거범죄 조사시 준수해야 할 미란다원칙은 피조사자의 사생활의 비밀과 자유, 개인정보 자기결정권, 재산권 등이 침해되지 않도록 보호하기 위한 규정이다. 따라서 선거관리위원회 위원이나 직원이 관계인에게 사전에 설명해야 할 조사의 목적과 이유에는 조사할 범죄혐의의 요지, 조사가 필요한 이유뿐만 아니라 관계인의 진술을 기록 또는 녹음·녹화한다는 사실도 포함하여 알려야 한다.

또한 선거관리위원회 위원이나 직원이 피조사자를 조사하는 경우 질문·조사를 하기 전에 진술을 거부할 수 있는 권리와 변호인의 조력을 받을 권리가 있음을 알리고, 문답서에 이에 대한 답변을 적어야 한다(§272의2⑦). 선거관리위원회 위원·직원은 피조사자가 변호인의 조력을 받으려는 의사를 밝힌 경우 지체 없이 변호인 또는 변호인이 되려는 사람으로 하여금 조사에 참여하게 하거나 의견을 진술하게 해야 한다(§272의2⑧).

이와 같이 2013년 8월 개정된 공직선거법은 선거범죄 피조사자의 기본권을 두텁게 보호하기 위해 선거관리위원회의 위원이나 직원이 조사권을 행사할 때에는 형사소송법의 피의자에 준하여 피조사자에게 진술거부권과 변호인의 조력을 받을 권리를 미리 알리도록 미란다원칙을 확장한 바 있다.

아울러 선거관리위원회의 위원이나 직원이 범죄혐의가 있는 장소에 출입하여 관계인에게 자료제출을 요구하는 때에는 정당한 사유 없이 출입을 방해하거나 자료제출 요구에 불응하거나 허위의 자료를 제출하는 경우에는 공직선거법에 따라 처벌받을 수 있음을 알려야 한다(규칙 §146의3①).

이상과 같은 실체적·절차적 요건을 모두 갖추어야만 정당한 조사권의 행사로 인정되어 수집된 자료의 증거능력을 인정받을 수 있다. 최근 우리의 형사사법 시스템이 지향하는 방향도 실체적 진실발견을 통한 사법정의의 실현보다 피의자 또는 피고인의 인권보호에 더 무게중심을 두고 있다는 점을 간과해서는 안 된다.

국민의 기본권인 참정권을 수호해야 하는 헌법기관이 선거의 공정을 앞세워 국민의 다른 권리를 침해하는 것은 일종의 자기부정이 될 수 있다. 국가는 국민의 기본권을 보호해야 할 무한한 책무를 지고 있으므로, 어느 국가기관이든 이를 부인하는 순간 그것은 이미 정상적인 국가의 모습이 아니기 때문이다.

제 2 절
선거범죄 조사권의 주요내용

1. 위법행위 예방조치권

공직선거법은 각급 선거관리위원회의 위원과 직원에게 선거의 자유와 공정을 현저히 해할 우려가 있는 선거법 위반행위가 눈앞에 행하여지고 있거나, 행하여질 것이 명백하다고 인정되는 경우 그 현장에서 행위의 중단 또는 예방에 필요한 조치를 할 수 있도록 위법행위 예방조치권을 부여하고 있다(§272의2⑤).

일단 선거법 위반행위가 발생하게 되면 선거결과에 영향을 미치게 되어 행위자에 대한 형사처벌만으로는 그 결과를 돌이킬 수 없게 되므로, 선거의 자유와 공정을 확보하기 위하여 선거관리위원회의 위원과 직원에게 예방조치권을 인정한 것이다.

예방조치권은 2002년 2월 유력한 인터넷 언론사가 제16대 대통령선거의 입후보예정자를 초청하여 당시 공직선거법상 허용되지 않는 토론회를 개최하려는 것을 선거관리위원회 직원들이 현장에서 봉쇄한 후 같은 해 3월 입법적으로 명확하게 인정되었다.

예방조치권의 구체적인 사례로는 우체국장에 대한 불법선전물의 우송중지 요청권, 불법 광고에 대한 광고주 또는 언론사에 대한 광고중지 요청권, 선거범죄가 명백히 예상되거나 실행되는 현장에서 행위의 중단 또는 예방에 필요한 조치권을 들 수 있다.

2. 위법행위 중지 · 경고 · 시정명령권

1992년 11월 개정된 선거관리위원회법은 위원이나 직원이 직무수행 중 선거법 위반행위를 발견한 경우 중지·경고 또는 시정명령을 하고, 그 위반행위가 선거의 공정을 현저하게 해치는 것으로 인정되거나 중지·경고 또는 시정명령을 이행하지 않는 때에는 수사기관에 고발 또는 수사의뢰 할 수 있도록 규정하였다(§14의2).

선거관리위원회법에서 위원과 직원에게 선거법 위반행위에 대한 중지·경고 및 시정명령권을 부여한 취지는 예방조치권과 더불어 조사권 행사의 근본 목적이 위반자에 대한 사후적 처벌보다는 위법행위의 사전적 억제를 통하여 선거의 자유와 공정을 확보하기 위한 것이라는 점을 상징적으로 드러내고 있다.

선거관리위원회의 위원 또는 직원이 선거법 위반행위를 발견한 때에는 중지·경고 또는 시정명령을 하도록 법적 의무가 부과되었기 때문에 이를 적정하게 행사하지 않으면 직무유기가 성립될 수 있고, 무리하게 행사하면 직권남용에 해당할 수 있다(형법 §122·§123). 공직자가 재직 또는 재임 중 항시 마주하게 되는 양날의 칼이다. 선거에서 후보자 또는 후보자가 되려는 사람들만 교도소의 담장 위를 걷고 있는 것이 아니기 때문이다.

계엄군을 동원하여 중앙선관위 서버에서 부정선거 의혹을 조사하겠다는 시도만큼이나 그 배경이 의심스럽지만, 선거관리위원회 직원들은 2023년부터 2024년까지 국민권익위원회와 감사원의 혹독한 조사와 감사를 겪었다. 선거관리위원회가 본연의 책무를 올바르게 수행하지 못하여 국민의 신뢰를 상실했을 때 외부의 세력들은 은밀하게 때로는 공공연히 헌법상 독립기관의 담장을 넘는다.

3. 질문 · 조사권

공직선거법은 선거범죄의 혐의가 있거나 현행범의 신고를 받은 경우 선거관리위원회 위원과 직원이 해당 장소에 출입하여 관계인에 대하여 질문 · 조사할 수 있도록 규정하고 있다(§272의2①). 질문 · 조사권은 실체적 진실을 발견하고 범죄혐의를 명백히 하기 위하여 관계인에게 질문하거나 추궁할 수 있는 권한으로서 선거관리위원회 조사활동의 중심을 이루는 권한이다.

다만, 질문 · 조사권도 형사소송법에 따른 피의자 진술과 마찬가지로 피조사자의 진술을 강제할 수는 없으므로, 질문 · 조사에 불응하는 사람을 처벌할 수는 없다. 선거관리위원회 위원이나 직원의 질문 · 조사권은 선거범죄의 혐의가 있는 장소에 한정되지 않고 관계자에 대한 동행 또는 출석을 요구하여 질문하거나, 직접 방문하여 조사하거나, 서면답변을 요구하는 방식으로도 행사할 수 있다.

한편, 질문 · 조사의 상대방이 되는 관계인이란, 해당 혐의사실을 알거나 알고 있을 것으로 보이는 사람과 그 혐의사실과 관련된 자료를 소지한 사람을 모두 포함한다. 따라서 해당 혐의자 본인도 관계인의 범위에서 제외되는 것은 아니다.[4]

피조사자에 대한 질문 · 조사과정에는 변호인의 입회가 보장되어 있으나, 변호인이 피조사자를 대신하여 답변하거나, 특정 답변이나 진술번복을 유도하는 등 조사를 방해하는 일은 없어야 한다. 질문 · 조사 중 피조사자 또는 변호인이 조사내용을 녹음하거나, 그들에게 문답서 사본을 교부하는 것은 조사기밀이 누설될 가능성이 있고 다른 혐의자와 담합할 우려가 있어 실무상 이를 금지하고 있다.

4) 대법원 2001. 7. 13. 선고 2001도16 판결

4. 자료제출 요구권

공직선거법은 선거관리위원회의 위원과 직원에게 선거범죄의 혐의가 있거나 현행범의 신고를 받은 경우에는 관계인에게 조사에 필요한 자료의 제출을 요구할 수 있도록 규정하고 있다(§272의2①). 자료제출 요구권은 선거범죄에 관하여 전문성을 가지고 있는 선거관리위원회의 위원과 직원으로 하여금 이를 조사할 수 있는 법적 근거를 명확히 함과 아울러 그 단속활동의 신속성, 효율성, 실효성을 확보하기 위한 권한이다.[5)]

공직선거법, 형사소송법 등에서 진술과 자료를 구별하고 있고, 진술의 사전적 의미가 개인의 생각이나 지식, 경험사실을 정신작용의 일환인 언어를 통하여 표출하는 것인 반면, 자료의 사전적 의미는 조사의 바탕이 되는 재료인 점에 근본적인 차이가 있다.

질문·조사권과 마찬가지로 자료제출 요구권도 반드시 해당 장소에 출입한 경우에 한정하여 인정되는 것은 아니므로 장소출입과 별도로 자료제출을 요구할 수도 있다(규칙 §146의3④).

자료제출 요구는 문서에 의한 방법으로 하는 것이 타당하겠지만, 판례는 선거범죄 조사의 형편상 현장에서 말로 요구하거나, 전화로 요구하는 것도 자료제출 요구의 적법한 방법으로 인정하고 있다.[6)] 이 경우 자료제출요구에 따라 제출해야 하는 대상은 조사의 바탕이 되는 자료를 사실적 상태 그대로 제출하는 것을 의미하고, 자료제출 요구가 실질적으로 관계자 등의 진술을 요구하는 때에는 진술거부권에 대한 침해가 되어 허용되지 않는다.

다만, 혐의사실에 관련된 자료인 한 반드시 기존에 작성되어 있는 자료에 한정되는 것은 아니다. 예컨대, 제출을 요구받은 자료의 대상이 문자메시지 전송용 전화번호, 문자메시지 전송에 이용한 인터넷 문자메

5) 헌법재판소 2019. 9. 26. 선고 2016헌바381 결정

6) 부산지방법원 2017. 6. 16. 선고 2016고합683·706(병합) 판결 등

시지 발송사이트의 명칭과 URL 주소인 경우, 판례는 해당 자료가 통상적인 선거운동과 관련하여 생성 · 보존 · 관리되는 자료이므로 이는 선거범죄 조사의 바탕이 되는 재료에 불과할 뿐 진술에 해당하지 않는 것으로 보았다.[7)]

한편, 자료제출요구에 불응하거나 허위의 자료를 제출한 경우에는 공직선거법의 형벌이 적용되어 1년 이하의 징역이나 200만원 이하의 벌금으로 처벌된다(§256⑤ 12.).

예컨대, 후보자가 되려는 사람이 주민들에게 자신을 소개하는 연하장을 발송하여 그 사실을 인지한 선거관리위원회가 사전선거운동의 혐의를 갖고 일단 자료제출을 요구하였다면, 설사 연하장 배부행위가 선거범죄에 해당하지 않더라도 선거관리위원회의 요구에 불응하면 처벌될 수 있다.[8)]

또한 등기로 배달되거나 선거관리위원회 직원이 직접 가져온 자료제출 독촉장의 수령을 거부하거나 조사에 불응하기 위하여 자리를 피한 경우에도 해당 조항이 적용되어 처벌될 수 있다.[9)] 그 밖에 선거관리위원회의 자료제출 요구가 부당하다고 판단하여 자료제출 거부 소명서를 제출한 후 실제 자료를 제출하지 않은 사람도 법원과 검찰로부터 공소장과 유죄판결문을 받았다.[10)]

7) 부산지방법원 2014. 10. 17. 선고 2014고합473 판결
8) 대법원 2003. 1. 10. 선고 2002도981 판결
9) 이용복 · 윤상화 2024. 3.『선거법강의』813쪽
10) 전주지방법원 2009. 11. 5. 선고 2009고합154 판결

5. 장소출입권

공직선거법은 선거관리위원회의 위원과 직원에게 선거범죄의 혐의가 있거나 현행범의 신고를 받은 경우 그 장소에 출입하여 조사권을 행사할 수 있도록 규정하고 있다(§272의2①). 장소출입권은 영장주의 원칙의 예외로서 관계인의 의사에 상관없이 범죄의 혐의가 있는 장소에 진입할 수 있는 권한이다.[11]

장소출입권에 기하여 출입할 수 있는 장소적 범위는 범죄현장에 한하여 증거물 수거가 가능한 점, 영장주의의 예외규정으로서 엄격한 해석을 요한다는 점을 고려하면 범행의 혐의가 있는 현장으로 한정해야 할 것이다.[12] 출입 거부 또는 방해가 있더라도 물리력의 행사는 지극히 신중해야 한다. 기본권 침해의 소지가 너무 크고, 출입 방해행위는 선거범죄로 처벌할 수 있기 때문이다.

선거관리위원회의 위원이나 직원이 현장에 출입하는 경우 관계인에게 그 신분을 표시하는 증표를 제시하며 소속과 성명을 밝히고 그 목적과 이유를 설명해야 한다(§272의2⑥). 만일 관계인이 증표제시를 요구하지 않거나, 해당 장소에 출입하려는 사람이 선거관리위원회 위원·직원이라는 사실을 이미 알고 있더라도 이러한 절차적 요건은 반드시 준수되어야 한다.[13]

이상의 실체적·절차적 요건 중 어느 하나라도 갖추지 못한 경우에는 선거관리위원회 위원이나 직원에게 해당 장소에 적법하게 출입할 권한이 인정되지 않으므로, 관계인이 장소출입 요구에 불응해도 출입방해죄가 성립되지 않는다.[14]

11) 대법원 2008. 11. 13. 선고 2008도6228 판결

12) 대검찰청 2020. 3. 앞의 책 768~770쪽

13) 대법원 2008. 11. 13. 선고 2008도6228 판결

14) 대법원 2008. 11. 13. 선고 2008도6228 판결

6. 증거물품 수거권

공직선거법에서 선거관리위원회의 위원이나 직원은 선거범죄 현장에서 선거범죄에 사용된 증거물품으로서 증거인멸의 우려가 있는 경우에는 조사에 필요한 범위에서 현장에서 이를 수거할 수 있도록 규정하고 있다(§272의2②).

수거한 증거물품은 그와 관련된 선거범죄에 관하여 고발 또는 수사의뢰 조치를 한 때에는 관계 수사기관에 송부하고, 경고·주의 등 자체 종결한 경우에는 그 소유·점유·관리하는 사람에게 지체 없이 반환해야 한다.

선거범죄에 사용된 증거물품은 해석상 선거범죄에 직접 사용된 물품뿐만 아니라 범죄의 실행과 밀접한 관계가 있는 행위에 사용된 물건을 포함하는 것으로 보인다.

여기에서 증거인멸의 우려가 있는 경우란 증거를 은닉·위조·변조 등의 방법으로 증거의 현출이나 그 효능 또는 가치를 멸실·감소시킬 개연성이 높은 상황을 의미하므로, 현장에서의 자료제출 요구나 추후 수사기관의 압수·수색 등 다른 수단에 의하면 목적달성이 현저히 곤란하거나 증거인멸의 우려가 있는 경우에 한정하여 증거물품을 수거해야 할 것이다.

한편, '조사에 필요한 범위'란 해당 선거범죄를 조사하기 위하여 증거물품의 수거가 범죄의 실체적 진실을 밝히는 목적달성에 필요한 최소한의 범위에서 이루어져야 하고, 비례의 원칙을 준수하여 관계인의 재산권 침해를 최소화해야 한다는 의미이다.

7. 동행·출석요구권

선거관리위원회의 위원과 직원은 선거범죄 조사와 관련하여 관계자에게 질문·조사하기 위하여 선거관리위원회에 동행 또는 출석을 요구할 수 있다. 다만, 선거기간 중 후보자에게는 동행 또는 출석을 요구할 수 없다(§272의2④).

동행·출석요구권은 선거범죄의 억제와 확산방지를 위해 신속한 조사의 필요성이 인정되고, 조직적이고 다수인 관련성이라는 선거범죄의 특성상 제한된 선거관리위원회의 인력으로는 방문조사가 불가능한 현실적 한계 등을 고려하여 부여된 권한이다.

따라서 질문·조사의 필요성이 인정되는 이상 그 실효성을 확보하기 위한 수단으로서 동행·출석요구권을 인정한 것은 실로 자연스럽다. 선거관리위원회 위원·직원이 동행을 요구하는 때에는 말로 할 수 있고, 출석을 요구하는 때에는 문서로 해야 한다.

현행범인 또는 준현행범인에 해당하는 관계자에게 동행을 요구하는 때에는 정당한 사유 없이 동행요구에 응하지 않으면 과태료에 처할 수 있음을 알려야 하지만(규칙 §146의3⑥), 동행요구는 어디까지나 관계인에 대한 질문·조사를 전제로 행사되는 것이고, 진술거부권은 헌법상 보장된 권리이기 때문에 동행·출석요구에 응할지는 전적으로 당사자의 자유로운 의사에 맡겨야 한다.

결코 당사자의 의사에 반하여 동행이나 출석을 강요해서는 안 된다. 동행·출석 요구에 불응할 경우 과태료를 부과할 수 있을 뿐이다. 동행의 임의성은 동행의 시간과 장소, 동행의 방법과 동행 거부의사의 유무, 동행 이후의 조사방법과 피조사자의 퇴거의사 유무 등 여러 사정을 종합하여 객관적인 상황을 기준으로 판단한다.[15]

---

15) 대법원 1993. 11. 23. 선고 93다35155 판결

8. 정보통신 선거범죄 조사권

공직선거법은 선거관리위원회의 직원에게 정보통신망을 이용한 선거법 위반행위의 혐의가 있으면 고등법원 또는 지방법원의 수석판사의 승인을 얻어 정보통신서비스 제공자에게 이용자의 성명·주민등록번호·주소·이용기간·이용요금에 대한 자료의 열람이나 제출을 요청할 수 있도록 규정하고 있다(§272의3①). 이 경우 성명에는 이용자를 식별하기 위한 부호를 포함하고, 주소에는 전자우편주소·인터넷 로그기록자료 및 정보통신망에 접속한 정보통신기기의 위치를 확인할 수 있는 자료를 포함한다.

다만, 인터넷 홈페이지 게시판·대화방 등에 글이나 동영상 등을 게시하거나 전자우편을 전송한 사람의 성명·주민등록번호·주소 등 인적사항에 해당하는 자료의 열람이나 제출을 요청하는 때에는 판사의 승인을 받지 않아도 된다(§272의3③ 1.).

한편, 선거관리위원회의 직원은 전화를 이용한 선거법 위반행위의 혐의가 있으면 고등법원 또는 지방법원의 수석판사의 승인을 얻어 정보통신서비스 제공자에게 이용자의 성명·주민등록번호·주소·이용기간·이용요금, 송화자 또는 수화자의 전화번호, 전화기의 설치장소 및 설치대수에 대한 자료의 열람이나 제출을 요청할 수 있다(§272의3②). 해당 조문에는 유사기관 설치와 전화를 이용한 불법 선거운동에 대한 입법자의 깊은 우려가 담겨 있다.

다만, 문자메시지 전송자의 성명·주민등록번호·주소 등 인적사항과 전송통수에 해당하는 자료의 열람이나 제출을 요청하는 때에는 판사의 승인을 받지 않아도 무방하다(§272의3③ 2.).

정보통신 선거범죄 조사권은 다른 조사권과 달리 선거관리위원회 직원에게만 부여되었다는 특징이 있다. 법관의 승인이 필요한 권한이므로 기관의 위상을 고려하여 위원을 배제한 취지로 알려졌다.

9. 금융거래자료 제출 요구권

정치자금법은 선거관리위원회에 정치자금의 수입과 지출에 관한 조사를 위하여 불가피한 경우에는 금융기관의 장에게 정치자금법을 위반하여 정치자금을 주거나 받은 혐의가 있는 사람의 다음에 해당하는 금융거래자료의 제출을 요구할 수 있는 권한을 부여하고 있다(§52②). 선거관리위원회의 요구를 받은 금융기관의 장은 이에 따라야 한다.

① 계좌개설 내역

② 통장원부 사본

③ 계좌이체의 경우 거래상대방의 인적 사항

④ 수표에 의한 거래의 경우 해당 수표의 최초 발행기관 및 발행의뢰인의 인적 사항

공직선거의 예비후보자 또는 후보자가 선거운동을 위하여 지출하는 선거비용은 물론이고, 선거운동에 이르지 않는 일반적인 정치활동에 소요되는 비용도 모두 정치자금의 일종이다.

정치자금은 정치자금법이 정한 절차와 방법에 따라 기부하거나 기부받아야 하고(§2①·§45①), 정치활동을 위하여 소요되는 경비로만 지출해야 하며, 사적 경비로 지출하거나 부정한 용도로 지출해서는 안 된다(§2③). 이를 위반하면 정치자금 범죄로 처벌될 수 있다(§47① 1.).

따라서 공직선거법에 따른 매수죄와 기부행위위반죄 등 비용이 수반되는 대부분의 선거범죄는 정치자금 부정수수죄 등 정치자금 범죄와 상상적 경합이 성립되므로,[16] 선거관리위원회의 금융거래자료 제출 요구의 대상이 된다. 다만, 해당 계좌에 입·출금된 타인의 계좌에 대하여는 자료제출을 요구할 수 없으므로, 별도의 금융거래자료 제출 요구절

16) 대법원 2019. 6. 13. 선고 2019도4044 판결 참조. 동일한 행위로 선거범죄와 정치자금범죄가 함께 성립될 경우 선거범죄의 공소시효가 완성되더라도 정치자금범죄의 공소시효가 남아 있으면 조사권을 행사할 수 있다.

차에 따라야 한다.

금융거래자료 제출 요구권은 1994년 3월 15일 제정된 통합선거법에서 선거비용의 수입과 지출에 관한 확인을 위하여 선거관리위원회에 최초로 부여된 가장 유서 깊은 조사권이다.[17] 통합선거법을 제정하면서 선거규제에 관한 코페르니쿠스적 인식의 전환을 통하여 포괄적 금지를 폐지하고 개별적 금지로 이행하면서 그 부작용을 방지하기 위한 안전판으로 선거비용에 관한 통제를 강화하기 위하여 금융거래자료 제출 요구권을 도입한 것이다.

한편, 2002년 12월 실시한 제16대 대선의 불법정치자금 문제로 촉발된 정치개혁 입법을 통하여 2004년 3월 정치자금에 관한 법률을 개정하여 선거비용 외에 일반 정치자금에 대해서도 금융거래자료 제출 요구권을 인정하게 되었다. 이후 2005년 8월에는 법률간 체계정합성을 확보하기 위하여 공직선거법에 규정된 선거비용 수입과 지출의 조사에 관한 내용을 정치자금법으로 이관하여 현재에 이르고 있다.

참고적으로 신용카드에 의한 거래와 관련된 정보 또는 자료는 금융거래에 해당하지 않으므로, 범죄의 혐의가 있으면 일반적인 자료제출 요구권을 행사하여 제출을 요구할 수 있다.[18]

---

17) 구 공직선거및선거부정방지법(법률 제4739호, 1994. 3. 16. 제정) 제134조

18) 이창술 『정치자금법 이해』 2024. 1. 박영사 565쪽

제 3 절
방어를 위한 피조사자의 권리

1. 위법한 조사 거부권

선거관리위원회의 위원과 직원은 선거범죄에 대한 조사권을 보유하고 있으므로, 선거범죄의 혐의가 있는 장소에 그들의 출입을 방해해서는 안 되고, 위원 또는 직원으로부터 질문·조사를 받거나 자료의 제출을 요구받은 사람은 이에 따라야 한다(§272의2③).

이 경우 선거범죄에 대한 조사권의 행사가 적법한 공무집행인 경우에 한정하여 이를 방해하였을 때 조사방해죄가 성립할 수 있다. 여기서 적법한 공무집행이란 그 행위가 공무원의 추상적 권한에 속할 뿐만 아니라 구체적으로도 그 권한 내에 있어야 하고 직무행위로서 중요한 방식을 모두 갖추어야 한다.[19] 공무원의 추상적인 권한에 속하는 공무집행이 적법한지는 행위 당시의 구체적 상황에 기초하여 객관적·합리적으로 판단해야 한다.[20]

이러한 기준을 선거범죄 조사권 행사에 적용할 경우 조사권 행사의 주체는 선거관리위원회의 위원과 직원에 한정되고, 조사권 행사의 요건으로서 선거범죄에 대한 혐의가 있어야 하며, 그 조사권을 행사하

19) 대법원 2021. 9. 16. 선고 2015도12632 판결

20) 대법원 2013. 8. 23. 선고 2011도4763 판결

는 때에는 미란다원칙을 준수해야 한다는 논리필연적 결론이 도출된다.

특히 선거관리위원회 위원이나 직원이 미란다원칙을 준수하지 않은 경우, 즉 위원이나 직원이 장소에 출입하거나 질문·조사 또는 자료제출을 요구하는 때에 관계인에게 그 신분을 표시하는 증표를 제시하지 않거나, 소속과 성명을 밝히지 않거나, 그 목적과 이유를 설명하지 않은 경우에는 자료제출을 거부하거나 선거범죄 현장에 출입을 방해하더라도 범죄가 성립되지 않는다.[21]

이상과 같은 실체적·절차적 요건을 모두 갖추지 못한 경우 정당한 조사권의 행사로 보기 어렵고, 그러한 활동을 통하여 확보한 증거물은 형사소송법의 위법수집증거 배제의 법칙에 따라 증거로 삼을 수도 없다(§308의2).

2. 불리한 진술 거부권

진술거부권의 보호대상이 되는 '진술'이란 언어적 표출, 즉 개인의 생각이나 지식, 경험사실을 정신작용의 일환인 언어를 통하여 표출하는 것을 말한다.[22] 우리 헌법에서 모든 국민은 '형사상 자기에게 불리한 진술을 강요당하지 아니한다'고 규정하여 진술거부권을 국민의 기본권으로 보장하고 있다(§12②).

해당 규정은 형사책임과 관련하여 비인간적인 자백의 강요와 고문을 근절하고 인간의 존엄성과 가치를 보장하려는 데 근본적인 목적이 있다.[23] 특히 우리 헌법이 진술거부권을 국민의 기본적 권리로 보장하는 것은 실체적 진실발견이나 사회정의의 실현이라는 국가이익보다 피

21) 대법원 2008. 11. 13. 선고 2008도6228 판결

22) 헌법재판소 2005. 12. 22. 선고 2004헌바25 결정

23) 대법원 2014. 1. 16. 선고 2013도5441 판결

고인 또는 피의자의 인권을 우선적으로 보호하겠다는 뜻을 분명히 밝히고 있다는 점에도 큰 의의가 있다.

이와 같은 진술거부권은 형사절차뿐만 아니라 행정조사 절차나 국회의 조사절차에서도 보장되며, 현재의 피의자나 피고인뿐만 아니라 장차 피의자나 피고인이 될 사람에게도 보장된다.[24] 우리는 최근 형사소송법의 개정방향이 피의자의 권리를 강화하면서 헌법의 기본권을 점점 더 구체화하는 추세를 확인할 수 있다. 아울러 행정조사는 형사소송법의 개정취지를 수용하여 피조사자의 권리를 더욱 확대하는 경향을 목도할 수 있다.

달리 말하자면, 형사소송법은 점점 헌법화되어 권리장전으로 진화되고 있고, 이러한 추세는 행정조사에도 영향을 미쳐 결국 공권력의 행사로부터 국민의 기본권을 더욱 두텁게 보호하려는 것이다. 여기에서 우리는 민주공화국이 전진하는 모습을 본다.

3. 변호인의 조력을 받을 권리

본래 변호인의 조력을 받을 권리란 국가권력의 일방적인 형벌권 행사에 대항하여 자신에게 부여된 헌법상, 소송법상의 권리를 효율적이고 독립적으로 행사하기 위하여 변호인의 도움을 얻을 수 있는 피의자 또는 피고인의 권리를 말한다.[25]

우리 헌법은 '누구든지 체포 또는 구속을 당한 때에는 즉시 변호인의 조력을 받을 권리를 가진다'고 규정하여 변호인의 조력을 받을 권리를 명문화하고 있다(§12④ 본문).

문제는 이러한 변호인의 조력을 받을 권리가 과연 행정조사 절차

24) 헌법재판소 1997. 3. 27. 선고 96헌가11 결정
25) 헌법재판소 2004. 9. 23. 선고 2000헌마138 결정

의 피조사자에게도 인정되는가 하는 점이다. 과거 학설과 판례에서 논란이 되었던 이러한 문제는 2007년 5월 행정조사기본법이 제정·공포되면서 입법적으로 명확하게 해결되었다.

해당 법률에서 '조사대상자는 법률·회계 등에 대하여 전문지식이 있는 관계 전문가로 하여금 행정조사를 받는 과정에 입회하게 하거나 의견을 진술하게 할 수 있다'고 규정하여 행정조사의 피조사자에게도 변호인의 조력을 받을 권리가 있음을 확인하였기 때문이다(행정조사기본법 §23②).

행정조사기본법이 적용되지 않는 선거범죄 조사의 경우[26] 2013년 8월 공직선거법의 개정에 따라 조사절차에서 피조사자에게 변호인의 조력을 받을 권리가 있음을 알릴 의무와 변호인의 조사참여 및 의견진술권을 신설하였다(공직선거법 §272의2⑧).

한편, 변호인의 조력을 받을 권리도 다른 기본권과 조화를 이루어야 하므로 위법한 조력을 받을 권리까지도 보장하는 것은 아니다. 판례는 피의자 신문에 입회한 변호인이 신문을 방해하거나 수사기밀을 누설하는 경우에는 해당 변호인의 참여를 제한할 수 있다고 보았다.[27]

따라서 선거관리위원회의 위원이나 직원의 조사 중 입회한 변호인이 피조사자를 대신하여 직접 답변하거나, 피조사자에게 특정 답변을 유도하거나, 진술번복을 유도하는 등 조사를 방해하거나, 조사내용을 녹음·녹취하는 등 조사기밀의 누설 또는 다른 관계인과 담합의 우려가 있는 때에는 변호인의 참여를 제한할 수 있다.

26) 행정조사기본법 제3조제1항 참조. 해당 조항은 다른 법률에 행정조사에 관하여 특별한 규정이 있는 경우 행정조사기본법의 적용에 예외를 인정한다. 공직선거법의 선거범죄 조사가 바로 행정조사에 관한 특별한 규정이다.

27) 대법원 2005. 5. 9. 선고 2004모24 판결

4. 위법수집증거의 배제

가. 위법수집증거 배제법칙의 의의

헌법과 형사소송법이 정한 절차에 따르지 않고 수집한 증거는 기본적 인권 보장을 위해 마련된 적법한 절차에 따르지 않은 것으로서 원칙적으로 유죄 인정의 증거로 삼을 수 없다. 판례는 수사기관의 위법한 압수수색을 억제하고 재발을 방지하는 가장 효과적이고 확실한 대응책은 위법한 압수수색을 통하여 수집한 증거는 물론 이를 기초로 획득한 2차 증거도 유죄 인정의 증거로 삼을 수 없도록 하는 것이라 힘주어 판시한 바 있다.[28)]

입법권자는 오랜 기간의 논의를 토대로 2007년 6월 형사소송법을 개정하여 '적법한 절차에 의하지 아니하고 수집한 증거는 증거로 할 수 없다'는 위법수집증거의 배제 원칙을 전면적으로 수용하였다(형사소송법 §308의2). 이는 세계 최초로 위법수집증거 배제의 원칙을 입법적으로 명문화하였다는 점에 큰 의의가 있다.

이러한 입법추세의 핵심은 형사절차에 요구되는 위법수집증거 배제의 법칙이 행정조사의 일종인 선거범죄 조사절차에도 광범위하게 적용된다는 점이다. 판례도 선거관리위원회의 설치목적, 선거범죄에 대한 조사권한, 고발 또는 수사의뢰 조치를 하는 경우 수사자료를 함께 송부하는 점 등을 종합적으로 고려하면, 선거관리위원회가 수사에 준하는 조사권한을 보유한 기관으로서 선거범죄를 조사하거나 증거를 수집하는 활동을 하는 때에는 당연히 적법절차를 준수하여야 할 의무가 있다고 강조한다.[29)]

조사권을 포함하여 어떠한 공권력도 결코 국민을 배반할 수 없다.

---

28) 대법원 2007. 11. 15. 선고 2007도3061 판결

29) 대전고등법원 2021. 9. 10. 선고 2021노103 판결

국민주권의 원리를 부인하지 못하는 한 국민은 공권력의 영원한 어머니이기 때문이다. 현대사회에서 민주공화국을 유지하는 비결이 쿠데타나 폭력혁명을 진압하기 위한 비장한 투쟁에만 있는 것은 아니다. 일상의 영역에서 국가권력을 행사하는 과정에서 적법절차의 준수만으로도 충분할 수 있다.

나. 일시적으로 현출된 자료 압수

2007년 6월 1일 위법수집증거 배제의 원칙을 명시적으로 수용한 개정 형사소송법이 공포되기 전까지 대법원의 판례는 비진술증거인 증거물의 압수에 관해서 '압수물은 압수절차가 위법하더라도 물건 자체의 성질·형상에 변경을 가져오는 것은 아니어서 그 형태 등에 관한 증거가치에는 변함이 없으므로 증거능력이 있다'는 소위 '성질형상 불변론'에 터 잡아 적정절차의 원리보다 실체 진실주의를 더욱 강조하는 입장을 취하여 왔다.[30]

위법수집증거 배제의 원칙을 수용한 개정 형사소송법의 시행을 앞두고 대법원은 2007년 11월 제주도지사의 선거범죄 재판에서 종전의 판례를 변경하여 비진술증거인 증거물에 대해서도 위법수집증거 배제의 법칙을 전면적으로 수용하기에 이르렀다.[31]

당시 사건에서 대법원이 위법수집증거로 판단하고 압수물의 증거능력을 부인한 핵심적 이유는, 원래 도지사 집무실에 보관 중이던 업무일지를 도지사를 보좌하는 공무원이 압수수색이 진행 중이던 비서실에 일시적으로 가져온 경우, 이는 영장에 기재된 압수대상인 '비서실에 보관 중인 물건'이 아니라 해당 장소에 일시적으로 현출된 물건이므로 이를 압수한 것은 위법하다는 점이었다.

30) 대법원 1968. 9. 17. 선고 68도932 판결 등
31) 대법원 2007. 11. 15. 선고 2007도3061 판결

해당 사안은 선거범죄 수사에서도 실체적 진실발견을 통하여 사법정의와 선거의 공정을 구현하는 것보다 적법절차의 준수를 통한 인권의 보호가 우선적 가치라는 것을 법원이 명확히 밝혔다는 점에 그 의의가 있는 것으로 보인다.

다. 녹음 미고지 후 수집한 녹음파일

선거관리위원회 위원·직원이 선거범죄의 혐의가 있는 장소에 출입하거나 선거범죄와 관련하여 질문·조사하거나 자료제출을 요구하는 때에는 관계인에게 그 신분을 표시하는 증표를 제시하며 소속과 성명을 밝히고 목적과 이유를 설명해야 한다(§272의2⑥).

판례는 해당 규정을 선거범죄 조사와 관련하여 조사를 받는 관계인의 사생활의 비밀과 자유 내지 자신에 대한 정보를 결정할 자유와 재산권 등이 침해되지 않도록 하기 위한 절차적 규정으로 보아 선거관리위원회의 위원이나 직원이 관계인에게 사전에 설명할 '조사의 목적과 이유'에는 조사할 선거범죄 혐의의 요지, 관계인에 대한 조사가 필요한 이유뿐만 아니라 관계인의 진술을 기록 또는 녹음·녹화한다는 점도 포함된다고 판시하고 있다.[32]

입법자가 미처 인쇄하지 못한 문장을 법원이 찾아낸 것이다. 만일 선거관리위원회 위원과 직원이 선거범죄를 조사하면서 관계인에게 녹음된다는 사실을 미리 알려 주지 않고 그의 진술을 녹음하였다면, 이는 형사소송법에서 정하는 소위 '적법한 절차에 따르지 않고 수집한 증거'에 해당하여 유죄의 증거로 쓸 수 없다.[33]

---

32) 대법원 2014. 10. 15. 선고 2011도3509 판결

33) 대법원 2014. 10. 15. 선고 2011도3509 판결

라. 핸드폰에서 발견한 별도의 혐의

2020년 4월 실시된 제21대 총선거를 앞둔 시점에서 오전에 출마 기자회견을 한 예비후보자가 당일 오후 지지자 모임을 공지하고 실제 모임에 참석한 사람들에게 치킨과 맥주를 제공한 혐의에 대해 선거관리위원회 직원이 해당 예비후보자를 소환하여 문답조사를 하던 중 피조사자의 핸드폰을 임의제출받게 되었다.

선거관리위원회 직원이 문답조사와 병행하여 해당 예비후보자의 핸드폰에 대한 디지털 포렌식을 완료한 결과, 사건 당일 오전의 기자회견과 오후의 모임에서 치킨과 맥주를 제공한 일련의 행위가 사전선거운동과 기부행위위반죄에 해당한다는 증거를 확보하였고, 그 과정에서 우연히 자원봉사자들에게 금품을 제공한 정황이 담겨있는 문자메시지를 추가로 발견하게 되었다.

이에 선거관리위원회는 사전선거운동과 기부행위 위반에 대하여는 검찰에 고발조치를 하고, 우연히 발견한 자원봉사자 매수혐의는 부가적으로 수사의뢰를 하였다. 문제는 검찰에서 선거관리위원회가 고발한 기부행위위반죄와 더불어 수사의뢰한 매수죄도 함께 공소를 유지하면서 불거지게 되었다.

해당 사안에 대하여 법원은 선거관리위원회의 조사과정에서 휴대폰 및 이에 저장된 전자정보를 임의제출한 제출자에게는 제출할 자료의 범위를 결정할 권리가 있다고 보면서, 해당 조사직원은 임의제출자가 제출 동의를 한 핸드폰에 내장된 전자정보 전체가 아니라 내장된 정보 중 조사하는 사건과 관련성이 있는 정보만을 선별하여 수집할 권한이 있다고 보았다.[34)]

구체적으로 설명하면, 선거범죄 조사권은 범죄의 혐의가 있는 경우에 한정하여 행사할 수 있는 것이고, 자원봉사자 매수혐의는 핸드폰

34) 대전고등법원 2021. 9. 10. 선고 2021노103 판결

저장정보에서 기자회견 및 치킨과 맥주모임에 관한 증거를 탐색하는 과정에서 우연히 발견된 경우에 불과하여 핸드폰 제출요구 당시에 선거관리위원회 직원에게 자원봉사자 매수혐의가 형성되었다고 볼 수 없으므로, 해당 직원은 매수죄와 관련된 자료제출 요구권을 행사할 수 없다는 것이다.

이에 따라 해당 선거관리위원회가 수사의뢰한 매수죄의 공소사실에 대해서는 위법수집증거 배제법칙에 따라 무죄가 확정되었지만, 해당 선거관리위원회가 고발조치한 기부행위는 공소가 유지되어 치킨과 맥주모임에 참석한 사람 3명의 회비 각 1만원씩 총 3만원을 부담한 사람과 4명의 회비 4만원을 대신 내준 예비후보자의 회계책임자는 유죄판결을 피하지 못하였고, 해당 예비후보자는 소속 정당으로부터 자격을 박탈당하였다.

마. 조사공무원이 증거형성에 가담

2012년 4월 실시된 제19대 총선에서 당선된 국회의원이 선거운동을 도와준 고향 후배를 자신의 지역사무실에 유급사무원으로 채용한 것처럼 위장하여 급여 명목으로 해당 후배의 계좌에 선거운동과 관련한 금전을 입금하였다.

선거운동 대가를 지급받은 해당 후배가 포상금을 기대하며 선거관리위원회에 이를 신고하였으나, 선거관리위원회의 조사직원은 계좌로 입금된 돈이 선거운동의 대가로 지급된 것임을 입증할 직접증거가 없는 것으로 판단하였다. 이에 선거관리위원회 조사직원은 신고자에게 당선자와 통화하여 신고자의 계좌에 입금된 금전이 선거운동의 대가로 지급된 것이라는 사실을 확인하는 내용을 녹음한 후 제출하도록 요구하였고, 해당 신고자는 선거관리위원회 조사직원의 요구를 충실하게 이행하였다.

문제는 선거관리위원회 조사직원이 신고자에게 보관하고 있는 증거의 제출을 요구한 것이 아니라 당선인에게 어떠한 질문을 하여 협의사실 입증에 필요한 진술을 유도할 것인지, 그리고 당선인으로부터 이끌어 내야 할 진술의 구체적 내용과 당선인이 나중에 진술을 번복할 것에 대비하여 주의하여야 할 점 등을 신고자에게 상세하게 설명한 점이다.

해당 사안에 대하여 1심 법원은 선거관리위원회 직원의 이러한 행위는 조사기관이 사실상 범죄혐의에 대한 증거를 스스로 만들어 낸 것과 마찬가지이므로 행정조사 또는 준수사기관으로서 선거관리위원회의 직무범위를 일탈한 것이라 평가하면서 신고자가 제출한 녹음파일의 증거능력을 부인하였다.[35]

2심 법원 또한 이러한 행위는 행정조사기관이 피조사자를 이용하여 사실상 압수수색 또는 감청의 효과를 달성하는 셈이고 나아가 헌법상 영장주의를 잠탈(潛脫)하는 결과로 이어지는 것이므로 그 증거능력을 인정하기 어렵다고 판단하였다.[36] 다행히 오염되지 않은 다른 증거들에 터 잡아 해당 국회의원에게 300만원의 벌금형이 확정됨에 따라 당선은 무효로 되었다.

35) 수원지방법원 2012. 12. 5. 선고 2012고합971－1(분리) 판결

36) 서울고등법원 2013. 5. 2. 선고 2013노120 판결

제 4 절
선거범죄 신고자 포상과 보호

1. 선거범죄 신고 대상기관

2025년 1월 현재 우리나라에서 선거범죄를 조사 또는 수사할 수 있는 기관을 살펴보면 검찰, 경찰, 그리고 선거관리위원회를 고려할 수 있을 것이다. 검찰의 경우 검사정원법에 따른 정원 2,292명에 더하여 6,200여 명의 검찰 수사관이 수사를 담당하고, 경찰은 국가수사본부 소속 약 35,000여 명이 수사를 담당하는 것으로 알려져 있다. 선거관리위원회는 3,000여 명의 정원 중 대략 1,000여 명 정도가 조사·단속 업무를 수행한다.

다만, 검찰의 경우 2022년 검찰청법의 개정에 따라 수사권이 조정됨으로써 검사가 수사를 개시할 수 있는 범죄가 한정되었다. 검찰청법의 위임에 따른 검사의 수사개시 범죄 범위에 관한 규정은 정치 또는 선거와 관련하여 검사가 수사를 개시할 수 있는 부패범죄로 공직선거법의 공무원 선거범죄, 기부행위위반죄,[37] 정당법의 당대표 경선 등의 매수죄, 정치자금법의 각종 제한규정위반죄, 각종 의무규정위반죄 및

37) 정치관계법에서 가장 가벌성이 높은 것으로 평가될 수 있는 공직선거법의 매수죄와 정치자금법의 정치자금 부정수수죄가 검사의 수사개시 대상 범죄에서 제외된 것은 다소 의외로 보인다. 그 깊은 뜻을 알 수가 없다.

선거비용 관련 범죄를 열거하고 있다(검사의 수사개시 범죄 범위에 관한 규정 §2 1. 및 별표 1).

해당 규정에 따르면 선거범죄 중 공무원의 선거개입 범죄와 기부행위위반죄는 검찰에도 신고할 수 있을 것이나, 나머지 범죄에 관해서는 경찰과 선거관리위원회에 신고할 수밖에 없다.

2. 선거범죄 신고자 포상

공직선거법은 선거관리위원회가 인지하기 전에 선거범죄를 신고한 사람에게 포상금을 지급할 수 있도록 규정하고(§262의3①), 공직선거관리규칙에서는 그 최고액을 5억원으로 정하고 있다. 선거범죄의 신고로 당선인에게 당선무효에 해당하는 형이 확정된 경우에는 그 신고자에게 추가로 포상할 수 있다.

신고 형식은 단순한 신고이든, 금전을 받은 사람이 자신의 범죄를 신고하는 자수이든, 고소나 고발을 가리지 않고 신고대상 행위가 범죄인지 아니면 과태료 부과 대상인지도 묻지 않는다. 다만, 신고, 고소 또는 고발한 사람이 피신고인 등 상대방과 대립하는 이해관계를 가진 사람, 예컨대 후보자와 그 가족이 상대방 후보자의 선거범죄를 신고한 경우에는 포상금 지급이 제한될 수 있다.

선거범죄에 대한 신고포상금 제도는 당사자 간 은밀하게 이루어지는 금품수수 행위를 적발하기 위해 도입된 제도이므로, 제도 도입의 취지에 반하여 경쟁 후보자에 대한 모함이나 정략으로 악용되어서는 안되기 때문이다.

참고적으로 검찰이나 경찰에 선거범죄를 신고한 경우에는 포상금이 지급되지 않는다. 간첩이나 용공분자에 대한 신고를 제외하고는 정부의 포상금 지급에 인심이 후했던 적이 없다.

3. 선거범죄 신고자 보호

공직선거법은 선거범죄에 관하여 신고·진정·고소·고발 등 조사 또는 수사단서를 제공하거나, 진술 또는 증언 그 밖의 자료제출이나 범인 검거를 위한 제보 또는 검거활동을 한 사람이 그와 관련하여 피해를 입거나 입을 우려가 있으면, 선거범죄 조사과정과 형사절차에서 해당 신고자를 보호한다(§262의2①).

여기에서 피해를 입거나 입을 우려란, 범죄신고와 관련하여 생명 또는 신체에 대한 위해나 재산에 대한 피해를 입거나 입을 우려가 있다고 인정하기에 충분한 정도까지를 요구하는 것이 아니다. 예컨대, 신고자가 선거범죄 용의자로 신고한 사람이나 그 측근이 신고자와 같은 지역에 거주하면서 조우할 가능성이 있거나, 주민들로부터 밀고자로 낙인찍힐 가능성이 있는 경우 등 널리 일상생활에서 겪게 되는 불편함까지도 여기에 포함된다.[38]

선거범죄의 근절을 위해서는 자수자에 대한 형의 필요적 감면이나 신고자에 대한 포상금 지급만으로는 그 실효성 확보에 한계가 있다. 중대한 선거범죄는 그 성질상 후보자와 밀접한 유대를 맺고 있는 그 주변 인물들 사이에서 은밀하게 이루어지기 때문에 밀고자, 배신자라는 비난이 두려워 신고나 자수를 꺼리기 때문이다.

이에 따라 후보자와 공범관계 등 선거범죄를 잘 알고 있는 사람이 안심하고 신고하여 선거범죄 적발에 협조할 수 있도록 그 신원을 보호하는 것이다. 선거범죄 신고자 보호제도는 선거범죄를 근절하기 위한 제도적 완성으로서 그 마지막 퍼즐 조각을 맞춘 것으로 평가할 수 있다.

38) 대전고등법원 2015. 7. 6. 선고 2015노158 판결

4. 포상금 반환과 그 요건

선거관리위원회가 포상금을 지급한 후 다음 중 어느 하나에 해당하는 사유가 있으면 그 포상금의 지급결정을 취소한다(§262의3③). 이 경우 포상금을 지급받았던 신고자는 30일 이내에 해당 금액을 관할 선거관리위원회에 반환해야 한다(§262의3④).

① 담합 등 거짓의 방법으로 신고한 사실이 발견된 경우

② 사법경찰관의 불송치결정이나 검사의 불기소처분이 있는 경우. 다만, 법원의 판결에 따라 유죄로 확정된 경우는 제외한다.

③ 무죄의 판결이 확정된 경우

2004년 3월 정치개혁 입법에 따라 공직선거법을 개정하면서 선거범죄 신고자에 대한 포상금 지급제도를 신설한 취지는 선거부패를 근절하고 당사자 간 은밀하게 이루어지는 매수 및 기부행위에 대한 신고를 유도하기 위한 것이었다. 그러나 2013년 해당 법률의 개정으로 포상금 반환제도를 신설한 것은 당초 포상금 지급제도의 도입취지와 크게 모순된다. 해당 조문에는 포상금을 노린 측근의 배신과 신고에 따라 고초를 겪은 입법자의 분노가 서려 있다.

선거부정 방지를 위한 공직선거법의 입법목적과 선거범죄 신고자에 대한 포상금 지급제도의 도입취지를 살리려면, 경찰·검찰이나 법원의 사후적인 판단보다 당초 포상금을 수령한 신고자의 신뢰를 더 두텁게 보호해야 한다고 본다. 아울러 당초 포상금을 지급한 선거관리위원회에 대한 국민적 신뢰도 입법자가 추구해야 할 중대한 공익에 해당할 것이다.

제 5 절
선거범죄 신고에 관한 쟁점

1. 현행범 또는 압수수색이 필요한 경우

형사소송법에 따라 현행범인은 누구든지 영장 없이 체포할 수 있다(§212). 그러나 선거범죄를 저지른 사람의 저항이 완강하여 현행범으로 체포할 수 없거나, 그 밖의 사유로 체포가 곤란한 경우에는 바로 경찰에 신고하는 것이 최선이다. 실무적으로 다수인이 가담한 소요 또는 폭행 등의 방법으로 선거방해가 이루어지는 현장에서 현행범의 신고가 접수된 경우 해당 선거관리위원회는 경찰에 협조를 요청하여 함께 대응하는 것이 일반적이다.

범행 종료 후 증거를 인멸하거나 범행에 관한 진술에 관하여 담합의 우려가 있는 경우에도 즉각적인 압수수색을 통하여 증거확보가 필요할 것이므로, 이 경우에도 곧바로 경찰에 범죄신고를 하는 것이 실체적 진실발견과 사법정의 실현에 도움이 된다. 이때 신고의 내용과 선거의 정황에 따라 경찰에서 압수수색의 필요성을 판단하게 될 것이다.

만일 관할 선거관리위원회에 신고를 하게 되면 고발장 또는 수사의뢰서 작성과 결재 등 내부적 의사결정 과정에 상당한 시간이 소요되므로 선거범죄를 범한 사람에게 증거인멸에 필요한 시간을 벌어주는 셈이 된다.

2. 예비 · 음모 또는 미수범의 신고

예비(豫備) · 음모(陰謀)란 특정 범죄를 저지를 것을 계획하거나 그 범죄를 저지를 것을 준비하는 것을 말하고, 범죄의 실행에 착수하였지만 그 행위를 끝내지 못했거나 결과가 발생하지 않은 경우를 미수(未遂)라 한다. 예비·음모는 형법의 일반원칙에 따라 법률에 특별한 규정이 없는 한 벌하지 않고, 미수범을 처벌할 경우에는 해당 죄에서 정한다. 그러나 공직선거법의 벌칙에서는 예비·음모나 미수범을 처벌하는 규정이 없으므로, 그 단계의 위반행위를 검찰이나 경찰에 신고하더라도 강제수사권은 발동될 수 없다.

반면에 공직선거법은 선거관리위원회 위원과 직원에게 선거의 자유와 공정을 현저하게 해할 우려가 있는 위법행위가 눈앞에 행하여지고 있거나, 행하여질 것이 명백하다고 인정되는 경우에는 그 현장에서 행위의 중단 또는 예방에 필요한 조치를 할 수 있도록 예방조치권을 부여하고 있다(§272의2⑤).

선거관리위원회의 위원이나 직원이 선거과정에서 이러한 상황을 마주하게 된다면 그들은 주저하지 않고 예방조치권을 행사하여 현장에서 위법행위를 제지할 가능이 높다.

역설적으로 공직선거법에서 예방조치권이 명문화된 이유가 법적 근거가 없던 시기에도 선거관리위원회 직원들이 예비·음모 또는 미수에 해당하는 행위를 현장에서 제지하는 등 적극적으로 개입하여 위법행위를 억제하여 왔기 때문에 입법권자의 응원과 격려를 통하여 예방조치권이 수용된 것이다. 예비·음모 또는 미수단계의 선거법위반행위에 대하여는 선거관리위원회에 신고를 권해 본다. 아마도 다른 기관들은 쉽사리 나서지 못할 것이다.

3. 선거운동 목적의 명예훼손

선거운동 목적으로 명예를 훼손한 범죄, 즉 공직선거법의 허위사실공표죄 또는 후보자비방죄는 형법상 명예훼손죄와 상상적 경합이 성립될 수 있다. 형법상 명예훼손은 단지 개인적 법익이 침해된 것이지만, 선거운동 목적의 명예훼손은 이에 더하여 사회적 법익 또는 국가적 법익인 유권자의 의사형성의 자유를 침해하고 공정한 선거를 방해한 행위이므로 그 가벌성이 현저하게 다르다.

선거에서 표현범죄가 미치는 악영향에 관해서는 선거관리위원회에 문제의식이 강하게 형성되어 있다. 선거관리위원회의 적극적 조치로 공소가 유지되면, 선거범의 재판기간에 관한 강행규정이 적용되어 신속하게 위법행위자를 응징할 수 있다(§270).

선거관리위원회는 1963년 창설 이래 선거관리를 집행하면서 누적된 높은 수준의 전문성을 갖추고, 도덕성과 청렴성에 관해서도 다른 기관에 윗자리를 양보하지 않았다. 공공기관을 대상으로 청렴도나 신뢰도 조사를 할 때마다 그들의 순위는 언제나 한 손의 손가락만으로도 충분히 꼽을 수 있었다.

최근 선거관리위원회가 공정성 시비나 사전투표 정책실패로 신뢰의 위기를 겪고 있으나, 이는 중앙선관위의 고위 정책결정권자들에게 책임이 있을 뿐 일선 직원들에게는 아무런 고의과실이 없다. 절대로 그들에 대한 신뢰를 거두어서는 안 된다.

2022년 3월 실시한 제20대 대선의 사전투표소에서 소쿠리를 들이밀거나, 2024년 4월 실시한 제22대 총선의 투표소에 대파를 들이지 못하게 막은 것도 모두 그들의 뜻이 아니다. 공정선거의 수호자를 자처하는 그들은 자부심과 긍지에 큰 상처를 입고 절치부심하며 명예회복을 벼르고 있다.

4. 선관위 재정신청 대상범죄가 아닌 경우

공직선거법에서는 매수죄, 선거의 자유방해죄, 기부행위위반죄, 허위사실공표죄 등 중대범죄에 한정하여 선거관리위원회에 재정신청권을 인정하고 있다. 이에 따라 후보자비방죄, 사전선거운동, 탈법방법에 의한 인쇄물 배부, 위법한 시설물 설치 등의 범죄에 관해서는 선거관리위원회가 고발조치를 한 사안에 대하여 검찰의 불기소 또는 경찰의 불송치 결정이 있더라도 해당 선거관리위원회는 더 이상 다툴 방법이 없다.

따라서 선거관리위원회의 고발조치에 불기소 또는 불송치 결정이 있는 경우 해당 선거범죄의 피해자가 직접 경찰에 고소해야만 그 처분의 당부에 관하여 다시 한번 다투어볼 기회가 생긴다.

5. 가벼운 선거범죄의 경우

경미한 선거범죄나 과태료 부과대상인 위법행위는 선거관리위원회에 신고하여 행위의 중단·시정명령, 경고 또는 주의조치 등 행정지도를 통하여 선거법 위반행위를 억제하고 재발을 방지하는 것이 현실적이고 효율적인 대응방법이 될 것이다.

아울러 경고나 주의 등 행정조치로 종결이 예상되는 경미한 선거법 위반행위에 대해서도 경찰·검찰 등 수사기관의 강제수사보다 선거관리위원회에 신고하여 행위자의 경각심을 고취하고 추가적인 위반행위를 방지하는 것이 위법행위를 억제하고 지역사회에서 선거의 후유증을 최소화하기 위한 합리적 방법으로 보인다.

제 15 장

특별 형사제도와 과태료 특례

공직선거에서 기부행위와 매수, 허위사실 공표 등 위법한 선거운동을 억제하고 선거의 공정성을 확보해야만 선출된 대표자는 다수의 지지와 깨끗한 선거에 따른 정당성을 기초로 리더십을 발휘하여 공동체의 발전을 담보할 수 있다.

공직선거법은 선거결과를 조속히 안정시키기 위하여 단기의 공소시효를 두고, 당선의 효력과 선거권을 보호하기 위해 형의 분리선고 제도를 두며, 자수자 특례 등 특별 형사제도를 두고 있다.

이 장에서는 공직선거법에 규정된 특별 형사제도와 과태료 부과 · 징수에 관한 특례를 살펴보기로 한다.

제 1 절

자수자에 대한 특례

1. 자수자 특례규정의 입법취지

자수는 범죄를 스스로 뉘우치고 개전(改悛)의 정(情)을 표시하는 것이므로 그 비난가능성이 약하고, 자수를 하면 수사가 용이할 뿐만 아니라 국가의 형벌권을 정확하게 행사할 수 있어 죄 없는 사람에 대한 처벌을 방지할 수 있다.[1)]

다만, 자수의 효과 중 비난가능성이 약한 측면을 중시할 것인지, 아니면 국가 형벌권 행사의 적정성 확보라는 측면을 더 중시할 것인지에 따라 형법이나 개별 법률에서 자수자에 대하여 형을 감면하는 정도를 각각 달리 정하고 있다.

형법에서는 죄를 지은 후 수사기관에 자수한 경우 형을 감경하거나 면제할 수 있도록 형의 임의적 감면을 규정하여(§52①) 형의 감경 또는 면제가 전적으로 재판부의 재량에 맡겨져 있다. 그러나 공직선거법은 자수한 사람에게는 반드시 형을 감경 또는 면제하도록 필요적 감면을 규정하고 있는 점에 그 차이가 있다.

1) 대법원 1997. 3. 20. 선고 96도1167 전원합의체 판결

선거범죄자에 대한 자수자 특례규정은 매수행위나 기부행위가 당사자 사이에 은밀하게 이루어져 단속이 어렵다는 점을 고려하여 금품이나 재산상의 이익을 제공받은 사람으로 하여금 그 신고를 유도함으로써 매수행위와 기부행위를 보다 효과적으로 단속하기 위하여 도입된 것이다.[2)]

따라서 공직선거법의 자수자에 대한 형의 필요적 감면제도는 금품제공자를 효과적으로 처벌하여 부정선거를 방지하기 위한 것이 주된 목적으로, 자수에 따른 비난가능성이 약하다는 측면보다는 선거범죄를 근절하기 위한 국가 형벌권 행사의 적정성 확보라는 측면에 더 무게를 둔 것으로 평가할 수 있다.

2. 자수자 특례규정의 주요내용

공직선거법에서는 모든 선거범죄의 자수자에게 특례를 적용하는 것이 아니라 매수죄 또는 기부행위 위반죄를 범한 사람 중 금품 등 이익을 받거나 받기로 승낙한 사람과, 다른 사람의 지시에 따라 금품 등 재산상의 이익이나 공사의 직을 제공하거나 그 제공을 약속한 사람이 자수한 경우에만 자수자에 대한 특례를 적용하여 그 형을 감경 또는 면제한다(§262①).

다만, 후보자나 그 가족이 자수하거나 거짓의 방법으로 이익을 받거나 받기로 승낙한 사람이 자수한 경우에는 자수자의 특례를 적용하지 않는다(§262① 1.).

후보자나 그 가족이 상대 후보자로부터 매수를 받고 자수한 경우에는 경쟁 후보자에 대한 처벌이나 당선무효를 유도하는 행위로 악용될 우려가 있고, 거짓의 방법으로 금품 또는 이익을 받거나 받기로 승낙한

2) 한원도 1996『공직선거및선거부정방지법 축조해설』법전출판사 685쪽

사람이 자수한 경우에는 그 진정성을 담보하기 어렵기 때문이다.[3)]

후보자나 그 가족이 자수를 하는 경우에는 비록 공직선거법에 따른 자수자의 특례를 적용받지 못하지만, 형법의 일반원칙에 따라 임의적으로 그 형을 감면받을 수 있다. 기부행위를 하거나, 매수행위를 하거나, 허위사실을 공표하거나, 후보자를 비방하거나, 선거관리를 침해하는 등 공직선거법에 따른 자수자의 특례가 적용되지 않는 범죄를 저지른 사람이 자수한 경우에도 또한 같다.

3. 형의 감면대상 자수의 요건

가. 자수의 인정요건

자수란 범인이 자발적으로 자신의 범죄사실을 수사기관에 신고하여 그 소추를 구하는 의사표시를 말한다. 자수의 시기에 관하여 아무런 제한을 두고 있지 않으므로, 범죄가 발각된 후에도 범인이 체포 전에 자발적으로 자기의 범죄사실을 수사기관에 신고한 경우에는 이를 자수로 본다.[4)]

또한 자수는 자발적이어야 하므로 수사기관의 신문에 응하여 자신의 범죄사실을 진술하는 것은 자백일 뿐 자수에는 해당하지 않는다. 예컨대, 수사관이 국립과학수사연구소의 분석결과 등을 토대로 피의자의 여죄(餘罪)를 추궁하자 해당 피의자가 다른 범죄사실을 자백한 경우에는 이를 자수로 보지 않는다.[5)]

---

3) 1994년 3월 16일 제정된 공직선거및선거부정방지법은 금품을 받은 사람이 자수한 경우에는 그 형을 면제하도록 규정하였으나, 필요적 면제에 따른 부작용이 지적되자 2000년 2월 16일 필요적 감경 또는 면제로 개정하였다. 입법권자가 자수를 배신자의 언어로 오독(誤讀)한 것으로 보인다.

4) 대법원 1997. 3. 20. 선고 96도1167 전원합의체 판결

일단 자수가 성립되면 그 효력은 확정적으로 발생한다. 자수한 범인이 나중에 진술을 번복하거나 법정에서 범행을 부인하더라도 당초에 발생한 자수의 효력은 소멸되지 않는다.[6]

한편, 선거관리위원회는 수사기관이 아니지만, 선거범죄를 저지른 사람이 선거관리위원회에 자신의 범죄를 신고한 경우 해당 선거관리위원회가 이를 관계 수사기관에 통보한 때에는 적법한 자수로 인정한다. 다만, 투표관리관의 경우 선거관리위원회의 조직법상 신분이 아니고 선거범죄를 조사할 수 있는 권한도 보유하고 있지 않으므로 그에 대한 자수는 성립하지 않는다.[7]

나. 자수시점에 대한 판단

자수는 범인이 수사기관에 그 의사표시를 함으로써 성립하기 때문에 내심의 의사만으로는 인정될 수 없고, 자수의 의사가 외부로 표시되어야 한다. 원칙적으로 매수죄나 기부행위 위반죄를 범한 사람 중 금품 또는 이익을 받거나 받기로 승낙한 사람이 경찰이나 검찰 등 수사기관에 자신의 범죄사실을 알린 때가 자수시점이다.

그러나 공직선거법에서는 선거관리위원회에 자신의 범죄사실을 신고하고 선거관리위원회가 관계 수사기관에 이를 통보한 때에는 자수시점을 소급하여 선거관리위원회에 신고한 시점을 자수한 때로 본다(§262②).

공직선거법에서는 선거범죄를 범한 사람이 자수한 경우에는 선거범죄 신고자로 보호하고, 자수시점이 선거관리위원회가 인지하기 전이라면 포상금도 지급한다(§262의2 · §262의3).

5) 대법원 2006. 9. 22. 선고 2006도4883 판결

6) 대법원 2004. 10. 14. 선고 2003도3133 판결

7) 대법원 2015. 6. 26. 선고 2015도5474 판결

4. 불완전 자수에 관한 쟁점

자수는 본래의 죄에 관하여 신고해야만 형의 감면대상인 자수로 인정받을 수 있다. 판례는 수사기관에 뇌물수수의 범죄사실을 신고하였으나, 그 수뢰액을 실제보다 적게 신고함으로써 적용법조와 법정형이 달라지게 된 경우에는[8] 비록 자수 당시의 신고가 자발적이라 하더라도 본래의 죄에 관하여 신고한 것이 아니므로 자수로 인정하지 않았다.

해당 판례에서 제시한 기준에 따르면 공직선거에서 100만원을 초과하는 금품을 제공받아 기부행위위반죄의 형벌이 적용되어야 할 사람이 과태료 부과대상인 100만원 이하의 금품을 받았다고 거짓으로 자수한 경우 법리적으로 복잡한 상황이 발생할 것으로 보인다. 받은 금액을 실제보다 적게 신고함으로써 공직선거법에 따른 기부행위위반죄가(§257②) 아니라 50배 과태료 부과대상으로(§261⑨) 적용법조와 벌칙이 모두 달라지게 되었으므로, 본래의 죄에 관하여 자수한 것이 아니기 때문이다.

사견으로는 자수자 특례제도의 입법취지를 고려하고 금품 제공자를 적발하는데 기여한 공로를 참작한다면, 이를 필요적 감면이 적용되는 자수로 인정함이 타당해 보인다. 물론 해당 자수자는 선거범죄 신고에 따른 포상금 지급 대상자이고, 선거범죄 신고자로서 그 신원을 보호해야 한다는 점에는 이론의 여지가 없을 것이다.

8) 대법원 2004. 6. 24. 선고 2004도2003 판결. 해당 사건은 실제 5,000만원의 뇌물을 받았으나, 수사망이 좁혀오자 특정범죄 가중처벌법 적용에 따른 중형을 피하고자 3,000만원의 뇌물을 받았다고 축소하여 자수한 사안이다.

제 2 절
선거범죄 고발자의 재정신청

1. 공직선거에서 재정신청 제도의 의의

본래 재정신청 제도는 검찰의 기소독점주의와 기소편의주의에 대한 견제장치로서 범죄에 대한 검사의 불기소처분에 대하여 법원에 그 당부에 관한 재정(裁定)을 신청할 수 있는 제도이다.

기소편의주의를 채택하고 있는 우리의 형사사법 체계에서 검사는 범죄의 혐의가 충분하고 소추요건이 구비되어 있는 경우에도 범인의 연령이나 지능, 범행의 동기와 수단, 피해자에 대한 관계 등을 고려하여 불기소 처분을 할 수 있는 재량을 보유하고 있다. 그러나 그러한 재량에도 내재적 한계가 있으므로, 그 한계를 초월하여 마땅히 기소해야 할 사안을 불기소 처분하는 것은 자의적인 조치로서 이러한 부당한 처분을 시정하기 위한 방법의 하나로서 재정신청제도를 수용하고 있는 것이다.[9]

본래 재정신청은 수사기관의 불법체포·고문 등에 대하여 고소 또는 고발을 한 사람에게 인정하였고, 부패방지법[10]에 따른 공직자의 뇌물·

9) 대법원 1988. 1. 29. 선고 86모58 판결

10) 부패방지법은 2008년 2월 국민고충처리위원회의 설치 및 운영에 관한 법률과 함께 국민권익위원회의 설치와 운영에 관한 법률로 통합되었다.

배임·횡령 등 부패범죄, 의문사 진상규명에 관한 특별법에 따라 의문사 진상규명위원회가 고발한 범죄, 공직선거법에 따른 일부 선거범죄에 대해서는 고발자 또는 고발기관에 한정하여 개별적으로 인정하여 왔다.

그러나 2008년 1월 형사소송법 개정법률의 시행에 따라 모든 고소인은 대상 범죄에 제한이 없이 재정신청을 할 수 있게 되었다. 당초 정부안에서는 고발인에게도 재정신청의 전면 확대를 제안하였으나, 국회 법제사법위원회의 논의과정에서 재정신청의 남발을 우려하여 결국 고발인은 수사기관의 불법체포·고문 등 가혹행위와 개별 법률에서 규정한 죄로 대상범죄를 한정하였다.[11]

형사소송법에 따라 고소권자로서 고소를 한 사람은 모든 범죄에 대하여 재정신청이 가능해졌으므로(§260①), 공직선거법에 따른 재정신청은 이제 후보자와 정당의 중앙당, 그리고 선거관리위원회가 고발한 사건에 대해서만 그 의미를 가지게 되었다.

2. 재정신청 대상 선거범죄

공직선거법에 따라 후보자와 정당의 중앙당 그리고 선거관리위원회가 재정신청을 할 수 있는 선거범죄는 그 범위가 상당히 제한적이다. 예컨대, 매수죄, 선거의 자유방해죄, 기부행위위반죄, 허위사실공표죄 등 중대 선거범죄는 재정신청을 할 수 있지만, 후보자비방죄, 사전선거운동, 인쇄물 배부 및 시설물 설치 등의 범죄에 관해서는 불기소 결정이 있더라도 재정신청이 허용되지 않는다. 물론, 이 경우에도 해당 범죄를 고소한 사람은 형사소송법의 일반조항에 따라 재정신청을 할 수 있다(§260①).

11) 법원행정처 2007. 6.『형사소송법 개정법률 해설』57·58쪽 참조

3. 검찰항고 전치주의 적용

재정신청을 하기 위해서는 그 전심절차로서 반드시 검찰청법에 따른 검찰항고를 거쳐야 한다(§10). 검찰항고는 검사로부터 공소를 제기하지 않는다는 통지를 받은 날부터 30일 이내에 불기소 처분을 한 검사가 소속된 지방검찰청 또는 지청을 거쳐 서면으로 관할 고등검찰청 검사장에게 해야 한다.

재정신청은 검찰항고에 대한 기각결정을 통지받은 날부터 10일 이내에 지방검찰청 검사장 또는 지청장에게 재정신청서를 제출해야 한다. 재정신청서에는 형사소송법에 따라 재정신청의 대상이 되는 사건의 범죄사실 및 증거 등 재정신청의 사유를 적어야 한다(§260④). 만일 재정신청서에 재정신청 심판에 부칠 사건의 범죄사실과 증거 등 재정신청을 이유 있게 하는 사유를 기재하지 않은 경우 해당 재정신청은 기각대상이 된다.[12)]

지방검찰청 검사장 또는 지청장은 재정신청서를 제출받은 날부터 7일 이내에 재정신청서·의견서·수사 관계서류 및 증거물을 고등검찰청을 경유하여 관할 고등법원에 보내야 한다.

4. 재정신청 인용 시의 처리

고등법원이 재정신청서를 송부받은 때에는 그 날부터 3개월 이내에 재정결정을 해야 한다(형사소송법 §262②). 이 경우 고등법원의 공소제기 결정에 대해서는 불복할 수 없다. 공소제기 결정에 잘못이 있더라도 본안 사건의 재판을 통하여 바로 잡을 수 있는 기회가 있기 때문이다.[13)]

12) 대법원 2002. 2. 23. 선고 2000모216 판결

13) 대법원 1997. 11. 20. 선고 96모119 전원합의체 결정

고등법원이 재정신청에 관한 결정을 한 때에는 즉시 그 정본을 재정신청인·피의자와 관할 지방검찰청 검사장 또는 지청장에게 송부한다. 이 경우 공소제기 결정을 한 때에는 관할 지방검찰청 검사장 또는 지청장에게 사건기록을 함께 송부해야 한다.

공소제기 결정서를 송부받은 관할 지방검찰청 검사장 또는 지청장은 지체 없이 담당 검사를 지정하고, 지정받은 검사는 공소를 제기해야 한다(형사소송법 §262⑥). 과거 재정신청에 대한 부심판 결정이 있는 경우 법원이 변호사를 지정하여 공소유지를 담당하도록 하였으나, 2008년 형사소송법의 개정에 따라 이제는 검사가 공소를 유지하도록 제도가 변경되었다.

제 3 절
선거범죄에 대한 공소시효

1. 선거범죄의 공소시효

가. 선거범죄 공소시효 제도의 취지

공소시효는 범죄 성립시부터 기산하여 국가의 형벌권을 행사할 수 있는 기한을 의미한다. 범인의 장기간 도피생활에 따른 고통과 반성을 고려하고, 세월의 경과에 따라 증인의 기억이 흐려지거나 심지어 사망할 가능성도 있으며, 증거가 유실됨에 따라 현실적으로 범죄입증이 곤란한 점 등을 고려한 것이다.

일반범죄의 공소시효는 범죄행위가 종료한 때로부터 진행하여 법정형에 따라 정해진 기간의 경과로 완성되지만, 선거범죄의 공소시효는 선거일 후 6개월을 경과함으로써 완성된다(§268① 본문). 다만, 선거중립 의무가 부과된 공무원의 선거범죄와 대한민국의 영토 밖에서 범한 선거범죄에는 특별한 공소시효를 적용한다.

선거일부터 공소시효를 기산하는 취지는 선거일까지 발생한 범죄에 대하여는 그 시기를 묻지 않고 공소시효의 진행을 정지하였다가 선거일 후에 일괄하여 진행되도록 하려는 데 있다.[14)]

14) 대법원 2012. 10. 11. 선고 2011도17404 판결

나. 단기의 공소시효를 정한 취지

형사소송법은 공소시효의 기간을 장기 10년 미만의 징역 또는 금고에 해당하는 범죄는 7년, 장기 5년 미만의 징역이나 금고 또는 벌금에 해당하는 범죄는 5년으로 정하고 있다(§249①).

공직선거법에서는 선거결과를 조속히 확정하고 선거로 야기된 정국의 불안을 특정한 시기에 일률적으로 종료시키기 위한 입법자의 결단에 따라[15] 선거일 후 6개월의 짧은 공소시효를 규정하여 형사소송법에 따른 공소시효에 특례를 둔 것이다.

다. 공무원·국외범죄의 공소시효 연장

공직선거에서 중립의무가 부과된 공무원이 직무와 관련하여 또는 지위를 이용하여 범한 선거범죄의 공소시효는 해당 선거일 후 10년을 경과해야 완성된다(§268③). 해당 규정은 2012년 12월 실시한 대통령선거에서 국가정보원과 사이버사령부 일부 직원의 선거개입이 드러나자 이에 대한 처벌강화의 일환으로 신설되었다.

본 조에는 공무원의 선거범죄에 관하여 특별한 공소시효를 두고 정권이 바뀐 후에도 끝까지 추적하여 단죄하겠다는 엄정한 입법 의도가 담겨 있다. 공무원의 선거개입은 자유선거의 원칙과 선거의 공정을 심각하게 훼손하는 중대한 선거범죄이기 때문이다.

한편, 재외선거를 실시하는 때에 국외에서 범한 선거범의 공소시효는 해당 선거일 후 5년을 경과함으로써 완성되고(§218의26①), 선상투표를 실시하는 경우 해당 선박에서 범한 선거범죄의 공소시효는 범인이 국내에 들어온 날부터 6개월을 경과함으로써 완성된다(§268②).

15) 헌법재판소 2020. 3. 26. 선고 2019헌바71 결정

2. 공소시효 기산 기준일

공소시효 기산의 기준일로 '해당 선거일'이란 선거범죄와 직접 관련된 선거의 투표일을 말한다. 따라서 지난 선거와 다음 선거의 중간에 범행이 이루어진 경우 그 선거범죄가 어느 선거와 관련하여 행하여진 것인지에 따라 공소시효의 기산일을 판단한다.[16]

예컨대, 현직시장이 2004년 4월부터 2005년 5월까지 기부행위를 한 사안에서, 법원은 기부행위가 그 성질상 향후 실시하게 될 선거와 관련하여 이루어지고, 평소 차기 시장선거에 출마의사를 피력한 점 등을 이유로 해당 기부행위가 직전 선거와 관련된 것이 아니라 2006년 실시될 시장선거와 관련하여 행해진 것으로 보아 그 공소시효의 기산일을 2006년 5월 31일로 판단한 바 있다.

한편, '선거일 후'란 선거일 다음 날부터를 의미하고, '선거일 후 행하여진 범죄'란 선거일 후에 행하여진 일체의 선거범죄를 의미한다. 따라서 선거일부터 10개월이 지난 후에 선거운동 대가를 지급한 경우에는 그 행위를 한 날이 공소시효 기산일이 되므로, 그 날부터 6개월까지 기소가 가능하다.[17] 선거의 불가매수성을 보호하기 위하여 공소시효가 멀리까지 동행한다.

참고적으로 단일하고 계속된 범의를 가지고 피해법익이 같은 동종의 범행을 일정 기간 반복하여 저지름에 따라 각 범행이 포괄일죄가 되는 경우 그 공소시효는 최종의 범죄행위가 종료된 때부터 진행된다.[18] 주로 선거 후 매수행위에서 쟁점이 될 것이다.

---

16) 대법원 2006. 8. 25. 선고 2006도3026 판결

17) 대검찰청 2020. 3.『공직선거법 벌칙해설』제10개정판 158쪽

18) 대법원 2012. 9. 27. 선고 2012도4637 판결

3. 금품수수 범죄에 일반 공소시효 적용

선거에서 후보자가 기부행위 또는 매수를 위하여 금품을 수수하는 경우, 그러한 행위는 대부분 선거범죄와 정치자금범죄가 동시에 성립하게 된다. 예컨대, 지방의원선거에서 후보자가 되려는 사람이 정당의 공천을 받기 위하여 국회의원에게 금품을 제공한 경우, 주고받은 사람 모두에게 선거범죄로서 후보자추천 매수죄와 기부행위위반죄가 성립되고, 이러한 행위는 정치자금법이 정하지 않는 방법의 정치자금을 수수한 것이 되어 정치자금 부정수수죄도 함께 성립되는 것이다.

이처럼 한 개의 행위가 여러 개의 죄에 해당하는 경우를 상상적 경합이라 한다. 이 경우 형법의 경합범 처벌의 원칙에 따라 가장 무거운 죄에 대하여 정한 형으로 처벌한다(§40).

판례는 상상적 경합이 성립하는 범죄에서 일부 범죄가 친고죄로서 피해자의 고소가 취하되어 처벌할 수 없더라도 다른 범죄의 공소시효가 남아 있으면 그 범죄는 처벌할 수 있다고 보았다.[19] 상상적 경합이 성립되는 경우 가장 중한 죄에 정한 형으로 처벌한다는 것은 경한 죄는 중한 죄에 정한 형으로 처단된다는 것이지 경한 죄의 처벌을 면제한다는 의미가 아니기 때문이다.

실제 2012년 4월 실시된 제19대 총선에서 국회의원 후보자가 군의원에게 '선거자금을 먼저 집행해주면 이를 갚겠다' 약속하고, 그 군의원은 선거일을 전후하여 해당 후보자를 위한 선거자금으로 총 2억 4,800만 원을 기부행위 등으로 집행하였으나, 4년여가 지난 2016년 2월 해당 군의원의 신고에 따른 선거관리위원회의 조사와 고발조치로 뒤늦게 기

19) 대법원 1983. 4. 26. 선고 83도323 판결 참조. 해당 사안은 강간미수죄와 감금죄를 상상적 경합으로 판단하면서, 피해자가 친고죄인 강간미수죄의 고소를 취하함에 따라 해당 범죄는 처벌할 수 없지만, 이와 상상적 경합관계에 있는 감금죄로 처벌할 수 있다며 원심판결을 파기한 사건이다.

소된 사건이 있었다.

법원은 이 사건 범행이 정치자금범죄와 선거범죄의 상상적 경합관계에 있고, 형이 더 무거운 선거범죄의 공소시효가 완성되었더라도 피고인을 정치자금범죄로 처벌하는 데에는 아무런 영향을 미치지 않는다고 보았다. 즉, 선거범죄의 공소시효가 이미 완성되었음에도 해당 사건에서 정치자금범죄의 공소시효는 여전히 남아 있으므로 정치자금 부정수수죄로 처벌한 것이다.[20]

하급심은 국회의원선거의 후보자가 군의원으로부터 정치자금법에 정하지 않은 방법으로 2억 4,800만 원의 선거자금을 무상으로 대여받은 행위가 그 금융이익, 즉 이자 상당액의 정치자금을 기부받은 것으로 판단하였다. 대법원 또한 정치자금 부정수수로 인한 정치자금범죄는 기부행위제한 위반 내지 선거인 매수로 인한 공직선거범죄와 상상적 경합관계에 있다는 점을 확인하면서, 선거범죄에 대하여 공소시효가 완성되었더라도 정치자금범죄로 처벌할 수 있다고 판단한 원심의 판결에 잘못이 없다고 보았다.[21]

해당 국회의원은 2016년 실시한 제20대 총선에서도 당선되었으나, 2012년 제19대 총선의 불법행위에 대한 심판이 2019년 6월에야 이루어져 뒤늦게 피선거권이 박탈되고 국회의원직에서 물러나게 되었다. 이처럼 선거에서 돈을 주고받은 사람은 오늘 밤에도 발을 뻗고 잠들지 못한다. 정치자금 부정수수죄는 법정형이 5년 이하의 징역형이므로, 그 공소시효는 형사소송법에 따라 7년이 지나야 완성되기 때문이다(§249① 4.).

---

20) 대구지방법원 2019. 2. 19. 선고 2018노1903 판결

21) 대법원 2019. 6. 13. 선고 2019도4044 판결

4. 범인 도피 시 공소시효 연장

선거범죄를 저지른 범인이 스스로 도피하거나, 범인이 공범이나 참고인을 도피시킨 경우에는 그 공소시효가 3년으로 연장된다(§268① 단서). 다만, 공범이나 참고인이 범인과 공모함이 없이 자발적 의사에 따라 도피한 경우에는 공소시효가 연장되지 않는다.

범인이 도피한 때란, 주관적으로 범인에게 수사기관의 검거·추적으로부터 벗어나려는 도피의사가 있어야 하고, 객관적으로는 수사기관의 검거·추적이 불가능한 도피상태에 있어야 한다. 따라서 범인에게 도피의사가 없거나, 범인의 인적사항이 불명이거나, 수사기관이 범인의 소재를 알지 못하거나, 범인이 단순히 수사기관의 소환에 불응하고 있을 뿐 강제수사가 가능한 경우에는 도피상태라 볼 수 없어 공소시효가 정지되지 않는다.[22)]

공범이란 공동정범, 교사범, 방조범을 말하고, 참고인은 피의자가 아닌 사람으로서 수사상 필요에 따라 일정한 장소에 출석을 요구받은 사람을 지칭한다. 도피시킨 때란 형법의 범인도피죄에서 말하는 '도피하게 하는 행위'와 같은 의미이다(§151). 이는 범인 은닉 이외의 방법으로 범인에 대한 수사, 재판, 형의 집행 등 형사사법의 작용을 곤란하게 하거나 불가능하게 하는 일체의 행위를 말하는 것으로서 그 수단과 방법에는 아무런 제한이 없다.

판례는 범인이 아닌 사람이 수사기관에 범인임을 자처하고 허위진술을 함에 따라 수사에 혼선을 주어 진범의 체포와 발견에 지장을 초래한 행위도 범인도피죄에 해당한다고 보았다.[23)]

---

22) 대법원 2010. 5. 13. 선고 2010도1386 판결

23) 대법원 2000. 11. 24. 선고 2000도4078 판결

5. 공소시효의 진행과 정지

공소시효는 공소의 제기로 진행이 정지되고 공소기각 또는 관할위반의 재판이 확정된 때로부터 다시 진행된다(형사소송법 §253①). 또한 고소를 한 사람이 검사의 불기소처분에 불복하여 재정신청을 한 경우에는 그때부터 고등법원의 재정결정이 확정될 때까지 공소시효의 진행이 정지된다(형사소송법 §262의4①).

공범 중 1인에 대한 공소시효의 정지는 다른 공범자에 대하여도 효력이 미치고, 해당 사건의 재판이 확정된 때부터 다시 공소시효가 진행된다(형사소송법 §253②). 아울러 포괄일죄의 일부분에 대하여 공소가 제기된 경우에는 해당 공소사실과 동일성이 있는 범위에서 비록 공소가 제기되지 않은 부분이 있더라도 법원의 잠재적 심판대상이 되어 공소시효가 정지된다.[24)]

한편, 범인이 형사처분을 면할 목적으로 국외에 있는 경우 그 기간 동안 공소시효가 정지된다(형사소송법 §253③). 해당 조항의 입법 취지는 범인이 우리나라의 사법권이 미치지 못하는 외국에 도피의 수단으로 체류한 경우 그 기간은 공소시효가 진행되는 것을 저지하여 국가의 형벌권을 적정하게 행사하기 위한 것이다.[25)]

---

24) 대법원 2019. 3. 28. 선고 2018도18934 판결

25) 대법원 2022. 9. 29. 선고 2020도13547 판결

제 4 절
선거범의 재판에 관한 특례

1. 선거범에 대한 재판의 관할

공직선거법에서는 선거범에 관한 제1심 재판을 지방법원 또는 그 지원의 합의부 관할로 하도록 규정하고 있다(§269). 선거범에 관한 재판은 당선 또는 선거의 효력과 공무담임권 등에 직접적인 영향을 미치게 되므로, 공직선거법은 이러한 사건의 재판을 보다 신중히 심리하라는 취지에서 합의부의 관할로 규정한 것이다.

검찰에서는 해당 규정의 취지에 비추어 선거범에 대하여 약식기소를 하는 것은 부적절하다고 보아 벌금형을 구형할 사안이라도 정식기소가 타당한 것으로 판단하고 있다.[26)]

2. 신속한 재판을 위한 강행규정

공직선거법에서 선거범에 관한 재판은 다른 재판에 우선하여 신속히 해야 하며, 그 판결의 선고는 제1심에서는 공소가 제기된 날부터 6월 이내에, 제2심과 제3심에서는 전심 판결의 선고가 있은 날부터 반드

26) 대검찰청 2020. 3. 앞의 책 162쪽

시 각각 3월 이내에 하도록 규정하고 있다(§270).

선거범에 대한 재판을 신속히 진행하도록 법원에 의무를 부과한 것은 선거에 관한 분쟁을 조기에 해결하고 불법행위로 취득한 당선인의 지위를 조속히 박탈하기 위한 취지이다. 그럼에도 법원이 선거범의 재판기간에 관한 강행규정을 준수하지 못한 경우 해당 판결을 무효라 할 수는 없다.[27]

반면에 법원이 공직선거법의 선거범에 대한 재판의 강행규정을 준수하기 위하여 선고기일을 염두에 두고 공판기일을 정하여 진행하였더라도, 검사의 공소유지와 피고인의 방어권 행사에 실질적인 지장을 초래하지 않는 범위에서 이루어졌다면 이를 자의적인 재판진행이라 할 수 없다.[28]

3. 궐석재판과 형의 선고

공직선거법은 선거범에 관한 재판에서 피고인이 적법한 소환을 받고도 공판기일에 출석하지 않은 때에는 다시 기일을 정하고, 다시 정한 기일 또는 그 후에 열린 공판기일에도 피고인이 정당한 사유없이 출석하지 않으면 피고인의 출석없이 공판절차를 진행할 수 있도록 규정하고 있다(§270의2).

피고인의 출정이 없는 궐석재판에서 판결의 선고도 가능하며, 법원이 판결을 선고한 때에는 피고인 또는 변호인에게 전화 기타 신속한 방법으로 그 사실을 알려야 한다. 선거범에 대한 궐석재판 제도는 1심은 물론 항소심에도 적용된다.[29]

---

27) 대법원 2007. 8. 23. 선고 2007도4118 판결
28) 대법원 2002. 6. 25. 선고 2002도45 판결
29) 대검찰청 2020. 3. 앞의 책 162 · 163쪽

선거범에 대한 궐석재판제도는 피고인이 법원의 공판기일 소환장을 받고도 의정활동이나 질병을 이유로 재판에 불출석함에 따라 재판이 지연되는 문제점을 해소하기 위해 2004년 3월 공직선거법의 개정으로 도입하였다.

4. 선관위에 기소 · 확정판결 통지

공직선거법에서는 검사가 선거범죄로 당선인, 후보자, 후보자의 직계존·비속 및 배우자, 선거사무장, 선거사무소의 회계책임자를 기소한 때에는 해당 선거구선거관리위원회에 그 사실을 통지하도록 규정하고 있다(§267①).

이처럼 검사의 기소처분을 관할 선거관리위원회에 통지하도록 의무를 부과한 것은 해당 선거관리위원회가 향후 당선무효에 따른 재선거를 미리 대비할 수 있도록 하기 위한 취지로 보인다.[30] 기소처분에 따른 통지대상 신분의 범위가 선거범죄로 인한 당선무효에 해당하는 사람들이고, 일반인을 기소한 경우에는 검사의 통지의무가 없기 때문이다.

아울러 공직선거법은 선거범죄의 확정판결을 내린 재판장은 그 판결서 등본을 관할 선거관리위원회에 송부하도록 규정하고 있다(§267②). 이는 당선무효에 따른 재선거 실시사유를 확정하고, 신고자 포상금 반환, 50배 과태료 부과 등 관할 선거관리위원회의 조사·단속업무 처리에 적정을 기하기 위한 취지로 보인다.

30) 대검찰청 2020. 3. 앞의 책 157쪽

제 5 절 당선무효와 형의 분리선고

1. 당선무효 제도의 취지

공직선거법은 헌법과 지방자치법에 따른 선거가 국민의 자유로운 의사와 민주적인 절차에 따라 공정하게 치러지도록 하고 선거와 관련한 부정을 방지함으로써 민주정치의 발전에 기여함을 목적으로 한다(§1).

따라서 위법하거나 부정한 방법으로 당선된 사람이 있다면 당연히 그 지위를 박탈하여 이익을 향유할 수 없도록 하는 것이 공직선거법의 입법취지와 민주적 선거의 본질에 부합된다. 특히 선거에서 후보자의 가족, 그의 선거사무장 또는 회계책임자가 저지른 매수와 기부행위는 전적으로 후보자의 당선을 위한 행위이므로, 해당 후보자를 공범으로 형사처벌은 못하더라도 그 당선을 무효로 하여 불법행위에 따른 이익을 박탈하는 것이 바람직할 것이다.

헌법재판소는 배우자의 선거범죄로 인한 당선무효 규정에 대하여 배우자가 죄를 저질렀다는 이유만으로 후보자에게 불이익을 주는 연좌제가 아니라 후보자와 불가분의 선거운명공동체를 형성하여 활동한 배우자의 실질적 지위와 역할을 근거로 후보자에게 연대책임을 부여한 것으로 보았다.[31)]

2. 선거 · 정치자금 범죄로 인한 당선무효의 요건

가. 당선인의 선거 · 정치자금 범죄

당선인이 해당 선거에서 모든 선거범죄 또는 정치자금법에 따른 선거비용 관련 범죄(§49)로[32] 징역 또는 100만원 이상의 벌금형의 확정된 때에는 그 당선을 무효로 한다(공직선거법 §264).

여기에서 '해당 선거'의 의미는 당선인이 출마한 특정한 개별적 선거구를 의미하는 것이 아니라 대통령선거, 국회의원선거, 지방의원선거, 지방자치단체의 장의 선거 등 선출하는 대표의 성격이 같은 선거를 말한다.[33] 예컨대, 국회의원선거에서 지역구이든 비례대표이든 모두 국민의 대표를 선출하는 선거이므로, 정당의 대표가 지역구 국회의원선거에서 당선되더라도 비례대표 국회의원선거의 후보자 추천매수죄로 징역 또는 100만원 이상의 벌금형이 확정된 때에는 해당 지역구의 당선이 무효로 된다는 의미이다.

그러나 동시지방선거에서는 기초의원선거의 후보자가 시장선거의 후보자를 위한 매수행위로 벌금 100만원이 확정된 경우 기초의원선거에 당선되었더라도 해당 선거에 관한 범죄가 아니기 때문에 당선무효가 아니라 피선거권 상실에 따른 퇴직사유가 된다.

당선인은 당초 선거관리위원회가 당선인으로 결정한 사람을 말하므로, 임기가 개시된 후에도 법원의 판결 등으로 당선무효 사유가 발생하면 그 지위가 박탈되고 재선거의 실시사유가 된다.

31) 헌법재판소 2005. 12. 22. 선고 2005헌마19 결정

32) 정치자금법 제49조는 회계책임자가 선거비용 회계보고 불이행 · 허위보고 또는 누락보고시 5년 이하의 징역 또는 2천만원 이하의 벌금에 처하고, 계좌 외의 수입 · 지출 또는 영수증 위변조를 한 사람은 2년 이하의 징역 또는 2천만원 이하의 벌금에 처하도록 규정하고 있다.

33) 대법원 2012. 10. 11. 선고 2010두28069 판결

나. 당선인 가족의 정치부패 범죄

후보자의 직계존비속과 배우자가 해당 선거에서 공직선거법의 매수죄, 기부행위위반죄 중 기부를 한 죄 또는 정치자금법에 따른 정치자금 부정수수죄(§45①)를[34] 범하여 징역형 또는 300만원 이상의 벌금형이 확정된 때에는 해당 후보자의 당선을 무효로 한다(공직선거법 §265). 배우자는 후보자와 일상을 공유하는 신분이고, 직계존비속은 후보자와 선거운명공동체를 형성하여 활동하기 때문에 해당 후보자에게 연대책임을 부여한 것이다.

다만, 다른 사람의 유도 또는 도발에 의하여 해당 후보자의 당선을 무효로 되게 하기 위하여 죄를 저지른 경우에는 예외로 하고, 대통령선거와 비례대표선거에서는 적용하지 않는다. 당선인 가족의 매수범죄로 대통령선거와 비례대표선거에서 당선의 효력을 무효로 하는 것은 자기책임의 원리에 반하는 측면이 있다. 해당 선거에서는 정당이 권리의무의 주체이기 때문이다.

다. 선거사무장·회계책임자의 정치부패 범죄

선거사무장 또는 선거사무소의 회계책임자가 해당 선거에서 당선인 가족의 당선무효 대상 부패범죄와 동일한 범죄로 징역형 또는 300만원 이상의 벌금형이 확정된 때에는 해당 후보자의 당선을 무효로 한다(§265). 선거사무장과 선거사무소의 회계책임자는 선임되기 전의 행위를 포함하고, 회계책임자의 범위에는 신고되지 않았더라도 후보자와 통모(通謀)하여 선거비용제한액의 3분의 1 이상을 선거비용으로 지출한 사람, 즉 사실상의 회계책임자를 포함한다.

---

34) 정치자금법 제45조의 정치자금 부정수수죄 중 정치자금법이 정하지 않은 방법으로 정치자금을 수수한 행위를 처벌하는 규정을 말한다.

선거에서 선거사무장 또는 선거사무소의 회계책임자가 저지른 매수와 기부행위는 전적으로 후보자의 당선을 위한 행위로서 총체적으로는 후보자의 의사지배하에서 이루어진 것으로 보기 때문에 해당 후보자의 당선을 무효로 하는 것이다. 다만, 다른 사람의 유도 또는 도발에 의한 경우 예외로 하는 점과 적용대상 선거의 범위는 앞서 살펴본 당선인 가족의 부패범죄의 예와 같다.

라. 선거사무장 · 회계책임자의 선거비용 범죄

선거사무장 또는 선거사무소의 회계책임자가 선거비용제한액의 0.5% 이상을 초과지출하여 징역형 또는 300만원 이상의 벌금형이 확정된 경우 해당 후보자의 당선은 무효로 한다(§263①). 선거비용의 초과지출은 총량규제를 위반하여 무기대등의 원칙이 무너지고 선거의 공정을 침해한 것이므로 해당 후보자의 당선을 무효로 하는 것이 헌법정신과 공직선거법의 입법취지에 부합될 것이다.

아울러 선거사무소의 회계책임자가 정치자금법에 따른 선거비용 허위보고 등의 죄[35]를 범하여 징역형 또는 300만원 이상의 벌금형이 확정된 경우에도 해당 후보자의 당선을 무효로 한다(§263②). 다만, 해당 규정은 후보자에게 회계책임자에 대한 감독책임을 묻기 어려운 대통령선거와 비례대표선거에는 적용하지 않는다.

여기에서 회계책임자의 범위에는 예비후보자의 회계책임자가 포함된다.[36] 거듭 강조하지만 억울한 당선무효를 면하려면 회계책임자의 선임과 감독에 특별한 주의를 기울여야 한다.

---

35) 해당 범죄는 정치자금법 제49조의 선거비용 관련 위반행위에 관한 벌칙 중 회계보고 불이행 · 허위보고 · 누락보고에 관한 죄(제1항), 회계보고서의 영수증 그 밖의 증빙서류를 허위기재 · 위조 · 변조한 죄(제2항제6호)를 말한다.

36) 중앙선거관리위원회 2005. 7. 18. 의결 참조

3. 당선무효 범죄의 분리선고 취지

판결이 확정되지 않은 여러 개의 죄를 동시에 판결하는 때에는 경합범 처벌에 관한 형법의 일반원칙에 따라 처벌해야 하므로, 실체적 경합범을 병합하여 심리하는 때에 같은 종류의 형인 경우에는 가장 무거운 죄에 정한 형의 장기 또는 다액(多額)에 그 2분의 1까지 가중하여 선고해야 한다(형법 §38① 2.).

이러한 원칙에 따라 선거범죄와 일반범죄의 실체적 경합범을 병합하여 심리하게 되면, 당선무효 또는 후보자 피선거권 제한의 기준이 되어야 할 선거범죄의 죄질이나 법익침해의 정도와 무관하게 일반범죄의 가벌성이 선고형에 큰 영향을 줄 수 있다.

이에 따라 선거범이 아닌 다른 죄가 선거범의 양형에 미치는 영향을 최소화하기 위하여 피선거권이 제한되는 범죄는 형법상 경합범의 처벌례에 관한 일반조항의 적용을 배제하고 다른 범죄와 분리 심리하여 형을 따로 선고한다(§18③). 선거범죄가 경미하여 그것만으로 처벌될 경우 소액의 벌금형에 그칠 사안이 다른 범죄와 경합범으로 함께 처벌되면 100만원 이상의 벌금형이 선고되어 당선무효와 피선거권의 제한을 초래하기 때문이다.[37]

이러한 문제는 후보자의 가족, 그의 선거사무장 또는 회계책임자가 당선무효에 해당하는 매수죄나 기부행위 위반죄를 범하고 다른 범죄와 함께 기소되어 실체적 경합범으로 병합하여 심리하는 경우에도 동일하게 발생한다. 당선무효 대상 범죄가 아닌 일반범죄의 가벌성이 높으면 당선무효를 초래할 수 있기 때문이다.

37) 대법원 2004. 2. 13. 선고 2003도3090 판결

4. 신분별 분리선고 대상 범죄

가. 누구든지

공직선거법은 실체적 경합범을 병합하여 심리하도록 규정한 형법 규정에도 불구하고 100만원 이상의 벌금형으로 5년간 선거권이 제한되는 범죄와 다른 죄의 경합범에 대하여는 이를 분리 선고하도록 규정하고 있다(§18③). 100만원 이상의 벌금형으로 5년간 선거권이 제한되는 범죄는 선거범죄와 정치자금법에 따른 정치자금부정수수죄(§45) 및 선거비용 관련 범죄(§49)가 있다.

해당 규정은 공직선거의 후보자뿐만 아니라 모든 사람들에게 적용되는 일반규정이다. 선거권이 없는 사람은 투표할 수 없어 참정권이 제한되고, 선거운동을 할 수 없어 표현의 자유가 침해되며, 피선거권이 제한되어 공무담임권이 제약될 수 있으므로, 경합범을 심리할 경우 헌법상 기본권 제한에 미치는 영향을 차단하기 위하여 입법자가 세심한 배려를 한 것으로 보인다.

나. 후보자의 배우자와 가족

공직선거법은 후보자의 직계존비속과 배우자에게 당선무효에 해당하는 범죄와 다른 선거범죄 또는 정치자금법의 정치자금부정수수죄(§45) 및 선거비용 관련 범죄(§49)의 경합범으로 징역형 또는 300만원 이상의 벌금형을 선고하는 때에는 이를 분리 선고하도록 규정하고 있다(공직선거법 §18③). 해당 규정은 특정 신분이 당선무효에 해당하는 선거범죄 또는 정치자금 범죄를 범한 경우 해당 범죄 상호간에도 분리선고를 의무화하고 있는 점에 의미가 크다.

예컨대, 후보자의 자녀가 선거인 1~2명에게 조촐한 식사를 제공하던 중 단속활동에 나선 선거관리위원회 직원과 실랑이가 벌어져 해당 직원을 폭행한 경우 동종의 선거범죄로서 기부행위위반죄와 선거관리침해죄의 실체적 경합범이 성립된다. 이 경우 선거관리침해죄는 벌금형 하한이 500만원 이상이므로, 두 개의 죄를 병합하여 심리하게 되면 특별한 사정이 없는 한 당선무효를 피하기 어렵기 때문이다.

다. 선거사무장 · 회계책임자

공직선거법은 선거사무장 · 선거사무소의 회계책임자에게 당선무효에 해당하는 범죄와 다른 선거범죄 또는 정치자금법의 정치자금부정수수죄(§45) 및 선거비용 관련 범죄(§49)의 경합범으로 징역형 또는 300만원 이상의 벌금형을 선고하는 때에는 이를 분리 선고하도록 규정하고 있다(공직선거법 §18③).

이에 따라 선거사무장 또는 선거사무소의 회계책임자가 정치자금법에 따른 정치자금부정수수죄 중 정치자금법이 정하지 않은 방법으로 정치자금을 기부하거나 기부를 받은 죄(§45①), 즉 당선무효 대상범죄와, 법인 · 단체와 관련된 자금으로 정치자금을 기부하거나 업무 · 고용관계 등으로 타인의 의사를 억압하는 방법으로 정치자금 기부를 알선한 죄(§45②)를 범하여 같은 정치자금 범죄간 경합범이 성립된 경우에도 이를 분리 선고해야 한다.

여기에서 회계책임자의 범위에는 선거사무소의 회계책임자로 선임 · 신고되지 않았더라도 후보자와 통모하여 선거비용제한액의 3분의 1 이상을 지출한 사람, 즉 사실상의 회계책임자를 포함한다.

선거범과 정치자금 범죄에 관해서는 법원이 세심하게 심리를 진행하겠지만, 선거사무장이나 선거사무소의 회계책임자가 당선무효에 해당하는 범죄와 다른 범죄의 실체적 경합범으로 기소된 경우에는 해당 후보자도 적극적으로 대응할 필요가 있다.

5. 분리선고에 따른 공판절차

벌금형만으로 선거권이 제한되는 선거범죄 및 정치자금범죄와 다른 범죄의 경합범에 대한 분리심리를 위한 공판절차의 진행은 사건기록을 분리할 필요가 없이 처음 공판기일에 선거범을 다른 죄와 분리 심리할 것을 결정·고지하고 같은 기록에 별도의 공판조서를 작성하여 진행한다. 판결은 특별한 사정이 없는 한 하나의 판결문으로 선고하되, 형만을 분리하여 선거범죄 등에 대한 형벌과 그 밖의 죄에 대한 형벌로 나누어 정한다.

만일 공소사실에 불명확한 점이 있어 선거범죄 등과 다른 죄가 형법 일반원칙의 적용을 받는 경합범으로 기소되어 있는지 분명하지 않다면, 법원은 그 불명확한 점에 관하여 석명(釋明)을 구하는 등의 방법으로 공소사실을 특정한 후 사건을 선거범죄 등과 다른 죄로 분리하여 심리해야 한다.[38]

6. 상상적 경합범의 처리

선거범과 상상적 경합관계에 있는 다른 범죄에 대하여는 형법의 일반원칙에 따라 그 중 가장 무거운 죄에 정한 형으로 처벌해야 하고(형법 §40), 이때 처벌받는 가장 무거운 죄가 선거범인지를 묻지 않고 선거범과 상상적 경합관계에 있는 모든 죄는 통틀어 선거범으로 취급한다.[39]

예컨대, 다른 사람의 자동차 운전면허증을 제시하여 그 사람의 성명을 사칭하는 방법으로 투표하려는 경우, 이는 형법상 공문서 부정행

38) 대법원 1999. 4. 23. 선고 99도636 판결
39) 대법원 1999. 4. 23. 선고 99도636 판결

사죄(§230)와 공직선거법상 사위투표죄(§248①)의 상상적 경합이 성립되므로 이를 선거범으로 취급하는 것이다.[40]

이 경우 100만원 이상의 벌금형이 확정되면 선거범에 대한 형벌 외의 제재효과가 그대로 적용된다. 예컨대, 해당 선거에서 당선이 무효로 되고, 공무원의 결격사유에 해당하여 공직에서 퇴직되며, 판결 확정 후 5년간 선거권과 피선거권이 박탈된다.

40) 서울고등법원 2015. 2. 11. 선고 2014노3562 판결

제 6 절

과태료 부과 · 징수의 특례

1. 공직선거법의 과태료 개요

과태료는 행정질서벌로서 형벌과 더불어 벌칙의 일종이다. 공직선거법에서는 해당 법률에서 규정하고 있는 각종 신고와 제출 등 행정상 의무를 위반한 경우와, 형사상 처벌규정에 저촉되지만 기부행위 제한규정이나 매수행위로 100만원 이하의 금품을 받은 일부 사람에게 과태료를 부과하는 규정을 두고 있다(§261).

행정상 의무를 위반하여 공직선거법에 따라 과태료가 부과되는 사례를 살펴보면, 각급 선거방송토론위원회가 주최하는 후보자 초청 대담·토론회에 참석하지 않거나, 거소투표신고인을 수용하고 있는 기관·시설의 장이 기표소를 설치하지 않거나, 선거사무장·선거사무원 또는 회계책임자가 선거관리위원회가 교부한 표지를 패용하지 않고 선거운동을 하거나, 선거범죄 등의 조사를 위한 선거관리위원회 또는 선거여론조사심의위원회의 출석요구에 불응한 경우 등을 들 수 있다.

과태료는 형벌이 아니므로 공직선거법에 따라 선거관리위원회가 부과하는 과태료에는 질서위반행위규제법의 일반규정과 공직선거법이 정한 특례규정을 적용한다. 이 또한 적법절차에 따라야 한다.

2. 과태료 부과 · 징수 특례규정의 취지

과태료에 관한 총칙법의 성격을 가진 질서위반행위규제법은 과태료의 부과·징수, 재판 및 집행 등의 절차에 관하여 다른 법률의 규정 중 질서위반행위규제법에 저촉되는 것은 해당 법률이 정한 바에 따르도록 하여, 질서위반행위규제법이 과태료에 관한 일반법이면서도 특별법과 유사하게 우선 적용됨을 밝히고 있다(§5).

따라서 개별 법률에서 과태료의 부과·징수에 관한 규범을 형성하는 때에는 가급적 총칙법의 지위를 보유한 질서위반행위규제법의 취지를 존중하여 과태료에 관해서도 통일적인 법질서를 형성하는 것이 바람직할 것이다.

그러나 짧은 선거기간 중 다수인이 연루되어 집중적으로 발생하는 공직선거법 위반행위에 대하여 통상적인 과태료 부과 및 징수절차로는 효과적인 대응이 어렵다. 이에 따라 공직선거법에서는 위반행위를 효과적으로 억제하고 공정한 선거질서를 담보하기 위하여 과태료 처분에 대한 이의제기, 이의제기시 과태료 부과처분의 효력, 과태료의 징수위탁 등에 관하여 질서위반행위규제법의 특례를 두고 있다(§261⑪).

과태료제도가 경미범죄의 소추에 따른 형사사법 시스템의 부하를 경감시키고 전과자의 양산을 방지하는 등 비범죄화의 긍정적 효과도 무시할 수 없다. 특히 선거에 관하여 기부를 받은 사람에 대한 50배 과태료 부과제도가 입법자에게 영감을 주어 선거법 위반행위를 억제하기 위한 효율적인 정책수단으로 인식되면서 위탁선거법, 농업협동조합법, 새마을금고법 등 다른 선거 관련 법률에 경쟁적으로 도입된 점은 시사하는 바가 적지 않다.

3. 공직선거법의 과태료 부과 · 징수 절차

가. 사전통지 · 의견제출

선거관리위원회가 공직선거법에 따라 과태료를 부과하려는 때에는 미리 당사자에게 통지해야 하고, 당사자는 부과권자로부터 통지를 받은 날부터 3일까지 의견을 제출해야 한다(§261⑪ 1.). 질서위반행위규제법보다 의견제출 기한을 대폭 단축한 것이다.

당사자가 제출한 의견에 이유가 있으면 질서위반행위규제법에 따라 관할 선거관리위원회는 과태료를 부과하지 않거나 통지한 내용을 변경할 수 있다(§16).

나. 과태료 부과방법

선거관리위원회가 과태료 처분을 하는 때에는 위반행위의 동기와 그 결과, 선거에 미치는 영향 등을 참작하여 부과 기준금액의 50% 범위에서 과태료를 경감 또는 가중할 수 있다. 다만, 과태료를 가중하는 경우에도 법정 상한액을 넘을 수 없다(규칙 §143③).

과태료 부과 고지서에는 과태료 부과의 원인이 되는 사실, 과태료 금액과 적용 법령, 과태료를 부과하는 기관의 명칭, 납부 기한과 방법, 이의제기 기간과 절차 등 과태료 부과에 필요한 사항을 모두 적어야 한다(질서위반행위규제법 §17②). 만일 과태료 부과 고지서에 과태료액과 납부기한, 납부장소 등 일부만을 기재하여 통보했다면 적법한 과태료 처분이 아니다.[41] 당연히 그 처분의 효력이 인정될 수 없어 납부의무 또한 발생하지 않는다.

---

41) 대법원 1992. 11. 13. 선고 92누1285 판결

다. 과태료의 징수 위탁

당사자가 납부기한까지 과태료를 납부하지 않은 경우 질서위반행위규제법은 체납된 과태료에 대하여 3%에 상당하는 가산금을 더하여 해당 행정청이 징수하지만(§24), 공직선거법은 체납된 과태료의 5%에 상당하는 가산금을 더하여 선거관리위원회가 관할 세무서장에게 징수를 위탁하고, 그 세무서장이 국세 체납처분의 예에 따라 징수한다(§261 ⑪ 4.).

라. 이의제기와 법원의 과태료 재판

과태료 처분에 불복하는 당사자는 과태료 부과 통지를 받은 날부터 20일 이내에 선거관리위원회에 이의를 제기할 수 있다(공직선거법 §261⑪ 3.). 이의신청 기한을 넘긴 경우 과태료 처분은 확정되어 더 이상 다투지 못한다.[42]

과태료 처분을 받은 당사자가 이의를 제기하면 관할 선거관리위원회는 지체없이 그 사실을 법원에 통보하고(§261⑪ 5.), 과태료 부과처분의 당부는 최종적으로 질서위반행위규제법에 따른 법원의 재판에 의하여 결정된다. 이를 행정소송으로 다툴 수는 없다.[43]

참고적으로 공직선거법에 따른 과태료 부과처분은 일반적인 과태료 처분과 달리 이의제기가 있더라도 그 처분의 효력이나 집행 또는 절차의 속행에 아무런 영향을 주지 않는다(§261⑪ 3.).

---

42) 대법원 1982. 7. 22. 선고 82마337 판결

43) 대법원 1993. 11. 23. 선고 93누16833 판결

제 16 장

선거무효와 당선무효 쟁송

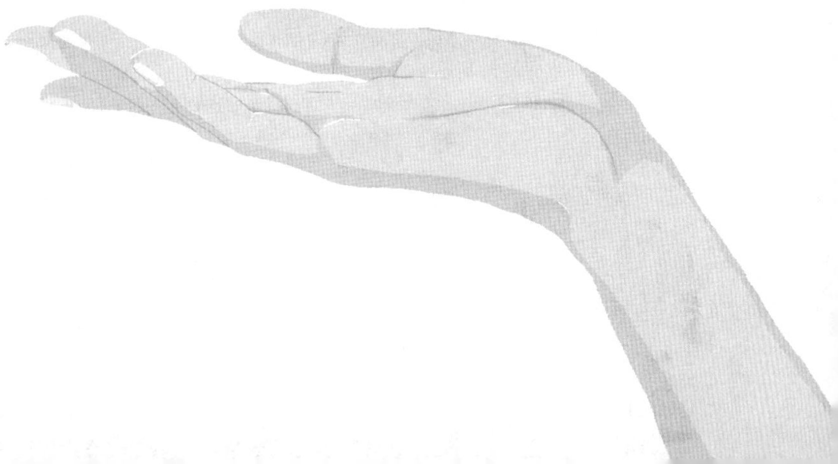

선거의 효력에 이의가 있는 모든 선거인은 선거무효 쟁송을 제기할 수 있고, 선거가 적법하게 실시되었으나 당선인의 자격에 흠이 있거나 선거관리위원회의 당선인 결정에 이의가 있는 정당 또는 후보자는 당선무효 쟁송을 제기할 수 있다.

대통령선거와 국회의원선거에서는 대법원에 소송을 제기해야 하지만, 지방선거에서는 선거소청 전치주의가 적용되어 상급 선거관리위원회에 선거소청을 제기한 후 그 결과에 불복하는 경우 고등법원 또는 대법원에 소송을 제기할 수 있다.

이 장에서는 선거 또는 당선의 효력을 둘러싼 다툼의 형식과 이를 해결하는 절차와 방법을 살펴보기로 한다.

제 1 절
지방선거에 선거소청 전치주의 적용

1. 선거소청 전치주의의 성격과 의미

선거쟁송은 그 판정기관을 기준으로 상급 선거관리위원회가 심리를 주관하는 선거소청과 법원이 심리를 주관하는 선거소송으로 구분할 수 있다. 청구취지를 기준으로 한다면, 선거의 효력을 다투는 선거무효 쟁송과 적법한 선거를 전제로 당선의 효력만을 다투는 당선무효 쟁송으로 구분할 수 있다.

공직선거법은 선거에 관한 다툼을 해결하는 절차와 방법에 관하여 해당 법률에서 직접 규정한 쟁송방식만을 인정하고 있을 뿐, 다른 형식의 쟁송은 일체 허용하지 않는다.

지방선거에서는 대통령선거 또는 국회의원선거와 달리 선거소송의 전심절차로서 선거소청제도를 두고 있다. 선거소청제도는 선거관리기관의 전문성과 경험을 활용하여 선거에 관한 분쟁을 조속히 해결하고 법원의 부담을 경감시키는 한편, 국민의 권익을 보다 신속하게 구제함으로써 소송경제에도 이바지할 수 있다.[1]

특히 지방선거의 특성상 후보자 수가 매우 많고 선거에 관한 분

---

1) 손재권 편저 『공직선거의 이해』 2016. 6. 동양미디어 361쪽

쟁이 짧은 기간에 동시다발적으로 제기되므로, 선거에 관한 모든 분쟁의 해결을 곧바로 법원에 호소하여 재판절차를 거치도록 하는 것은 법원의 부담이 가중되고 당사자와 기타 관계인에게도 많은 시간과 비용이 들 것이므로 소송경제의 측면에서도 바람직하지 못하다.

참고적으로 1998년 행정소송법의 개정에 따라 행정심판 전치주의가 폐지되었음에도 공무원에 대한 징계처분, 각종 세법상의 처분, 노동위원회의 결정, 토지수용위원회의 수용재결, 자동차운전면허 취소처분에 대하여는 여전히 행정심판을 먼저 거쳐야만 행정소송을 제기할 수 있도록 행정심판 전치주의가 유지되고 있다. 선거에서 행정심판 전치주의의 마지막 유산이 바로 지방선거의 쟁송에 적용되는 선거소청 전치주의이다.

2. 선거소청 제기절차와 방법

지방선거에서 선거의 효력에 이의가 있는 선거인·정당 또는 후보자는 선거일부터 14일 이내에 해당 선거구선거관리위원회위원장을 피소청인으로 하여 지역구 지방의원선거, 비례대표 기초의원선거 및 기초단체장선거에서는 시·도선거관리위원회에, 비례대표 광역의원선거와 시·도지사선거에서는 중앙선거관리위원회에 각각 선거무효 소청을 제기할 수 있다(§219①).

지방선거에서 당선의 효력에 관하여 이의가 있는 정당 또는 후보자는 당선인 결정일부터 14일 이내에 당선인 자격의 하자를 이유로 하는 때에는 당선인을, 다수득표자를 당선인으로 결정하지 않은 위법을 이유로 하는 때에는 해당 선거구선거관리위원회위원장을 피소청인으로 하여 지역구 지방의원선거, 비례대표 기초의원선거 및 기초단체장선거에서는 시·도선거관리위원회에, 비례대표 광역의원선거와 시·

도지사선거에서는 중앙선거관리위원회에 각각 당선무효소청을 제기할 수 있다(§219②). 다만, 선거소청을 제기할 수 있는 정당은 후보자를 추천한 정당으로 한정된다.

참고적으로 세종특별시 시의원선거의 경우 하급 구·시·군선거관리위원회가 없어 해당 특별시선거관리위원회가 직접 시의원선거의 후보자등록을 접수하고 투표와 개표를 관리하며 당선인을 결정하므로, 지역구든 비례대표든 시의원선거에 관한 모든 소청은 중앙선거관리위원회에 제기해야 한다.

선거소청에 관해서는 공직선거법에 직접 규정한 내용을 제외하고는 행정심판법이 준용된다(공직선거법 §221). 따라서 다수의 소청인이 공동으로 소청을 제기하는 때에는 소청인 중 3인 이하의 대표자를 선정할 수 있다. 선정대표자는 각기 다른 소청인을 위하여 해당 사건에 관한 모든 행위를 할 수 있다. 다만, 소청의 취하는 다른 소청인의 동의를 얻어야 한다. 대표자가 선정된 때에는 다른 소청인은 그 선정대표자를 통하여서만 해당 사건에 관한 행위를 할 수 있다.

선거소청에서는 행정심판법의 심판청구서 제출에 관한 규정(§23)을 준용하고 있지 않으므로 소청장은 직접 쟁송판정기관, 즉 상급 선거관리위원회에 제출해야 한다. 이 경우 소청 제기기간의 준수여부는 소청장이 해당 기관에 도달된 때를 기준으로 판단한다. 우편에 의하여 소청장을 제출하는 경우도 마찬가지다.

선거무효소청 제기기간의 계산은 민법의 일반원칙에 따라 그 말일이 토요일 또는 공휴일에 해당하는 경우에는 그 다음날에 만료된다. 그러나 행정심판법의 천재지변 등 불가항력으로 인한 심판청구의 예외기간에 관한 규정(§27②)을 준용하지 않으므로, 이유를 불문하고 소청제기 기한을 지켜야 한다.

3. 선거소청의 심리와 결정

선거소청의 심리는 행정심판법을 준용하여 사법절차에 준하는 절차와 방식에 따라 대심 구조, 구술심리 또는 서면심리, 직권심리주의, 비공개주의가 적용된다. 쟁송판정기관인 상급 선거관리위원회는 사건의 심리를 위하여 당사자의 신청 또는 직권에 의하여 증거조사를 할 수 있다.

증거조사는 당사자나 관계인을 신문하거나, 당사자 또는 관계인이 소유·관리하는 문서나 물건 등 증거자료의 제출을 요구하거나, 특별한 학식과 경험을 가진 제3자에게 감정을 의뢰하거나, 당사자 또는 관계인의 사업장이나 그 밖에 필요한 장소에 출입하여 질문하거나 서류·물건 등을 조사·검증하는 등의 방법으로 한다.

당사자는 소청장·보정서·답변서 또는 참가신청서에서 주장한 사실을 보충하고 다른 당사자의 주장을 다시 반박하기 위하여 필요하다고 인정되면 보충서면과 그 주장을 뒷받침하는 증거서류 또는 증거물을 제출할 수 있다.

상급 선거관리위원회는 선거소청을 접수한 날부터 60일 이내에 결정해야 한다. 재결기간에 관해서는 행정심판법을 준용하지 않으므로 그 기간이 연장되지 않는다. 심리가 종결되어 해당 선거소청이 부적법하면 각하하고, 소청이 이유 없으면 기각하며, 소청이 이유 있다고 인정되는 경우에는 인용결정을 한다.

선거무효 소청 또는 당선무효 소청이 인용되고 그 결정에 불복하는 당선인이 정해진 기간 내 법원에 제소하지 않으면 그 결정은 확정되어 누구도 다툴 수 없다. 선거무효 소청 또는 당선무효 소청이 인용되어 확정된 경우 해당 선거구선거관리위원회는 당선인을 재결정하거나 재선거 절차를 밟아야 한다.

제 2 절

당선무효 · 선거무효 소송

1. 선거무효 소송의 제기

대통령선거와 국회의원선거에서 선거의 효력에 이의가 있는 선거인, 후보자를 추천한 정당 또는 후보자는 선거일부터 30일 이내에 관할 선거구선거관리위원회위원장을 피고로 하여 대법원에 소를 제기할 수 있다(§222①). 이 경우 대법원 단심제[2]로 선거쟁송을 심리한다. 선거결과의 조속한 확정과 신속한 권리구제를 위한 취지로 보인다.

한편, 지방선거에서 선거무효 소청의 결정에 불복하는 소청인 또는 당선인은 해당 소청의 결정서를 받은 날부터 10일 이내에 시·도지사선거와 비례대표 시·도의원선거에서는 대법원에, 기초단체장선거와 지역구 지방의원선거에서는 해당 선거구를 관할하는 고등법원에 소를 제기할 수 있다(§222②).

선거무효 판결이 확정되면 당선인 결정도 그 효력을 잃는다. 경선인 결정은 선거과정의 일부이기 때문이다.

---

2) 대법원 단심제가 적용되는 사례는 형사소송법에 따른 비상구제절차로서 확정판결에 법령 위반이 발견된 경우 검찰총장이 불복을 신청하는 비상상고 제도 외에는 찾아보기 어렵다. 형사소송법 제441조 내지 제447조 참조.

2. 당선무효 소송의 제기

대통령선거와 국회의원선거에서 당선의 효력에 이의가 있는 정당 또는 후보자는 당선인 결정일부터 30일 이내에 대법원에 소를 제기할 수 있다(§223①). 이 경우 당선인 자격의 하자를 이유로 하는 때에는 당선인을 피고로 하고, 대통령선거에서 다수득표자를 당선인으로 결정하지 않았거나 비례대표 국회의원선거에서 의석배분의 위법을 이유로 하는 때에는 중앙선거관리위원회위원장을, 지역구 국회의원선거에서 다수득표자를 당선인으로 결정하지 않은 경우에는 관할 선거구선거관리위원회위원장을 각각 피고로 한다(§223①).

여기에서도 당선무효 소송을 제기할 수 있는 정당은 후보자를 추천한 정당에 한한다.

한편, 지방선거에서 당선무효 소청의 결정에 불복하는 소청인 또는 당선인은 소청의 결정서를 받은 날부터 10일 이내에 시·도지사선거와 비례대표 시·도의원선거에서는 대법원에, 기초단체장선거과 지역구 지방의원선거에서는 해당 선거구를 관할하는 고등법원에 소를 제기할 수 있다(§223①).

당선무효 소송은 선거가 적법하고 유효하게 실시되었음을 전제로 당선인으로 결정된 사람의 자격을 다투거나, 당선인 결정에 잘못이 있는 경우 그 결정의 무효를 구하는[3] 소송이다. 따라서 선거관리위원회위원장을 피고로 제기된 당선무효 판결이 확정된 경우 다수득표자를 당선인으로 재결정하여 바로잡으면 족하고, 당선인을 피고로 제기된 당선무효의 판결이 확정된 경우에는 재선거의 실시사유가 된다.

3) 대법원 1989. 3. 14. 선고 88수47 판결

3. 행정소송법 · 민사소송법 준용

선거소송은 집합적 합성행위인 선거에 관한 쟁송으로 일련의 과정에서 선거에 관한 규정을 위반한 사실이 있고, 그로써 선거의 결과에 영향을 미쳤다고 인정하는 때에 선거의 전부나 일부를 무효로 하는 소송이다. 이는 낙선자의 권리구제보다 선거를 적법하게 시행하고 그 결과를 적정하게 확정하도록 하는 선거의 적법성 확보를 근본적인 목적으로 한다. 따라서 선거소송의 성격은 국가기관이 법률을 위반한 경우 직접 자기의 법률상 이익과 관계없이 그 시정을 구하기 위하여 제기하는 민중소송에 해당한다.[4]

공직선거법에서 선거소송의 절차에 관하여 행정소송법을 준용하고 있다(§227). 이에 따라 선거소송에서는 법원이 필요하다고 인정할 때에는 직권으로 증거조사를 할 수 있고, 당사자가 주장하지 않은 사실에 관하여도 판단할 수 있다(행정소송법 §26).

그러나 해당 규정은 행정소송의 특수성에서 연유하는 당사자주의와 변론주의에 대한 일부 예외규정일 뿐, 법원이 아무런 제한 없이 당사자가 주장하지 않은 사실을 판단할 수 있다는 뜻은 아니다. 기록상 현출되어 있는 사항에 관해서만 법원이 직권으로 증거조사를 하고 이를 기초로 하여 판단할 수 있다는 의미이다.

다만, 행정소송법에서 다시 준용하는 민사소송법 중 당사자 간 화해 권고, 증거제출기간의 제한, 실기한 공격 · 방어방법의 각하, 자백간주, 이의신청의 취하 등 주로 변론주의와 처분권주의에 관련된 조항들은 선거의 적법성 확보와 관련이 적으므로 선거소송에서는 그 준용을 배제한다(공직선거법 §227).

4) 대법원 2016. 11. 24 선고 2016수64 판결

4. 증거보전과 신속한 판결

후보자를 추천한 정당 또는 후보자는 개표완료 후 선거쟁송을 제기하는 때의 증거를 보전하기 위하여 그 구역을 관할하는 지방법원 또는 그 지원에 투표함·투표지·투표록 등에 대한 증거보전 신청을 할 수 있다(공직선거법 §228①).

본 조는 증거보전에 관한 민사소송법의 특별규정으로 볼 수 있다. 본래 증거보전 신청은 그 증거를 사용할 심급의 법원에 하는 것이 원칙이기 때문이다(민사소송법 §376①). 증거보전이란 미리 확보하여 두지 않으면 장래의 필요한 시기에 그 증거를 사용하기 곤란한 사정이 생길 우려가 있는 경우 그 증거를 안전하게 확보하여 두는 절차를 말한다. 증거보전 신청이 있는 경우 법관은 현장에 출장하여 조서를 작성하고 적절한 보관방법을 취한다.

선거에 관한 소송은 다른 쟁송에 우선하여 신속히 재판해야 하므로, 수소법원(受訴法院)은 소가 제기된 날 부터 180일 이내에 판결해야 한다(§225). 선거에 관한 쟁송을 신속하게 처리하여 선거결과를 조속한 시일 내에 확정하기 위한 취지이다. 그렇다고 본 조의 기한을 넘긴 판결이 위법한 것은 아니다.

당선자와 낙선자 간 표차가 근소한 선거쟁송은 투표지에 대한 검증과 심리가 신속히 진행되어 대부분 법정기한 내에 판결이 선고되었다. 그러나 객관적 증거를 제시하지 못하고 부정선거 의혹만을 주장하며 선거무효를 다투는 사건에서는 소권 남용과 억지 주장의 길이만큼 법원의 판결도 지연된다.[5] 지난 총선과 관련하여 아직도 대법원에 계류된 선거소송이 이를 방증한다.

---

5) 2020년 4월 실시된 제21대 총선에서 122건의 선거무효소송이 무더기로 제기되었고, 2024년 10월까지 5건에 대한 판결이 내려지지 않은 것으로 알려졌다.

제 3 절
선거쟁송에 관한 주요쟁점

1. 선거종료 전 소송제기 가능 여부

선거는 선거인명부 작성과 확정, 후보자등록, 선거운동, 투표와 개표 등의 절차를 거쳐 당선인 결정이라는 선거결과를 형성하기 위한 것이므로, 선거과정에서 행해지는 개별적인 행위는 그 자체가 각각의 독립적인 법률효과를 발생시키는 것을 목적으로 하는 것이 아니다. 이는 선거의 궁극적 목적달성을 위하여 연속적 또는 단계적으로 이루어지는 일련의 과정 중 일부로 보아야 한다.

따라서 선거 도중 후보자등록 등 개별 행위의 효력을 별도로 다툴 수 있게 한다면 절차진행이 중단되어 선거의 목적달성에 심각한 지장을 초래하게 될 것이다. 그러므로 선거의 본질적 성격상 개별적 행위에 대한 다툼을 허용하는 것보다는 당선인 결정까지 일련의 모든 과정이 종료된 후 일괄하여 선거의 효력이나 당선의 효력을 다툴 수 있도록 하는 것이 더 합리적이다.

따라서 선거종료전 선거관리기관의 개개의 행위를 대상으로 하는 쟁송은 허용될 수 없고, 설사 선거전에 개별적인 위법행위가 있더라도 선거종료 후 선거무효 소송으로만 그 시정을 구할 수 있을 뿐이다. 이에 대하여 곧바로 소송을 제기할 수는 없다.[6)]

2. 기간경과 후 선거무효사유 추가의 적법성

공직선거법이 정한 소송 제기기한 내에 전자개표기에 의한 개표행위의 위법성 등을 청구원인으로 하였다가, 제소기간 경과 후 후보단일화 행위의 위법성 등을 청구원인으로 추가한 사안에서, 법원은 선거소송의 특성상 제소기간 내에 제기된 선거소송인 경우에는 당초의 무효사유와 관계없는 새로운 무효사유를 청구원인으로 추가하는 것이 가능하다고 보았다.[7)]

법원은 그 이유로 선거소송은 선거인명부의 작성, 후보자 등록, 투·개표 관리, 당선인 결정 등 여러 행위를 포괄하는 집합적 행위인 선거의 효력을 다투는 쟁송이므로, 제소기간의 경과를 이유로 무효사유의 주장을 제한하는 것은 선거소송의 본질에 부합되지 않는다고 판시하였다. 선거소송이 선거의 적법성 확보를 목적으로 하는 민중쟁송으로서의 성격이 도드라지는 부분이다.

특히 선거일로부터 30일 이내에 선거소송을 제기하고 수소법원으로 하여금 소가 제기된 날부터 180일 이내에 처리하도록 규정한 것도 선거소송의 공익성에 비추어 당선인의 신분을 신속하게 확정시키고 정국의 안정을 도모하기 위하여 다른 소송에 우선하여 신속하게 재판할 것을 선언하는 데에 취지가 있을 뿐 선거무효 사유를 제한하려는 것이 아니라고 보았다.

아울러 선거소송에 준용되는 행정소송법에서 다시 준용하는 민사소송법 중 화해의 권고(§145), 제출기간의 제한(§147②), 실기한 공격·방어방법의 각하(§149) 등 일부 규정의 적용을 배제하도록 하는 점도 그 이유로 들었다.

---

6) 대법원 1989. 2. 28. 선고 88두8 결정

7) 대법원 2004. 5. 31. 선고 2003수26 판결

3. 개표방식에 관한 반복적 소송제기의 위법성

헌법상 기본권인 재판청구권의 행사도 상대방의 보호와 사법기능의 확보를 위한 신의성실의 원칙에 의하여 제한될 수 있다. 판례는 법원에서 이미 선거관리위원회의 특정한 선거사무 집행방식이 위법하지 않다는 분명한 판단이 내려졌음에도 같은 내용의 선거소송을 거듭 제기하는 것은 신의성실의 원칙을 위반하여 소권을 남용하는 것으로서 허용될 수 없다고 본다.8)

예컨대, 투표지분류기를 활용한 적법한 개표를 전자개표기를 활용한 불법개표라 주장하며 선거무효 소송을 제기한 사안에서, 이와 동일한 주장을 내세운 선거무효 소송은 제19대 총선과 제20대 총선에서도 여러 건이 제기되었고, 이들 소송에서 대법원은 투표지분류기를 활용한 개표가 선거무효사유가 될 수 없다는 점을 반복적으로 분명하게 밝힌 바 있다.

이처럼 투표지분류기를 활용한 개표관리가 위법하지 않다는 대법원의 판단이 명확하게 내려졌음에도 불구하고 선거를 실시하는 때마다 동일한 주장을 반복적으로 제기하며 선거무효를 주장하는 것은 선거관리위원회의 업무를 방해하고 사법자원을 불필요하게 소모시키는 결과만을 초래하므로, 최근 대법원은 관련 소송이 소권을 남용한 부적법한 것으로 판단하여 각하하고 있다.

아울러 법원은 선거무효 소송이 선거인이라면 누구든지 제기할 수 있고 이러한 소송을 제기한 사람이 모두 동일인이 아니라는 사정만으로 이와 같은 무익한 소송에서 소의 이익에 대한 평가를 각각 달리하기는 어렵다고 보았다.

8) 대법원 2016. 12. 30. 선고 2016수101 판결 등

4. 선거무효 판결의 효력 소급 여부

선거무효는 공직선거법에 정해진 소송 절차와 방법에 의해서만 구할 수 있고, 선거무효 판결이 확정될 때까지 당선인 결정은 일단 유효한 것이다. 따라서 선거무효 판결이 확정되더라도 장래를 향하여 당선자의 지위를 상실하는 것이지, 그 효력이 소급하여 당초의 당선인 결정이 당연무효로 되는 것이 아니다.[9)]

따라서 특정인이 국회의원선거에서 당선되어 임기개시일로부터 국회의원으로서 신분을 가지다가 선거무효 판결이 확정되면 그때부터 의원직을 상실하는 것이지, 선거무효 판결의 효력이 소급하여 선거가 무효가 되고 처음부터 국회의원이 아니었던 사람이 되는 것은 아니다.

다만, 이 경우에도 선거에 출마하여 후보자의 경력을 표시하는 때에는 가급적 완전한 사항을 투명하게 공개하여 공정하게 선거권자의 판단을 받도록 하는 것이 후보자 간 공정한 경쟁의 원칙이나 선거권자의 선거권 존중의 원칙에 부합하는 것으로 볼 수 있다. 따라서 선거무효 판결로 의원직을 상실한 사람이라면, 최소한 그 상실 사유와 시기 등을 정확하게 표시하는 것이 바람직할 것이다.

그러나 그러한 표시를 하지 않더라도 관할 선거관리위원회가 시정조치를 명하거나 허위사실이라 공고할 수는 없는 것이므로, 그와 같은 조치를 취하지 않는 것이 후보자의 허위경력 기재를 그대로 방치하는 등 선거관리위원회가 선거관리 집행상의 위법을 범한 것이라고는 할 수 없다.

9) 대법원 2001. 4. 10. 선고 2000수223 판결

5. 선거쟁송 제기 시 유의사항

선거가 적법하게 실시되었음에도 관할 선거관리위원회가 투표의 효력판단에 오류를 범하였거나 후보자별 득표 집계에 착오를 일으킨 것으로 의심되어 선거결과를 수긍하기 어려운 때에는 당선무효 쟁송의 형식으로 다투는 것이 최선의 방법이다.

이 경우 투표지에 대한 검증을 실시하여 다수득표자를 당선인으로 결정하지 않은 사실이 확인되면, 따로 선거를 실시할 필요가 없이 법원 또는 상급 선거관리위원회의 결정을 통보받은 관할 선거구선거관리위원회가 정당한 다수득표자를 당선인으로 결정함으로써 권리를 구제하고 분쟁을 합리적으로 종결할 수 있다.

따라서 소청이나 소송을 제기할 경우 청구취지를 정확하게 기재해야 한다. 만일 근소 표차로 낙선한 후보자가 청구취지로 선거무효를 주장한다면, 그 청구가 인용되더라도 선거 자체의 효력이 무효가 되므로 해당 선거에서 자신이 당선인으로 결정될 수 있는 기회까지 함께 소멸되기 때문이다.

가장 합리적 방안은 주위적으로 당선무효를 청구취지로 소송을 제기하면서 투표의 효력판단이나 후보자별 득표수 집계의 오류를 청구원인으로 주장하여 투표지에 대한 검증을 신청하고, 주위적 청구가 인용되지 않을 경우를 대비하여 예비적으로 선거무효를 청구취지로 하여 선거관리의 위법 등을 청구원인으로 주장하는 것이 적절한 방법이 될 것이다.

결론적으로 근소 표차로 낙선한 후보자가 소송을 제기하는 경우 함부로 선거무효를 주장해서는 안 될 일이다. 목욕물을 버린다고 아기까지 함께 쏟아 버리는 어리석음이다.

제 4 절

당선무효 · 선거무효 판결의 요건

1. 선거에 관한 규정을 위반한 경우

공직선거법에서 규정하는 선거소송은 선거인명부의 확정, 후보자 등록, 투표용지의 제작, 투표 및 개표 관리, 당선인 결정 등을 포괄하는 집합적 행위에 관한 쟁송으로서, 그 일련의 과정에서 선거에 관한 규정에 위반된 사실이 있고, 그로써 선거의 결과에 영향을 미쳤다고 인정되는 경우에 한정하여 선거의 전부나 일부를 무효로 하는 소송을 가리킨다(§224).

이러한 선거소송에서 선거무효의 사유가 되는 '선거에 관한 규정에 위반된 사실'이란 기본적으로 선거관리의 총괄 주재자인 선거관리위원회가 선거사무의 관리집행에 관한 규정을 위반한 경우 또는 선거과정에서 후보자 등 제3자의 위법행위에 대하여 적절한 시정조치를 취하지 않고 묵인·방치하는 등 그 책임을 돌릴 만한 사유가 있는 경우를 말한다.

따라서 선거관리 집행의 권한과 책임이 있는 선거관리위원회가 선거에 관한 법령을 위반한 경우 기본적으로 선거무효의 요건이 된다. 예컨대, 자격이 없는 사람의 후보자 등록신청을 수리하거나, 정당한 자격이 있는 사람의 후보자 등록신청을 거부하거나, 결격사유가 존재하는 후보자의 등록을 무효로 결정하지 않고 선거를 진행한 경우에는 선거무효의 사유가 될 수 있다.

또한 관할 선거관리위원회가 일부 선거인에게 선거공보를 발송하지 않거나, 투표용지를 제작하면서 후보자의 성명이나 기호를 틀리게 인쇄하거나, 투표 또는 개표관리 과정에 후보자측의 참관을 보장하지 않은 경우에도 선거무효의 사유가 될 수 있다. 특히 선거법 위반행위에 대한 공정한 조사·단속 의무가 있는 선거관리위원회가 후보자 또는 제3자의 선거법 위반행위를 묵인 또는 방치하거나, 조사를 불공정하게 진행한 경우에도 선거에 관한 규정 위반으로 선거무효 청구가 인용될 수 있다.

검찰이나 경찰이 선거사범에 대한 수사를 미적거리거나 편파적인 수사를 하거나, 자의적으로 불기소처분을 하더라도 선거무효의 사유는 아니다. 그들에게는 자유롭고 정의로운 선거질서를 수호할 헌법적 책무도 없거니와 검찰청법이나 형사소송법이 선거에 관한 규정도 아니기 때문이다. 모름지기 심판이 되어 경기장에 선 사람은 호루라기에 실린 헌법적 무게를 인식해야 한다.

2. 규정 위반이 선거결과에 영향을 미친 경우

공직선거법은 선거의 효력이나 당선의 효력에 이의가 있는 사람이 선거무효 또는 당선무효 소청이나 소송을 제기할 수 있다고 규정하고 있을 뿐, 구체적으로 어떤 경우에 선거 또는 당선의 효력을 무효로 할 수 있는지에 관해서는 명시적인 언급이 없다.

선거는 후보자등록부터 당선인 결정에 이르기까지 일련의 행위의 집합으로서 선거권자의 집단적 의사표시의 결과이므로, 개별적인 행정행위와 달리 그 법적 안정성이 특히 강하게 요구된다.

따라서 선거에 관한 규정을 위반하였더라도 그 규정 위반이 없는 경우와 결과가 같다면 다시 선거를 실시하는 것은 사회경제적 손실만 초래할 뿐이다. 이를테면 선거결과에 아무런 영향을 미칠 수 없는 경미한 법률 위반을 이유로 선거나 당선의 효력을 무효로 하면 당선이 무효로 되는 당사자뿐만 아니라 해당 후보자를 선출한 선거인의 권리까지 함께 침해되기 때문이다.

따라서 선거나 당선의 효력을 무효로 하기 위해서는 먼저 선거에 관한 규정에 위반된 사실이 있어야 하고, 다음으로 그 규정 위반이 실제 선거결과에 영향을 미쳤음이 인정되어야 한다. 선거 결과에 영향을 미쳤음을 판단하는 대표적인 기준이 바로 당선자와 낙선자의 표차다. 큰 표차로 당락이 결정된 경우 경미한 위법행위는 선거결과에 영향을 미칠 수 없겠지만, 근소한 표차라면 경미한 위법행위로도 선거결과에 영향을 미칠 수 있기 때문이다.

예컨대, 위장전입자 10명을 선거인명부에 등재한 후 실시한 선거에서 당선자와 낙선자의 표차가 20표를 넘는다면, 위장전입자 10명의 투표 전체를 당선자의 득표에서 공제하고 이를 전부 낙선자의 득표에 더하더라도 다수득표자가 바뀔 가능성이 전혀 없다. 이 경우에는 비록 선거에 관한 규정을 위반한 사실이 명확하지만, 다른 특별한 사정이 없다면 해당 선거와 당선인 결정의 효력이 부인(否認)되어서는 안 될 것이다.

또한 판례는 후보자 중 1인의 피선거권에 결격사유가 있음에도 해당 후보자의 등록을 무효로 결정하지 아니한 채 투·개표가 이루어진 경우, 그 후보자의 득표수를 다른 낙선 후보자에 모두 더하더라도 당선인의 득표수에 미달하는 사안에서 비록 선거관리 집행의 위법이 존재하지만 그 위법이 선거결과에 영향을 미쳤다고 볼 수 없다는 이유로 선거무효 청구를 기각한 사례도 있다.10)

3. 중대한 위법행위로 선거의 공정을 침해한 경우

당선된 후보자가 선거운동 과정에서 위법행위를 하였더라도 이를 선거무효의 사유로 삼기 위해서는 후보자의 위법행위의 정도가 중대하여 선거결과에 영향을 미쳤다고 인정되어야 한다. 특히 당선무효 소송은 선거가 하자 없이 적법하고 유효하게 실시된 것을 전제로 선거관리위원회의 당선인 결정만이 위법하다고 그 효력을 다투는 소송이므로, 당선인이 선거운동 과정에서 위법행위를 한 경우 이는 당사자가 형사처벌의 대상이 될 뿐, 당선인의 위법행위 자체를 당선무효의 사유로 삼을 수는 없다.[11]

한편, 선거무효 청구가 인용되기 위해서는 원칙적으로 관할 선거관리위원회가 후보자의 위법행위에 대하여 이를 시정하기 위한 적절한 조치를 취함이 없이 묵인·방치하는 등 그 책임을 돌릴 만한 선거사무 관리집행의 하자가 있어야 한다.

그러나 위법한 선거운동으로 선거인들의 자유로운 판단에 의한 투표를 방해하여 선거의 기본이념인 선거의 자유와 공정을 현저히 침해하고 그로 인하여 선거의 결과에 영향을 미쳤다고 인정될 때에는 그 선거와 이를 기초로 한 당선인 결정을 모두 무효로 한다.[12] 이 경우에는 관할 선거관리위원회에 책임을 돌릴 사유가 없더라도 해당 선거를 무효로 결정할 수 있다는 의미이다.

특히 중대한 위법행위가 선거구 전역에 걸쳐 광범위하게 자행되고 선거의 자유와 공정의 이념이 현저하게 침해되어 선거결과에 영향을 미친 경우에는 당선자와 낙선자 간 표차가 상당하더라도 해당 선거의 효력을 무효로 한다.

---

10) 대법원 1996. 11. 22. 선고 96수59 판결

11) 대법원 1993. 5. 11. 선고 92수150 판결

12) 대법원 2003. 12. 26. 선고 2003다11837 판결

이러한 법리는 20여 년 전부터 공직선거법의 선거무효 소송에 적용되어 왔다. 예컨대, 2000년 4월 실시한 제16대 총선의 서울 구로을 선거에서 해당 선거구에 영업기반을 둔 대기업 계열사와 그 임직원들을 동원한 조직적이고 체계적인 불법선거운동이 자행된 사례가 있었다. 이에 관할 선거관리위원회는 수십 건의 고발 또는 수사의뢰 조치를 하면서 단속활동에 전력을 다하였다.

그럼에도 불구하고 법원은 불법선거운동 방법이 회사조직을 이용한 조직적·체계적인 것으로서 동원된 인원과 그들이 상대한 유권자 수, 제공한 향응 규모가 광범위하고 위반의 정도가 심히 중대하여 선거의 공정을 현저히 저해하고 선거결과에 영향을 미쳤을 가능성이 있다고 판단하여 선거를 무효로 판결하였다.[13)]

본래 선거무효의 원인으로 삼을 수 있는 '선거에 관한 규정' 위반의 주체는 선거관리위원회이다. 해당 판결은 위법행위가 선거구 전역에 걸쳐 전방위적이고 조직적으로 자행된 경우에는 선거의 자유와 공정이 현저하게 침해된 것이므로, 위법행위에 대한 선거관리위원회의 묵인·방치가 없었더라도 관할 선거관리위원회에 상징적인 책임을 물어 선거를 무효로 한 사건이다.

해당 사건은 이러한 법리가 적용된 최초의 사안으로서 판결 당시 선거무효 소송의 피고였던 구로구선거관리위원회와 피고보조참가인이었던 대기업 임원출신 당선자에게 당혹스러움을 안겨주었지만, 이제 이러한 선거무효의 법리는 조합장선거 등 위탁선거에도 적용되어 모든 선거의 유효성을 판정하는 일반화된 원칙이자 보편적 기준으로 수용되었다.

13) 대법원 2001. 7. 13. 선고 2000수216 판결

제 5 절

선거소송 주요 판결 사례

1. 사전투표관리관 도장을 인쇄한 투표의 효력

공직선거법에서 사전투표관리관은 투표용지 발급기로 투표용지를 인쇄하여 자신의 도장을 찍은 후 선거인에게 교부하도록 규정하고 있다(§158③). 판례는 해당 규정의 취지가 사전투표관리관이 도장을 직접 투표용지에 날인할 것을 전제로 하는 것은 아니라고 보았다.[14)]

그 이유는 공직선거법에서 투표용지에 날인될 선거관리위원회의 청인은 인쇄날인으로 갈음할 수 있고(§151④), 투표용지의 날인·교부방법 등은 중앙선관위 규칙으로 정하도록 위임함에 따라(§157⑧), 공직선거관리규칙은 사전투표관리관이 투표용지에 도장을 찍는 경우 인쇄날인으로 갈음할 수 있도록 규정하고 있기 때문이다(§84③).

이는 투표용지에서 가장 중요한 선거관리위원회의 청인을 인쇄날인할 수 있다는 법규정을 참고하여 사전투표의 효율적 진행을 위해 사전투표관리관의 날인도 인쇄할 수 있도록 정한 것으로 규칙 조항이 공직선거법의 위임범위를 일탈했다고 볼 수 없다.[15)]

14) 대법원 2019. 9. 26. 선고 2017수122 판결
15) 대법원 2021. 12. 10. 선고 2017수61 판결

2. 가짜뉴스로 선거무효 주장 시 입증책임

2020년 4월 실시된 제21대 총선의 인천 연수구을 선거구에서 2,900여 표 차이로 낙선한 미래통합당 후보자가 선거무효 소송을 제기하면서, 성명불상자가 투표단계에서 전국적으로 조작된 투표결과 수치의 대강을 확정한 다음, 서버 등을 통해 사전투표수를 부풀린 뒤 위조된 불법 사전투표지를 다량 제조하여 사전투표함에 투입하였고, 개표 단계에서도 투표지분류기와 서버 등 전산조직을 통해 개표상황표의 수치와 결과공표 수치를 조작하여 목표된 수치에 접근시켰다는 등 선거부정을 주장하였다.

이에 대하여 대법원은 선거결과에 이의가 있어 소송을 제기하는 사람에게는 선거에 관한 규정에 위반된 사실에 관하여 그 위반의 주체, 시기, 방법 등을 구체적으로 주장 또는 증명하거나, 적어도 선거에 관한 규정에 위반된 사실의 존재를 합리적이고 명백하게 추단할 수 있는 사정이 존재한다는 점을 구체적인 주장과 증거를 통하여 증명할 것이 요구된다고 판시하였다.[16)]

따라서 선거에 관한 규정에 위반되었다는 사실과 구체적·직접적으로 관련이 있는지 알기 어려운 단편적·개별적인 사정과 이에 근거한 의혹만을 들어 선거소송을 제기하면서 그 효력을 다투는 것은 선거무효 사유의 증명책임을 다하였다고 볼 수 없다. 대법원은 해당 소송에서 약 2년 이상 재판이 진행되었음에도 원고가 선거무효 사유에 해당하는 부정선거를 실행한 주체가 존재하였다는 점에 관하여 증명을 하지 못하였다고 판단한 바 있다.

---

16) 대법원 2022. 7. 28. 선고 2020수30 판결

3. 사망후보자가 당선된 선거에서 차점자 승계여부

2006년 5월 실시한 제4회 전국동시지방선거의 부산 금정구의원 선거 마선거구에서 실종 사실이 보도된 사람을 대신하여 그의 직계비속이 후보자 등록신청을 하고, 선거관리위원회는 그 신청을 수리하였다. 개표결과 한나라당 2-가 후보자 9,169표, 한나라당 2-다 후보자 4,743표, 실종 사실이 보도된 한나라당 2-나 후보자 4,090표, 열린우리당 후보자가 3,766표를 각각 득표함에 따라 다수표를 얻은 순으로 한나라당 후보자 3명이 당선인으로 결정되었다.

선거일이 10여 일 지난 2006년 6월 10일 실종되었던 3위 득표자가 변사체로 발견되었는데, 검안결과 사망일시가 후보자등록신청 개시일 이전인 2006년 5월 12일로 추정되었다. 이에 열린우리당 후보자는 사망한 후보자에 대한 당선인 결정을 취소하고 자신을 당선인으로 결정해 달라는 소청을 제기하였으나 부산광역시선거관리위원회가 이를 기각하자, 해당 후보자는 2006년 7월 부산고등법원에 당선무효 소송을 제기하게 되었다.

법원은 후보자의 사망은 '피선거권이 없는 것'에 해당하고 그 사실이 발견된 경우 공직선거법에 따라 등록무효 사유에 해당하여 해당 후보자의 당선이 무효로 된다고 보았다.

아울러 법원은 공직선거법의 당선인결정 착오시정이란 인식과 대상 또는 생각과 사실이 일치하지 않는 것, 예컨대, 갑(甲) 후보를 당선인으로 결정한다는 것이 을(乙) 후보로 잘못 결정하는 것을 바로잡는 것으로서 해당 사안에는 적용되지 않는다고 판시하였다.[17] 이에 따라 열린우리당 후보자에게 당선인이 승계되지 않았다.

17) 부산고등법원 2006. 10. 20. 선고 2006수17 판결

4. 무자격자가 후보자로 등록한 선거의 효력

1996년 4월 실시한 제15대 총선의 동작구갑선거구에서 신한국당 후보자가 40,318표, 새정치국민회의 후보자가 31,367표, 자유민주연합 후보자가 8,289표를 각각 득표함에 따라 선거관리위원회는 다수득표자인 신한국당 후보자를 당선인으로 결정하였다. 문제는 자유민주연합 후보자가 사문서 위조죄로 집행유예기간 중이어서 피선거권이 없었음에도 관할 선거관리위원회가 이를 발견하지 못하고 선거관리를 집행한 부분이다.

후보자등록 후 선거관리위원회가 후보자의 피선거권에 관한 조사를 하는 때에는 본적지 구·시·읍·면의 장에게 금치산선고 여부와 함께 수형사실까지 조회해야 했으나, 해당 선거관리위원회는 관할 지방검찰청 검사장에게는 수형사실만을, 후보자의 본적지에는 금치산선고 여부만을 각각 조회하였다. 하필 지방검찰청 검사장으로부터 해당 후보자에게 피선거권 결격사유에 해당하는 전과가 없다는 잘못된 통보를 받자 관할 선거관리위원회는 이를 그대로 믿고 선거관리를 집행하였다. 이에 따라 선거종료 후 차점자로 낙선한 후보자가 선거무효소송을 제기하기에 이르렀다.

해당 소송에서 법원은 관할 선거관리위원회의 선거관리 집행에 위법이 있었다는 점을 인정하면서도, 자격이 없는 자유민주연합 후보자의 득표수를 원고인 새정치국민회의 후보자의 득표수에 모두 더하더라도 당선자의 득표수보다 662표가 미달되는 점을 들어 선거관리 집행의 위법이 선거결과에 영향을 미쳤다고 볼 수는 없다며 청구를 기각한 바 있다.[18]

18) 대법원 1996. 11. 22. 선고 96수59 판결

5. 쌍방 위장전입과 선거의 효력

2000년 4월 실시한 제16대 총선의 동대문구을 선거구에서 후보자별 득표수를 집계한 결과 한나라당의 추천을 받은 후보자가 34,796표, 새천년민주당의 추천을 받은 후보자는 34,785표를 득표하여 관할 선거관리위원회가 11표를 더 득표한 한나라당의 추천을 받은 후보자를 당선인으로 결정한 바 있다.

이에 낙선한 새천년민주당의 후보자가 주위적으로 해당 선거구의 당선인 결정의 무효를 구하고, 예비적으로 해당 선거구의 선거를 무효로 한다는 청구취지로 소송을 제기하였다.

대법원이 당선인 결정의 무효를 구하는 주위적 청구의 심리를 위하여 투표지를 검증한 결과 당선자의 득표가 당초보다 6표 감소한 34,790표, 낙선자의 득표는 당초보다 2표 증가한 34,787표로 확인되어 후보자 간 표차가 11표에서 3표로 감소하게 되었다. 다음으로 선거무효를 구하는 예비적 청구에 관하여 심리한 결과 해당 선거구에서 당선인 측에서는 보좌직원 등 14인이, 낙선자 측에서는 부모와 자원봉사자 등 9인이 각각 위장전입을 하고 투표를 한 사실이 인정되었다.

지역구 국회의원선거에서 다른 지역구에 주거를 둔 사람이 특정인을 당선시키기 위하여 오로지 투표권을 얻을 목적으로 형식적으로 주민등록만을 옮김으로써 선거인명부에 등재된 것이 명백한 경우, 이는 사위의 방법으로 선거인명부에 등재하게 한 경우에 해당하여 위법이고 그의 투표권은 부정되어야 하며 그가 한 투표는 무효로 보아야 한다는 것이 위장전입에 적용되는 법리이다.[19)]

해당 사건에서 당선인측의 위장전입자는 14명이고, 낙선자측의 위장전입자는 9명이므로, 양자 간 위장전입자 수의 차이는 5명으로서 이

---

19) 대법원 1989. 5. 11. 선고 88수61 판결

들의 표를 모두 무효로 처리하면 당선자와 낙선자의 표차인 3표를 넘게 된다. 이에 따라 대법원은 위장전입자의 투표가 선거결과에 영향을 미쳤다고 보아 해당 선거를 무효로 판결하였다.[20]

6. 투표지분류기를 활용한 개표의 효력

2002년 12월 실시한 제16대 대통령선거에서 기호 1번 한나라당 후보자가 11,443,297표, 기호 2번 새천년민주당 후보자가 12,014,277표, 민주노동당 후보자가 957,148표 등을 각각 득표하자, 중앙선거관리위원회는 차점자보다 570,980표를 더 얻은 기호 2번 새천년민주당 후보자를 당선인으로 결정한 바 있다.

선거 다음날 밤에 국정원에서 17년간 근무했다며 '정보기관 중견간부의 양심선언'이라는 제목으로 인터넷에 괴문서가 돌았다. 그 주요 내용은 정보기관이 전자개표시스템을 조작해 기호 1번이 연속 10~12표 나오면 그중 1표는 기호 2번으로 돌아가도록 설정했다는 것이다. 해당 게시글은 요원의 들불처럼 번져나갔다.

이에 자극을 받은 한나라당 후보자의 지지자들이 중앙당사에서 농성을 벌이며 재검표를 요구하자, 지지자들의 요구를 외면하지 못한 한나라당은 12월 26일 투표함 등에 대한 증거보전 신청을 하고, 당선무효 소송과 선거무효 소송을[21] 제기하였다.

2003년 1월 27일 전체 투표지의 45%가량인 1,100만 표 정도의 투표지에 대하여 전국 35개 법원 단위로 수작업 검증이 진행되었다. 그 결과 투표지분류기가 분류한 투표지에서는 후보자 간 혼표가 없었음이 입증되었고, 전체적으로 선거에 전혀 영향을 미치지 못하는 의미

20) 대법원 2001. 6. 1. 선고 2000수70 판결

21) 대법원 2004. 5. 31. 선고 2003수26 판결.

없는 오차만 확인되자 한나라당은 법원의 검증결과를 수용하여 당선무효 소송을 취하한 바 있다.[22)]

참고적으로 인터넷에 괴문서를 게시한 사람은 2003년 2월 4일 체포되었는데, 울산의 모 특수학교 교사로 밝혀졌다. 온오프라인을 뜨겁게 달구었던 해당 글은 지지 후보자의 낙선에 낙담하여 재미삼아 올렸다지만, 이후 부정선거 음모론은 끈질기게 생명력을 유지하여 2012년 실시된 제18대 대선에서는 '더 플랜'이라는 영화와 'K값'이라는 낯선 옷으로 갈아입고 나왔다. 그들은 부정선거의 논거로 투표지분류기 조작을 통해 정상표를 미분류표로 보내고 그 빈 자리를 혼표로 메우는 개표부정 시나리오를 제시하였다.

히틀러 정권에서 선전상을 담당하였던 괴벨스는 선전의 효과는 반복하는 데 있고, 99%의 거짓에 1%의 진실을 섞으면 민중들은 더욱 그럴듯하게 믿는다 했다. 음모론이 돈이 된다는 사실을 알게 된 사람들은 다음 선거에서 자신들도 이해하지 못하는 낯선 과학이론을 그럴듯하게 포장하여 부정선거의 증거라 제시할지 모른다.

한편, 2000년 11월 미국의 43대 대통령을 선출하는 선거에서 전 세계의 이목이 플로리다주의 재검표에 쏠린 적이 있었다. 당초 부시 후보자가 해당 주에서 승리한 것으로 집계가 되었고, 해당 주에서 승리하면 사실상 대통령선거에 당선이 확정된다. 하필 표차가 0.5% 이내이면 재검표를 의무화한 주 법 때문에 재검표가 진행되면서 후보자 간 표차가 점점 줄어들고 있었다.

기계에 의한 1차 재검표 결과 격차가 더 좁혀져 부시 후보가 고어 후보보다 불과 327표를 더 얻은 것으로 나오자, 고어 측은 수작업에 의한 재검표를 요청하였고, 플로리다 최고법원은 주 전체에 대한 재검표를 결정하였다. 그러자 이번에는 부시 측에서 연방대법원에 재

22) 중앙선거관리위원회 2016. 11. 『대한민국선거사』 제7집 488~493쪽

검표를 중지해달라는 소송을 제기하였다.

역설적으로 한국과 미국에서 벌어진 재검표에 관한 논란에서 미국은 수작업으로 재검표를 한다는 이유로 연방대법원에 개표중단을 청구한 반면, 한국에서는 개표관리에 기계장치를 활용한다는 점을 이유로 들어 선거무효 소송을 제기한 것이다.

연방대법원은 12월 11일 양측의 구두변론을 들은 지 불과 16시간 만에 5 대 4로 재검표 중지를 결정하였다. 그 이유로 연방대법원은 기계가 인식하지 못했던 투표지의 경우 수작업 재검표에 의하여 유효표로 인정될 기회를 얻는 반면, 기계가 이미 무효로 처리한 투표지는 재검토의 기회가 주어지지 않기 때문에 수정헌법 제14조에 따른 동등한 보호의 원칙에 위반된다는 점을 들었다. 일부 학자들은 해당 판결을 노예제를 옹호한 1856년 판결과 더불어 연방대법원의 최악의 판결 중 하나로 꼽는다.[23)]

판결 직후 고어 후보는 판결에 동의하지 않지만 국가의 단합을 위해 승복한다고 발표했다. 그는 미국 대통령선거에서 낙선 후보자들이 걸어온 길, 즉 '당파심이 애국심을 이길 수 없다'는 전통을 지킨 것이다. 이후 고어는 환경전문가로 변신하여 스스로 제작과 해설을 맡은 다큐멘터리 영화로 아카데미상을 수상하였고, 2007년에는 환경문제에 대한 공헌으로 노벨평화상도 수상하였다. 그는 선거에서 패배한 사람도 자극적인 부정선거론자 대신 생산적인 삶을 살 수 있다는 사실을 증명해 보였다.

반면에 2016년 미국 대선에서 트럼프 후보자는 패배를 예상하고 미리 선거불복을 준비했으나, 불행히도 뜻밖의 당선으로 그 실행은 예비·음모에 그쳤다. 기회는 4년 후에 다시 찾아왔다. 지지자들이 의사당을 폭력적으로 점령하면서 낙선자의 아름다운 승복이라는 미합중국

23) L. 레너드 케스터, 사이먼 정 지음 『미국을 발칵 뒤집은 판결 31』 현암사 2019. 10. 336쪽

의 자랑스런 전통은 이제 막을 내렸다.

우리나라의 부정선거 집회에 종종 등장하는 성조기도 아마 그들의 것처럼 복음주의자의 십자가로 조립한 무지의 베틀에서 혐오의 날줄과 편견의 씨줄로 직조한 것처럼 보인다. 한때 민주공화국을 상징하던 깃발이 이제는 그 수의(壽衣)가 되었다.

그러나 극단적 유튜버와 부정선거 가짜뉴스의 시대가 종언을 고하고, 혐오와 갈등을 부추기는 사람들마저 사라지더라도 민주공화국은 언제나 그렇듯이 새로운 도전에 직면하게 될 것이다. 그 장대한 투쟁의 결과는 오직 주권자만이 알 것이다.

찾아보기

ㄱ

가가호호 227
가벌성의 범위 100, 121
가벌성의 정도 107
가산점 330
가석방 41
가족관계등록부 349
가족관계증명서 349
가중요건 37
가짜뉴스 433
가혹행위 495
각하판결 394
간접화법 178, 274
간주규정 76, 244
감독책임 511
감사헌금 88
감청 477
강요 434
개인정보 자기결정권 455
개인정보자기결정권 176
개전의 정 489
개표록 402
개표상황표 392, 402
객관적 의미 272
객관적 혐의 453
거래상 특수지위 233
거래상 특수한 지위 228
거리유세 359, 366
거소투표 379
거소투표 발송·접수록 379
거소투표를 위한 기표소 378
거소투표신고 344
거소투표자 379
검경수사권 조정 207
검찰항고 496
게리맨더링 8, 32
게이트 키핑 298
결사의 자유 19
경미범죄 106, 518
경선불복 금지 331
경선운동관계자 328
경선운동방법 280
경선후보자 327
경합범 처벌 501
경합범의 처벌례 512
경험법칙 411
계약자유의 원칙 98
고비용 정치구조 366
고사상 87
고소권자 495
공격 403
공공기관 149, 219
공공복리 142
공공의 이익 285, 286
공공의 이익을 위한 행사 90

공동정범 503
공모관계 368
공무담임권 6, 20
공무집행 468
공무집행방해죄 437
공문서 부정행사죄 516
공범관계 411
공사의 직 412
공소시효 498
공소유지 159
공소장 159
공약의 타당성 115
공연성의 요건 282
공용서류 387
공정선거의 심장 452
공중의 안전 156
공직적격성 115
공직취임권 38
공천반대자 129
공천신청자 334
공천심사위원회 332
공천헌금 321
공판조서 515
과잉금지의 원칙 149
관내투표 375
관변단체 251
관외투표 375
관혼상제 92
광고중지 457
교란 439
교사 423
교사범 503
교섭단체 380
교수의 자유 229
교수행위 230
교육과정명 199, 360
구성요건 조각사유 101
구성요건해당성 조각사유 83
구술심리 526
구체적 타당성 21
구호기관 94
구호의 의사 95
구호적 94
국가수사본부 478
국가유공자 85
국가의 무오류성 154
국가의 일반통치권 110
국가의 정체성 149
국가의 후견주의 154
국가이익 469
국가정보원 499
국민주권의 원리 3, 115
국민참여 여론조사 336
국민참여경선 324
국세 체납처분 520
국정감사 46
국정조사 46
국제공역투표 383
국회 회의방해죄 46
국회의원후원회 55
군사반란 56
궁박한 처지 65, 426
권리장전 470
궐석재판 506
궐위선거 380
규범력 100
규범의 간결성 145
근조기 84

근조전보 85
금권선거 106
금융거래자료 466
금전거래 322
금품기대심리 106
기관·시설 거주자 기표소 투표 378
기념식수 86
기념품 86
기본권 보호의무 248
기부행위 69
기부행위 공모자 79
기소·확정판결 통지 507
기소편의주의 494
기자회견 194
기타 부정한 방법 429
기타 사위의 방법 446
기탁금 191, 353
기탁금 반환요건 355
기표투표제 372

ㄴ

낙선 위로회 405
낙선목적의 허위사실공표죄 270
낙천대상자 129
납부의무 519
내부규범 87
네거티브 시스템 143, 155
녹음파일 474
농담조로 발언한 행위 231
뉘른베르크 전범재판 417
능동적·계획적 요소 126

ㄷ

다과류 음식물 91
다과류의 음식물 194
다수대표제 23
단기투표 25
단기투표제 373
단속사무와 관련한 서류 442
단심제 527
단일화 215
단정적인 표현 288
단체 219
당내경선 278
당내경선 매수죄 326
당내경선 허위사실공표죄 278
당내경선의 자유방해죄 435
당내민주주의 31
당사자주의 529
당선 축하회 405
당선목적의 허위사실공표죄 262
당선을 방해할 성질 271
당선인결정 착오시정 543
당선증 405
당원협의회 322
당헌·당규 324
대담·토론회 369
대심 구조 526
대의민주주의 3
댓글 알바 420
댓글게시 매수죄 420
댓글게시·투표참여 홍보 매수죄 420
더 플랜 403
도피상태 503
도피의사 503
독임제 기관 198

독임제 집행기관 358
독임제기관 27
동등한 보호의 원칙 548
동조성 253
동행 · 출석요구권 464
득표상의 이익 451
디도스 403
디지털 러다이트 376
디지털 포렌식 475
딥페이크 167

ㄹ

러다이트 376
로버트 달 162

ㅁ

매수 및 이해유도죄 409
매수를 받는 죄 422
매수요구죄 424
명예훼손죄 261
명의를 유추할 수 있는 방법 220
명확성의 원칙 120, 145
모바일 블로그 58
모욕죄 260
목적의 정당성 117
목적의사 134
무기대등의 원칙 15, 71, 161
무기속 위임 4
무료상담 97
무상급식 238
무소속 후보자 337
무소속 후보자 추천장 339
무지의 베틀 549
묵인 · 방치 536
문답서 442
문중재산 352
물리력의 행사 462
물적증거 426
미관풍취 121
미국의 민주주의 395
미란다원칙 455
미수범 483
미풍양속 104
민사소송법 529
민주적 정당성 353
민주주의 원칙 334
민중소송 529
민중심사 309
밀턴 164

ㅂ

반대증거 244
반론보도 청구제도 301
반의사불벌죄 165, 261, 431
반증 244
발광체 203
발송용 봉투 202
방송광고 251
방송심의위원회 296
방조 423
방조범 503
방화벽 403
배후조종 105
밴드왜건 효과 253

벌금형 선택 444
벌금형의 하한 276
범야권 단일후보 266
범죄경력 조회신청 190
범죄의 공동실행 411
법규명령 99
법률상 감경 277
법무부장관 395
법의 간결성 239
법익의 균형성 117
법적 안정성 120, 537
법제사법위원회 22
법치국가의 원리 120
변론주의 529
변호인의 조력 455
별풍선 53
병역사항 신고서 351
보도 전문편성 48
보도·논평 295
보이스아이 363
보존기간 393
보통선거의 원칙 7
복권 43
복음주의자의 십자가 549
부상 90
부심판 결정 497
부정선거 음모론 403
부패범죄 43, 478, 510
부화뇌동자 431
분산개표 391
불가매수성 320, 410
불가벌적 사후행위 110
불기소처분 481, 494
불법 후원금 58
불법선거운동 감시활동 430
불복이 가능한 당내경선 332
불복이 금지되는 당내경선 330
불송치결정 481
불완전 자수 493
불확정성의 원리 254
블랙홀 34
블러드 다이아몬드 360
비공개주의 526
비난가능성 489
비례대표제 23
비례의 원칙 463
비밀선거의 원칙 11
비방의 목적 290
비범죄화 518
비상입법기구 56
비진술증거 473
비하·모욕 166

ㅅ

사건의 지평선 34
사교상 의례 412
사교적 행위 133
사교적인 인사치레 80
사당화 367
사망후보자 543
사문서 위조죄 544
사법심사 314
사법자원 533
사법적 조치 365
사법정의 452
사법정의의 실현 456
사상의 은사 114

사생활에 대한 비방 365
사생활의 비밀 225
사생활의 비밀과 자유 455
사술 432
사실 왜곡 276
사실상의 회계책임자 510, 514
사실의 부존재 275
사실의 적시 260, 282
사실혼 관계 74, 350
사위등재·허위날인죄 445
사위등재죄 344, 446
사위의 방법 445
사위투표죄 347, 446
사이버명예훼손죄 258, 290
사이버사령부 499
사적 단체 219
사적 모임 219
사적 이익 286
사전선거운동 327
사전수뢰 42
사전통지·의견제출 519
사전투표관리관 377, 541
사전투표록 375
사조직 213
사표방지 심리 253
사회상규 101
사회적 안전망 83, 94
사회정의의 실현 469
사회통념 103
삭제요청 305
상대다수대표제 24
상상적 경합 466
상설기관 297
상징물 243
상향식 335
서면심리 526
서면합의 330
서명운동 252
서울시장보궐선거 364
선거경비 국고부담의 원칙 16
선거공약서 358
선거관계자 폭행·협박죄 429
선거관리 관계자 폭행죄 437
선거관리침해죄 387
선거구민의 모임이나 행사 415
선거구의 동질성 331
선거구획정 28
선거구획정안 30
선거구획정위원회 27
선거권 존중 534
선거권자 추천 337
선거권자 추천제 315
선거권자 추천제도 337
선거기사심의위원회 296
선거대책기구 222
선거대책회의 192
선거무효의 법리 540
선거방송심의위원회 296
선거방송토론위원회 369
선거비용 160
선거비용 보전제도 64
선거비용제한액 71, 511
선거사무관계자 75
선거사무소 192
선거세일 424
선거소청 전치주의 523
선거에 관하여 429
선거에 관한 기사 240

선거에 영향을 미치는 행위 220
선거여론조사심의위원회 254
선거운동 관련 매수죄 417
선거운동 관리의 원칙 15
선거운동 기회균등의 원칙 14
선거운동 자유의 원칙 13
선거운동과 관련하여 418
선거운동기구 213
선거운동에 이용할 목적 415
선거운동에서의 표현행위 284
선거운동의 자유방임 141
선거운동정보 179, 209
선거운명공동체 508
선거의 공공성 원칙 390
선거의 공정 116
선거의 자유 116
선거의 자유방해죄 429
선거인 매수죄 410
선거인단 10
선거인명부 사본 345
선거인의 의사 396
선거정보의 유통시장 309
선거중립의무 59
선거컨설팅 419
선고유예 41, 276
선상투표지 관리록 382
선전물 242, 243
선정대표자 525
성과가치의 평등 8
성명불상자 542
성조기 394
성질형상 불변론 473
세계보건기구 368
세금납부 및 체납 351
세종과학기지 383
소권남용 394
소극적 요건 38
소명자료 362, 454
소선거구제 23
소셜미디어 53
소송경제 523
소수대표제 23, 24
소요 439
소요·교란죄 439
소음공해 248, 366
수단의 적정성 117
수범자 83, 120
수사기밀 471
수사단서 480
수사의뢰 472
수사자료 472
수석판사 465
수소법원 530
수시명부제 343
수정헌법 162, 548
수학기간 199, 360
수형사실 544
숨 쉴 공간 124
쉴드 팩스 382
슈퍼챗 53
스마트폰 154
승자독식제도 24
시간적 근접성 227
시대정신 175
시대정신의 압력 125
시민적 권리 257
시정명령 458
식사류의 음식물 206, 328

신고포상금 479
신문광고 251
신설합당 331
신의성실의 원칙 533
신임투표 404
신청작성 343
실기한 공격 532
실질적 책임자 300
실체 진실주의 473
실체적 경합범 512
실체적 진실발견 452, 456, 469
실패한 교사 423
실행행위 81
심사집계부 402
심신미약 385
십자가 394
쌍방폭행 431
쌍방향성 의사소통 181

ㅇ

아레오파기티카 164
아테네 388
안전보장 142
알고리즘 165
알권리 31, 114
알렉시스 토크빌 395
알림톡 서비스 177
알베르 카뮈 417
알선 424
알선수재 42
암묵적인 의사연락 411
압수수색 63
애드벌룬 193
야권단일후보 266
약법삼장 145
약정서 54, 196
약취유인죄 439
양자역학 254
양형재량 277
언더독 효과 253
언론 113
언론인 118, 150
언론중재위원회 296
언론·출판의 자유 113
업무로 인한 행위 102
업무상 행위 97, 136
업무용 명함 135
여론의 자유시장 165, 309
여론조사 161, 253
여론조사비용 161
여론조작 254
여성추천보조금 317
여성할당제 316
연기투표제 25, 26, 373
연대책임 508
연방대법원 121, 162
연설문 128
연좌제 20
영구명부제 343
영업활동 98
영장주의 원칙 462
예링 119
예방조치권 457, 483
예비 483
예비선거 327
예비적 청구 535, 545
예비후보자 31, 189

예비후보자공약집 62, 198
예측가능성 120
왜곡선전 302
외교행낭 381
외항상선 345, 381
외항선원 선상투표 381
요금별납 200
우송중지 457
우주선 383
우주정거장 383
우체국장 377
우편함 202
우회적인 표현방법 273
원격과정 199, 360
원양어선 345, 381
위계 432
위계 · 사술 429
위령제 85
위법성 조각사유 83, 101, 285
위법수집증거 배제의 법칙 469
위법행위 예방조치권 457
위성통신망 382
위장전입 545
위장전입자 344, 538
위축효과 289
위헌법률 심사 119
위헌법률심판 재청신청 119
위헌법률심판재청 151
유급사무직원 326
유비쿼터스 389
유사기관 214, 222
유인 439
유튜브 슈퍼챗 53
은닉 · 파손 · 탈취죄 440
음모 483
음모론 394
음성 저장매체 66
의견개진 122
의견진술권 471
의결정족수 32
의례적 133
의례적 행위 84, 133
의무적 고발 365
의사실현의 자유 13, 18
의사지배 20, 511
의사표시 122
의사형성의 자유 13, 18, 228
의석배분 528
이미지센서 392
이의신청 306
이익제공의 의사표시 69, 79
이중처벌 110
이중처벌 금지 110
익명성 189
익명표현의 자유 176
인간의 존엄과 가치 257
인격권 257
인계 · 인수서 197
인공지능 167
인구편차의 허용한계 29
인륜 149
인스타그램 174
인신공격 302
인적 결합체 222
인주내장형 기표용구 400
인지도 161
인터넷 실명제 176
인터넷 투표 389

인터넷광고 370
인터넷선거보도심의위원회 296
인터넷언론사 370
일반사면 41
일반예방효과 105
일방적 · 편면적 의사표시 181
일본 법제 추수주의 353
일상의 평온 156
임의적 감면 489
임의제출 475
입당원서 232
입법권의 침해 100
입법부작위 367
입법자의 관용 122
입주권 405
입증책임 275
입후보가 제한되는 언론인 47
입후보설명회 359
입후보안내설명회 349
입후보예정자 77
입후보제한직 47

ㅈ

자격정지 43
자구심사 22
자구행위 431
자기지배의 원리 157, 318
자기책임의 원리 20, 510
자동 송신장치 184
자동동보통신 179, 180, 208
자료제출 요구권 460
자발적 의사 503
자서투표제 372
자수시점 492
자연법적 형평법 21
자유민주적 기본질서 314
자유선거의 영혼 452
자유선거의 원칙 12, 17
자율규제 297
자의적 확장 123
자치정체 113
잔여투표용지 399
잠재적인 수혜자 78
잠정적인 판단 244
잠탈 477
장보고과학기지 383
장소출입권 462
장애인 복지시설 95
장애인추천 보조금 318
장학금 86
장학재단 86
장학회 72
재경동문회 73
재산상의 이익 70
재산신고서 350
재외선거 380
재정결정 496
재정신청 494
재정신청제도 494
재판규범 17, 99
재판기간에 관한 강행규정 506
재판상 실효 45
재확인 대상 투표지 392
쟁송판정기관 525
저서의 사인회 250
저장매체 작성비용 363
적극적 요건 37

적정절차의 원리 473
전략공천 31, 333
전략공천지역 334
전사 400
전송대행업체 208
전용통신망 374
전자개표시스템 546
전자선거 로드맵 390
전자정보 475
전자투표 389
전자투표기규칙 390
전자투표의 원칙 389
전파가능성 이론 259
절대다수대표제 24
절취된 일련번호지 399
점자형 선거공보 363
점자형 홍보물 66
접촉대상 77
정경유착 59
정규의 투표용지 396, 441
정규학력 185, 360
정당명부식 비례대표제 25
정당설립의 자유 313
정당연설회 366
정당의 정강·정책 238
정당의 후보자 추천 333
정당주권 329
정당추천 제도 337
정당추천제 315
정당행위 431
정당후원회 55
정략적 판단 333
정보공개자료 362
정보의 삭제 304
정보통신기기 465
정보통신기술 147, 154
정보통신망 304
정보통신서비스 제공자 304
정상참작감경 277
정온한 생활환경 367
정책선거 198
정치개혁특별위원회 22
정치공동체 41
정치공학 333
정치관계법 개정의견 22
정치권력 51
정치의 정당독점 314
정치인 팬클럽 217
정치인 펀드 60
정치자금 466
정치자금 공개차입 52
정치자금 범죄 320
정치자금범죄 501
정치자금영수증 58
정치적 결사 313
정치적 권리 257
정치적 선택 333
정치적 의사형성 130, 313, 315
정치적인 의견투쟁 284
정치체제의 정당성 162
정치활동 51
정황사실 411
제공의 약속 415
제공의 의사표시 414
제공의 의사표시죄 413
제재조치 300
제헌의원선거 143
조사권 451

조사기밀 459
조사방해죄 468
조세 감면제도 57
종교적인 기관·단체 230
종합편성 48
종합편성채널 370
죄수의 딜레마 108
죄형법정주의 원칙 100
주거의 평온 225, 248
주관적 사정 272
주관적 요건 239
주관적 판단 453
주모자 431
주민간담회 128
주민자치 40
주위적 청구 535, 545
주홍글씨 361
준수사기관 477
준현행범인 464
줄리아니 전 뉴욕시장 395
중간자 425
중선거구제 26, 36
중의원선거법 143
중증장애인 95
증거물품 463
증거물품 수거권 463
증거보전 393
증거보전 신청 393, 530, 546
증거인멸 463
증거조사 529
증거형성 476
증명가능성 272
증명책임 542
지구당 315
지방공사 151
지방공사 직원 118
지방자치제도 40
지역감정 조장 행위 266
지역할당 방식 339
지지기반 배양활동 71
지휘·감독관계 423
직계혈족 75
직권남용 458
직권심리주의 526
직권작성 343
직무관련성 150
직무상 행위 136
직무상·업무상 행위 136
직무상의 행위 97
직무유기 458
직업상의 사무소 245
직업적인 기관·단체 232
직접 민주주의 389
직접민주주의 3
직접선거의 원칙 10
직접증거 411
진리발견의 수단 113
진술거부권 464, 469
진술과 자료 460
진술번복 471
진술의 증거능력 426
진실한 사실 285
진입장벽 353
질문·조사권 459
질서위반행위규제법 517
질서유지 142
집계록 402
집단적 의견표명 250

집단지성 165, 364
집합적 명사 259
집합적 합성행위 4
집행유예기간 544
집회의 자유 250
징벌적 손해배상금 395
징수 위탁 520

ㅊ

참고인 503
참의원선거법 143
참정권 4
책임사무원 402
책임조각사유 84, 101
처분권 82
처분권주의 529
천륜 149
청구취지 523, 535
청년추천 보조금 317
청양군의회의원선거 397
체계부조화 22
체계심사 22
체계정당성의 원리 145
체계정합성 467
초청장 193
총괄 주재자 536
총량규제 14
총정수표 35
촬영물 386
최종학력 증명서 352
추정의 효력 244
추천장 338
축하금 62, 91
출구조사 12
출연자 81
출판기념회 61, 91, 250
출판물에 의한 명예훼손죄 290
출향인사 73
취득학위명 360
측은지심 94
친고죄 261
친목단체 87
친족의 범위 93
침묵의 나선이론 253
침묵의 카르텔 32
침입차단시스템 403
침입탐지시스템 403

ㅋ

카카오톡 플러스 177
컴퓨터 합성기법 268
컷오프 333
코페르니쿠스 467

ㅌ

터치스크린 390
통상방법 외의 방법 240
통상적인 범위 88
통상적인 시중금리 60
통상적인 정당활동 130
통일주체국민회의 10, 23
통치기구의 조직원리 20
통합선거법 125, 238
통합선거인명부 346, 374

투표간섭죄 402, 445
투표보조 385
투표보조용구 441
투표소 교란죄 402
투표용지 441
투표용지 발급기 375
투표의 간섭·방해죄 444
투표의 비밀침해죄 386
투표의 효력판단 396, 535
투표지 441
투표지 촬영 385
투표지분류기 392
투표참여 권유활동 132, 421
투표참여 매수죄 425
투표참여 인증샷 174
투표참여 홍보 매수죄 421
트라우마 59
트럼프 394
트위터 173
특별당비 321
특별사면 41, 45
특별의결정족수 32
특별형법 257
특별회비 87
특정 행위의 부존재 275

ㅍ

판단의 자유 364
판도라의 상자 63
판례변경 263
판정기관 523
패러다임 144
팩트체크 309
팬클럽 217
펀드 52
편견의 씨줄 549
평등선거의 원칙 8
포괄일죄 500, 504
포괄적 안전판 247
포상금 481
포상금 반환제도 481
포지티브 시스템 143
폭스뉴스 395
폭행 434, 438
폴리스라인 238
표지물 203
표현범죄 258
표현의 자유 19, 157
풀루토크라시 106
풀뿌리 민주주의 367
품위유지 84
프로메테우스 296
플라톤 388
플로리다주 547
플루토스 106
피고보조참가인 540
피고인의 권리보호 263
피선거권 37
피의자 455
피의자 진술 459
피의자의 인권 450
피해의 최소성 117
피해자의 특정 258
필요적 감면 489
필요적 공고 365

ㅎ

학력증명서 360
학문의 자유 229
학점인정 200
한시적 신분 391
한정위헌 118
한정위헌결정 236
합동연설회 325, 366
합동토론회 325
합의부 관할 505
해석자의 통찰력 122
행사찬조금 71
행위지배 20
행정소송법 529
행정심판 전치주의 524
행정심판법 525
행정절차 365
행정조사 470
행정조사기본법 471
행정지도 485
행정질서벌 110, 517
향응 411
허위사실 이의제기 308
허위사실을 암시 273
허위의 사실 271
허위의 소문 274
헌금 88
헌법불합치결정 107, 246
헌법소원 119
헌법수호 의지 403
헌법적 정당성 159
헌법제정권자 6
헤로도토스 114
현행범 454
현행범인 464
혐오의 날줄 549
협박 434, 438
형벌 외의 제재효과 516
형벌권 470, 489
형법 257
형사사법 시스템 456
형사정책적 한계 106
형식적 책임자 300
형의 실효 42, 44
형해화 100
호별방문 225
화해의 권고 532
확성장치 183, 248
확인행위 391
확정된 사실관계 76
확정적 결의 77
확증편향 165, 394
활동보조인 195
회계책임자 53, 196
후보단일화추진위원회 215
후보자 기호 결정 356
후보자 난립 338
후보자 선택의 자유 47
후보자로 추천하는 일 319
후보자의 명예 290
후보자추천 매수죄 45
후원금 59
후원회 52
후원회 제도 55
휴대전화 가상번호 254
희망돼지 56
희망돼지 저금통 70, 243

기타

1인 1표의 원칙 8
1차원 바코드 376
2차원 바코드 376
DDOS 공격 432

저자 약력

신우용(申禹容)

충청남도 서천군 비인중학교 졸업
국립구미전자공고 통신과 졸업
건국대학교 정치외교학과 학사
연세대학교 법무대학원 석사

중앙선거관리위원회 정당 · 홍보 · 법제과장
법제국장
선거정책실장
기획조정실장

서울시선거관리위원회 상임위원
경기도선거관리위원회 상임위원
제주도선거관리위원회 상임위원
인터넷선거보도심의위원회 상임위원
한국선거협회 법률고문
법무법인 대륙아주 고문

선거관리유공 근정포장
중앙선거관리위원회위원장 표창

주요저서

『조합장 선거론』
『MG새마을금고 선거론』
『신용협동조합 선거론』

정치신인을 위한 선거법 강의
– 공직선거법 · 정치자금법 해설 –

초판발행 2025년 4월 19일

지은이 신우용
펴낸이 안종만 · 안상준

편 집 이수연
기획/마케팅 박부하
표지디자인 BEN STORY
제 작 고철민 · 김원표

펴낸곳 (주) 박영사
서울특별시 금천구 가산디지털2로 53, 210호(가산동, 한라시그마밸리)
등록 1959. 3. 11. 제300-1959-1호(倫)
전 화 02)733-6771
f a x 02)736-4818
e-mail pys@pybook.co.kr
homepage www.pybook.co.kr
ISBN 979-11-303-4948-0 93360

정 가 38,000원